U0525024

概念

强制阐释争鸣集

中国社会科学出版社重大项目出版中心 编

中国社会科学出版社

目 录

第一编 场外征用

关于场外征用的概念解释
  ——致王宁、周宪、朱立元先生 ………………… 张　江（3）
场外征用与文学的跨学科研究再识
  ——答张江先生 ……………………………………… 王　宁（10）
文学理论的来源与用法
  ——关于"场外征用"概念的一个讨论 …………… 周　宪（17）
关于场外征用问题的几点思考 ……………………… 朱立元（24）
场外理论的文学化问题
  ——致王宁、朱立元、周宪先生 ………………… 张　江（31）
也谈场外理论与文学性
  ——答张江先生 ……………………………………… 王　宁（38）
关于场外理论文学化问题的几点补充意见 ………… 朱立元（45）
场外理论的场内合法性 ……………………………… 周　宪（51）
作为"阐释病"的经院派文艺学
  ——兼论学科界线的悖论性 ………… ［俄］瓦基姆·波隆斯基（58）
场外征用的必要性与有效度 ………………………… 赵炎秋（66）
试谈文论的"场外征用" ……………………………… 乔国强（79）
场外征用的有限合法性 ……………………………… 蓝国桥（98）
理论泡沫化与学科转基因 …………………………… 高小康（110）

· 1 ·

目 录

从"文学流变"到"视角偏向"
　　——强制阐释与文学理论的判定 ················ 李昕揆（124）
文学阐释与对话精神 ···························· 刘月新（132）
"强制阐释论"的独创性与矛盾困境 ················ 付建舟（143）

第二编　主观预设、前见与立场

强制阐释的主观预设问题
　　——致王宁、朱立元、周宪先生 ················ 张　江（157）
文学批评的预设和理论视角 ······················ 王　宁（164）
关于主观预设问题的再思考 ······················ 朱立元（171）
前置结论的反思 ································ 周　宪（178）
前见与立场
　　——致周宪、朱立元、王宁先生 ················ 张　江（184）
文学的对话性与文学研究的对话性 ················ 周　宪（191）
也说前见和立场 ································ 朱立元（198）
前见、立场及其他理论概念的辨析
　　——答张江先生 ···························· 王　宁（206）
前置结论与前置立场
　　——致朱立元、王宁、周宪先生 ················ 张　江（213）
从文学批评性质、功能的定位说开去 ·············· 朱立元（220）
关于强制阐释现象的辨析 ························ 王　宁（227）
文学研究的立场与结论 ·························· 周　宪（234）
前见是不是立场 ································ 张　江（241）
文学阐释过程中前置立场与前见的区别 ············ 毕素珍（263）
主观预设与强制阐释 ···························· 李艳丰（271）

第三编　场外征用和主观预设

阐释的超越与回归
　　——强制阐释论与中国当代文本阐释批评的
　　　理论拓展 ································ 段吉方（291）

目 录

理论的冗余与常识的剃刀："强制阐释"现象辨析 …… 王庆卫（307）
论强制阐释的预设维度与征用疆界 ………………… 韩　伟（321）
强制阐释论与比较文学………………………………… 朱静宇（333）
文学批评的"求真"与多元参照
　　——关于张江《强制阐释论》及其讨论的
　　思考………………………………… 李运抟　林业锦（344）

第一编

场外征用

关于场外征用的概念解释
——致王宁、周宪、朱立元先生*

张 江**

各位先生：

上次碰面，大家对强制阐释的提法总体上给予了肯定，并提出强制阐释还有许多其他重要概念，应该尽快对学界做出介绍，以求更多同仁能够对它有一个比较全面的认识。我赞成这个意见。既如此，我们先对强制阐释的基本概念做出系统讨论，更深入的问题我们再开专题。这一次，我们对"场外征用"这个概念做一些讨论。

我认为，强制阐释有诸多特征，其中之一就是理论的"场外征用"。场外征用是当代西方文论诸多流派的通病，许多"学派"和"主义"都立足于此，他们依据文学场外征用理论，对文本和文学做了非文本和非文学的强制阐释。我们可以做一个大致的统计，从20世纪初开始，除了形式主义及新批评理论以外，其他重要流派和学说，基本上都是借助于其他学科的理论和方法构建自己体系的。特别是从20世纪早期科学主义的兴起，以及近些年来，随着当代国际政治、经济、文化的深刻变革，一些全球性问题日趋尖锐，当代西方文论对其他前沿学科理论的依赖愈深愈重，强制征用场外理论，已成为当代文论生成发展的基本动力，从根本上改变了当代文论的基本

---

* 本文原刊于《清华大学学报》（哲学社会科学版）2015年第2期。本书收录了张江教授与朱立元、王宁、周宪等教授关于"强制阐释"相关内容的多轮通信讨论。为了在思辨与对话中全面呈现相关问题的观点和研究语境，特保留原文的书信交流形式。——编者注

** 作者单位：中国社会科学院。

走向。

　　各位先生，这个"场外征用"，是我反复考量而确定的概念，尤其是征用之"征"字，强制阐释的一些核心特征凝聚之中。必须对此有个说明。所谓"征"，一般意义可为"取"，比如《正韵》："征，取也。"如此使用也无不可，场外理论的"取用"嘛。但立意在"取"，不能切中场外征用的要害。在这里，我宁愿选《韵会》的解释："征，伐也。"而且是孟子的"征者，上伐下也"。这样的"征"有两重意思，也就是场外征用的两个核心特征。第一个特征，强制。征本身就有强制的意思。比如"征税"，比如"征兵"，这是国家的强制权力。场外理论的征用充分体现了这种强制。一方面，是方法引入上的强制。强制阐释者，为实现自己的理论目的，在文学领域以外，强制征用其他学科理论，移植施用于文论场内。这些理论，本无任何文学指涉，也无任何方法论意义，却被强加于文学场内，许多概念、范畴，甚至基本认知模式都从场外直接取来，强行用作文学场内的基本范式和方法，直接侵袭和消解了理论与批评的本体意义，使文学的理论背离了文学。另一方面，是文本阐释上的强制。用场外理论强制阐释指定文本，对文本做符合理论需要和论者意图的阐释，无论文本主旨是什么，无论文本的历史价值如何，更不顾及受众的普遍感受为何物，文本必须符合理论的需要，符合论者的前在意图。如果不达到这个目的，论者就要对文本做强行解构，做出新的安排。这就引出场外征用的第二个特征：解构。从认识的路线讲，用场外理论阐释文本，其逻辑起点就是，理论第一，文本第二，用理论裁剪实践。事实当然是，因为文本在前，特别是绝大多数经典文本在前，不是所有的文本，甚至可以说几乎没有现成的文本可以完全符合理论的需求。但是，为了达到目的，阐释者就要用理论强制文本，使文本服从理论。这就有"伐"的意思了。而且是以上伐下，以引进的理论为上，居高临下地对文本做任意阐释。如此，在阐释结果上，就必然产生场外征用的第三个特征：重置。为贯彻场外理论的主旨诉求，使文本贴附于理论，征用者常常将文本的原生话语打散，并重新组织、转换为场外理论指定的话语。这个话语既不是文本的主旨话语，也不体现作者创造的本来或主要意图，而仅仅是征用理论的单向诉求，将文本主题锁定于场外理论需求的框架之内。这就是一种重置。重置的魔法神通广大，不仅可以暗换主题，也可以调整结构，更可以变幻文本人物的角色——由边缘走向中心。总之，经过征用者的重置，文本成为理论的婢女，一切结论都是"被理论"的结果。

这三重特征在阐释路径上是一个递进的关系。因为强制，所以解构，结果便是重置。对此，生态主义理论及其诸多文本阐释是一个很有说服力的证明。1996年，生态批评家贝特对拜伦1816年的作品《黑暗》做了生态学的阐释。贝特发现，当时拜伦笔下极其险恶的天气情况，是与当年的气象记录相符的，根据他的探究，拜伦书写《黑暗》，正值印度尼西亚博拉火山喷发，导致了地球温度下降，并波及欧洲，引发了日益严重的呼吸疾病。贝特就是从这个视角切入，"将自然环境的角色放到了重要的位置，以此来看待这个作品的产生，这种做法实际上与诗歌本身的视角完全一致，它渲染了自然环境发生重大变故所带来的潜在的灾难性后果：在这首诗中，这一后果就是我们人类失去了赋予生命的阳光"[①]。毫无疑问，从拜伦诗作的本体看，贝特的视角不是没有道理的，因为这首诗通篇在写自然，在写阳光和黑暗。但是，同样也毫无疑问的是，拜伦不是一个生态主义者，他的这首诗绝非立意于生态，它想象的生态局面，是为他浪漫主义的反抗激情服务的。这是一种隐喻，黑暗只是他的"喻"而已，将隐喻转为主旨，这是错误的重置。很明显，这种脱离文本和文学本身、蛮横征用场外理论、强制转换文本主旨的做法，不能确当地阐释文本，也无法用文本佐证理论。如此阐释，文学的特性被消解，文本的阐释无关于文学，当然也不再是文学的阐释。走得更远一些的，是生态批评对《创世记》的开发。美国历史学家怀特把批评目标直指《圣经》，他从生态主义的立场出发，认为《创世记》第一章中虚构的故事，"不仅建立了人类与自然的二元对立关系，而且认为是在上帝的意愿下，人类才为了自身的合理目的而开发自然"，因此，人们可以看到，正是西方基督教"把对自然界的科学探索、技术运用，以及经济开发

---

① ［英］朱立安·沃尔弗雷斯：《21世纪批评述介》，张琼、张冲译，南京大学出版社2009年版，第211页。

合理化，导致这些行为在今天已经达到了从未想象的地步，甚至可能让《创世记》的作者都感到恐慌"。① 怀特的认识是一种新思维。他的正确与错误我们不去评价，但是，各位先生，我在这里看到了一种"ambition"，野心，抑或是雄心，生态理论要从此出发，以生态主义的立场和模式重写历史，而且不仅仅是文学的历史。这种场外征用的强制，是不是让我们有一点点异样的感觉？就像我在一篇文章里看到，女权主义者认为液体力学的公式应该改写，因为流水冲击男人和女人身体，水流的变化和压强会有不同，目前只有一个公式完全是男权主义统治的结果。各位先生，我真的是在哪里看到过，只是一下找不到了。瞠目结舌啊！

言及此，我当然要面对一种诘问：在各学科之间的碰撞和融合已成为历史趋势，跨学科、跨领域的交叉融合已成为科学发展的主要动力，文学理论的场外征用难道不是正当的吗？我们承认，从积极的意义上讲，这种姿态和做法扩大了当代文论的视野，开辟了新的理论空间和方向，对打破文学理论自我循环、自我证明的理论怪圈是有意义的。但同时也应承认，理论的成长，更要依靠其内生动力。这个动力，首先来源于文学的实践，来源于对实践的深刻总结。依靠场外理论膨胀自己，证明了当代西方文论自身创造能力衰弱，理论生成能力不足，难以形成在文学和文论实践过程中凝聚、提升的场内理论。近百年来，新旧理论更迭淘汰，从理性到非理性、从人文主义到科学主义、从现代到后现代，无数场外理论的侵入和张扬，当代文论的统合图景却总是活力与没落并行。场外理论的简单征用挽救不了西方文论不断面临的危机。当然，指出场外征用的弊端，并不意味着文学理论的建设就要自我封闭，自我循环，在僵硬的学科壁垒中自言自语。我们从来都赞成，跨学科交叉渗透是充满活力的理论生长点。20世纪西方文论能够起伏跌宕，一路向前，正是学科间强力碰撞和融合的结果。但必须强调的是，文学不是哲学、历史和数学。文学是人类思想、情感、心理的曲折表达。文学更加强调人的主观创造能力，而人

---

① ［英］朱立安·沃尔弗雷斯：《21世纪批评述介》，张琼、张冲译，南京大学出版社2009年版，第207页。

的主观特性不可能用统一的方式去预测和规定。朱先生《当代西方文论》第三版增加了20世纪末出现的"索卡尔事件"。有人把这个事件归结为文学理论史上十件大事之一。这个事件证明,文学理论借鉴场外理论,应该是科学的思维方式和研究方法,而不是现成结论和具体方法的简单挪用。特别是一些数学物理方法的引用,更需要深入辨析。强制性地照搬照抄只会留下笑柄。

那么,理论对于文学批评的指导也是错误的吗?尤其是作为元理论的哲学,以某种哲学理论为指导,规约甚至决定文学批评的方向和准则,难道不是必需的吗?更尖锐一些,马克思主义历史唯物主义的立场方法,可不可以指导文学理论和批评的建设发展?这是不是一种场外征用?这个问题极富挑战性。在我们之前的讨论中,在论及前置立场问题时,朱先生也提出了疑问。这也是强制阐释论能够站住并说服别人,躲不了、绕不过的问题。有这样三点我们可以讨论。

第一,哲学如果作为一种思想方法和逻辑规范,它应该可以对其他具体学科的建构和研究有指导意义。但这种指导,必须以实践为准则。一切有意义的学科都是因为实践的需要而产生和建立的,实践是学科构建和发展的根本动力和标准。以某种哲学为指导,无论这个理论多么先进、完备,都必须尊重和服从学科建设本身的实践,尊重学科自身发展的规律,在实践中推动学科和理论的发现和发展。再深一步,如果说哲学是指导一切的,那么,谁来指导哲学?毫无疑问,是实践,是人类认识世界、改造世界的实践直接推动哲学本身的发生、建设,指导哲学在各学科建设的基础上,逐步成为具有元理论意义的世界观和方法论。哲学指导文学,也就是用文学以外的理论和方法认识文学,不能脱离文学的实践和经验。文学理论在其生成过程中,接受其他学科的研究方法和思路,其前提和基础一定是对文学实践的深刻把握,离开这一点,一切理论都会失去生命力。其必然结果是,理论的存在受到质疑,学科的建设趋向消亡。盲目移植,生搬硬套,不仅伤害了文学,也伤害了作为理论指导的哲学。

第二,历史唯物主义揭示了社会历史发展的基本规律,是我们认识世界和历史的正确的世界观和方法论。我们应该用它来指导我们的文学理论研究和批评。但正如马克思、恩格斯本人所说明的,他们所创造的理论只是指南，而非教条。恩格斯这样写道："如果不把唯物主义方法当做研究历史的指南，而把它当做现成的公式，按照它来剪裁各种历史事实，那它就会转变为自己的对立物。"① 我认为，这段话已经说清楚历史唯物主义的指导与场外理论征用的区别。这种区别在于，前者提出一个方向，后者是固定一个模式，这是出发点的不同。前者以事实为根据，根据事实修正理论；后者以模式为根据，根据模式剪裁事实，这是方法论的不同。前者是为了找到事物发展的本来规律，后者是为了证明理论的正确，这是落脚点的不同。马克思主义经典作家反复强调，他们的理论不是"套语"，不是"标签"，不是把它随便贴到什么地方，就能解决问题。恩格斯对德国的青年著作家说："我们的历史观首先是进行研究工作的指南，并不是按照黑格尔学派的方式构造体系的杠杆。必须重新研究全部历史，必须详细研究各种社会形态的存在条件，然后设法从这些条件中找出相应的政治、私法、美学、哲学、宗教等等的观点。"② 看看，这是有了指南，还要重新、全部、详细地从头研究，哪里有把自己的理论当作模式、公式，并用来随便剪裁事实的半分痕迹？

第三，我们必须坦率承认，马克思、恩格斯本人，不是专门的文艺理论家、文学批评家。他们的文学批评文本，大多是对朋友或战友的文学作品的鉴赏和评价。他们用历史唯物主义的立场、观点、方法来分析认识文本，但从不简单地贴标签、喊口号、戴帽子。他们所坚持的历史的、审美的方法，体现在对文本的细致分析上，体现在结论建立在文本的实际内容上，绝无强制色彩。信手拈来一个例子：恩格斯对斐迪南·拉萨尔的剧本《弗兰茨·冯·济金根》的批评。这是恩格斯写给作者的一封短信。恩格斯首先表明，对这部作品他先后读了四遍。在这个基础上，他做出判断，认为"当前德国的任何一个官方诗人都远远不能写出这样一个剧本"，这个剧本"是反映我国文学特点的"。③ 恩格斯立足于文本分析，首先谈形式，对情节的巧妙安

---

① 参见《马克思恩格斯选集》第4卷，人民出版社2012年版，第595页。
② 同上书，第599页。
③ 同上书，第439页。

排，从头到尾的戏剧性，戏剧语言，尤其是韵律处理，以及剧本是否适应舞台上演，无一不是从文本的实际出发，对文本做出文学的阐释。在评论作品的思想内容和形式的关系时，恩格斯提出了他著名的美学观点，"我们不应该为了观念的东西而忘掉现实主义的东西，为了席勒而忘掉莎士比亚"，主张任何思想性的努力都必须以美学和艺术的方式生动地表达出来，不能因为思想性而缺失艺术性。[①] "较大的思想深度和自觉的历史内容，同莎士比亚剧作的情节的生动性和丰富性的完美融合"，"正是戏剧的未来"。[②] 我们看到，对这部戏剧的评论，恩格斯"是从美学观点和史学观点，以非常高的亦即最高的标准"来衡量作品的，[③] 他的美学和史学评论都是紧紧围绕着文本自身所表达和扩大的内容展开的。他用讨论的口吻说："我觉得刻画一个人物不仅应表现他做什么，而且应表现他怎样做"；"我认为您原可以毫无害处地多注意一下莎士比亚在戏剧发展史上的意义"；"我最喜欢济金根和皇帝之间，教皇使节和特里尔大主教之间的几场戏"。这里有一丝丝用场外理论强制于作者的非文学阐释吗？[④]

就到这里吧，规定的字数已经超过了。

[①] 参见《马克思恩格斯选集》第4卷，人民出版社2012年版，第442页。
[②] 同上书，第440页。
[③] 同上书，第443页。
[④] 同上书，第441页。

场外征用与文学的跨学科研究再识
——答张江先生[*]

王 宁[**]

张江先生：

三周前刚把我的回应文章发去，您的这封信又紧接着到了，真是效率很高！看来您确实对这一系列关于文学理论的问题有着长期的深入思考。实际上，您这封信中提到的两个问题也都是我十分感兴趣的问题，同时也是我曾作过一些研究的问题。受之启发，我不妨在过去的研究基础上再提出一些新的想法，权且充作对您这封信的一个回应吧。

您对当代文论中出现的"场外征用"这一现象的理解是，阐释者不从文学文本的阅读出发，而是带有强制性地使用一些文学以外的理论，来阐释文学现象，因此其最终的旨归并不在文学本身的研究，而在于证明阐释者自己或自己所仰慕的理论家的理论的正确性和有效性。这显然是许多作家和批评家所反对的，这其中的一个十分明显的弊端就在于，结论并非是在对文学现象进行阐释的过程中逐步得出的，而是在还未开始阐释之前就已经得出了结论，而阐释则是围绕这一结论去佐证的。这显然是对您上封信中提及的"强制阐释"的进一步发挥和深化。当然，这样做的一个后果就是理论先行，一切以理论为中心，而非以文本为中心。我对此也谈谈我的一些看法。

正如我们都知道的，美国新批评派的代表人物雷内·韦勒克曾把

---

[*] 本文原刊于《清华大学学报》（哲学社会科学版）2015 年第 2 期。
[**] 作者单位：上海交通大学人文艺术研究院。

19 世纪称为"批评的世纪",但随着他对 20 世纪文学批评理论的多元发展走向的关注,他不禁惊异地发现,实际上 20 世纪才是真正的批评的世纪。这里需要加以区别的恰恰是:19 世纪以及在此之前的文学批评理论大多是文学理论批评家通过一定的文学实践和经验抽象出的理论,因此有着鲜明的审美特征和很强的针对性和可操作性;而正如您信中所言,20 世纪的各种西方文论,除了俄国形式主义以及英美新批评外,大多是从文学以外的各个学科进入文学批评领域的,其最终的旨归也很不一样。它们中有的注重文本及其相关的关系,如结构主义,因而卡勒称其为"文本理论";有的则致力于建构一种文学批评体系,如弗莱的原型批评理论等,因而最终的旨归依然在文学;还有的则注重阐释或对自身理论的有效性的证实,例如精神分析学、现象学等,因而卡勒干脆称它们为"理论"。西方马克思主义也是来自文学以外的一种理论,它也很重视对文学现象的阐释,因此弗雷德里克·詹姆逊便称自己的理论为马克思主义的阐释理论,他虽然主要是一位比较文学学者和文学理论家,但他对文学现象的解释往往站在一个哲学的高度来进行,因而得出的结论往往有着更广泛的影响,而造成的一个后果就是一些文学研究者并不买他的账。这样的例子很多。而雷蒙德·威廉斯则始终游离于三个领域:文学创作(他同时撰写小说、戏剧、新闻报道和文学批评)、文学理论(例如他的《马克思主义与文学》就是一部理论性很强的学术著作)和文化研究,因此他同时得到上述三个领域的承认。特里·伊格尔顿也基本上是在三个领域之间游刃有余地著述:文学理论、文学批评和文化批评。确实,诚如我们已经注意到的,进入 20 世纪以来,大量文学以外的人文社会科学理论蜂拥进入文学批评和研究领域,这自然极大地拓宽了传统的文学批评的领地,形成了一种文学批评的多元走向。有的理论自身不断地演绎进而成为指向理论而非文学的一种元理论(metatheory),对于文学理论逐渐独立于文学创作进而成为一种自满自足的理论话语起到了极大的作用。因此难怪在各种理论大行其道时,我们仍然能够不时地听到"审美的回归"和"文学的回归"的声音,但这样的声音实在是十分微弱,因而很快便淹没在理论话语的众生喧哗之中。这种情况不仅出现在文学理论界,同时也更多地出现

第一编 场外征用

在比较文学界。因为在西方，特别是在美国，文学理论家大多以比较文学教授的身份在大学里教书。由于比较文学的美国学派是以反叛法国学院派的影响研究起家的，因而从一开始就比较关注各种新的理论，并有着鲜明的跨学科特征。

上面我只是先提及一些现象，实际上，透过这一表面的现象再究其本质，我们便可以提出这样一个问题：理论上的场外征用与文学的跨学科研究有何联系？这二者在何种意义上是有所区别的？关于理论的场外征用之弊端您信中已作了较为详细的阐述，我也表示同意。我这里想进一步发挥的是文学的跨学科研究，因为人们往往会将这二者混为一谈。

进入20世纪以来，文学理论的多学科走向和非文学来源已经成为一个大趋势，这一方面说明文学批评自身的理论匮乏，它无法像以往那样从自身的创作和批评实践中提炼抽象出理论，因而不得不借助于非文学的教义来武装批评家和研究者。另一方面则说明，非文学的理论话语的力量如此强大以至于它受到文学批评家和研究者的热情拥抱和创造性运用。正如我在上封信中所表明的，一种理论之所以能够受到众多实践者的重视和追捧，也至少说明这一理论本身并没有错，它若仅用于解决自身领域中的问题应该是行之有效的，但是它们为什么会在文学领域内大行其道呢？这也有着两方面的原因：

其一，提出这些理论的人从来就不满足于自己的理论仅仅用于解决本学科的一些问题，他们总是希望自己的理论具有普世的意义和价值，也即能用于解决其他学科，或至少是整个人文学科各领域的问题，就像弗洛伊德当年所企盼的那样。当然，弗洛伊德的理论在人文学科诸领域产生巨大影响的同时，其弊端和谬误也逐渐暴露出来了，因此它受到诟病就不足为奇了。后来的各派精神分析学批评家实际上在自己的批评实践中已经对弗洛伊德的一些基本原理作了各取所需的运用，并加以发挥和改造。再加之有些理论家本人就是文学爱好者或业余批评家，他们往往在自己的专业研究之余阅读了一些文学作品，并且提出自己的见解。但他们的目的也是不同的：或者通过文学来解释社会问题，或者通过文学分析来证明自己的理论之有效性。例如弗洛伊德和马克思等就是如此。您在信中举出的马克思主义创始人的文学理论见解的形成就很有说服力。确实，马克思和恩格斯的许多文学观点就是在和朋友的通信中十分平和地提出的，并没有强制阐释的成分，只是后来的马克思主义研究者沿着马克思恩格斯著述的轨迹梳理出一条马克思主义的文学理论发展线索。再说，马克思恩格斯总是从文学现象出发，从对文学文本的细读开始提出自己的文学观点的。因此当一些当代学者指责马克思缺乏七情六欲和基本的艺术情感时，伊格尔顿便在自己的著作中针锋相对地为之作了辩护，"马克思本人作过诗，写过一篇未完成的诗歌剧，并且留下了大量关于艺术和宗教的手稿。他还计划过筹办一份戏剧评论的杂志，也想过要写一部关于美学的专著。他在世界文学领域也具有广博的知识"[①]。可以说，马克思对世界文学作品的判断对于后来的世界文学文选编辑者们也产生了导向性的影响。因此我们便要探讨为什么他们会对这些文学作品产生兴趣并加以评点，以及为什么这些评点会对同时代及后代的文学研究者产生启迪和影响。

  众所周知，马克思主义创始人生前对欧洲文学史上的经典作家做过许多论述，例如在谈到荷马史诗时，他们指出，荷马史诗作为古希腊时代特定的产物，是文学史上高不可及的范本。在谈到但丁的划时代意义时，恩格斯提出了极具洞见的看法，认为但丁是中世纪的最后一位诗人和新时代的第一位诗人。莎士比亚也是马克思十分钟爱的一位作家，在对莎士比亚的创作与席勒的创作进行比较时，马克思毫不犹豫地指出，自己更加偏爱前者，他旗帜鲜明地表明了自己的偏好，认为文学创作应遵循一种"莎士比亚化"的美学原则，也即意识到的思想内容与完美的艺术形式的结合，而不应当像席勒的创作那样仅满足于做时代精神的简单传声筒。今天的马克思主义批评家已经自觉地用"莎士比亚化"作为评价优秀的文学作品的标准之一。由此可见，马克思主义创始人对文学的一些批评性见解在很大程度上其旨归仍然是文学，只是打上了鲜明的历史和意识形态性。

  其二，则是文学批评家和研究者的主动接受和创造性发挥所导致

[①] [英] 特里·伊格尔顿：《马克思为什么是对的》，李杨、任文科、郑义译，新星出版社2011年版，第127页。

的结果，这一点尤其体现在精神分析学和解构主义在美国的接受和运用上。这两种来自欧陆的理论在欧洲的运用还是比较有限的，基本上限于本学科领域内，但一经传到美国，情况就不同了，它们分别受到了空前的礼遇进而形成了阵容强大的精神分析学派和解构主义批评学派。它们自身的合理内核自不待言，否则怎么会有那么多的文学批评大家对之如此拥戴和追捧呢？但是在运用到阐释文学现象时就出现了两种情况：一种是以文学作为研究对象，其最终的旨归在于证明理论的有效性，另一种才是真正为了丰富文学批评和文学阐释的多元取向。对此我们应加以区别。有鉴于此，我曾在20世纪80年代后期从比较文学入手，提出了文学的超学科研究，① 这么多年过去了，我依然觉得我当时提出的这一模式有几分道理，现在加以修改发挥再次提出，以就教于各位先生。

我认为，我所谓的超学科比较文学研究除了运用比较文学研究的一般方法外，还必须具有一个相辅相成的两极效应。一极是"以文学为中心"，立足于文学这个"本"，由此渗透到各个层次去探讨文学与其他学科之间的相互渗透和相互影响关系，然后再从各个层次回归到"本体"，求得外延了的本体。另一极则是平等对待文学与其他相关学科及其他艺术门类的关系，揭示文学与它们在起源、发展、成熟等各阶段的内在联系及相互作用。最后，要在两极效应的总合中求取"总体文学"的研究视野。也就是说，它的起点是文学，经过了一个循环之后又回归到文学本体来，但这种回归并非简单的本体复归，而是一种螺旋式的本体超越，最后得出的结论大大超越了原来的出发点，而是进入了一个更高的层次。实际上超学科比较文学研究熔影响研究、平行研究、类比研究等各种方法于一炉，达到了多学科、跨语言、跨文化的综合比较之层次，但最后的结论依然是落在文学上。在具体实践中，这种方法又不同于一般的文学研究，它不屑于对文学思潮流派、文学现象、文学范畴、审美符号、创作规律、创作活动、创作心理、读者阅读—接受心理、批评鉴赏等问题泛泛而谈，而是通过多方面的比较，立足于文学本身的角度，去探讨文学与其他学科的内

---

① 参见王宁《比较文学：走向超学科研究》，《文艺研究》1988年第5期。

在关系和相互影响；同时，也通过对各门艺术的鉴赏和比较，发现文学与其他各门艺术在审美形态、审美特征、审美效果以及表现媒介方面的共同点和相异之处，揭示文学与这些艺术门类的内在联系，最终站在总体文学的高度，总结出文学之所以不同于其他艺术的独特规律，进而丰富和完善文学研究本身的学科理论建设。因此，这一研究模式的旨归依然是文学。说的再具体一些：弗雷德里克·霍夫曼的《文学与心理学》属于（比较）文学的范畴，而荣格的《心理学与文学》则属于（比较）心理学的范畴；因为前者的旨归在于文学，后者则在于心理学。您信中还提到生态批评的不恰当运用，我也有同感，同时这也是我近年来致力于研究的一个重点。这里我也不妨发表一些不成熟的见解。生态批评近十多年来在中国的文学研究界也方兴未艾，这一领域的学者发表了大量的著述，实际上在某种程度上形成了生态文学研究的一个中国学派。生态批评顾名思义，所针对的对象就是以生态环境为题材的文学作品。按照美国的生态批评家彻里尔·格罗特菲尔蒂（Cheryll Glotfelty）的定义："生态批评就是对文学与物质环境之关系的研究……生态批评家和理论家提出这样一些问题：自然是如何在这首十四行诗中得到再现的？物质场景在这部小说的情节中扮演着何种角色？这出戏中表现的价值与生态学的智慧相一致吗？我们何以展现作为一种文类的自然写作之特征？"[①] 如果说，在前工业革命时期的自然景观中，自然的、原始的成分还居多的话，那么在当今这个后工业和后现代社会，未经人类开发的纯粹的自然成分已经十分稀有了，自然大多与人类的生态环境融为一体，或者说大多成了一种"人化的自然"。而生态批评则要通过对以人与自然为主题的文学作品的阅读引领人们返回到自然的原生态中，让人们尽情地享受大自然的原始和素朴。因此生态批评首先发难的就是人类中心主义，其鲜明的解构倾向是十分明显的。仔细考察生态批评的一些原则和理论主张，我们便不难发现，生态批评家从德里达的解构主义理论那里挪用了反逻各斯中心主义的武器，将其转化为反人类中心主义的目的。

---

① Cheryll Glotfelty and Harold Fromm eds., *The Ecocriticism Reader*, Athens and London: The University of Georgia Press, 1996, "Introduction", p. xix.

在生态批评家看来，人类中心主义的发展观与一种可持续的科学发展观是截然对立的，它把人从自然中抽取出来并把自然视为可征服的对象，这样人与自然对立的观念便造成了割裂整体、以偏概全、用人类社会取代整个生态世界的现象，产生了目前的这种生态危机之后果。而生态批评家则试图借助文学的力量来呼唤人们的自然生态意识的觉醒。在卢梭、华兹华斯、哈代、爱默生、梭罗等作家的作品中，自然甚至被顶礼膜拜，具有了某种"神灵"的意义，而人则是世间万物中的一个普通物种。由于文学家最热爱自然，最贴近自然，对自然的一切变化也就最为敏感，因而他们的呼唤实际上起到了生态文明建设的先驱者的作用。当然，作为一种文学批评方法，生态批评的出现从根本上改变了文学批评界长期以来占统治地位的以人（社会、作者和读者）为本和以文本（作品）为本的既定批评定势，使得以（文学中的）生态环境指向和（文学文本的）自然生态阅读占据了批评家的批评想象和理论话语。但生态批评家在阐释文学现象时也有着两种取向：其一是从文学文本出发，借助于生态学的理论视角来重新审视文学，力图使自己的阅读丰富文学意义的阐释；另一种取向则是您所批评的那样，以生态学的理论对文学文本进行强制性的阐释，其最终目的在于实现自己更大的"野心"。

不知我这样理解可否？

文学理论的来源与用法
——关于"场外征用"概念的一个讨论*

周 宪**

张江先生：

你关于《关于场外征用的概念解释》的文字读后颇有些想法，你在文中指出了当代西方文学理论的一个普遍倾向，即"场外征用是当代西方文论诸多流派的通病，许多'学派'和'主义'都立足于此，从文学场外征用理论，对文本和文学做了非文本和非文学的强制阐释"。你把这个倾向定义为西方文学理论的"通病"，并用几个非常典型的分析例证说明了这一"通病"的危害。结合你上一次所讨论的"强制阐释"概念，"场外征用"可谓是"强制阐释"原因的进一步阐说，这表明你对这些问题的思考是很系统很深入的，并力图从复杂的知识谱系源头上清理出强制阐释所以形成的原因。照你的一贯看法，这些"通病"乃是用非文学的理论来说明文学，因此不免戕害了文学文本及其文学的阐释。平心而论，这种现象的确在当代西方文学理论中普遍存在，当代各种思潮和理论，无论来自何领域，也不论其原初讨论的合适对象是什么，都不同程度地被引入文学理论研究，从精神分析到结构主义语言学，从现象学、存在主义等哲学思潮，到形形色色的社会理论，从历史学到人类学，林林总总的理论都不同程度地对当代西方文学理论产生了影响。不仅其他学科性的知识被引入文学，而且各种社会思潮或跨学科的方法和观念，也侵入文学研究的

---

* 本文原刊于《清华大学学报》（哲学社会科学版）2015年第2期。
** 作者单位：南京大学艺术学院。

第一编 场外征用

领地，这些外来的"侵入"深刻改变了当代文学研究的观念和方法。

读了你的信，有两个重要概念值得讨论，一个是"场外"，一个是"征用"。前者比较容易理解，是指文学研究领域之外的知识，它们的发生和发展都和文学无关，从知识谱系上说就是非文学性的知识；较之于前者，后者则是你着力解释的核心范畴，你特别指出了"征用"的三个特点：其一是"强制"，即"许多概念、范畴，甚至基本认知模式都从场外直接取来，强行用作文学场内的基本范式和方法，直接侵袭和消解了理论与批评的本体意义，使文学的理论背离了文学"。其结果乃是对"文本阐释上的强制"。这就和你的基本想法——"强制阐释"——关联起来了。其二是解构，就是用场外理论"强制文本，使文本服从理论"。其三是"重置"，即打乱原生话语，"重新组织、转换为场外理论指定的话语"。你的结论很清楚："经过征用者的重置，文本成为理论的婢女，一切结论都是'被理论'的结果。"

一言以蔽之，场外征用搅乱了文学研究，它在强化场外理论的合法性的同时又偏离文学阐释和文学文本，进而失去了文学研究的文学特性。毫无疑问，你说的情况确实存在，的确有不少西方当代文学理论的研究如你所指出的那样存在明显弊端。就此而言，你的看法把握到了西方当代文学理论的脉络，直击文学理论研究中的场外征用的固有局限。

从你的这些论断出发，我以为还可做进一步的思考，所以我也想就此机会谈一些由你的看法所引发的思考。

如何界定文学理论研究的"场内"和"场外"，这大概是一个相对的、历史性的概念。因为历史地看，文学研究的场域从来不是一个固定不变的，无论中西古今，文学研究的场域总是随着时代和文化的变迁而不断变化的，所以并不存在亘古不变地属于文学场的理论资源。王国维说"凡一代有一代之文学"，文学理论亦复如此。换言之，在文学理论的发展史上，场内和场外往往是变动的、交换的，以前是场外的理论经过一段时间的使用和改造，慢慢就变成场内资源了。也许正是因为这些场内外理论资源的交换和变动，所以文学理论的观念和方法才随时代而进步。但是，你却敏锐地指出了当代情况，那就是当代理论生产非常兴旺，各行各业产出形形色色的理论，于是在当代西方文学理论研究中，理论资源的场外征用成了普遍情景，这确乎是当代知识生产的特点。在这个新理论层出不穷的时代，各式各样的理论都会被拿到文学理论中来实验一番，有相当一批场外理论转化为这一时期文学理论的流派和方法，像我们所熟悉的精神分析、符号学、结构主义、解构主义、女性主义、新历史主义、生态批评等。所以我的看法是，场内和场外乃是一个相对的概念，有时我们很难划分一条分界线说哪些是场内理论，哪些是场外理论。更重要的是，当代知识生产的特征已经越来越倾向于跨学科和多学科，中国台湾地区学界的一个说法更为传神，即所谓"科际整合"。在英文中有四个相关的概念：inter-disciplinary，multi-disciplinary，cross-disciplinary，trans-disciplinary，分别意味学科间、多学科、跨学科和超学科。我想"科际整合"大致说的就是这一复杂的知识胶着状况，学科间的互动和交往已是一个普遍现象。不管怎么说，有一点是可以肯定的，那就是文学理论已经不再拘泥于传统的知识体系，而是在不断地寻找新的理论资源，因此，场外理论的场内运用在所难免。对任何一个当代文学理论家来说，多学科和跨学科的知识和视野是不可避免的，囿于传统知识是无法完成文学理论当代发展之重任的。所以，就强制阐释而言，问题的核心好像不是种种理论的"出身"，而是在于其阐释文学的相关性和有效性。

你关于"场外征用"有三个要点：强制、解构和重置。在我看来，后面两个要点显然没有第一个重要，因为任何阐释总在一定程度上会解构和重置文学作品。阐释的强制性是你理论分析的一个支撑性论点，无论理论源自场内还是场外，只要这种理论阐释的重心不在文学而在理论本身，如你所言就免不了带有强制阐释的特征，场外理论的征用不过是为强制阐释提供了更多的可能性而已。依据你的推论，强制阐释者是强制征用其他学科理论，移植施用于文论场内，强行用作文学场内的基本范式和方法，直接侵袭和消解了理论与批评的本体意义，使文学的理论背离了文学。毫无疑问，这样的情况是普遍存在的，但这里需要区分或许是阐释文学的目标所在，而不是用了什么样的理论。所以，场外理论与强制阐释之间是否有直接的对应关系尚需进一步推敲。是不是有这样的情况存在呢？亦即场外理论如果运用得当并得法，也可以丰富和深化文学理论及其文学阐释。比如，符号学和结构主义理论等，一旦引入文学理论，并与文学理论的某些传统加以融合，便产生新的解释效力。其实，强制阐释的关键在于阐释者的阐释目标，而非理论来源。鲁迅在谈到《红楼梦》的解读时说道：不同的人读《红楼梦》会看到全然不同的东西，"道学家看到了淫，经学家看到了易，才子佳人看到了缠绵，革命家看到了排满，流言家看到了宫闱秘事"。从纯粹的文学立场来说，这些解读大多属于强制阐释。这一点你在上一封信中有非常明确的界定，在这封信里，你再次重申了这一看法："用理论强制文本，使文本服从理论。"道学家和经学家各有其理论，因此他们对《红楼梦》的解读不过是印证各自的假设和推论，才子佳人和革命家虽理论不同，但强制阐释这一点是如出一辙。他们阐释之意不在文学而在其"学"，难免有臆测和杜撰，改变了文本也偏离了文学。但是，这又引出另外一个问题，即如何看待那些阐释本意并不在于文学的阐释呢？这个问题与场外理论及其征用复杂地纠结在一起。我们知道，文学是一个无所不在的文化现象。对文学感兴趣的也远不只是专事于研究文学的人。我们有理由认为，文学作为一种语言现象，引起了语言学家的兴趣不足为奇；作为一种历史记忆，自然引发了历史学家的关注实属常见；作为一种社会或政治现象，激起了政治学家的阐释热情也无可指责；作为人的心理反映，很容易成为心理学家说明心理学理论的范例。从这个意义来看，场外专家对文学的兴趣不亚于场内人士，但其指向却显然有别于场内的文学研究。问题在于，他们对场外理论的征用与文学场内的固有理论旨趣产生了某种张力，或是直接威胁到传统文学阐释的合法性，或是分裂了场内的文学研究。场内有人被场外理论所感召，被新奇的解释所吸引，于是把注意力转向这些"奇谈怪论"。这里我想用知识社会学的一些场外理论来解释这一现象。

我们知道，当代社会是一个知识社会，各种各样的知识被生产出来，如今已经成为确确实实的"商品"。既然是商品，就与知识生产者和消费者密切相关。从生产者角度来说，一种理论是否有市场，决定了生产者的地位和影响。于是，作为理论的商品也就具有文化资本或象征资本的功能,那些有影响的理论会给其生产者带来高额回报的文化资本,成为理论市场中人们趋之若鹜的消费品。在文学理论场内,各种争奇斗艳的理论新品牌或新产品所以层出不穷地被引进或炮制出来,其后就隐含了在文学研究场内的理论市场上比拼竞争的意味。在知识的市场上真正的"百花齐放"其实是不可能的,一定是有些奇葩更奇、更艳、更有吸引力,有的花则略显颓败、衰微和寻常。就像消费品市场上总是存在着大量的"追新族"一样,文学理论的生产场内也有不少的"理论追新族"。自20世纪60年代末以来,大量场外理论被引进文学理论场内,一个重要的原因就是知识生产和消费的这种文化资本功能。在那些如雷贯耳的理论大师创新的观点和方法的外衣下,不难察觉他们聚集和攫取文化资本的强烈动机。所以,场外新理论大量涌入文学理论场内,就没什么惊奇的。每当场外新理论独占鳌头风光无限时,老派的文学研究方法和概念就被冷落了,曾经独领风骚的旧大师们便风光不再,文学理论的文化资本便无可避免地流向新理论、新观点和新方法。解构主义理论的兴起就是这样的典型范例。诚然,知识社会学的这种解释还不够,必须辅以文化政治学的说明。从文化政治学角度看,当代文学理论所以热衷于征用场外理论,其实还有更为复杂的人力资源方面的代际政治原因。自第二次世界大战以降,西方文学理论这个劳动力市场内涌入越来越多出身于非主流社会的新成员,他们有的来自中下层阶级,有的来自少数族裔,有的来自其他非西方文化。这些文学理论的知识生产场新来者,在一个文化多元论时代,刻意要区隔于老派的"欧洲白人中产阶级男性异性恋"的文化身份,努力塑造并表征自己独特的文化认同。于是,文学理论的书写就不再是一种客观的知识探求,而是这些来自底层的、边缘的、少数的和被压抑的新来者的权益表达的场所。文学研究并不出自纯粹的审美趣味,而是对某种政治立场和文化身份认同的选择。更有趣的是,场外兴起的解构主义思潮,为这些新来者提供了从边缘抵制和颠覆中心的有效武器。因为依照解构理论,一切都是话语的建构,所以文本、话语、表征的探讨蔚为大观。既然一切都是被建构起来的,既然话语受制于"求知意志"和"认知型",那么,重要的问题就不是说明文学是什么,而是揭示文学为何如此。于是,各种各样带有明显小叙事特征的文学理论,以其尖锐的政治性锋芒杀入被传统文学趣味统治的文学王国。新批评派的理论主张受到了严峻挑战,"种族—性别—阶级理论家"(race-gender-class theorists,艾利斯语①)成为文学理论家们争相张贴的标签,文学理论的传统路数已经被"政治正确"的诉求所取代。在这种情况下,场外种种政治性的理论或观念长驱直入进入文学阐释,文学性传统话题遂被宣判为欧洲白人中产阶级的意识形态。文学理论研究与其说是知识探求,不如更准确地说是一个"文化战场",这里充满了政治争斗的硝烟。在这样一个充满角力、争议和抵牾的文化战场,实用主义、工具主义地对待理论的态度潜在地影响着文学理论家们。任何场外理论只要有助于在这场战争中获胜,便拿来使用一番。文学性在如此这般的过度政治阐释中被边缘化了。

不过,凡事总有另一面。虽说场外征用给文学理论研究带来一些问题,但是我们看到,似乎也存在着一个相反的运动轨迹,即被征用的场外理论经过文学理论的洗礼,又对场外其他知识领域产生影响。比如,20世纪80年代,当文学理论开启诸多新理念时,艺术史研究仍忠实于19世纪的老派做法,这就引发了一些思想敏锐的艺术史学者们的抱怨和变革。著名艺术史论家布列逊就直言:"这是个可悲的事实:艺术史的发展总落后其他的人文学科研究……过去的三十年,文学、历史、人类学等研究都相继做出了重大变革,艺术史学科依然停滞不前毫无进展……逐渐退到人文学科的边缘地带……唯有彻底检讨艺术史的研究方法(那些操控着艺术史家标准的活动、未被言明的假设),情况才会有所改善。"② 反观今天的艺术史研究,文学理论中曾经风光无限的各种理论,也大都对艺术史产生不可小觑的影响,深刻地改变了艺术史研究的景观。再举一个例子是叙述学,这个最初由符号学和结构主义创立的理论,被已引入文学理论研究场内之后,获

---

① John M. Ellis, "Is Theory to Blame?" in Daphne Patai&Will H. Corral, eds., *Theory's Empire: An Anthology of Dissent*, NewYork: Columbia University Press, 2006, p.98.
② Norman Bryson, *Vision and Painting*, New Haven: Yale University Press, 1983, xi. 转引自 Pam Meecham&Julie Sheldon:《最新现代艺术批判》,台北韦伯文化国际出版有限公司2006年版,第 xxii 页。

得了巨大的发展,并逐渐成熟和拓展,反过来由"场内"转向"场外",对电影、造型艺术、历史、人类学、哲学、教育学、心理学等诸多领域产生深刻影响,以至于有人认为存在着某种超学科界限的"一般叙事学"。但是,如果我们对叙述学稍加关注,就会发现其内的许多概念、原理和方法,均在很大程度上受惠于文学的叙事体裁的研究实践。这就清晰地表明了场内外理论关系的另一个辩证法,即场外征用也会歪打正着地产生某种场内效应,进而造成意想不到的场外影响。

关于场外征用问题的几点思考*

朱立元**

张江先生：

来信收到。您关于场外征用概念逻辑严谨的阐释，我总体上同意。不过，还有几点具体想法和补充意见提出来，供您参考。

毫无疑问，您重点解释场外征用的"征用"概念，是完全正确的。因为，在我看来，无论中西文论，场外的借用或者利用，都是最基本的路数。但是，强制性的征用就大不相同了。西方文论，古希腊柏拉图的"模仿"说视艺术与真理隔着三层；亚里士多德的悲剧"净化"说把悲剧艺术的功能放在伦理、心理层面的心灵洗涤和净化上；古罗马贺拉斯的"寓教于乐"说也将艺术的道德教化作用放在首位；中世纪的神学美学视艺术为神学的奴婢；莎士比亚把美、善、真，而不只是美看成自己创作"全部的主题"；新古典主义文论家布瓦洛主张诗的创作须把真善统一的理性看得高于一切；启蒙主义文论家狄德罗、莱辛等要求戏剧具有改善人性的道德教化功能；德国古典美学的开创者康德在把无功利性作为审美四契机之一的同时，强调归根结底"美是道德的象征"，而集大成者黑格尔则突出艺术美根本上应具有伦理实体性，体现"好的道德教训"……由此可见，对文学艺术进行阐释的场外借用或者利用，在西方文论史上有着悠久的传统。就是马克思、恩格斯，诚如您精辟分析的那样，他们绝不是离开文学艺术的创作实践和作品本身，采取场外征用的强制手段来"六经

---

* 本文原刊于《清华大学学报》（哲学社会科学版）2015年第2期。
** 作者单位：复旦大学中文系。

注我"，即把文艺作品当作论证自己理论的工具；但是，应该说，他们对文学艺术的阐释，在相当多的情况下，还是立足于场外借用的方式的。比如，他们高度评价巴尔扎克的现实主义的代表作《人间喜剧》，称赞它不仅真实生动地描绘了19世纪初法国急剧变化的社会生活的典型环境，而且塑造了"贵妇人""怎样让位给为了金钱或衣着而给自己丈夫戴绿帽子的资产阶级妇女"的典型形象，因此"给我们提供了一部法国'社会'，特别是巴黎上流社会的无比精彩的现实主义历史"；[1] 又如他们倡导现实主义文学应该以描写被压迫阶级为主人公，赞赏当时英法小说的写作风格"发生了一场彻底的革命；先前这类故事的主人公都是国王和王子，现在却是穷人、被歧视的阶级，而构成小说主题的，则是这些人的遭遇和命运、欢乐和痛苦……这一类新的小说著作家，如乔治·桑、欧仁·苏和博兹，确实是时代的标志"。[2] 这一些例子足以证明，马恩的文学评论决不是场外"征用"，但确实属于场外借用。所以，您的来信完全正确地把强制阐释限定在场外"征用"这一点上，而不是扩大到一般的场外借用或者利用上。这就准确地把握和揭示出强制阐释的强制性特征的一个极为重要的方面。

我想补充一点的是，这种场外征用其实并不是当代西方文论的专利，而也是古已有之的。其典型代表就是柏拉图。柏拉图在西方文论史上第一次将艺术的政治思想内容和社会教育功用放在首位。他从严格的道德标准出发，批评和清洗各种艺术。在《理想国》第3卷中，柏拉图苛严地批评他所敬爱的荷马的史诗《奥德赛》和《伊利亚特》，指责荷马把最伟大的神宙斯描写得失去本来面目，宙斯"色欲一动，就把什么都忘了"；还批评他把阿喀琉斯写成"时而站起沿空海岸行走，哀恸得像要发狂；时而用双手抓一把黑灰撒在头上；时而痛哭流涕"，还写阿喀琉斯贪婪腐败，要收礼才肯办事……这些神本不该有的非道德的弱点，如不知羞耻、没有勇气、暴烈心理、轻易发笑和轻易痛哭等，硬被荷马强加在神的身上。按照柏拉图制定的标准

---

[1] 《马克思恩格斯文集》第10卷，人民出版社2009年版，第570—571页。
[2] 《马克思恩格斯全集》第3卷，人民出版社2002年版，第556页。

来看，荷马的这类模仿既是对神的大不敬，而且也不真实。柏拉图并把这个道德标准强行推行到城邦的现实生活中去，定下强制性法规，在城邦中禁止这类模仿，指责它们过分强调感性刺激，逢迎了人性中的低劣部分，最受下层民众的欢迎。为此，柏拉图不仅把这类模仿排除在艺术之外，而且要把这种模仿诗人逐出理想国。这难道不是典型的场外征用吗？看来当代西方文论中以场外征用方式进行强制阐释是有历史根源的，并不是突然从天而降的。不知道您以为如何？

不过，您将20世纪初开始的整个当代西方文论基本上归入场外征用的看法，似乎可以商讨。您通过大致的统计，认为"从上世纪初开始，除了形式主义及新批评理论以外，其他重要流派和学说，基本上都是借助于其他学科的理论和方法构建自己体系的"。此话甚是。不过我以为其实俄国形式主义和其他相关的批评也不是持纯粹的自主批评理论，比如他们大都直接受到瑞士语言学家索绪尔的结构语言学的影响，并自觉借助于语言学理论来建构形式主义的批评理论，应用到文学批评实践中去。如其代表人物雅各布森（后来也是布拉格学派的代表人物）就认为，文学理论或者诗学是语言学不可分割的一部分。他们接受了索绪尔关于语言符号系统、共时性和语言学中各种因素相互类比的结构观点，把音位学作为语言成分的音素用来剖析和建造文学语言的形式结构。俄国形式主义的另一位代表人物、"陌生化"理论的提出者什克洛夫斯基也以语言学理论为根基，强调语言是实现陌生化过程的重要保证与条件，也即强调艺术陌生化的前提是语言陌生化。就此而言，形式主义也应该归入场外借用一脉。但是您接着说："场外征用是当代西方文论诸多流派的通病，许多'学派'和'主义'都立足于此，从文学场外征用理论，对文本和文学做了非文本和非文学的强制阐释"，"当代西方文论对其他前沿学科理论的依赖愈深愈重，强制征用场外理论，已成为当代文论生成发展的基本动力，从根本上改变了当代文论的基本走向"。我觉得这里有两个问题可以进一步思考：

第一，按照马克思主义的观点，文学本身是一种高居于经济基础和上层建筑之上的一种特殊的社会意识形态形式。受到英国马克思主义文论家伊格尔顿的影响，目前国内文艺理论界占主流地位的关于文学本质的观点是：文学是具有审美性和意识形态性的语言艺术。换言之，审美性只是文学的根本特性之一，意识形态性也是文学的根本特性之一。而文学的意识形态性乃是文学通过描绘一定时代人们丰富驳杂的社会生活、特别是精神生活得到体现的。所以，一种有阐释力的文学理论不可能、也不应该只停留在文学自身的审美特质的阐释上，而应该通过文学的审美阐释，进一步揭示出文学所反映的无比广阔、丰富的历史和现实的社会生活意蕴，对渗透于其中的意识形态内涵加以充分发掘和深度阐释。在这个意义上，我认为，对哲学（包括美学）、历史学、社会学、心理学乃至经济学、法学等等其他学科的适度借用或者利用，乃是不可避免的，有它天然的合理性。我想，这也许是您对当代西方文论重要流派、主义统计的结论——"基本上都是借助于其他学科的理论和方法构建自己体系"——的根本原因。不知道您能不能同意这个观点？

第二，我们似乎应该对真正的场外征用与有一定合理性的场外借用（利用）做出严格的区分。您所归纳和首创的场外征用的三个特征，即强制、解构、重置，我以为是很精当的。这完全可以用来作为区别场外征用与场外借用的基本尺度或标准。如果我们用这个标准去一个一个地考察、衡量当代西方文论的主义或流派，那么，我想至少有相当一部分是不一定能归入场外征用范围的。如克罗齐的艺术即直觉即表现论、瑞恰兹的语义学批评、英伽登的现象学文论、萨特的存在主义文论、弗莱的原型批评理论、卢卡契的现实主义文论、布莱希特以理性为本的戏剧理论、巴赫金的复调理论和狂欢化诗学、伽达默尔的解释学文论……如果分别进行具体分析的话，它们虽然都在不同方面、不同程度上涉及场外借用，但是恐怕不一定都符合强制、解构、重置三原则，不一定都能归入场外征用一类。还有一些复杂的情况，比如弗洛伊德的精神分析学派也应该具体分析，弗洛伊德自己在场外征用方面也有前后期之分，他的学生们在承袭其理论时也有不同态度和不同应用的重点和方法，都不应该简单地一律判定为场外征用。应该说，近二三十年的西方文论这种场外征用的情况才比较严重，当然，也要做具体、细致的研究分析方能做出较为客观、精准的判断。我的意思是，20 世纪西方文论基本上都涉及场外借用的问题，

第一编 场外征用

但真正属于场外征用的情况还不能说是普遍的,前期有,还构不成主流,后期才逐步扩大范围,特别是在美国发展得更为突出。当然,这只是我个人的浅见,不一定正确,仅供您参考。总体上说,我对您关于场外征用概念的基本观点是赞同的,也认为您从场外征用角度对生态批评两个案例的剖析是令人信服的。只是建议在宏观概括当代西方文论这方面的缺陷时,可以表述得更为精准些。

还有,我想就王宁先生提出的关于场外征用与文学的跨学科研究的关系问题谈一点管窥之见。我觉得这个问题提得好。因为随着全球化的浪潮迅猛推进和信息、互联网时代的快速到来,知识生产方式发生了重大变革,其中一个最令人瞩目的现象,就是知识和学术的学科边界不断被突破,跨学科或者学科互渗、交叉,越来越普遍化,越来越形成不可阻挡的趋势。这一点,周宪先生做了精辟的分析,我完全赞同。这种趋势不仅仅发生在文学领域,而且也波及人文社会科学的所有领域(其实,这种学科交叉和跨学科研究同样发生在自然科学的各个学科中)。我认为,一般说来,跨学科研究,在学术上一定会超越本学科的原有界限,一定会是场外征用,或者至少是场外借用。但是,我们应该认识到,从宏观角度讲,这种跨学科趋势,包括场外征用和场外借用在内,客观上拓宽了各个学科的研究视野,有助于各个学科得到更多方面、更多层次的探究,当然也有助于每个学科知识谱系的拓展和深化,因此,有一定的积极意义,而不完全是消极的。当然,我们更应该清醒地看到,任何事情都有两面,当这种跨学科研究形成潮流和趋势的时候,就过了"度",带有强制性的场外征用就有可能恶性膨胀,而压抑或者排挤有关具体学科的发展。您批评的应该就是这种情况。这确实击中了当代某些西方文论的要害。

跨学科研究的这种两面性,在近三十年西方的文化研究中有着典型的表现。众所周知,文化研究是从文学批评和研究起步的,但是后来被各种外力的综合作用演变为几乎跨越所有人文、社会科学的"巨无霸"式的超大学科,而文学研究则被日益边缘化了。这种场外借用或者征用的消极方面和破坏性表现得淋漓尽致。不过,细想起来,它也并非毫无积极意义。美国著名文学批评家乔纳森·卡勒就肯定过文学研究对文化理论主动的"场外借用",认为这种借用曾经有力地促进了文学研究的发展，他说：种种文化理论"成功地对并非它们所属的那些领域提出挑战，并对如何思考这些领域重新定向。文学研究者喜欢借用文学研究领域之外的理论，这是因为它们对语言、心理、历史或者文化的分析为文学文本和文化现象提供了种种新的令人信服的阐释……来自其他领域的著作为文学学者们重新思考文学和文学研究提供了强有力的资源，它们不但提出了关于语言和表意的功能等一些普泛性的问题，而且提出了一大堆其他的问题。毕竟，文学所涉及的题目可谓包罗万象，因此，当文学学者们从某种并不足以阐释文学作品的文学史中解脱出来之后，他们赫然发现：他们能够利用各种各样最令人激动、最有趣的理论来阐释他们在文学中所遇到的问题和材料。他们同时也在这些种类繁多的'理论'中找到很多能够帮助他们从历史学、心理学、语言学、人类学和哲学的角度去思索文学自身的功能的著作"。[①] 我觉得卡勒这番话不无道理。对于亲身经历过新时期以来我国文学理论、批评发展过程的我们来说，自然会联想到20世纪80年代的文学研究的"方法论年""观念年"，20世纪90年代的人文精神大讨论，新世纪"文艺学的文化研究转向"和"日常生活审美化"讨论等等，实际上都与西方的文化研究有某种相似之处，都存在着某些场外借用或者征用的情况，但总体上对文学理论的发展还是起了一些正面作用的。

当然，这位卡勒先生也感到这种场外借用或者征用存在着令人困惑的另一面："已有与日俱增的证据显示，文学理论应作别论。文学理论的著作，且不论对阐释发生何种影响，都在一个未及命名，然而经常被简称为'理论'的领域之内密切联系着其他文字。这个领域不是'文学理论'，因为其中许多最引人入胜的著作，并不直接讨论文学。它也不是时下意义上的'哲学'，因为它包括了黑格尔、尼采、伽达默尔，也包括了索绪尔、马克思、弗洛伊德、高夫曼（E. Goffman）和拉康。它或可称为'文本理论'，倘若文本一语被理解为'语言拼成的一切事物'的话，但最方便的做法，还不如直呼其为'理论'。这个术语引出的那些文字，并不意在孜孜于改进阐释，它

[①] ［美］乔纳森·卡勒：《当今的文学理论》，《外国文学评论》2012年第4期。

们是一盘叫人目迷五色的大杂烩。"① 卡勒说得很客观。我认为，形成这种大杂烩的根源，在某种意义上，正是场外征用造成的。所以，我认为，对西方文论中场外征用的批判应该回到具体语境中，进行恰如其分的具体分析。这样才更有说服力。

以上粗浅看法，还请您和王、周二位先生批评指正。

---

① ［美］乔纳森·卡勒：《论解构：结构主义之后的理论与批评》，陆扬译，中国社会科学出版社1998年版，第2页。

场外理论的文学化问题

——致王宁、朱立元、周宪先生[*]

张 江[**]

各位先生：

我在这封信中着重提出一个场外理论应用问题，供各位先生讨论。诚如各位先生的意见，文学的发展需要场外理论。在一些语境下，场外理论的应用是必需的，具有重要而积极的意义。对于这一点我没有异议。但是，要注意的是，正当的场外理论的应用，或者说有效应用，必须立足一个正确的前提，这就是场外理论的文学化。否则，场外理论不能归化为场内的文学理论，很难给文学及其理论的发展以更多的、积极的意义。所谓场外理论的文学化，包含这样几重意思：其一，理论的应用指向文学并归属于文学；其二，理论的成果落脚于文学并为文学服务；其三，理论的方式是文学的方式。请允许我一一道来。

第一个问题，理论的应用指向文学并归属文学。这里要明确一个界线，做一个场域的划分。当今的批评理论早已不是文学的理论了。传统的文学批评和理论，是对文本具体特征和审美价值做文学、美学的评论。无论其理论如何阔大，指向如何辽远，总体上都是以文本为核心，对文本做文学的具体解析和阐释。这种理论和批评的文学指向明确，可以毫无歧义地定性为文学的理论。然而，大约是从20世纪60年代开始，西方理论界兴起和放大了"批评理论"。这个理论不是

---

[*] 本文原刊于《探索与争鸣》2015年第1期。
[**] 作者单位：中国社会科学院。

或主要不是文学的含意,就其本意来说,它主要不是指向文本,尤其是文学文本。它指向理论,用汉语表达得更准确一点,可以称作"批评的理论"。与文学理论不同,批评的理论不限于文学,而且主要不是文学。它规划了一个跨学科的领域,哪怕就是以文学为起由,其指向也是哲学、历史、人类学、政治学、社会学等,文学以外其他一切方面的理论,而不是文学理论。更确切地说,批评理论的对象甚至也不是理论,而是社会,是理论以外的物质活动。批评理论认为,社会也是一种文本,一切社会的运行和操作都是批评理论关注的内容,理论要对实际的社会文本做出批评,以实现公共知识分子的社会关怀和理论责任。由此可见,对批评理论而言,文学不是它的主要兴趣,它的兴趣是批评社会,把批评理论当作甚至替代文学理论或文学批评是一个谬误。这就是问题提起的基本语境。其核心是,我们共同讨论的所谓文学理论及其强制阐释是指什么。

首先,我应该表述清楚,我提出这个概念的本意是,对文学理论场域中存在的各种非文学的理论现象,以及对征用场外理论强制阐释文本和文学的问题给予辨识和批评。这是文学理论的问题,不是批评理论的问题,不能用批评理论的特征或追求,为强制阐释的诸种弊端开脱。在场外理论的征用上,还应该细致区分两种现象,即征用文学阐释场外理论,与征用场外理论阐释文学。我认为,征用文学阐释场外理论,是所谓批评理论的一个基本特征。远的有弗洛伊德,通过征用《俄狄浦斯王》——古希腊经典悲剧——论证他的心理学理论。近一些的,如詹姆逊的《政治无意识》,通过对福楼拜、康拉德、吉辛等大师作品的分析,提出并论证了他的政治无意识。在这个过程中,不排除他对作品的分析精彩独到,也对文学理论的丰富和修正做出特殊的富于启发意义的贡献。但是,说到底,这不是文学理论,而现代意义的批评的理论,其出发点和落脚点都在理论而不在文学,它实现的是理论的文学化,即使用文学为理论服务,而不是文学的理论化,亦即构建文学的理论。这里没有理论征用合理与不合理的问题,强制阐释的场外征用,不是对这个问题的评述。

至于文学场内的场外征用问题,我的基本看法是,场外征用有其合理的一面。我从来都赞成,跨学科交叉渗透是充满活力的理论增长点。20世纪西方文论能够起伏跌宕,一路向前,正是学科间强力碰撞和融合的结果。场外征用,正如周宪先生所言,"如果运用得当并得法,也可以丰富和深化文学理论及其文学阐释。比如,符号学和结构主义理论等,一旦引入文学理论,并与文学理论的某些传统加以融合,便产生新的解释效力"①。但是,这里的前提应该是,理论的应用必须指向文学并归属文学,而不是相反。这个指向不是可有可无的小问题。在逻辑上讲,这是理论的定性根据。一个理论,它的本质或者说理论基点是什么,将决定它的分类和性质。哲学和文学,及其他各种理论之间有所不同,很重要的区别在于它们的理论指向不同。指向思维的、认识的、本体论、经验论的等等,这是哲学。可以有跨学科的融合,比如教育心理学,但它也有自己的明确指向,像教育过程中的心理学研究,其重点仍然是心理学而非教育学。在文学领域内,比如,在女性主义批评问题上,我历来认为,对实际存在的、具体的女性文学作品的批评是女性批评,这是文学的。用文学的文本证明女权理论,则是女权主义的文学扩张,这不是文学的。这是一个充分的条件判断:如果某种阐释通过征用场外理论来实现,最终不能指向和归属文学,它一定是一种非文学的强制阐释。一般地讲,非文学指向的理论没有场外征用问题——尽管它可以大量运用文学举证——因为那些理论本身就是场外理论的场外应用。

第二个问题,理论的成果落脚于文学并为文学服务。这是落脚点问题,也是一种标识,一种效应评价。周宪先生所言直指要害:"就强制阐释而言,问题的核心好像不是种种理论的'出身',而是在于其阐释文学的相关性和有效性。"②我赞成这个说法,我们并不因为场外理论的出身而歧视它。但问题的关键,是能否把这个引进"消化吸收"为场内理论,就像当年我们改革开放之初,引进国外的先进管理和技术一样,最终要看能不能把它变成自己的东西。如果能够达到这样目的和水准,这个引进就是成功的,否则就是失败。就20世纪

---

① 此处所引用文字来自刊于《清华大学学报》(哲学社会科学版)2015年第2期周宪教授的文章。

② 同上。

西方文论的整体情况看，我们引进的理论甚多，但真正转化为文学场内长期有效的方法却较少，能够形成精致完整体系的理论就更少。伊格尔顿说的有道理："任何理论都可以通过两种熟悉的方法来为自己提供一个明确的目的和身份。或者它可以通过它的特定研究方法来界定自己，或者它可以通过它所正在研究的特定对象来界定自己。"① 按照这个标准，我们考察一下西方文艺理论，有哪些能够称之为文学理论呢？从方法上说，哪些从场外侵入文学领域的理论，最终成为有效的，可以对文本做普遍文学阐释的方法？一些大的"主义"给了我们一些概念和范畴，系统的、可持续的方法在哪里？也许新批评是一个例外。从对象上说，这些场外理论的研究对象是文学吗？还是再看看伊格尔顿怎样评价德里达的解构主义的："德里达显然不想仅仅发展一种新的阅读方法：对于他来说，解构最终是一种政治实践，它试图摧毁特定思想体系及其背后的那一整个由种种政治结构和社会制度形成的系统借以维持自己势力的逻辑。"② 这句话绕了一些，换句话就是，解构主义这个场外的哲学理论，本质上是一种政治的语言和实践，它涉猎于文学，阐释于文本，其结果就是把文学变为由头和脚注，借此发挥它的政治主张，证明它的立场而已。这是明明白白的征用文学为理论服务。

场外理论的进入是可以的，但它合法化的条件是其理论成果要落脚于文学，并为文学服务。在场外理论的文学化上，我认为神话原型理论是比较成功的一种。弗莱的神话原型理论从荣格的集体无意识进化而来。集体无意识又蜕变于弗洛伊德的精神分析。但是，弗莱把荣格对原型的定义从心理学的范畴移置到文学领域，建立了自己以"文学原型"为核心的原型批评理论。这个理论从弗氏的精神分析起步，进入至集体无意识学说，转换进神话原型，形成了一系列新的有关文学理论的概念、范畴，具体为一整套可实际操作的批评方法。弗莱的研究对象是文本。他在自己的代表作《批评的解剖》中，分析评述

---

① ［英］伊格尔顿：《二十世纪西方文学理论》，伍晓明译，北京大学出版社2007年版，第198页。

② 同上书，第128页。

了几百部文学作品,其目的是寻找关于文学作品的类型或"谱系",力求发现潜藏于文学作品之中的一般文学经验,把精神分析学说转化为具有鲜明文学本真的原型批评理论,实现了场外理论的文学化。原型批评理论本身的价值我们不去讨论,但是弗莱的研究方法给我们以启示。引进场外理论是可以的。引进得好,会极大地开拓文学理论的发展空间,有效推动批评的科学化和理论化进程。弗莱的场外理论——精神分析学说——没有停留于文学场外,没有浅薄地贴附于文学,更没有反其道而行之,征用文学去证明理论,而是从起步就开始,目标指向文学,以场外理论为文学服务,理论的全部成果落脚于文学,形成了以场外理论为支持的理论体系和批评方法。弗莱说:"我想要的批评之路是这样一种批评理论:首先,它可以解释文学经验的主要现象;其次,它将就文学在整个文明中的地位引出某种观点。"[①] 这是值得借鉴的。

第三个问题,理论的方式是文学的方式。这里提出一个新的问题,什么是文学的理论方式?它与其他学科的理论方式,比如哲学与文学的理论方式有什么不同?卡勒在《论解构》中所说,任何"其他话语都可以被看作是一种普泛化了的文学,或原初文学",这句话是不是可以推衍为"其他的理论方式都可以被看作是一种普泛化了的(文学的)理论方式,或原初的理论"?这个推衍有些"戏仿"的味道,但这的确是20世纪西方文艺理论泛化的基本倾向,也是场外理论突进文学领域,并用诸多非文学本征的理论替代甚至完全外化文学理论的基本理由。在这个理由的驱动下,所有的理论,特别是哲学理论,无论怎样抽象空洞,只要贴附于文学,只要找来几个文学例子混杂其中,就可以是文学的理论,就可以用作广泛的文学批评。强调文学理论的独特方式,就是强调其文学理论区别于其他理论并独立存在的基本依据。

文学理论的独特方式是什么?我认为,最重要的就是理论的具体化。这个具体化是指,理论与文本阐释的紧密结合,理论落脚于文本的阐释,通过阐释实现自己,证明自己。这是文学理论存在的独特方

[①] 朱立元:《当代西方文艺理论》,华东师范大学出版社2005年版,第175页。

式，这个方式决定了文学理论与其他学科理论，特别是哲学理论的差别。场外理论进入文学场内并真正发挥作用，首先要解决这个问题。文学理论的基本对象是文学，不是一般的社会生活现象的理论研究，也不是形而上的一般思维和认识方法。文学理论的重点应该聚焦于文学规律、文学方法的具体阐释上，聚焦于对文本的具体的认知和分析上，离开文本和文学的理论不在文学理论的定义之内。

当下的学院派有一个明显的倾向，就是理论的运用与具体的文本阐释和批评严重脱节，其理论生长和延伸，完全立足于理论，立足于概念、范畴的创造和逻辑的演进，与文学实践及其文本的阐释相间隔和分离。我的疑惑是，作为文学的理论，既不关注文本，又不关注审美，而只热心于一般的社会批判，热心于非文学的思想建构，热心于黑格尔意义上的纯精神运动，还是文学的理论吗？我向来主张理论与批评的结合。我的基本愿望是，理论是批评的理论，批评是理论的批评。理论的自我演进当然是必要的，但必须和实践结合，在实践的基础上演进。而对文学理论而言，除了文本、作品及其他形式的文学活动以外，批评是理论的重要实践形式。离开了具体文本的批评，绝对无法被认定为文学的理论。这当然是对理论构成的总体而言的。作为个体的理论家，其更关注纯粹的理论，而少一些具体的文学批评是正当的。但文本的批评也是基础，是理论的基本来源。只有如此，理论才能具体化，才能够成为文学的理论，或者才能被接受为文学的理论。也有另外的倾向，所谓的批评家不懂理论，文本的批评只是普通读者的观感，全无理论指导的意义，这样的批评，媒体的造势可以，理论建树就是空话了。没有理论不行，理论不与批评结合，远离了文学亦不行，这就是理论与批评、理论与文学的辩证法。

我想，米勒的文学实践可以佐证这一点。作为由新批评转变而来的解构主义思想家，他的文学理论实践主要以文本批评方式表现出来，既有很强的理论性，也有很强的文学性。应该承认，德里达的解构主义理论，其主要方面或锋芒是政治的，起码其本来目的不是文学而是政治的。米勒追随其后，将解构主义的理论紧密地嵌入到文学阐释当中，创设了自己独特的批评方法，更好地实现了解构主义理论的文学化。在这里，我不评论解构主义理论，也不评论解构主义文论的价值,只讲一点,在场外理论文学化过程中,米勒的具体化是如何实现并取得成效的。他的《小说与重复》可以作为一个样本。米勒自己清楚,撰写这部著作的目的,是为了创设他的"重复"理论,其理论指向是文学。为此,他不是从理论和概念出发,而是精心选取了七部经典小说文本,通过文本的解构,在差异中找出共性,认定"重复"是这七部经典中共存的现象,也是一切小说创作普遍遵循的规律。表面看来,对这七部作品的解读方法是新批评的,"细读"式的,而在理论深处,它是解构主义的。他把解构的思想和理论具体化了,实现了场外理论的文学化。借此他还对理论的"理论性"提出批评。他指出,在对文学与历史、伦理和政治关系进行研究时,如果不去力图理解文本的文学形式和特性——在他看来当然是抽象的重复主题——"那么这种研究便会毫无效果。它成了显示所有文学研究彻头彻尾浸染着'理论性'这一情形的绝好例证。这意味着每一种形式的文学研究应该自始至终好好地对它的理论前提进行思考,以免为它们所蒙蔽,譬如,把这些理论前提理所当然地视为正常的、普遍有效的,就会陷于盲目性。"① 诸位先生,他对"理论性"的警惕,他对理论脱离文本的认真批评,不是值得严肃对待吗?

请各位先生指正。

---

① [美]希利斯·米勒:《小说与重复》,王宏图译,天津人民出版社2008年版,第3页。

也谈场外理论与文学性
——答张江先生*

王 宁**

张江先生：

　　谢谢发来大作，收到后我立即拜读了您对场外理论的进一步讨论。您的这篇文章虽然依然探讨场外理论问题，但是已经集中于探讨其文学性和文学化，并且旗帜鲜明地表明了您的态度。我尤其欣赏您对加拿大文学理论家诺斯洛普·弗莱在运用场外理论的同时依然保持其理论的文学性的评价。我也基本赞同您的观点，但是我还想就这一点作一些补充和发挥，权且充作对您文章的回应吧。

　　首先谈谈我对您的文章要点的理解。正如您在文章中所言，场外理论的应用是必不可少的，但必须有一个界限，也即第一，理论的应用要指向文学并归属文学；第二，理论的成果必须落脚于文学并为文学服务；第三，理论的方式应该是文学的方式。这与我在前文中所倡导的文学的跨学科研究基本一致，我同时也认为，研究文学可以从不同的角度切入，这样就不至于陷入形式主义的藩篱。但是另一方面，过于偏离文学这个本，就会成为其他学科的研究了，正如您所指出的，对于这一点弗莱把握得比较好。我们都知道，人们常常把弗莱的文学研究方法归为神话—原型批评，实际上这是远远不够的。尤其是他在出版了《批评的解剖》之后，已经越来越显示出与新批评的精英意识的对立，但他的那种近乎结构主义的方法却对后来的批评家有

---

* 本文原刊于《探索与争鸣》2015 年第 1 期。
** 作者单位：上海交通大学人文艺术研究院。

着更大的吸引力。弗莱同时在三个领域里有着独特的建树：文学的原型批评，文化宗教研究，以及加拿大文学研究。他的《批评的解剖》出版之后，逐步走出了早先的形式主义领地，进入了一个更为广阔的文化领域，因此弗莱也同时被认为是一个文化批评家和思想家。但是，即使如此，他也从未放弃对文学作品的研究和对文学理论的建构。他很少像那些马克思主义的文化研究学者那样，在分析文学现象时强调历史的作用，但正如新历史主义理论家海登·怀特所认为的那样，弗莱的历史观是一种"文化史"观，文学则作为其中的一部分。即使在他后来走向文化批评时，依然不时地发表专门研究文学的论文。怀特的这一观点在当今西方的不少文学理论家和研究者中产生了共鸣，而且，从近十多年来的历届国际比较文学协会年会的议题来看，从文化的视角来探讨各民族的文学已成为一种不可抗拒的历史潮流。越来越多的学者认识到，文化研究并非一定要与文学研究形成一种对立，这二者是可以沟通和对话进而共存的。因此我们可以说，在那些当代文化研究的实践者中，弗莱是极少数有着远见卓识的先行者之一，正是他率先将传统的文学研究置于广阔的文化研究的语境之下，从而为文学的超学科比较研究铺平了道路。

弗莱的另一研究方向也值得我们中国学者借鉴。他从未忘记自己是一位加拿大文学批评家和文学研究者，他谢绝了数十所英美著名大学的聘请，始终在加拿大从事文学和文化的教学和研究，并为加拿大文学从边缘走向中心做出了独特的贡献。即使在欧洲中心主义占主导地位的经典文学研究领域，他仍试图把属于非经典的加拿大文学也包括进文学研究的范围，这一点自然也预示着他对当代比较文学研究中的经典的形成和重构理论所作出的贡献，而这些后来也成为那些文化研究学者们所热烈讨论的问题。与英国理论家利维斯一样，弗莱始终恪守他的文化批评和文化研究观念，但这一点却被当今的文化研究实践者全然忽视了。因而弗莱及其理论在文化研究大行其道时被认为"过时"就不足为奇了。实际上，在我看来，弗莱在当今时代的重要意义恰恰在于，他通过扩大文学研究的范围为文学研究与文化研究的可能性交融和互动奠定了基础。

我在讨论弗莱的文学和文化研究成就时，曾强调过这一点：弗莱生前始终自我认同为一位加拿大的或北美的文学批评家,代表着加拿大文学和文化学术界在国际上发言。这一立场自始至终体现在他所写下的关于加拿大文学的若干文字中,尤其见于他为卡尔·F. 克林科等主编的多卷本《加拿大文学史》的两个"结语"中。这两篇结语突出了弗莱把加拿大文学当作"英联邦文学"的一部分所作的研究。我以为,这对我们中国的文学研究者有深切启发,中国学者立足本国的土壤,并时刻关注世界各国的文学理论和文学研究,从而努力使中国文学也像一度处于边缘的加拿大文学那样,真正走向世界做出自己的贡献。

尽管弗莱的崛起在很大程度上得益于他对形式主义成规的发难和以原型批评家的身份异军突起,但我们并不难发现,他的批评思想仍与新批评的教义有着难以分割的关系,因此在北美批评理论界,他常常被人们认为是新批评的最后一位重要理论家和结构主义的第一位颇有成就的批评家。但作为文学上的现代主义转向后现代主义的一位过渡性人物,弗莱从未全然介入新批评的精英文学传统。他一生花费了大量的时间和精力同时在三个文学研究领域里辛勤笔耕——英国文学、加拿大文学和文学理论,而他的主要成就和名气则在于原型批评理论和实践,因此在雷内·韦勒克看来,这一批评理论曾在20世纪60年代和马克思主义及精神分析学共同起过"三足鼎立"的作用,仍属于文学理论的范畴。弗莱的这种方法的特征体现在打破文学本身的狭窄领域,将其置于广阔的文化研究语境下来考察,从而预示了当代英语世界的文化研究的异军突起。

您在文中还提到詹姆逊对文学的征用,这一点我也有些同感。我和詹姆逊自20世纪80年代在深圳认识以来,一直有着比较多的接触。他和弗莱不一样的地方在于,他从不满足于仅仅被看作是一位文学理论家,而愿意人们将他视为一位哲学家和思想家。他长期以来担任杜克大学威廉·莱恩法文和比较文学讲座教授,而且他教授的课程主要是现代主义文学,而他在学术研究上得以成名的则主要是讨论马克思主义和后现代主义文化理论。在他著述的全盛时期,他更是关注纯理论和哲学问题,并用自己的理论对包括中国文学在内的东西方文学作品加以阐释,其最终目的是证明他的理论的有效性。由于詹姆逊

也谈场外理论与文学性

在西方文学理论和比较文学界的巨大影响,他的著述更多地被文学研究者所引用。同时,也由于詹姆逊与中国文学批评界和人文学界的密切关系,他对现代性的描述和批判在中国也有着很大的影响和争议。我这里仅举一例。他的专著《单一的现代性:论当下的本体论》2002年出版前后,他应邀来中国访问,在中国社会科学院做了一次演讲。在这部篇幅不大的专著中,詹姆逊试图建构和批判一种主要存在于西方语境中的单一的现代性,但在论述的过程中,他实际上又消解了这种宏大的叙事,从而使得这部专著同时具有建构性和解构性。在詹姆逊看来,存在着四种关于现代性的论点:(1)不能不进行分期的东西;(2)现代性不是一个概念,而是一个叙述范畴;(3)并非要通过主体性来对之进行单方面的叙述(论点:主体性是不可再现的),只有现代性的不同情形才得以叙述;(4)任何一种关于现代性的"理论"如果不涉及后现代与现代的断裂之假设,都是没有意义的。①

詹姆逊于2002年7月来为他的新著推广并详细阐述他的上述四个论点,确实曾在一部分中国批评家中引起了轩然大波,但平心而论,批评者多半出于对他的观点的误解,并没有认真研读他的著作。实际上,根据我的理解以及长期和他本人的接触与学术交流,他并不想扩展现代性的用法,而倒恰恰是为了使之限于"其审美范畴,或使之适应,这必然将其定位在当前工作一种经验,而不管它的历史源头如何"②。这样,他干脆将其视为一种在后现代时代更新的"叙述范畴",而非仅仅是一个理论"概念",因为一种范畴并非一定得有一个"一成不变的"意思。它也可以用来描述或叙述一种文学或文化或意识形态现象或概念,也可以用来描述一种审美经验,等等。同样,他也强调指出,"只有现代性的不同情形才得以叙述",这便意味着现代性并不是一个历史现象,而更是一个与当下密切相关的现实。现代性绝不是一个一成不变的东西,它可以在不同的历史时期得

---

① Fredric Jameson, *A Singular Modernity*: *Essay on the Ontology of the Present*, London and New York: Verso, 2002, p. 94.

② Ibid., pp. 94 - 95.

到不同的建构或重构。这一点的意义就体现在这一概念或范畴的开放性特征；因此我们完全可以认为，在当今时代存在着不同情形或不同形式的现代性。既然我们所处的时代生发了各种后现代症状，那么现代性在今天的语境下就应该与后现代性密切相关。

所以，他便自然而然地提出了第四个论点：任何一种关于现代性的"理论"如果不涉及后现代与现代的断裂之假设，都是没有意义的。这样一来，现代性就如同一个涵盖了各种文化理论思潮的超越时空的硕大无垠的保护伞，现代主义和后现代主义文学只是这一保护伞下的两个研究课题。这一点恰恰体现了詹姆逊在建构他的马克思主义阐释学时一贯所持的"总体主义"立场，也即当代的各种理论思潮流派都被他统一纳入马克思主义的宏大叙事理论之下加以观照，这样从表面看来，其中的各种差异和分歧确实被掩盖了。他的《政治无意识》也是如此，他关注并讨论的问题主要是理论问题，文学只是用来佐证的材料。在他那部更为雄心勃勃的著作《后现代主义，或晚期资本主义的文化逻辑》中，这种建构元理论的雄心就更是暴露无遗了。单从这部大部头著作的几个部分的题目就可见出端倪：除了"导论"外，第一部分为"文化"；第二部分为"意识形态"；第三部分为"视觉"；第四部分为"建筑"；第五部分为"句子"；第六部分为"空间"；第七部分为"理论"；第八部分为"经济学"；第九部分为"电影"，然后加上一个长达120页的"结论"。单从这些"非文学"的标题人们就不难看出，詹姆逊根本不满足于自己的"文学理论家"头衔，他更希望扮演一位影响更大的理论家和思想家的角色。当然，在他的著作中，正如您也看到的，仍不时地穿插有对文学作品的独到分析，因此他的学术影响更多的仍在文学理论界。当然，詹姆逊的广博的多学科和多语言知识，使他有资格这样讨论纯理论问题，而一般的非文学研究者在自己的著述中讨论文学，就会明显地出现漏洞和牵强附会之处。

另一位文学理论家卡勒则始终把自己当作是文学理论家和比较文学学者。在他的一系列著述中，我们不难看出，以卡勒为代表的注重审美和形式主义的文论在经过了后结构主义/后现代主义的洗礼后再度步入前台，带有鲜明的"去政治化"和"去意识形态化"倾向，大有与马克思主义、新历史主义（后来逐步演变为"文化诗学"）、后殖民主义以及女性主义这些政治和意识形态倾向十分鲜明的理论方向平分秋色的态势。他于2011年应我邀请在中国多所高校所作的演讲就命题为"今日的文学理论"，其中列出的六个发展方向公然排斥了马克思主义、女性主义和后殖民主义文论。当然，看了卡勒对当代西方文论的这六个方向的描述后，人们也许会问，马克思主义文学理论是否已经过时？后殖民理论是否已经衰落？女性主义文论是否也已陷入了困境？新历史主义文论还有无发展的空间？审美的回归将取代意识形态批评吗？这显然是卡勒等人的一厢情愿，但至少代表了当今相当一部分西方文学理论家，对文化研究大行其道冲击了文学理论的一种反拨。当然，对于文学理论和文学研究的泛文化性现象和来自文化研究的冲击，除了卡勒以外，不少从事文学理论研究的学者表达了极大的不满甚至不安。对于这一现象，卡勒等一批学者多年前也已经注意到了：尤其是在美国的比较文学界，学者们的研究除了跨文化、跨文明语境的文学之比较研究外，还涉及文学以外的哲学、精神分析学、政治学、医学等话语，这确实令那些恪守传统的精英文学立场的学者所不容。在这方面，哈罗德·布鲁姆可算作是一个典型的代表。在1999年和我的一次访谈中，布鲁姆甚至公开宣称，"理论已经死亡，而文学却仍然存在，并且有着很大的市场。现在的所谓的'理论家'写出的文章只是在很小的圈子内流行，常常是我引用你，你引用我，缺少基本的读者群"，因而是一种小众的话语或理论的自恋。布鲁姆在访谈中对米勒的文学分析大加赞赏，却对詹姆逊的纯理论推演不以为然。他的这番言辞虽然不无偏激，但仔细想来仍不无一定的道理：过分地将理论的作用夸大显然是不合时宜的，来自文学和文化实践的理论充其量只可用来解释文学和文化现象，除此而外也就力不从心了。对于这一点，布鲁姆和卡勒都十分清楚，因而他们很少逾越文学和文化的疆界，将研究的触角伸向更为广大的社会政治领域。

确实，诚如布鲁姆等人所注意到的，文学研究的泛文化现象是普遍存在的，尤其在新一代学人中颇为风行。以比较文学为例，在当今的比较文学和文学理论界的青年学者中，以影视和大众文化为题撰写博士论文者，不仅在西方学界不足为奇，就是在中国的比较文学和文学理论界也开始出现。这样一来,确实使得比较文学和文学理论的学科界限变得越来越宽泛,甚至大有以文化来吞没传统意义的文学研究之趋势,对此卡勒曾大声疾呼"把文学当作其他话语中的一种似乎是有效的和值得称道的策略"①。与布鲁姆的偏激所不同的是,卡勒对这些现象虽不苟同,但也深表理解,并试图在文学研究和文化研究之间进行协调。他一方面承认文化研究之于理论和文学研究的合法性,另一方面又不满足于其对文学研究的冲击,力图在这两者间找到可以沟通和对话的契合点。几年前,卡勒将自己所发表的论文编辑成集由斯坦福大学出版社出版,该书最后定名为《理论中的文学性》,大有与您文章的标题"场外理论的文学化"异曲同工之处。他还将他早年发表的那篇《比较文学:最后的一搏》也稍加修改收入其中,旨在说明即使在文化研究和文化理论大行其道的年代,比较文学和文学理论仍有其广阔的发展前景。这一点也正是卡勒与他的许多文学研究同行所不同的。

最后我想指出的是,文学研究的泛文化现象的出现并非是进入21世纪才有的,而是早在20世纪后半叶结构主义文学理论衰落之后,解构主义异军突起,从而消解了语言中心主义,为文化理论的浮出地表奠定了基础。之后崛起的新精神分析学、新历史主义、新马克思主义、后殖民主义、性别政治、文化研究以及生态批评等,无一不以文学和文化现象作为分析讨论的对象用以发展自己的理论话语,但隐匿在这些批评理论话语中的仍然是文学性。因此我们也可以说,在各种理论批评话语中,文学性仍然几乎无处不在。不知各位以为如何?

---

① Jonathan Culler, "Comparative Literature, at Last!" in Charles Berheimer ed., *Comparative Literature in the Age of Multiculturalism*, Baltimore & London: The Johns Hopkins University Press, 1995, p. 117.

关于场外理论文学化问题的
几点补充意见[*]

朱立元[**]

张江先生：

仔细拜读了您的《场外理论的文学化问题》，感到很有意思，您把问题引向深入了。我非常佩服您对理论问题的敏锐觉察和思考的细致深刻，以及经常能够提出新的理论概念和命题。这是许多搞理论的人包括我在内都很难做到的。对您强调借用、应用场外理论必须回到文学场域的观点，我完全赞同，作为回应，我想提几点补充意见，供您参考。

关于"场外理论的文学化"的提法是否可以改进？我不是说这个提法不对，而是说"文学化"的提法容易引起某种歧义或者误解。因为，一般人容易把理论的"文学化"理解为将理论或者批评用生动的、诗意的美文表达出来，而不是让理论、批评进入文学场域。我最近就读到的一些文学批评家的文章，力主批评应当用文学的语言、有文学的色彩，就是这个意思。我又联想到，耶鲁"四人帮"之一的哈特曼就认为文学批评也是一种文学文本，与文学文本并无本质的差别，他指出："如果对批评加以细致阅读，在它对于文学的关系中，把它看作是与文学共生的，而不是寄生于文学之上的，那么这就会使我把目光转向过去的丰富多彩的批评。"[①] 所以，他强调应当把批评

---

[*] 本文原刊于《探索与争鸣》2015年第1期。
[**] 作者单位：复旦大学中文系。
[①] [美] 杰弗里·哈特曼：《荒野中的批评——关于当代文学的研究》，张德兴译，天津人民出版社2008年版，第4页。

第一编 场外征用

看作是在文学之内而不是在文学之外，如随笔等文学文体（样式）具有融理论批评和文学表现于一体的基本特征。虽然这种观点有些片面，但是，他的主张实际上就是文学理论、批评的"文学化"。如果这样理解，就与您提出这个命题的初衷南辕北辙了。所以，我建议将"文学化"改为"文学理论化"，不会有歧义，是不是更好一点？

第二，您在批评某些强制征用场外理论进行微文学阐释的"批评理论"时说道："这不是文学理论，而是现代意义的批评的理论，其出发点和落脚点都在理论而不在文学，它实现的是理论的文学化，即使用文学为理论服务，而不是文学的理论化，亦即构建文学的理论"。这里提法似乎与前面相矛盾。您说的批评理论当然是征用场外理论的理论，把批评"理论文学化"解释为"使用文学为理论服务"，这跟前文的说法正好相反；而把"文学的理论化"解释为"构建文学的理论"，情况也一样。这样反而肯定了前文批评的"文学的理论化"，而批评了您力主的"理论文学化"，这恐怕不太合适，跟前文的表述正好相反。所以，我建议这一段文字要修改一下，保持与前文逻辑上的一致性。

第三，您提出了一个文学和文学理论"场域"的概念，我非常赞赏。虽然您没有详细发挥，但在我看来其重要性不亚于"场外征用"概念。因为"场外""场内"的划分，必须建立在"场域"概念的基础上。而且，不仅仅要讲文学理论的"场域"，更要首先讲文学的"场域"。因为，衡量应用场外资源进行的理论、批评，是不是文学的理论、批评，关键在于是不是落脚在文学的场域，为解决文学场域内的问题服务。在此，场域的概念恰到好处，它既有相对确定的范围，又有一定的弹性，不那么狭隘、单一、固定。您指出，"传统的文学批评和理论，是对文本具体特征和审美价值做文学、美学的评论"。我以为，这实际上大致规定了文学和文学理论、批评的场域——以文学的审美价值为中心，来对文本做文学的（而不是非文学的）具体、深入的解析和阐释。这是完全正确的。这与当代许多西方文论远离文学的审美特质，作跨学科、跨文体的无限阐释和发挥，意在用文学文本为证明某种先设理论的有效性服务，是大异其趣的。当然，文学作为一种审美的意识形态（这是国内文艺理论界比较认同、我个人也赞同的观点),其功能不是单一的审美性,而是以审美性为主干的多样特性与功能(如认识性、伦理性、政治性、教育性、民族性、娱乐性……)的集合体。所以,文学的场域应该是广大的,富有弹性的。看文学批评是不是进入文学场域,不能仅仅看它是不是就文学作品的审美特性和价值作出了评判,还应该从多方面衡量,否则容易将很多真正的文学批评排除在文学场域之外,与那种我们反对的场外征用混淆起来。

因此,我认为,应当严格区分场外征用与应用某些场外理论在文学场域内进行的审美性以外(非文学)的种种阐释和评论。后者的落脚点还是在文学场域内,目的是为了阐释和评价文学,不应该视为场外征用。您在《人民日报》主持的《文学观象》栏目的系列文章,它们都不同程度地借用或应用了历史学、伦理学、哲学认识论、文化学等场外理论,但是它们都确确实实是在文学场域内阐释和评论文学,目的是引导当代中国文学的健康发展,而不是为了证明某种先设理论的正确性和有效性。这种区分十分重要,对于更准确地把握和理解您对场外征用强制性的批判大有裨益。

第四,您把当代西方文论中意在用理论兼并、取代文学理论和批评的理论命名为"批评的理论",这种命名无疑是准确的,对其加以批判、否定的倾向也是明显的。不过,细想起来,这个名称一般容易作中性的理解,理解成关于文学批评的理论。这就与您的初衷不一样了。这使我想起七八年前,我曾经提出过一个区分文艺学理论与文学批评理论的看法,我主张把文学理论、批评分为三块:文艺学(即文学)基础理论、文学批评和介于二者之间的文学批评理论。所谓文学基础理论,是指一些专著和大量教科书所系统论述的关于文学的本质、特征、创作、作品、接受、批评各个环节,文学的各种体裁、类型、风格,文学的思潮、流派以及文学的发展等基本原理的理论;它虽然围绕文学展开理论,却并不直接进行文学批评,即使涉及对一些文学作品的分析和批评,也是为了说明某些文学基本理论问题。文学批评则是依据一定的文学理论和美学观点,直接对作家、文学作品和一个时期的文学流派、思潮等文学现象进行具体阐释、论析和价值评判的理论行为和文字。而我所说的文学批评理论,是指以某种哲学、美学、文艺学等理论、理念、观点、方法为背景和基础，对如何开展有效的文学批评所作的概括性的理论阐述，将大量文学批评经验上升到理论的高度。一方面它与抽象程度和理论层次更高的文艺学基础理论不同，更加关注现实的文学活动、现象和思潮等，也更加贴近具体的文学批评；但另一方面它又与具体的文学批评有所不同，它有一定的理论概括度，主要适用于指导、调控、约束具体的批评，并以具体的批评作为其理论的直接应用和实施，因而是介于文艺学基础理论研究与具体文学批评之间的一种批评理论形态。

新时期特别是20世纪80年代后期以来，这种批评理论相当活跃，比如时效性较强的"反思文学"论、"寻根文学"论、"新写实主义"论、"新状态文学"论和其他种种"新思潮"论（"新历史""新体验""新乡土""新都市""新市民"思潮等）、"私人化（乃至隐私化）写作"论、"消费时代的文学"论、"身体写作"论，以及种种"后学"（后新时期、后殖民主义、后现代主义、后结构主义等）……这些批评理论不但指导、应用于具体的批评，而且把对这许多文学现象所作的大量具体批评实践归纳、总结、提升到理论的高度。遗憾的是，这些批评理论，大多时过境迁，比较短命。文艺学界关注不够，总结、提炼更少，较少能被文学基本理论所吸收、提升。当然，也是有有心人尝试做这方面的工作。我记得20年前，华中师范大学文艺理论教研室的老师们，曾经在文学概论（即文学基本原理）课程以外，专门开设过文学批评课程，也编写、出版了"文学批评"的教材，这就是我心目中的文学批评理论。我觉得应当加强这方面的研究，建立起文学批评理论甚至文学批评学。也许这是一种理想。但是，考虑到现时作家们对文艺学基本理论著作不抱有好感，觉得离得太远，那么，有一种接近文学批评的批评理论，无论对于作家还是读者，岂不是很有用处吗？我想，您大约不会反对这个看法吧？因为您在文中说："我向来主张理论与批评的结合。我的基本愿望是，理论是批评的理论，批评是理论的批评。理论的自我演进当然是必要的，但必须和实践结合，在实践的基础上演进。"这实际上支持有一种不同于文艺学基本理论的、与批评实践更贴近的批评理论。您把当代西方若干主流文论概括为"批评理论"并无不妥，只是不容易与

关于场外理论文学化问题的几点补充意见

我所理解的文学批评理论相区分。那么，可不可以按照西方文论惯称的"文化理论"（伊格尔顿用得最多）代替"批评理论"的称呼呢？

您概括指出，20世纪西方文论中真正能将场外理论转化为文学场内长期有效的方法较少，能够形成精致完整体系的理论就更少，这样一个总体评价我赞同。您所举的加拿大的诺斯洛普·弗莱的神话原型理论是将场外理论文学理论化的成功例子，以及美国耶鲁学派的希利斯·米勒在将解构理论与小说批评实践相结合方面取得了成功，都深得我心，在此略为补充几句。

早在20年前（1994年），我有机会赴加拿大多伦多大学弗莱中心进行为期三个月的访问，比较集中地研读了弗莱的《批评的解剖》等著作，觉得启发非常大。特别是他的"整体文学观"，把文学看成是一个有机的整体，具体的作品是一个更大的有机整体的组成部分，因此不能满足于对一首诗或一部作品作孤立的"细读"，而应该将它放到其作者的全部作品中去考量，放到整个文学关系和文学传统中去考察，进而放到更大的文学范式——原型——中考虑，这就使他远远超越了新批评。而且，弗莱的出发点与落脚点都是文学，他强调文学批评必须与其他学科，如人类学和心理学等独立开来，所以他把荣格对原型的定义从心理学领域移置到了文学领域，建立了以"文学原型"为核心的原型理论。他的原型批评理论是真正的文学批评理论。记得结束这次访问前，我在弗莱中心作了一次讲演，报告了我的研究心得，与中心的教授们进行了较为深入的学术讨论和交流。离开前，我久久地站在弗莱的高大塑像面前，向这位刚刚去世三年的加拿大伟大的文学理论家、批评家致以崇高的敬意。

您对希利斯·米勒坚持批评始终指向文学场域的肯定同样令人信服。我在20世纪90年代初就主持完成了耶鲁学派解构主义批评丛书的翻译，米勒的《小说与重复》是其中之一。由于种种原因，这一套书直到2008年才得以出版。有意思的是，米勒在该书中一方面抓住文学作品中重复等修辞性语言现象的细枝末节大做文章，颠覆文学文本所必定具有的客观、基本的意义和主旨，把文学的主题、意义的历史性和相对确实性加以消解，显示出其解构主义基本倾向；另一方面却始终坚持了细读文本的新批评传统，面对种种对修辞性批评的指责,米勒毫不退缩地回应道:"当今许多人宣称:修辞性的阅读已经过时,甚至是反动的,已经不再必要或需要。面对这样的宣言,我对原文仔细阅读的方法仍然抱着一种顽固的、倔强的,甚至是对抗性的申辩。即使是在当今全球化的情境之下,仔细的阅读对大学里的研究来说依然是非常重要的。"① 这种坚持"细读"文本为文学研究第一要务的态度,显然与远离文学和文本的场外征用式批评大异其趣。

王宁先生还提到了耶鲁"四人帮"另一位干将哈罗德·布鲁姆。我由于翻译了他的《误读图示》而格外关注他。这部属于布鲁姆解构主义阶段的代表性著作,其实还是地地道道的文学批评专著。他把英国浪漫主义诗歌传统视为正宗,坚持从对一代一代的浪漫主义诗人的作品的研读出发,运用一系列解构主义的策略来考察代际诗人间的影响关系。在他看来,诗的历史是无法和诗的影响截然区分的,因为一部诗的历史就是诗人中的强者为了廓清自己的想象空间而相互"误读"对方,特别是误读前辈强者诗人的历史。他认为自莎士比亚以来的诗歌史,可以概括为优秀诗人们竭力突破父辈"影响的焦虑"、即后辈反抗前辈的"创造性冲突"的历史。然而,布鲁姆得出"影响即误读"这个解构主义结论的根据,完全来源于对大量浪漫主义诗歌的细读、熟读和创造性思考。到后来,他更是旗帜鲜明地批判远离文学和文本的文化研究,维护文学独立的审美价值,试图恢复以"审美"为中心的精英主义经典观,他明确地说:"'审美价值'常常被视为康德的一个观念而不是一种现实存在,但我在一生的阅读中却从未有过如此的经验。"② 布鲁姆的意思是,他几十年的文学教育和批评生涯,对文学经典的阅读和批评始终建立在对文学作品审美体验的"现实"基础上,他的全部文学批评就是对文学进行以审美为中心的阐释和评论。正是对文学的这种坚守,使他摆脱了当时无比强势的文化研究的影响,成为捍卫文学研究和批评中坚持文学和审美立场的少数斗士之一。

---

① [美]希利斯·米勒:《论全球化对文学研究的影响》,郭英剑编译,《当代外国文学》1998年第1期。

② [美]哈罗德·布鲁姆:《西方正典》,江宁康译,译林出版社2005年版,第1页。

场外理论的场内合法性[*]

周 宪[**]

张江先生：

　　读了您的《场外理论的文学化问题》，感到您又细化并深化了自己关于场外理论场与强制阐释关系的看法，更加清晰地表述了您对文学理论是什么的观念。这封信是您一贯看法的进一步陈述，它也启发了我对这些问题的进一步思考。从您的几封信的连续论述来看，您有一个贯穿始终的论述逻辑，那就是文学有自身独特的定性，这一定性决定了文学理论的定性，场外理论应用于文学阐释如果偏离或背离了此一定性，就会导致非文学的强制阐释。这一看法在逻辑上是自洽的，论述是有说服力的，且有其学理根据。换言之，任何场外理论要转变为与文学相关的文学理论，其合理性与合法性就导源于文学的定性。依据这个逻辑，要对您的论断做出回应和讨论，就必须把注意力转向何谓文学的焦点问题。

　　如果我理解正确的话，您关于文学特性的看法是一贯的，虽然您并没有聚焦"文学性"概念，但基本理解是围绕着"文学性"观念运作的。您强烈主张文学的特性就在文学文本中，因此文学理论必须专注于文本。这两个规定是判别场外理论阐释文学是否强制的理据。如您所言："这里的前提应该是，理论的应用必须指向文学并归属文学，而不是相反。这个指向不是可有可无的小问题。在逻辑上讲，这是理论的定性根据。一个理论，它的本质或者说理论基点是什么，将

---

[*] 本文原刊于《探索与争鸣》2015年第1期。
[**] 作者单位：南京大学艺术学院。

决定它的分类和性质。"比较起来,两个推论中的第一个推论更为关键,即"指向"并"归属"文学。于是,讨论的焦点自然转向了什么是文学。

其实,关于文学为何物的争议古往今来从未中断过。文学性的观念是一个非常现代的观念,在西方大约是 19 世纪末出现,在 20 世纪初成熟并被系统化。从俄国形式主义到捷克布拉格学派再到英美新批评,大都秉持这一观念。自觉践行这一理论主张的新批评派中坚人物布鲁克斯,在其三部经典的文本细读教材中(Understanding Fiction,Understanding Poetry 和 Understanding Drama),就贯彻了这一理念,着眼于诗歌、小说和戏剧的文本形式层面的细读解析。不过,仔细阅读这三本教材,有些问题却又不完全是文学性,难免要触及社会、历史和心理等方面的问题。这表明把文学分析仅限于文学文本的形式、风格、语言、技巧是不够的。如果我们把目光投向那些深谙文学的诗人、小说家和剧作家,那么也会注意到,他们对文学的解说很复杂、也很开放。比如美国小说家福克纳在诺贝尔文学奖授奖仪式上的演讲中,开宗明义地说道:"我感到诺贝尔文学奖不是授予我这个人,而是授予我的劳动——一辈子处在人类精神痛苦和烦恼中的劳动。"我们研究文学要不要关注这些"精神痛苦和烦恼"呢?他还以如下一段话结束自己的简短发言:"诗人和作家的职责就在于写出这些东西。他的特殊的光荣就是振奋人心,提醒人们记住勇气、荣誉、希望、自豪、同情、怜悯之心和牺牲精神,这些是人类昔日的荣耀。为此,人类将永垂不朽。诗人的声音不必仅仅是人的记录,它可以是一根支柱,一根栋梁,使人永垂不朽,流芳百世。"这一关于文学的经验之说,引发人们对文学的无限联想。可有趣的是,他的演说通篇没有提到任何文学性问题,这也许是在告诉我们,文学是一个复杂的文化现象,它既有您指出的文本的"具体特征和审美价值",又有不可忽略的其他一些属性和定性。也许,文学就是一个"剪不断理还乱"的风景,从文学性的窗口看出去,看到的只是一个景象,从社会、历史、文化、心理和精神的不同窗口看出去,看到的则是另一些景象。假使我们要描绘出一幅文学的全景图,那就必然包含了许多内容和因素。

关于文学的复杂性争议表明，文学乃是一个博大精深的世界，它包含形式特征和审美价值，但却不止于形式特征和审美价值。文学是文学，但不止于文学。或许我们可以模仿爱因斯坦广义相对论和狭义相对论的说法，提出广义文学观和狭义文学观两种不同的文学理解路径。狭义的文学观彰显的是文学自身的形式和审美本体特性，围绕着审美价值和艺术特质，强调文学内在的元素和价值，是一种向心式的聚焦性文学观；但是狭义文学观并不必然排斥广义的文学观，即文学与其他社会历史范畴的相关性的考量，这是一种离心式的散焦性文学观，它由文学出发却不限于文学。我以为，两种文学观自古以来就始终存在，且一直处于某种紧张状态。如果我们这么来看，那么，我们对各种场外理论在文学场内应用的合法性与合理性便会有不同的判断：站在狭义文学观立场上，就会警惕甚至抵制散焦式的相关性思考和阐释，更倾向于聚焦式的文学性研究，规定场外理论的场内应用要有更多的规定和转换。站在后一种立场上，则会采取更加宽泛的文学视角，对各种场外理论的场内应用持更宽容的看法。

我注意到您在信中区分了"批评理论"和"文学理论"差别，由这一差别进而引出场外理论合法性问题。用您的话来说："对批评理论而言，文学不是它的主要兴趣，它的兴趣是批评社会，把批评理论当作甚至替代文学理论或文学批评是一个谬误。"您界定的文学兴趣是"对文本具体特征和审美价值做文学、美学的评论"。这里的关键其实并不在于是否对准文本，而是对准文本的什么特性，如果是"具体特征和审美价值"，这就构成了"文学、美学的评论"，它属于文学理论研究；如果"兴趣是批评社会"，这就会导致场外理论场内应用的强制阐释。由此推论，文学文本或文学的定性乃是其"具体特征和审美价值"。至此，可以说您的核心论点是把文学定性于其文本形式的"具体特征和审美价值"。而且，更重要的是，您认为文学的这一定性是文学所以为文学的唯一条件，排他性条件，它是自明的和自在自为的。

诚然，每门知识体系在现代知识分工中都有其领地和边界，都有自己的学科属性和研究对象及方法。通常认为文学理论研究文学何以成为文学的那些原理和价值，源自俄国形式主义，后来成为形式主义思潮的基本观念,用雅各布森的话来说就是"文学性"。我在前两封信里谈及一个想法,那就是20世纪的西方甚至本土文学理论的发展轨迹清楚地呈现出两极摆动的轨迹,一极是形式主义文学理论,另一极则是社会历史方法,两者之间构成某种持续的紧张。有时主导的文学理论偏向于文学"内部研究",有时文学理论的钟摆偏向于文学的"外部研究"(韦勒克语)。这是文学审美理想主义与文学政治实用主义之间的博弈,是两种关于文学观念的角力。真实的情形是,哪一种理论都不可能离开另一种与之对立的理论,也不可能排斥和消灭另一种理论。解构主义告诉我们一个真相,任何一种理论之所以能发挥功能,是因为它有赖于相对立的理论作为支撑和参照。没有形式主义的审美理想主义,政治实用主义无可存在,反之亦然。就像德里达在分析影响力二元概念时所指出的那样,中心需要边缘才得以存在。既然文学理论的场域内两种力的紧张,不可能以去掉一极而保留一极的方式为其终局,那么,两者共存就是必然的,不可避免的,我们就有必要对文学理论的知识形态采取更有包容性和生长性的理解。换言之,没有文学理论的社会历史方法,形式主义方法也无法存在。

对文学理论的研究大致有三种情况:第一,比较纯粹的讨论文学性问题,这就形成了比较单纯的阐释文学性的研究路径;第二,完全无关文学的理论,以文学来阐释其他非文学问题的理论,可以称之为非文学性的理论;第三,将文学性与其他问题结合起来,透过文学性进入范围更加广阔的社会文化领域。我想,您的观点大致是强调第一种类型,所以场外理论的"文学化",就是聚焦文学形式和审美价值等问题,否则就不能称之为文学理论,因而就不具有用于文学阐释的合法性。这种思路自有其道理,它以文学特性为目标,以一种排他性的思路来考量场外理论用于文学研究的合法性与合理性。您最反对第二种理路,认为应该将其完全排除在文学理论范畴之外。第三种情况其实是更为常见的,即场外理论被用于文学阐释,和文学自身的"具体特征和审美价值"问题交错在一起,或者透过文本的"具体特征和审美价值",再进入范围广大的社会历史文化领域。这第三种情况,我以为很难规定说是不合法的强制阐释。如果我们采用的不是排他性的思路,而是更具包容性思路,那么,场外理论用于文学场域就有更多的空间，就具有更多的合法性与合理性。

由以上三种情况进一步延伸，可以发现场外理论的场内使用也分不同形态。第一，场外理论与场内固有的研究传统完全不兼容，用您的话来说，就是几乎无法"文学化"。这种情况表明，某些理论固有的知识谱系和取向决定了它的用途，可称之为理论的"他性"状态。比如精神分析理论，其固有的理论取向和概念系统从来就不是冲着文学的审美价值来的，它固有的学理性和谱系特征，决定了它一定选择与它有关的或它可以阐释的文学现象为对象，与其无关的文学现象则不在其视野之内。这种情况颇有些近似波普尔所说的"探照灯原理"，精神分析的理论是照到哪里哪里亮，而它照射不到的地方则成为广大盲区。第二，有些场外理论具有文学的兼容性，可以和文学理论的传统理路一定程度的融会贯通，并用来阐释文学问题，甚至有可能发生变异而形成新的理论。这种情形或许可以称之为"混血儿"状态。比如文化研究，或者传播学（史），或者新媒体理论等，它们都是场外发生的理论，最初也是用于场外研究的。但是，将这些理论引入文学研究领域，却可以和传统的文学理论范式一定程度的融合汇通，一方面拓展了文学研究的视野和方法，另一方面也发展出一些新的研究方向和领域，这些场外理论逐渐成为文学理论的有机组成部分。

有些场外理论完全可以和文学理论深度融合，因为这些理论虽然缘起于场外，但是它却与文学有密切关联，这就导致了这些场外理论天然具有文学阐释的有效性。这样的理论突出地表现在和语言符号相关的一些理论中，诸如修辞学、符号学、语言行为理论、话语分析理论、叙事学、解释学、翻译学等。从当代文学理论的发展现状来看，这些理论与文学理论具有显著的亲和性，可以很好地与文学理论相结合，并形成文学理论的一些独特流派。如果说以上三种情况是属实的话，那么，场外理论的文学阐释的合法性与合理性就需要仔细鉴别。

可以得出的初步结论是：有些场外理论本性不在文学，所以不关心文学性，进而导致强制阐释不可避免；有些场外理论与文学有亲和性，比较容易实现与文学性的对接；还有些场外理论虽与文学有距离，但需要仔细考量，审慎使用，创意修正，也可以实现有效的文学性阐释。

　　说到这里，我必须补充说，您指出的一些完全背离文学宗旨和意味的场外理论的强制阐释的确存在，而且有些还颇具影响，这些理论研究的文学意义不大，其文学阐释的合法性与合理性的确成问题。不过，一些失败的场外理论的强制阐释，并不是我们全面抵制林林总总的场外理论的根据，反倒应该引起我们对场外理论的场内应用采取更加谨慎、更加有效和更加合理的路径。总体上看，20世纪场外理论的场内应用确有不同的取向和路向，您提出的问题具有警醒和棒喝作用。一些所谓的文学理论的确已与文学相距太远，跑得太偏了，我们必须注意到这些偏向给文学理论研究带来的潜在危害。但是，当我们高度警惕把文学变为与文学完全无关的强制阐释偏向的同时，也要防止相反的倾向出现，那就是把对文学理论研究界定得过于狭窄，因而使得文学理论变得越来越局促。其实，俄国形式主义、新批评等批评实践后来的问题和窘境已经说明了问题。唯其如此，我们需要在场内和场外、内在研究和外在研究、形式主义方法和社会历史方法、审美理想主义和政治实用主义之间，保持某种"必要的张力"，实现某种相对的平衡。我想，这样的立场也许更有利于文学研究和文学理论的知识创新。以文学为焦点，却又发散至与文学相关的其他层面，这样的文学理论才具有深广的学理依据和社会历史根据。

　　至此，对场外理论的合法性与合理性的讨论进入了另一个问题，即如何通过合理合法地使用场外理论来阐释文学呢？换言之，对场外理论的场内应用有何规则来确保其合理性与合法性呢？您的一些解答颇有创意，"所谓场外理论的文学化，包含这样几重意思：一是，理论的应用指向文学并归属于文学。二是，理论的成果落脚于文学并为文学服务。三是，理论的方式是文学的方式"。虽说"文学化"概念容易引起歧义，不过此处意指是明确的，那就是强调场外理论用于文学场内的聚焦文学性。其一说的是目标研究指向文学，其二说的是理论研究的性质归于文学，其三说的是言说方式也是文学性的。这几条其实都很重要，它们强调的是从场外到场内的转换，如果缺乏这些转换，就很容易造成场外理论对场内文学现象的强制阐释，最终失去了文学理论的特色和规定性。特别是第三点，即文学理论的操作必须通过文学批评的具体化来展开。这是一个很精彩也很有针对性的观念。它直指那些玩弄概念和原理的所谓"文学理论",把理论的思考从空中拉到地面,实现了理论的"在地化"。这个"具体化"的说法还隐含了另一层理论研究的方法论问题,那就是文学理论不同于哲学理论,它是直接面对具体的经验现象而不是抽象概念和范畴。因此,理论的"文学化"就是通过文本的批评来操演的,缺乏这个环节,理论就会游离于文学的经验现象,成为为理论而理论的非文学的理论。所以,您的结论很重要:必要主张一种为文学的文学理论。

作为"阐释病"的经院派文艺学
——兼论学科界线的悖论性*

[俄] 瓦基姆·波隆斯基**

俄罗斯《十月》杂志 2015 年第 1 期刊发了中国社会科学院副院长、中国文学批评学会会长张江的论文《强制阐释论》①,此文在学界激起巨大反响。2015 年 6 月,由《中国社会科学报》、俄罗斯《十月》杂志、俄罗斯科学院高尔基世界文学研究所、"洛谢夫之家"俄罗斯哲学和文化图书馆在莫斯科联袂举办的"东西方文学批评的今天和明天"国际学术研讨会上,这篇文章所提的问题又成为研讨的中心。

张江教授在这篇材料丰富、观点锐利的论文中所提出的问题,首先源自近几十年西方文学批评的现实。在近几十年的西方文学批评中,"割断与历史传统的联系、否定相邻学派的优长、从一个极端转向另一个极端,以及轻视和脱离文学实践、方法偏执与僵化、话语强权与教条等问题,随处可见"。这位中国学者将这一现象命名为"强制阐释",并详尽概括了其各种表征和缺陷。就整体而言,这些表征和缺陷源于两大方法论前提:一是阐释者的先验论方法,即"对文本和文学作符合论者主观意图和结论的阐释";二是

---

* 此文为作者 2015 年 6 月在莫斯科"东西方文学批评的今天和明天"国际学术研讨会上围绕中国学者张江的《强制阐释论》一文所做的发言,原刊于《文艺研究》2016 年第 8 期。

** 作者单位:俄罗斯科学院世界文学研究所;译者刘文飞,单位:首都师范大学外国语学院。

① Чжан Цзян, О насильственной интерпретации, пер, Лю Вэньфэя, Октябрь, №1, 2016, сс. 144–159.

对其他学科分析方法的借用，论文作者将这些方法称为"场外征用"。

各种阐释策略均源自文学现象的内部或外部，这些阐释策略的相互关系问题虽然在当下显得极其突出，可它依然属于语文科学中那些争论不止的永恒问题。欲探清这一问题的意义前景，我们对语文学知识作一番寻根溯源或许是有益的。当然，在此首先要申明，在这篇不长的文章中，我们的粗略概括和尝试仅以西方的文学批评遗产为依据。我们对中国文学的历史这一世界上延续最久的文学传统知之甚少，这使得我们只能局限于包括俄罗斯文学在内的西方文学材料。但我们似乎有权这样做，因为张江教授所批评的那些阐释实践正是在西方文学中形成和确立的，而且毫无疑问的是，这些阐释活动当下依然拥有全球性影响。

在欧洲批评的源头柏拉图的遗产中就已存在一种深刻的两面性，即柏拉图自其内省式理论知识角度面对诗歌和艺术态度时原则上的悖论性。在此，对于语言艺术所持的哲学观点首次显现出来。究其实质而言，这一观点将语文学任务当成面对自我的他者。在此情况下，有两个问题值得关注。首先是外在的悖论：柏拉图在《理想国》中毫无保留抨击艺术，斥之为"反映的反映"，可在对话录《伊安篇》中，他却假借苏格拉底之口道出这一类比，即诗歌是一种巫术，处在神秘赞叹、极度狂喜状态的诗人所扮演的角色，就是诸神和缪斯神圣讯息的被动传递者。在此，欧洲理论思想第一次说明，阐释是存在的。柏拉图笔下的苏格拉底对延续诗歌传统的行吟诗人和说唱歌手做了一番思考，然后他面对伊安强调指出：诗人必将扮演阐释者的角色，将诗歌语言带给其听众，但与此同时，诗人却无法充分理解其诗歌语言的意义，因为他们不具备那些不可或缺的"技艺"，也就是说，他们并非我们今天所理解的真正意义上的阐释者。用苏格拉底的话说，行吟诗人的能力只能由神赐的狂喜所决定，这位哲学家对其交谈者说道："你这位荷马的高明颂扬者并非自学成才，而是由神所塑造。"（《伊安篇》第536条）

如此一来，在《伊安篇》的作者看来，行吟诗人—阐释者的角色就是诗歌逻各斯自身，就像在后来的基督教时代人们常说的那样，诗人会虔敬回避对于所表达内容的无意识解释。把这一点投射至我们当今世界的文化风景，并对其含义稍作简化，或许可以说，柏拉图把行吟诗人视作这样一种语文学家，其功能就在于固定和呈现诗歌文本，但柏拉图绝对拒绝给行吟诗人以充当内省化阐释者和阐释者之权力。这一角色依旧被分派给了哲学家本人的抽象思维，更宽泛地说，被分派给了哲学自身。由此便开始了语文学和哲学最为复杂的共生辩证法，这两者是相互敌对的双胞胎，是相互遮蔽的两面人，双方均强调自己有权取代对方，可与此同时它们却又彼此依赖，两者均不可或缺。

当然，在柏拉图处发端的语文学和哲学的敌对亲缘关系只是到了近代才充分显现出来。在数百年的时间里，在基督教西方的书面文献中并未出现这两者的分离，更确切地说，哲学家（神学家）在其固有的混成性中是一贯服从语文学家的。希腊化时期的学者和书人，古希腊罗马经典的注疏家，拜占庭时期和拉丁时期解释《圣经》文本的神父，以及作为他们继承者的文艺复兴时期饱学之士——这些人均既是文本的批评家和语文学家，同时自己也身为作家。用我们今天的话来说，他们的著作所诉诸的首先就是哲学和神学问题，诸如对文本的完整意义和绝对意义的演绎，与绝对真理世界相关的文本的世界观内核。由此便形成一个最强大的传统，即寓喻的和类比的批评传统，言此及彼的阐释传统，这一传统强使间接的逻各斯、即文本服从其非约定的意义。

但是在17世纪，语文学首次奋起反抗它在这一混成结构中的从属地位。自文艺复兴时期起，自伊拉斯谟的学术讲坛起，哲学便渐渐开始意识到它是一门独立学科。此距17世纪语文学与哲学联盟的危机仅有一步之遥，我们当今意义上的"批评"在此时开始出现。① 探讨文本的出发点不再是恒久的共相，而是独立出来的近代人，是受人敬重的世俗资产者，他们衡量文学的标准与其说是抽象的原则，不如说是他们自己的理智和趣味，其中就包括拉封丹在《寓言诗》序言

---

① Cf. P. Dandrey, "Naissance de la critique littéraire au XVII-e siècle?" *Littératures classiques*, No. 86 (2015), pp. 5–16.

中所言的对"新奇和娱乐"的兴致。① 语言文字判断方面的"主观任性"首次成为文学文化中的平等一员,这一现象一直持续至今,这自然会导致批评家身份和作家身份的混同。

语文学和哲学的紧张对峙始终伴随着它们的相互依赖,古往今来始终如此,但语文学依然在不懈地伸张自己的权利。

关于《圣经》文本的新教神学批评手法后来为伟大的德国古典学家弗里德里希·奥古斯都·沃尔夫所借鉴,写下《荷马引论》(*Prolegomena ad Homerum*,1795)② 的他实为当代科学语文学的奠基人。更为重要的是,他的纯语文学手法实为一种自觉的反哲学手法,他沿用了柏拉图在《伊安篇》中对作为语文学家的行吟诗人和作为阐释者的哲学家这两者之任务的区分,认为荷马史诗是不同时代各种不同文本之合成,并借此彰显出关于文本的历史批评原则。他首次强调了文本流动的、开放的、未完成的属性,并因而摧毁了关于作品的哲学评价前提,即视作品为一个记录着某种清晰基本要义的终结形式。

总体而言,沃尔夫的方法后来成为一种极具生命力的方法。例如,它在现代文本和手稿研究所(Institut des textes et manuscrits modernes)的当代法国生成批评中便再度显现。

不过,这一影响应该是隐藏在时间之中的,是间接的。从沃尔夫传统直接延续的角度来看,有一个现象相当醒目,即语文学的扩张得到了哲学家弗里德里希·施莱格尔的热情呼应,他在这一扩张中看到一种能使哲学摆脱各种虚假体系的结构病而得以保全的手段。③ 他欲使哲学语文学化,让哲学脱离各种抽象的理论思辨,使思想本身成为一种流动的文本。沃尔夫其实仅将作为一门科学的语文学之任务确定为一种拒绝,即拒绝对文本意义做哲学共相视阈下的理解,他认为语

---

① Jean de la Fontaine, *Fables choisies*, *mises en vers par M. de La Fontaine*, Paris: Denys Thierry, 1668, p. 14.

② F. A. Wolf, *Prolegomena ad Homerum sive de Operum homericorum prisca et genuina forma variisque mutationibus et probabili ratione emendandi*, Halle, 1795.

③ 关于沃尔夫对施莱格尔的影响,详见 D. Thouard, "Friedrich Schlegel: de la philologie à la philosophie (1795—1800)", in Denis Thouard (ed.), *Symphilosophie*: *F. Schlegel à Iena*, Paris, 2002, pp. 28 – 44。

文学这门科学的任务仅在于文本批评,仅在于没有任何阐释企图的材料呈现。弗里德里希·施莱格尔更进一步,在此基础上他写出《论不解》一文①,提出一个实质上十分语文化的概念,即"不解"也是一个积极概念,它可以捍卫晦暗和朦胧等对人而言最为重要的生活现象和精神现象。②

然而,这个哲学—语文学的钟摆依旧在来回摆动。针对施莱格尔的这些激进姿态,很快就有人做出纯哲学反应,而且,这个人还是施莱格尔最亲密的战友。两人共同开展"哲学语文学化"运动,即编纂并批注第一套德文版柏拉图全集。这个人就是弗里德里希·施莱尔马赫。施莱尔马赫背离沃尔夫和施莱格尔,呼应弗里德里希·阿斯特,强调对文本意义进行语文学解读和阐释的极端重要性。由此产生了在之后近两百年文艺学历史中最有效的一种方法,即对作品的阐释学解读法。而且,与"阐释圈"框架内部分与整体关系的著名悖论相关,施莱尔马赫提出两种不同的整体,这两种整体贯通才能派生出对文本意义的等值理解:一种整体即语言,即语词或言说的语境;另一种整体即作者的生活经验,即作者著作之总和。在施莱尔马赫看来,整体的这两种类型分别呼应着"语法"分析和"技巧"分析。③自19世纪中叶起,这一方法构成了大多数严肃认真的文艺学研究之基础,甚至连如下作者也不例外,他们从不愿费神去对文艺学方法做理论思考,对施莱尔马赫及其阐释学也一无所知。

然而,诸如此类的哲学攻势不可能不遭受迎击。19世纪末,尼采便用如雷贯耳的批驳作为回击,他之所以成为一位哲学家,很大程度上恰恰因为他是以他那篇巴塞尔演讲《荷马与古典语文学》作为起点的。他作为一位辩护士,力主返回纯语文学,以此拒绝任何一种

---

① F. Schlegel, *Über die Unverständlichkeit*, *Athenäum. Eine Zeitschrift von August Wilhelm Schlegel und Friedrich Schlegel*, Hg. von Gerda Heinrich, Leipzig, 1984.

② 关于这一问题的详论,见 Ямпольский М. Филологизация (проект радикальной филологии), Новое литературное обозрение, 2005, №75, cc. 10 – 23。

③ F. Schleiermacher, Hermeneutics: *The Handwritten Manuscripts*, ed. Heinz Kimmerle, Atlanta: Scholars Press, 1986, p. 195. 另见 Ямпольский М. Филологизация (проект радикальной филологии), cc. 15 – 17。

意义整体和形式整体的重构，以免出现"虚幻的"阐释。在这位革命性的语文学家看来，科学的任务就在于揭示艺术和语言的纯粹"物质性"，就文艺学而言，就在于凸显那些酒神般欢乐的、流动的、难以捕捉的、完全碎片化的文本。尼采的思想尽管充满狂喜的激进色彩，却又深深根植于传统，因为在他这里可十分清晰地看到沃尔夫观点的回声，"酒神歌手"尼采十分推崇沃尔夫，因为后者让语文学摆脱了神学。[①] 尼采的思想将这一传统线索传导至未来，传导至20世纪，直到晚期的海德格尔。海德格尔完成了一项独特的尝试，即用纯语文学的原则来创建阐释本体论，完全拒绝"Dasein"（"此在"的纯物质性）与绝对意义、上帝等共相的关联。实际上，20世纪至21世纪初为数众多的"语文学中心主义"理论所继承的也是这一传统线索，从形式主义者到德里达的解构主义、福柯的知识考古学和汉斯·乌尔里希·古姆布莱希特的"在场"理论，它们均蓄意谋杀具有"哲学"意味的此类概念，即认为文本具有某种统一的、显现的、绝对的意义。另一条哲学的、施莱尔马赫的传统线索也在当代结出硕果，它所仰仗的是阐释学发展过程中出现的各种变体，直到汉斯·姚斯的接受学派。

两条线索曾在17世纪有过低级的、庸俗化层面的结合，即主观任性的批评。这一综合现象在后技术统治论时代的大众行情中十分可塑，表现为一系列具有意识形态传染性的伪科学理论，如性别批评、后殖民批评、生态批评等。语文学和哲学这对既相互敌对、又相互依存的双胞胎，其统一和斗争一直持续至今。不过，它们的统一和斗争如今已处于另一水准，即无休止地自我重复、自我复制和已有意义的失却。

其结果表明，我们如今处于一个各种方法鱼龙混杂的场景，各种科学批评方式的价值标准逐渐模糊，语文学作为一门独立学科的名声已遭遇重大危机。这使得那些决定研究策略的精英学者对语文学的古典定义产生了疑问。

---

① 关于尼采对沃尔夫的接受，详见 J. I. Porter, *Nietzsche and the Philology of the Future*, Stanford: Stanford University Press, 2000, pp. 69–81。

我们这些文艺学家此刻究竟该做些什么呢?

我们不能不同意张江教授的结论:"一个成熟学科的理论必须是系统发育的。这个系统发育体现在两个方面。从历时性上说,它应该吸取历史上一切有益成果,并将它们灌注于理论构成的全过程;从共时性上说,它应该吸纳多元进步因素,并将它们融为一体,铸造新的系统构成。理论的系统发育不仅是指理论自身的总体发育,而且是指理论内部各个方向、各个层面的发育,相对整齐,相互照应,共同发生作用。系统发育是理论成长的内生动力,也是一个理论、一个学科日趋成熟的重要标志。"

但在日常的文艺学研究工作中,该通过哪些具体的方式来落实这些系统发育措施呢?我们不想冒险开出某些放之四海而皆准的处方,只试图提出一个建议,即让众多理论各就各位,保持对传统的忠诚,而且要直接参与实践活动。

首要的任务,就是要理解各独立学科之间,首先是语文学和哲学之间既有差异又相互吸引的悖论本质。拒绝在两者间划定界限,希望把文艺学从哲学的侵犯下彻底解救出来,这一愿景也同样有可能造成损失,并最终违逆现实,其中就包括传统之现实。

我们认为,要想在当今特殊的理论基础上一劳永逸地解决与批评阐释问题相关的所有矛盾,其前景似乎并不明朗。语文学已经饱受理论过剩之苦。

更有效的或许是另一种途径。学院派文艺学者的实践活动应更大程度地集中于学术出版,出版世界文学名著和经典作家文集,并附加相应的注疏和研究著作。世界各地最权威的学术研究中心形成的此类出版物的编纂原则,实际上仍在沿用,这恰恰就是语文学之父弗里德里希·沃尔夫的方法之变体。至于各种学术注疏和研究著作,则可以是学术性的作家评传、作家的生活和创作纪事、文学大事记,甚至是学院派文学史。在此,引入主张哲学化的施莱尔马赫阐释学中两种整体相互融合的原则将是极富成效的,这两个整体分别为语言和文化语境的整体,以及作家传记体验的整体。对于一位学院派文艺学家的实践活动而言,这两者已经足够了。至少,对于一位文学史家和版本学家来说,此已足矣。一位诗学专家,即便置身于施莱尔马赫所言的

"语法分析"的框架中，也能感觉自如。其他一切阐释方法就总体而言均可被有意识地放弃，或仅适用于某些特殊场合。通常情况下，其他一切阐释方法要么是这两大基本传统线索的同义反复，要么就是实际上多余而无任何必要的方法。

这种方式我们或可称之为"实践保守主义原则"和"方法论体系消减原则"。当然，这一方式未必能成为文学理论中全新观念的催化剂。不过，这或许会成为一种不错的治疗手段，有助于整个文学科学的健康发展。

场外征用的必要性与有效度[*]

赵炎秋^{**}

一 问题的提出

张江先生在《强制阐释论》中提出，当代西方文论的根本缺陷是"强制阐释"，强制阐释的基本特征有四点，其中之一是"场外征用"。张江认为，从积极的意义上说，"场外征用""扩大了当代文论的视野，新的理论空间和方向，对打破文学理论自我循环、自我证明的话语怪圈是有意义的"。"我们从来都赞成，跨学科交叉渗透是充满活力的理论生长点。20世纪西方文论能够起伏跌宕，一路向前，正是学科间强力碰撞和融合的结果。"同时他也指出："理论的成长更要依靠其内生动力。这个动力首先来源于文学的实践，来源于对实践的深刻总结。""文学不是哲学、历史和数学。文学更强调人的主观创造能力，而人的主观特性不可能用统一的方式预测和规定。用文学以外的理论和方法认识文学，不能背离文学的特质。文学理论在生成过程中接受其他学科的研究方法和思路，其前提和基础一定是对文学实践的深刻把握。离开这一点，一切理论都会失去生命力。"① 这些论述一方面肯定了文学理论与文学批评中"场外征用"的必要性，一方面指出"场外征用"的限度和有效性，是辩证的。遗憾的是，

---

* 本文原刊于《文艺争鸣》2015年第4期。
** 作者单位：湖南师范大学文学院。
① 张江：《强制阐释论》，《文艺争鸣》2014年第12期。

因为篇幅与主旨的关系,张江先生在文中并没有对此展开论述。而要深入了解文学理论与批评中的"场外征用"现象,进一步了解西方文论的强制阐释及其不足,有必要进行进一步的探讨。

二 "场外征用"的必要性

按照张江先生的解释,所谓"场外征用",是指"广泛征用文学领域之外的其他学科理论,将之强制移植文论场内,抹杀文学理论及批评的本体特征,导引文论偏离文学"①。这句话的前半段主要是对"场外征用"内涵的界定,它应该包括两个方面:一是征用场外理论,影响、改变、丰富、发展相关的文学理论和批评,二是直接征用场外理论,对文学作品和文学现象进行分析、批评。后半段主要是对"场外征用"效果的判断。张江先生的论述主要指出了场外征用的消极结果,对于场外征用的积极作用没有涉及。客观地说,场外征用既有消极的一面,又有积极的一面。如以弗洛伊德理论为代表的精神分析学说,从起源看,无疑属于文学领域之外的其他学科理论,但自从进入文学批评领域之后,精神分析所产生的积极作用至少与它的消极作用是相等的。就其积极方面来说,精神分析学说引入文学批评,扩大了我们的批评视域,部分地改变了我们对于文学的看法,加深了我们对文学的理解。它的一些术语如俄狄浦斯情结、白日梦、集体无意识、原型等,现在已经成为文学理论的一个有机的组成部分,广泛运用于文学批评之中。再如,恩格斯对哈克奈斯的《城市姑娘》的批评。恩格斯批评这部小说没有写出"工人阶级对他们四周的压迫环境所进行的叛逆的反抗,他们为恢复自己做人的地位所作的剧烈的努力",认为它不是"充分的现实主义的"。从某种意义上说,恩格斯的批评不是从作品本身出发,而是从社会主义革命的要求出发的。尽管他承认,哈克奈斯的描写有其现实的基础:"任何地方的工人群众都不像伦敦东头的工人群众那样不积极地反抗,那样消极地屈服于命运,那样迟钝",而且也认为,哈克奈斯有"非常充分的理由这一次

---

① 张江:《强制阐释论》,《文艺争鸣》2014年第12期。

先描写工人阶级生活的消极面,而在另一本书中再描写积极面"。①从某种意义上说,恩格斯的批评也是一种"场外征用"。但这种征用的效果是好的。作为无产阶级革命的领袖,恩格斯要求文学作品表现无产阶级的反抗与斗争是很自然的,也是必要的。他对《城市姑娘》的批评对当时及以后的文学创作特别是社会主义文学创作产生了积极的影响,这是不争的事实。

由此可见,"场外征用"在文学批评中的必要性不能完全否定,这种必要性可以从三个方面探讨。

其一,文学反映的是整体的社会生活,要对文学作品进行解读,有必要运用各个学科的知识与理论。一般认为,文学以形象的方式反映生活,它反映的生活与自然科学不同。自然科学反映的是世界的规律、本质、属性、特征,反映形式是抽象的,文学反映的是世界的感性的表现形式,反映形式是具象的。文学反映的世界与社会科学也是不同的。社会科学的各个学科一般只涉及生活的某个方面或某个部分,其反映形式是抽象的,文学则以具象的形式反映整体的社会生活。这样,文学就必然涉及生活的方方面面。批评家如果严格地将自己的视野限制在文学的范围之内,完整、深入地理解文学作品有时就会成为无法完成的任务。在这种情况下,"场外征用"便不可避免。比如《红楼梦》,这是一部百科全书式的史诗性巨著,涉及的生活面从宫廷到民间、从政治到经济、从娱乐到体育、从迷信到医学,十分广阔。显然,要对这部作品有深入的理解和把握,不借助其他学科的知识是不可能的。比如医学。《红楼梦》中的人物经常生各种各样的病,请各种各样的医生,开各种各样的处方抓各种各样的药品。病人对病情的陈述、医生对病情的诊断、开出的药方抓来的药以及熬药吃药的过程,不仅构成情节的一个有机组成部分,而且是人物形象的一个有机组成部分。如林黛玉的多病、咯血,薛宝钗的冷香丸和她的体丰怕热,等等,都与情节发展和人物形象有着密切的联系。要把握小说的情节和人物,就不能不把握人物的病情以及与病情有关的其他方面,而要真正把握这些方面,就不能不"征用"医学方面的相关知

---

① 《马克思恩格斯选集》第4卷,人民出版社1972年版,第462—463页。

识。医学如此，其他学科知识实际上也是如此。

其二，与其一密切相关，作为生活、时代、社会的形象反映，文学作品产生之后，就会在一定程度上具有文献的性质。恩格斯就曾说过，巴尔扎克在《人间喜剧》中，"给我们提供了一部法国'社会'特别是巴黎'上流社会'的卓越的现实主义历史……我从这里，甚至在经济细节方面（如革命以后动产和不动产的重新分配）所学到的东西，也要比当时所有职业的历史学家、经济学家和统计学家那里学到的全部东西还要多"①。自然，恩格斯的这段论述不能完全从字面上去理解，但是人们从文献的角度对待、理解文学作品的现象却并不罕见。越南战争时期，海明威的《丧钟为谁而鸣》被美国军方当作游击战的辅助教材发给美国士兵阅读；19世纪七八十年代，德国考古学家谢里曼依据《荷马史诗》等作品的启示，在小亚细亚西北部一带进行考古探查，成功地发掘出特洛伊古城，以及南希腊（伯罗奔尼撒半岛）的迈锡尼、太林斯等遗迹，使长期湮没的爱琴文化再现于世。此外，现代人通过古代小说了解古人的生活，本国读者通过外国小说了解外国人的生活；商人通过商战小说了解商业活动；青年人通过爱情小说了解异性恋爱心理，等等。虽然通过文学作品了解的信息很难有相关的文献那样真实、准确，文学作品也无法代替真正的文献，但这并不能避免文学之外的其他学科将其借用来作为自己的论据和阐述自己理论的材料。这也必然会产生场外征用的问题。

其三，也是最重要的，任何学科的理论都不可能是一个自洽与自足的体系，要完善与发展自己的理论体系，必然要借鉴与运用其他学科的理论。文学理论当然也是如此。这首先是因为，作家并不是生活在真空之中，必然会受到各种思想和思潮的影响，有的作家的创作本身就有说明或宣传某种思想的意图，或受到了某种思想的影响。如存在主义哲学家和文学家萨特，要解读他的文学创作，不了解他的存在主义思想几乎是不可能的。埃莱娜·西苏有感于父权制社会女性长期的失声，提倡女性写作，号召女性写自己的身体，

---

① 《马克思恩格斯选集》第4卷，人民出版社1972年版，第462—463页。

因为在长期的父权制文化的压迫之下,女性已经自觉或不自觉接受了父权制文化,她的思想、意识已经男性化了。只有身体才是她的,身体是女性抵抗父权制文化的最后一个堡垒。"几乎一切关于女性的东西还有待于妇女来写:关于她们的性特征,即它无尽的和变动着的错综复杂性,关于她们的性爱,她们身体中某一微小而又巨大区域的突然骚动。""妇女必须通过她们的身体来写作,她们必须创造无法攻破的语言,这语言将摧毁隔阂、等级、花言巧语和清规戒律。"[1] 受西苏的影响,许多作家特别是女性作家有意识地从身体的角度观察、思考、表现社会生活,创作出不少与身体有关的作品。如林白的《一个人的战争》、陈染的《私人生活》、九丹的《乌鸦》等。解读这类作品即分析它们的艺术特色,局限于原生性的文学理论是不够的,必须要"征用"西苏的身体写作以及女性主义的其他相关理论。其次,人类精神的各个领域是互相联系、互相依存的。各个学科之间的相互渗透、交流、借用、启示不仅是必然的也是必需的。另一方面,各个学科自身的资源都是有限的,单靠自身的思想资源以及自身的实践,无法完全满足理论创新与发展的需要。这时,也需要吸收外来学科的理论。索绪尔区分言语与语言,强调结构与关系在语言中的重要性。这一语言学理论经过俄国形式主义、布拉格学派到结构主义,导致重视叙事作品形式研究的经典叙事学的产生,以及将叙事学理论与其他文化理论如女性主义结合起来的后经典叙事学的产生。从语言的渊源与承续这个角度,可以说,没有索绪尔的语言学理论,就不可能有作为文学理论的一个有机组成部分的叙事学。这当然也是一种征用。

三 "场外征用"有效度

必要性并不等于有效性与合理性。场外征用有的符合文学的实际,有的则与文学实际有较远的距离。如张江先生在《强制阐释论》

---

[1] [法]埃莱娜·西苏:《美杜莎的笑声》,见张京媛主编《当代女性主义文学批评》,北京大学出版社1992年版,第200—201页。

中曾经批评过的对爱伦·坡的小说《厄舍老屋的倒塌》的生态学的解读。再如结构主义文论对于深层结构的探寻。结构主义文论受索绪尔语言和言语区分的影响，将单个的文学作品看作言语，将隐藏在单个作品之中的制约、决定着单个作品的运作、形态的内在的规则体系看作语言也即深层结构，认为文学研究的任务就是将这些共同因素也即深层结构找出来。这种理论追求导致了结构主义叙事学、读者阅读理论等的产生。这些理论基本是符合文学实际，是有效的。但是结构主义文论进一步认为，在深层结构之下，还有深层的结构，并且最终有一个决定着所有文学作品的深层结构。它们一直努力着，试图找出这一决定着所有文学作品的深层结构。格雷玛斯的矩形方阵实际上就是这一追求的阶段性产物。这自然不能如愿。

结构主义文论将现代语言学理论"征用"到文学理论和文学批评中来，却产生了两种结果：有的有效，有的却是无效的。这里的关键在于场外征用与文学的关系。场外征用只有符合文学的实际，才可能是合理的、有效的。

这种符合可以从三个方面探讨。

首先，最重要的是要符合文学创作的实际。文学作品是作家对于生活的主观能动表现的结果。在创作过程中，作家自觉或不自觉的总有自己的想法与目的，这些想法与目的总要或明或暗地在作品中表现出来，影响、制约作品的构思、形象塑造、情节安排、人物设置等。场外征用应该符合作者的创作意图，至少不应与作者的创作意图完全对立。自然，作者的意图不一定能够涵盖文学作品的所有内涵，甚至有的作家在创作的时候不一定有明确的意图，[①] 而且，作者的意图有时也不一定能为读者所感知。这时，符合文学创作的实际就主要是指符合文学作品的实际。文学作品产生之后，便是一个客观的存在，有其主旨和具体内容。这里的主旨是一个广义的概念，主要指作品的审美结构和主导倾向。具体内容指表现在作品中的社会生活。两者是有

---

① 如写《雷雨》时的曹禺。《雷雨》写成不久，曹禺曾坦率地承认自己写《雷雨》时并没有明确的意图，而是出于"一种情感的迫切需要"。参见王兴平等人编《曹禺研究专集》（上册），海峡文艺出版社1985年版，第16页。

机结合的，主旨必须通过具体内容表现出来，具体内容需要主旨的引导和组织。场外征用必须符合文学作品的这一实际，否则，就很有可能牵强附会，过度阐释；或者，破坏文学作品的有机性，将其进行随意的分割以满足自己阐释的需要。弗洛伊德曾分析莎士比亚笔下的哈姆雷特。他不认同歌德等人关于哈姆雷特缺乏行动能力的判断，将哈姆雷特的犹豫、延宕归因于他所执行的任务的特殊性。弗洛伊德认为，哈姆雷特有严重的俄狄浦斯情结，潜意识中仇恨他的父亲，爱恋他的母亲。因此，在克劳狄斯杀了他的父亲、娶了他的母亲之后，他无法按照鬼魂的要求去复仇。因为"这个人向他展示了他自己童年时代被压抑的愿望的实现。这样，在他心里驱使他复仇的敌意，就被自我谴责和良心的顾虑所代替了，它们告诉他，他实在并不比他要惩罚的罪犯好多少"①。莎士比亚在创作时，是否有借《哈姆雷特》诠释俄狄浦斯情结的意图，现在已不得而知。但我们倾向于认为没有，因为俄狄浦斯情结是弗洛伊德的发现，莎士比亚还没有这样"摩登"。从剧本的实际来看，哈姆雷特从未表现、流露过这一情结，而且，他也从未犹豫过是否要杀死克劳狄斯。在第三幕第四场，当他听见帷幕后面有人叫喊时，他以为是克劳狄斯，立刻一剑结果了那人。第五幕第二场，当他得到刺杀克劳狄斯的机会，他立刻毫不犹豫地杀死了他。因此，哈姆雷特犹豫、延宕，不是因为他的俄狄浦斯情结而不能或不想杀死克劳狄斯，而是由于其他的原因。② 因此，我们虽然钦佩弗洛伊德思想的新颖，但也不得不说，他对《哈姆雷特》的分析不符合剧本的实际，因此，他的解读是不合理的、无效的。

其次，是要符合文学理论的实际。文学理论是关于文学的理论，它的目的是为研究、分析、解读文学活动、文学现象与文学作品提供理论支持和依据，它有自己的体系和内在逻辑，它的主要内容应来自文学实践以及与文学实践相关的社会实践和文化思想资源，这就是文

---

① [奥] 西格蒙德·弗洛伊德：《弗洛伊德论美文选》，张唤民、陈伟奇译，知识出版社1987年版，第18页。

② 笔者曾撰文探讨哈姆雷特犹豫、延宕的原因，认为是他的思想与行动的脱节。参看赵炎秋《哈姆雷特悲剧成因再探》，《湖南师范大学学报》1998年第3期。

学理论的实际。当然，文学理论不是文学实践的附庸，它有自己的逻辑体系、运作方式、思想资源和存在价值，但是，它构建的基础应是文学实践、其主要内容应该符合文学的特质与规律，这却是确定无疑的。场外征用应该符合这一实际，应该能够纳入文学理论的整体体系与内在逻辑之中，否则，也是不合理与无效的。20世纪初，俄国无产阶级文化派从哲学领域"征用"来辩证唯物主义，要求以此为创作方法，创作"纯粹"的无产阶级文学作品。但创作方法是作家处理生活与文学的关系、创作文学作品时所遵循的原则与主要技巧，而辩证唯物主义则是马克思、恩格斯在总结自然科学、社会科学和思维科学的基础上创立的一套系统的逻辑理论思维形式，处理的是思维与存在的关系、思维与存在有无同一性，以及认识事物的方法等问题。将一种世界观方面的东西生拉硬扯地弄到文学领域作为创作的基本原则，肯定是水土不服，不管它在哲学领域多么正确。"语言论"文论盛行的时候，一些批评家喜欢用"主语""谓语"之类的术语来指代文学作品中的人和事以及相关的行为与动作，这是另一种对文学理论实际的偏离，因而也是不合理的，实际上也是无效的。时过境迁，这类术语也从文学理论中的话语中消失了。

再次，是要符合文学批评的实际。文学批评应该是对文学的批评，其目的是增加、促进读者对文学的理解与把握，获得审美的享受，促进文学创作的发展。这是其一。其二，文学批评的对象应该是作为有机整体的文学作品，作品是其批评的依据与基础，而不应将文学作品作为没有生命的材料，任意抽取用来证明、支撑某种外在的或预定的思想与观点。其三，文学批评必然要涉及作品之外的因素如社会、文化、历史等。但对这些因素的分析应该与文学有关，为了达到文学的目的，而不应该抛开文学，让这种外部因素本身成为批评的目标，让批评成为缺少文学这一主角的旁白。场外征用如果没有达到这些要求，就违背或者偏离了文学批评的实际，其征用也就缺乏了合理性与有效性。法国批评家皮埃尔·齐马试图通过对文学作品的分析，"了解社会问题和团体利益是如何从语义、句法和叙述等方面扭结在一起并得到反映的"。他从"会话与文字的对立的"角度理解普鲁斯特《追忆逝水年华》的结构，将这部小说看作"批判上流社会言语的一篇文字"。"按照齐马的思路，这部小说有两百页也就足够了。"齐马"征用"社会学的理论批评《追忆逝水年华》，只看到它社会学价值，而且还是其中的一个小的方面，这当然不能说是有效的文学批评。另一法国批评家塔迪埃谈到他时评论道："从艺术的卓越成就中仅仅发现'资产阶级的世俗社会'，掩卷回顾时觉得作品竟不如开卷时那么内涵丰富，齐马的这一结论其实是很可悲的。"① 齐马的批评偏离了文学批评的实际，塔迪埃的看法是有道理的。

四　场外征用能否避免？

场外征用并不是当代文学理论和批评特有的现象。杜甫诗《古柏行》写夔州孔明庙前的老柏树。中有两句："霜皮溜雨四十围，黛色参天二千尺"。这联诗无非是用文学中常见的夸张手法，写柏树的古老、高大。但北宋科学家沈括在《梦溪笔谈》中提出异议，认为一围为两手的拇指和食指合拢来的长度，"四十围乃是径七尺，无乃太细长乎"？而另一位叫黄朝英的学者则为杜甫辩护，认为古制一围是两只胳膊合拢来的长度，四十围就是120尺，"围三径一"，四十围的树直径有40尺。而"径四十尺，其长二千尺宜矣；岂得以细长讥之乎"②？两人引经据典，然而都不是在讨论文学，而是在讨论科学。从某种意义上说，这也是一种场外征用。两位学者用的是数学和植物学方面的有关知识，来讨论一个文学上的问题。

由此看来，文学批评中的场外征用实际上是古已有之，要完全避免是不可能的。从逻辑的角度看，一个事物的出现既然有其必要性，它的出现就是不可避免的。文学理论与批评中的场外征用不仅有它的必要性，而且也有其有效的一面。因此，要完全消除它就是不可能的，也没有这个必要。这里的关键是要正确地使用场外征用，把它限制在适当的范围，使其符合文学的实际，发挥其合理与有效的一面，

---

① ［法］让－伊夫·塔迪埃：《20世纪的文学批评》，史忠义译，百花文艺出版社1998年版，第193、195、195—196页。

② 胡仔：《苕溪渔隐丛话》卷八，人民文学出版社1962年版。

避免其无效和不合理的一面。

场外征用无法避免的另一个原因是其有效与无效的复杂性。这种复杂性表现在三个方面。一是场外征用与非场外征用之间的界线是很难截然划定的，它们之间有着太多的中间环节。为了论述有一个展开的基础，本文将非文学领域产生且主要在文学之外的人类精神的其他领域使用的理论视为场外理论，认为将这些理论运用于文学理论和文学批评就是场外征用，但如何认定仍然存在困难。二是有效与无效往往交叉在一起。三是有效与无效之间的判定有时也是比较困难的。

有学者认为："中国当代学术，特别是文学理论充溢着过多的政治性与意识形态性了，所以拒绝政治也就成为一种具有普遍性的政治诉求。上个世纪八十年代的'审美'曾经是最具有政治性的一个概念，这是因为这个在康德美学意义上使用的概念被认为是最没有功利色彩的，是不涉及利害关系的，它指涉的是纯而又纯的高层次精神活动。在文学理论长期成为政治的直接工具的时代，拒绝政治就成为一代知识分子普遍的政治诉求，因此，这个最没有政治色彩的概念就成为一代知识分子最有代表性的政治性话语。"① 一个纯文学的概念在特定的环境中成为一个最有代表的政治性话语。同样，一个纯政治性的概念在一定的条件下也可能成为一个最有代表性的文学性话语。拉康对爱伦·坡《失窃的信》的分析也是一个很好的例子。爱伦·坡《失窃的信》是一部侦探小说。小说写王后正在看一封信时，国王忽然进来了。王后不想让国王看见这封信，顺手把它放在桌子上。国王没有发现这封信，但跟着进来的 D 大臣发现了，他在王后的眼皮底下用另一封信换走了这封信。王后委托警察局长替她找回这封重要的信。警察局长用尽了办法，秘密搜查 D 大臣的住宅，派人假扮强盗在路上截住 D 大臣进行搜身，但都没有找到这封信。他只好求教于私人侦探杜宾。杜宾借着拜访大臣的机会，发现那封信经过伪装后就插在 D 大臣家的一个文件架上。于是他用一封相似的信将王后那封信换了出来。拉康用他的结构主义精神分析

---

① 李春青、袁晶：《"形式"的意义——近年来中国学界形式主义文论研究之反思》，《中国文学研究》2013 年第 2 期。

理论对这篇小说进行了分析。其一，他认为小说存在两个场景。一个是王后的客厅，一个是D大臣的寓所。在第一个场景中，有三个人物，一是国王，他本该发现那封信但却视而不见；一是王后，她见国王视而不见便自以为保住了秘密；一是D大臣，他在表面的混杂下面发现了事情的真相。在第二个场景中也有三个人物。一是警长，他本该发现那封信，但与第一场景中的国王一样视而不见；一是大臣，他与第一场景中的王后一样，因警长视而不见而自以为保住了秘密；一是杜宾，他取代了第一场景中大臣的位置，于杂乱中发现了真相。拉康认为，这两个场景和人物的三角关系，构成了小说的深层结构。其二，拉康指出，在法语中，如在英语中一样，"信（Letter）"这个词有信件和字母两种意思。而作为字母，Letter是一个纯粹的能指。实际上在小说中，那封信虽然处于情节的中心，其内容却没有显现。它只是一个"漂浮的能指"，在主体的关系网中，从不同的人的手中流转，并由此获得不同的意义。由此出发，拉康认为，这篇小说表现的，实际上是能指的传递在无意识的结构中产生了什么作用。换句话说，能指本身的运作就是意义的所在。意义存在于文本的关系之中。其三，拉康认为，对于王后来说，失窃的信象征了她所匮缺的阳物，表征的是主体对于他者的渴求。[①] 拉康的分析"征用"了三种"场外"理论。一是结构主义，他按照结构主义的方法挖掘出了小说的深层结构。这一结构符合小说的实际，有利于读者对《失窃的信》的进一步把握，因而是有效的。一是现代语言学理论。他的"漂浮的能指"虽然有些玄奥，但还能在文本中找到一些根据，处于有效与无效之间。而他运用精神分析理论得出的失窃的信象征了王后匮缺的阳物的结论，则纯粹是种无根据的主观臆想，无法找到文本和作者意图的支撑，因而是无效的。一个演讲中的三种征用和三个结论，有的是有效的，有的是无效，有的则处于有效与无效之间。由此可见有效与无效之间关系的复杂性。

另一方面，我们对有效度的讨论都是从文学的角度出发的，也就是说，判定一个场外征用是有效还是无效的主要依据是它是否符

---

① 参见陆扬《精神分析文论》第三章第二节，山东教育出版社1998年版。

合文学的实际,是否属于文学批评,但这并不意味一个无效的场外征用就没有思想内涵。换句话说,即使是"脱离文本和文学本身,裁截和征用场外现成理论,强制转换文本主旨",以至"文学的特性被消解,文本的阐释无关于文学"的场外征用"已不是文学的阐释"①,不再能称为文学批评,它仍是人类思维的结晶,仍能对人类思想、文化、社会产生作用,并且帮助读者从某一个角度虽然是非文学的角度增进对文学的理解。杜勃罗留波夫曾对屠格涅夫的小说《前夜》进行批评。杜勃罗留波夫遗憾小说的主人公英沙罗夫是波兰人而不是俄罗斯人,认为当时的俄国不是处于革命的"前夜"而是处于革命的激流之中。屠格涅夫不同意杜勃罗留波夫的批评,这最终导致他与《现代人》杂志的决裂。今天看来,杜勃罗留波夫的批评是正确的,但也很明显,他的批评不是从作品本身出发,而是从俄国当时社会的现实和民主主义革命的要求出发的,其基础实际是社会革命的理论。因此,严格地说,也是一种场外征用。但这种场外征用却是有意义的。再如列维-斯特劳斯对俄狄浦斯神话的分析。他征用结构主义理论,从这个神话中抽取四组因素,将它们排成四行,通过对比分析,认为俄狄浦斯神话"提供了一个逻辑工具,它可以在初始问题——'我们是生于一,还是生于二?'——跟派生问题之间搭起一座桥梁"②。也就是说,这个神话探讨的是人出生于土地还是出生于男女的结合这一问题。列维-斯特劳斯的分析表面上看是依据了俄狄浦斯神话文本,但实际上他只是将文本作为自己的材料,从中抽取自己需要的东西以支持自己的结论。因此,他的阐释也很难说是一种文学的阐释。但它的确扩展了我们的视野,从另一个角度增进了我们对俄狄浦斯神话的认识。由此可见,"无效"的场外征用实际上也有它的效用。

因此,对"场外征用"我们应该辩证对待,一方面承认它在文学批评中的必要性,一方面指出它的有效度,如果运用场外征用的理论

---

① 张江:《强制阐释论》,《文艺争鸣》2014年第12期。
② [法]列维-斯特劳斯:《结构人类学》,张祖健译,中国人民大学出版社2006年版,第240页。

对文学的阐释脱离了文学特别是文本的实际,这种阐释就很难说是文学阐释,对于文学批评来说,它就是无效的。但是从思想的角度说,无效的场外征用又有其存在的价值。我觉得,这应该是张江先生的《强制阐释论》所蕴含了的思想。

试谈文论的"场外征用"

乔国强

引 言

张江先生发表在《文学评论》上的《强制阐释论》无疑是一篇颇为新颖和具有颠覆性的文章。该文从"场外征用""主观预设""非逻辑证明"以及"混乱的认识路径"四个方面,分析和批判了当代西方文论所具有的"基本特征"和所存在的"根本缺陷"[①]。当代西方文论虽然是西方当代的文学理论,但这些年来一直影响着中国当代文学和理论的发展路径。从这个角度说,这篇文章为我们进一步理解和认识当代西方文论的内在机制提供了一个新的观察视角。

张江先生在文中认为,造成当代西方文论"根本缺陷"的主要原因是"场外征用",即"各种生发于场外的理论或科学原理纷纷被调入文学阐释的话语中",从而致使当代西方文论"实践与理论的颠倒、具体与抽象的错位,以及局部与全局的分裂"[②]。以我粗浅的理解,张江先生所说的"场外征用"具有两方面的含义,既指当代西方文论的构建成分,又指当代西方文论的构建方法,即思想与方法的

---

* 本文原刊于《文艺理论研究》2015 年第 5 期。
** 作者单位:上海外国语大学英语学院。
① 张江:《强制阐释论》,《文学评论》2014 年第 6 期。
② 同上。

统一。而其他三方面——"主观预设""非逻辑证明"以及"混乱的认识路径",则主要是指方法问题。显然,张江先生的目的非常明确,他从理论的内在构成以及理论的构成方法出发,反思和批判了当代西方文论构成的不纯粹性和其方法的不合理性。在此基础上,他又提出了解决这些问题的方法:"必须坚持系统发育的原则,在吸纳进步因素的基础上,融合理论内部的各个方向和各个层面,建构符合文学实践的新理论系统。"①

张江先生所提出的这些问题以及解决方案都很有意义,对中国当代文论如何建设与发展具有启发作用。特别是对构建"符合文学实践的新理论系统"的倡议,更为当下缺乏独立自主话语权的中国文论注入了一支强心剂。想必在不久的将来,中国一定会有自己话语体系理论诞生的,最终摆脱对西方理论亦步亦趋的模仿,这是毫无疑问的。不过,在肯定张江先生这篇文章合理性一面的同时,我也隐约觉得张江先生在论述中所论述到的"场外征用"问题,似乎还有进一步探讨的必要。

所谓"场外征用",用张江先生的话说就是:"广泛征用文学领域之外的其他学科理论,将之强制移植文论场内,抹杀文学理论及批评的本体特征,引导文论偏离文学。"② 显然,"场外征用"不单纯是个理论术语问题,它还牵涉到如何构建一种理论模式的问题。具体说,这实际意味着一个理论家在构建自己的文学理论时,他能调用"文学领域之外的其他学科理论"权限的问题。

构建文学理论,到底能不能"征用"或者在多大程度上可以征用文学之外的其他学科知识理论,显然是一个重要问题。换句话说,把其他学科中的理论知识"征用"到文论中来,是不是就一定会导致文学理论和批评偏离了文学自身的航道?

为了更深入地探讨这一问题,本文在结合文论史的发展现状、具体案例分析和理论论证方法的前提下,从文学理论的"纯粹性"、文学实践与文学"系统发育"之间的关系以及文论自身内涵三大方面,

---

① 张江:《强制阐释论》,《文学评论》2014 年第 6 期。
② 同上。

分析张江先生所提出的当代文学理论中的有关"场外征用"这一话题，借此向张江先生和同仁们请教。

一 从史的角度看中西文论的"纯粹性"

张江先生指出，西方当代文论中所存在的主要问题之一，是因"场外征用"，即"各种生发于场外的理论或科学原理纷纷被调入文学阐释的话语中"，导致了文论中夹杂了许多与文论不相干的因素，从而让原本属于文学"系统内发育"的文论变得"不纯粹"了。

显然，张江先生倡导的文学理论模本是一种"纯粹"性的理论模本，具有为理论而理论的意味。问题是，这一纯洁文学性的想法在实践中是否能贯彻、落实下去？要回答该问题，需要看一下中西文论的发展史，即在过往的文论史上，文论有没有真正地"纯粹"过？

先看一下中国古代文论的发展。正如我们以往所知道的那样，以意境、境界为代表的古代文论看上去超凡脱俗，好像是沿着文学自身的轨迹走的。其实不然，中国古代文论的产生与发展都与古代文化，特别是古代哲学思想有着水乳交融的关系。相互间的复杂发展脉络就不加以追溯了，但是从无论是儒家文论还是道家文论都格外讲究"天人合一"中不难窥出，中国古代哲学以及古代文化对其的深刻影响。童庆炳先生曾用德国哲学家卡西尔的符号论来解释中国文论与文化之间的关系。卡西尔认为，"符号论的文化概念认为文化就是指蕴蓄在人的'灵魂'深处的精神文化、观念文化而言的"，也就是说，所谓的文化并非是独立于"人"之外的一种文化，相反它寄存于人的"灵魂"之中。正是在这一基础上，童庆炳先生针对中国的古代文论与文化说："文论作为文化'扇面'的一角，与文化'扇面'的其他部分是密切相关的。"[①] 童庆炳先生借用西方"场外"的理论来说明中国的文论问题，或许并不那么具有说服力。可以暂且搁置一边，转而从我们古代文论自身发展的状况入手。

中国古代文论的历史颇为漫长，但是，儒和道，加上汉代以后才

---

① 童庆炳：《中华古代文论的现代阐释》，中国人民大学出版社2010年版，第14页。

加入进来的"释",作为哲学理念,几乎融入到了中国古代文论的每一种学说或论述之中。譬如,中国古代第一部有着严密体系的文学理论专著《文心雕龙》,在其一开篇中,刘勰就直奔主题说,文是源于道的:"文之为德也大矣,与天地并生者何哉?夫玄黄色杂,方圆体分,日月叠璧,以垂丽天之象;山川焕绮,以铺理地之形:此盖道之文也。"①"文"从一开始就是属于"天地"的,这说明在刘勰看来,文学理论和批评是依附于天地万物的,即与《易》有着密切的关系。这难怪他接下来又说:"人文之元,肇自太极,幽赞神明,《易》象惟先。"② 文学理论与《易》之间的关系可见一斑。

从文化、哲学的角度阐释文学理论当然不是刘勰所独有的特点,相反这是古代批评家的一贯做法,如钟嵘的《诗品》是中国古代第一部论诗的专著,可以说具有代表性。钟嵘在该书中评价中国古代诗人的创作时,借用的就是中国古代文化思想:"永嘉时,贵黄、老,稍尚虚淡,于时篇什,理过其辞,淡乎寡味……孙绰、许询、恒、庾诸公,皆平典似《道德论》,建安风力尽矣。"③ 该处的"黄、老"就是指道教的始祖黄帝和道教的创始人老子,显然钟嵘认为永嘉时期的诗人由于过于崇尚道家哲学,从而导致了他们所创作的玄言诗"淡乎寡味",丧失掉了原来诗歌所具有的"建安风力"。无疑,刘勰是从文化哲学的角度来论述文学理论的产生与构建的;钟嵘是从具体的哲学流派的视角来评价诗人创作得失的。如果在此借用张江先生提出的"场外理论"来衡量的话,他们两个都"征用"了文学之外的学科知识和理论体系,是一种典型的不纯粹的文学理论。

问题在于,中国古代的文学理论都是如此的,不但文化、哲学渗透在文学理论中,甚至历史、政治、伦理道德与文学理论也紧密地纠结为一体。如孔子提出的"诗无邪""温柔敦厚"等术语,既是评论《诗三百》的理论术语,同时也是对人的道德品质的规定。更为典型的是汉儒董仲舒,他既是哲学家又是政治家,同时还是一位文学理论

---

① (南朝梁)刘勰:《文心雕龙》,周振甫注,人民文学出版社1981年版,第1页。
② 同上。
③ 陈良运:《中国历代诗学论著选》,百花洲文艺出版社1995年版,第161—162页。

家。说他是哲学家和政治家是因为在汉武帝下诏征求治国方略时,他依据"天人合一"的哲学思想,提出了"天人感应"和"大一统"的治国策略;说他是文学家,因为流传至今的"诗无达诂"之说就源于他。如果这些还只主要说明了他的不同身份在不同领域中所发挥的作用,那么接下来的这段话,则难以区分开他的身份与话语界限了:

>君子知在位者之不能以恶服人也,是故简六艺以赡养之。《诗》、《书》序其志,《礼》、《乐》纯其养,《易》、《春秋》明其知。六学皆大,而各有所长。《诗》道志,故长于质;《礼》制节,故长于文;《乐》咏德,故长于风;《书》著功,故长于事;《易》本天地,故长于数;《春秋》正是非,故长于治人。①

董仲舒在这里所提到的"六艺",原本是用来教化民众的工具,即用《诗》《书》《礼》《乐》《易》《春秋》这些古代经典著作来熏陶民众知书达理,从而达到对之进行统治的目的。"六艺"无疑被政治意识形态化了。但是,同样在这段话中,董仲舒又把"六艺"自身的艺术特征给概括了出来,如说《诗》道的是"志";《易》源于"天地";《春秋》是对"是非"的匡正等,都总结得非常到位。这就说明在当时所谓的文学与政治、历史、哲学以及伦理道德都是不分家的,没有什么所谓的"场内"和"场外"之别,显示出的都是你中有我、我中有你的胶着状态。其后的文学理论也大致是沿着这一特质发展和架构起来的。

总之,中国的古代文论是"不纯粹"的,它是文史哲诸种领域之间的混杂。那么,西方的古代文论就"纯粹"了吗?应该说,也是不纯粹的,其文论的肇始与发展与中国文论大致相同,即泛指意义上的文化与文论也是并行不悖的。

西方文论的传统可以远溯至柏拉图和亚里士多德。这两位古希腊学者也像中国的孔子等一样,是全才式的学者,在哲学、政治、文学

---

① 陈良运:《中国历代诗学论著选》,百花洲文艺出版社1995年版,第45页。

等方面均开创了一代先河。柏拉图的哲学体系可以用理式论来概括，即他的全部文艺思想都是建立在此基础上的。如他在论及文学创作时所持的观点是，由"神"或者"王"所造的"自然的床"，也就是所谓的"理式"才是真实、可信的，而诗人们的创作"就像所有其他的模仿者一样，自然地和王者或真实隔着两层"①。把以诗歌为代表的所有文学创作都视为是模仿之模仿。这说明在柏拉图的艺术理论范式中，文学是不可能把真实的世界反映出来的，所揭示的不过是真实世界的幻影。

显然，柏拉图的文学观念与其哲学观念是相互一致的，即他的文学观念受制于他的哲学观念。除此之外，柏拉图所持有的政治理念也给他的文学观念，譬如对诗歌的偏见也带来了深刻的影响。在《理想国》一书中，柏拉图是要把诗人驱除出城邦的。因为在他看来，能承担起治理国家这样重任的人是哲学家，而不是诗人。柏拉图为何要把诗人放置于哲学家之下？这当然与诗人所从事的创作有关。与可以一语道破真相的哲学相比，"诗人的创作是真实性很低的；因为像画家一样，他的创作是和心灵的低贱部分打交道的。因此我们完全有理由拒绝让诗人进入治理良好的城邦。因为他的作用在于激励，培育和加强心灵的低贱部分毁坏理性部分，就像在一个城邦里把政治权力交给坏人，让他们危害好人一样"②。柏拉图之所以要把诗人逐出城邦，就是因为诗人的创作破坏人的理性，不利于政治权力的稳定。

毫无疑问，这种文学观点完全是依附于其哲学和政治观点的。或者也可以说，对柏拉图而言，哲学观点也罢，政治观点也罢，文学观点也罢，它们统统是一回事，根本就没有什么谁不能渗透谁、谁不能影响谁的问题。

亚里士多德跟他的老师柏拉图一样，也是将其哲学思想融入文论创建中的。比柏拉图更进一步的是，他在批判继承其老师的一些思想外，他还开创了逻辑学和自然科学等多个学科领域。也正因为如此，

---

① ［古希腊］柏拉图：《理想国》，郭斌和、张竹明译，商务印书馆1997年版，第390、392页。

② 同上书，第404页。

他格外重视科学研究中的方法论,并有意识地将一些富有科学精神的方法论引入到文艺问题的研究中。譬如他在其《诗学》中,不但整合了早期希腊哲学家们用自然科学和社会科学的一些观点、方法来研究文艺问题的传统,而且他还往前更为推进了一步,即把生物学的有机整体概念引入到悲剧中来;用心理学和伦理学的观点来讨论悲剧的模仿对象和人物的性格;还从病理学的角度提出了"宣泄"和"陶冶"等学说。无疑,亚里士多德之所以能成为古希腊历史上第一个百科全书式的理论家,就是因为他融合了各个领域中的有益知识,最终铸造出了一套独立的理论体系。

从某种哲学思想出发来讨论文学艺术,并进而发展成为一种文论思想或体系的例子比比皆是。从某种程度上说,西方文论的发展走的就是这样一种"场外理论"的路数。如亚里士多德之后,开辟了文艺复兴时期的文论先河的贺拉斯,他所秉持的文学观点就与"有节制和适度享乐的生活哲学"[①] 相关联。同时,他还强调教诲要与娱乐相结合,提出了著名的"寓教于乐"[②] 观点。西方文艺复兴之后,这种学科、理论的交叉更为明显起来,可以说几乎每位理论大家都是程度不同地将"场外理论"移入到自己的文学理论中来,并最终形成了自己的理论体系,如狄德罗、莱辛、康德、黑格尔、席勒、左拉等均为如此。

通过上述的简单回顾不难看出两方面的问题:从文论自身发展看,文论的起势就是由"场外理论"等诸多因素合力而成的,即没有所谓纯文学理论的理论;从文论家构建理论的具体实践看,将"场外理论"移入文论的现象由来已久,并具有普遍性,几乎形成了"没场外,无文论"的局面。基于这一现状,可以说当代西方文论纷纷"场外征用"并不奇怪,不过是其传统基因在发挥作用而已。其区别仅在于"征用"的程度和方法不同,其他并无什么更本质区别。

---

① [古希腊]亚里士多德、[古罗马]贺拉斯:《诗学·诗艺》,杨周翰译,人民文学出版社1997年版,第163页。
② 同上书,第155页。

二 从文论的内涵和方法上看"场外征用"

以上主要是从"史"的角度探讨了"场外征用"的史实。或许有人会说，一种文论的建构是由"场外"和"场内"两部分需求所共同构成的。"场外"是一种文论形成的外在因素，与"场外"所对应的"场内"因素是决定文学理论最终形态的关键因素。确实，上面论述的重点主要集中在"场外"，也就是社会、哲学思潮、其他学科知识等因素对文论建构所产生的影响，而没有涉猎"场内"。问题是，"场外"和"场内"是否可以截然分开？抑或说，文学自身或者说文论内涵是否能脱离开"场外"因素而独立存在？下面探讨的就是这一问题。

这需要从文论的概念谈起。何谓文论？现在人们赋予它的一般界定是，文论是指研究有关文学艺术的本质、特征、发展规律和社会作用的原理和原则的一门学科。从这个界定中发现，文论其实包括两方面的内涵：一是对文学艺术的本质、特征和规律的研究；二是对社会作用的原理和原则的研究。文论虽然是有关文学艺术的理论，但其所涉猎到的绝非只是文学艺术本身，它与外在的社会也紧密相关。这说明一种文学理论必须得具备两种功能，即文学艺术自身发展规律的问题和文学艺术对社会的作用问题。如果说前一种功能还可以在文学艺术作品本身来寻找答案，如语言和形式等问题在某种程度上可以通过对自身的研究来解决，那么后一种功能的实现——文学作品对现实社会的参与、改造作用，则必须依靠文学艺术与社会的依存、互动才能够达到目的。显然，文论的内涵中也包含有对"场外"因素的要求，即这些"场外"因素也是构成文论的要素。更重要的是，严格说来就连前一种功能，即对文学艺术的本质、特征和规律的研究仅局限于文学内部也是不够的，也必须得借鉴其他相关学科的知识才行——只有当拥有了相对科学的方法论和必要的背景知识时，才能把理论自身的构成和规律阐释清楚。这岂不也是另一种意义上的"场外征用"？

或许又有人说，在西方文学史上，也有排斥"场外征用"，只强调从文学到文学的文学理论，如崛起于20世纪四五十年代的"新批评"，就是一种纯文学理论的典范。"新批评"反对对文学进行外部研究，一贯标举文学内部研究的大旗，看上去的确是排斥文学外因素参与到文学研究中来，但最终也是无法避免"场外因素"之侵蚀的。

"新批评"（New Criticism）理论较为芜杂，在许多问题上，内部成员的意见不一。比如，克林斯·布鲁克斯（Cleanth Brooks，1906—1994）在《新批评》一文中就曾指出，"新批评"的前驱者之一，"瑞恰慈就非常重视读者而不是作品本身"；"新批评"的另一位重要成员，"艾伦·退特（Allen Tate，1899—1979）则一开始就对历史方面表现出浓厚的兴趣"[①]。"新批评"的主要倡导者 J. C. 兰瑟姆（John Crowe Ransom，1888—1974），其主导性诗学思想是"本体论批评"。而所谓的本体论批评，表面上看来就是重视作品自身的意思。他在1934年出版的《诗歌：本体论札记》一书中，倡导人们把诗歌作为一个独立自足的存在物加以研究，并似是而非地主张要回到"场外"的康德所提出的本体论批评上去。

这表明兰瑟姆并非真的要立足于文学本体并排斥文学外的所有因素。1941年，当兰瑟姆在《新批评》一书中再次讨论诗歌的本体论问题时，又指出诗歌的本体性就在于它与"本原世界"的联系。这个与"本原世界"的联系就是指诗歌"表现现实生活"，并能够恢复"本原世界"的存在状态，即承认诗歌其实也并不是一个独立自足的存在物，与外部世界中一切，诸如宗教、道德等，均有联系等。[②] 无疑，兰瑟姆的文学本体论也只是在某种程度上强调文学研究的纯洁性。或者说当作一种文学理念进行宣传时，彰显的是其独立性，可一旦具体到阐述与分析上时，就必须得结合着外部世界来研究。譬如，如果想说清楚何谓本体论，就必须得首先说清楚了何谓"本原世界"，而这样一来文学研究必然就与哲学思想和现代社会发生了关联。

这是无可奈何的事。"新批评"理论的集大成者勒内·韦勒克也

---

① ［美］克林斯·布鲁克斯：《新批评》，《"新批评"文集》，赵毅衡编，中国社会科学出版社1988年版，第538页。
② ［美］勒内·韦勒克、［美］奥斯汀·沃伦：《文学理论》，刘象愚等译，江苏教育出版社2005年版，第75—152页。

是文学内部研究的倡导者。然而,在其著名的《文学理论》一书中,列出了一大通纯文学研究的好处后,又转回头来仔细讨论了文学和传记、文学和心理学、文学和社会、文学和思想以及文学和其他艺术之间的关系。尽管为了区别文学的内部研究,他把这些研究命名为文学的外部研究,可这种行动本身也说明了从文学到文学的研究思路是难以走远的。如果想在文学的天地里彻底地展开翅膀,只能向其他的学科领域开放大门。韦勒克在《文学理论》中把文学理论的内涵界定为"必要的'文学批评理论'和'文学史的理论'"[1],也从另一角度说明他并没有把文论单纯局限到纯文学中,所谓的"文学史的理论"就是一种跨学科的文学理论。[2]

上面论述的主要是"新批评"与外部世界难以分割开来的关系。那么到具体到"新批评"理论自身,它又"征用"了"场外"的哪些因素?大致说来这种"征用"可以分成三种:一是对18世纪末德国唯心主义哲学和美学,尤其是康德的美学的"征用"。如新批评的两名主将 I. A. 瑞恰慈和兰瑟姆所分别提出的"想象力与知解力协和一致","想象与理性携手共居于这个真实世界"[3] 等观点,都是从康德那里借鉴过来的。二是对形式主义文论,特别是俄国形式主义文论的"征用"。这一点表现得特别明显,可以说俄国形式主义的一些重要观点和方法,在新批评的理论和实践中均能找到明显痕迹。如俄国形式主义者认为,文学研究的对象是作为客观现实的文学作品,与作品的作者和接受者无关。对"新批评"这一理论有所了解的人都知道,俄国形式主义的这一观点也正是"新批评"理论的精华之所在。还有,"新批评"中的重要术语,如反讽、张力、细读法等也是从俄国形式对文学的内部规律和现代语言学的研究方法中得到启发的。三是对语义学批评等理论的"征用"。I. A. 瑞恰慈著名的《美学基础》(*The Foundation of Aesthetics*,1922,与 C. K. 奥格登和 J. 伍德合作)

---

[1] [美] 勒内·韦勒克、[美] 奥斯汀·沃伦:《文学理论》,刘象愚等译,江苏教育出版社2005年版,第32页。
[2] 乔国强:《韦勒克的文学史观》,《上海大学学报》2009年第3期。
[3] 赵毅衡:《重访新批评》,百花文艺出版社2009年版,第8页。

《文学批评原理》(*Principles of Literary Criticism*, 1924)《科学与诗歌》(*Science and Poetry*, 1925)等著作,都是他在运用语义分析的方法并借助心理学研究方法的基础上写就的。

当然,构成"新批评"的知识背景和理论学说并不止于这三方面。实证主义、唯美主义和心理学研究等,也都或多或少地给"新批评"理论的形成和发展提供了诸多启发。如果认为"新批评"这一批评范例还不足以表明所谓的纯理论是不存在的,那么再简单看一下自诩为在文学内部进行批评的先锋主义文论。诚如我们所知,以反叛传统为标志的先锋主义文论一直被我们视之为纯理论样板,即认为这种理论关注点就是集中在文学自身的范畴上。其实,这个理论远不如我们想象的这般"纯洁"。

"先锋"这个词原本是个军事用语,1794年法国有一份军事杂志用"先锋"一词命名[①]。把这个词从军事领域引入到社会和政治领域,乃至于文学艺术中来的是圣西门(Henri de Saint-Simon, 1760—1825)和他的门徒。由圣西门的特殊身份可以联想到其语境中的"先锋",一定会和"乌托邦"思想联系在一起的。事实也的确如此,他在去世那一年出版的《对文学、哲学以及工业的观点》(*Opinions littéraires, philosophiques et industrielles*, 1825)一书中,不但第一次正式提出了先锋艺术这一概念,而且还为先锋艺术家们制定出了具体的"理论指南"。该"指南"的核心思想便是,先锋艺术家们要保持自己的"先锋姿态"——要用自己手中的画笔和各种形式"散布新的思想"。总之号召艺术家们在构建未来美好社会中,要起到"先锋"带头的作用。[②]

无疑,先锋主义理论从一开始就是不纯洁的,与社会生活、国家政治、公民职责等联系在一起的。从某种意义上说,它体现的是艺术为社会服务的要求。这一现实说明一种文学艺术理论的产生往往不是

[①] Szabolcsi, Miklós, "Avant-garde, Neo-avant-garde, Moder-nism: Questions and Suggestions", *New Literary History*, Vol. 3. No. 1, Modernism and Postmodernism: Inqu- ireies, Reflections and Speculations (Autumn, 1971), pp. 49–70.

[②] Saint-Simon, Henri de, *Opinions littéraires, philosophiques et industrielles*, 1825 (Paris, 1925), pp. 341–342.

凭空想象的，而是与当时的社会思潮或某种思想休戚相关。有关这点在唯美主义理论中也表现得格外明显。

作为一个文学流派，唯美主义的最大特点就是强调"为艺术而艺术"，而且似乎还是绝对、无条件的。这便使我们觉得这个流派是文学史上一个货真价实的纯艺术流派。殊不知这个理论流派与先锋主义一样，也与空想社会主义有关联。不同的是，前者推崇和信奉的是圣西门，而后者的文学理论主张主要是在查理斯·傅里叶（Charles Fourier，1772—1837）的思想上发展起来的。查理斯·傅里叶与圣西门虽然都是空想社会主义者，但是他们两人对社会、国家和个人的看法并不一致——圣西门强调政府和国家的整体利益；傅里叶主张要去社会中心化，建立以个人为中心的小政府。所以唯美主义代表作家泰奥菲尔·戈蒂耶（Théophile Gautier，1811—1872）在其小说《莫班小姐》（Mademoiselle de Maupin，1835）的序言中，在对傅里叶宣扬的带有无政府主义色彩的个人主义推崇备至的同时，强烈抨击了圣西门所提出的艺术为道德和功利服务的思想。①

从对先锋主义和唯美主义的简略回顾中不难看出，那些常被看作主张文学艺术"自治"的文论，其实从一开始就诞生于"场外"，在其构建和演化中又不断地把"场外"因素吸收、融合到理论文本中来。这应该说是非常普遍的一个现象，从中国学者那里也能找到相应的理论印证。

著名学者曹聚仁在为章炳麟《国学概论》一书所作的"小识"中曾说，学者的工作应该是"第一，他运用精利的工具，辟出新境域给人们享受；第二，他站在前面，指引途径，使人们随着在轨道上走"②。文论就是由学者创造和写就出来的，从这个意义上说，这两条原则也适用于学者的文论写作和研究。第一条原则说明一个作者在从事文论工作时，必须得有"精利的工具"。这个"工具"显然不可能是指文学自身，而是指具有前瞻性的精辟思想锻造出来的认识问题

---

① Egbert, Donald D., "The Idea of 'Avant-Garde' in Art and Politics", *The American Historical Review*, 73. 2 (1967), pp. 339 – 366.
② 曹聚仁：《章炳麟国学概论·小识》，中华书局2009年版，第1页。

的方法。譬如柏拉图式的理念说，亚里士多德式的从具象中抽绎而出的演绎法，成为西方不少文艺理论家的一个理论假设，即他们的文论构建都是以此假设为真理情况下推演而成的。这不难理解，我们对中国古代文论的认识也都是依定一定的哲学原理的。如对司空图《二十四诗品》的理解，就必须得借助于道家哲学；对严羽《沧浪诗话》的解读，就必须得参照着佛教。离开了这两种"思想工具"就会变得无所适从。第二条原则说明一切的文论其实都是具有功能性的，即具有"指引路途"的作用。

中外文论的发展事实表明，任何一种理论的创建，包括对已有理论的解读，都是要依据"场外"因素的。即便这种理论为人们"辟出新境域"，那也是在已有"境域"上发展、演化出来的。这说明"场外征用"是文学理论创见与研究中难以回避的一个问题，也是导致文论变得"不纯粹"的主导原因。

三 从作品、文论实践角度看文论的"系统发育"

张江先生在《强制阐释论》一文中，反对"场外"的理论对"场内"理论的吞噬，认为这会使文论偏离了文学，因此他提出了"当代文学理论话语的建构必须坚持系统发育的原则"，建构出一种"符合文学实践的新理论系统"的倡议。[①]

这一倡议的着眼点就是基于文学的问题要由文学自己来解决，即所谓的"系统发育"就是指文学系统内部的自我发育。换句话说，新构建出来的这个理论系统必须得与"文学实践"自身相吻合、相一致。无疑，这个"系统发育"之说与反对"场外征用"的观点是互为一体、相互补充的。总之，张江先生认为文学理论的构建一定要从"文学实践"这一逻辑点出发。

这样一来，又出现了何谓"文学实践"之说。文学实践有狭义和广义之分。狭义的文学实践，可以指一位作家对一部文学作品的创作过程；广义的文学实践所包含的内容就广泛了，它不仅包括作家的创

---

① 张江：《强制阐释论》，《文学评论》2014年第6期。

作过程，还包括作家在创作时所采用的具体策略、技巧以及在文学作品中所构建的那个文本世界。有关的具体策略和技巧在前面论述"场外征用"时已经涉猎到了，即这些策略、技巧的产生与运用都是离不开其他领域和学科的启发与支持的。在该处需要探讨的是文学作品中所构建出来的那个文本世界，也就是透视一下这个世界是与什么东西关联在一起的。

文本世界虽然是文学作品中的世界，但是这并不意味着这个虚构出来的艺术世界就是隔绝而孤立的。相反，它与现实世界有着一种撕扯不断地关联。彼此间关联的媒介有许多种方式，其中一种就是创造这个文本世界的人——作者。

文本世界是由作者一手搭建起来的。问题在于，作者到底是依据什么来构建这个文本世界的呢？这个创建文本世界的作者又是由什么构造出来的？这些问题已是老问题，似乎无须再赘言。作者不是真空世界里的超然物种，而是由现实社会、文化传统等诸多因素塑造而成的；还有这个社会化、历史化中的"人"（作者），一定会把这些东西投射进其所构建的那个文本世界中去的，对此种种说法，我们都了然于心。作为一种"常识"知道是一回事，明白其中"投射"的原理和过程又是一回事。为了更好地说明作者、社会与文本之间的复杂关系，还是需要"征用"一下文学之外的理论。

法国符号学家高概与法国结构主义语言学家 E. 本韦尼斯特，为了更好地阐释清作者、社会和文本间的关系，发明了一个"述体"（instance énonçante）概念。对何谓"述体"，两人的界定不完全一样，但相同的是他们都强调"述体"是"话语产生的中心"。为何会把"述体"与"话语产生"联系在一起？因为在他们看来，"述体"不但是指作者自己的身体——这个身体即便是"不言语"，它也能"感受痛苦，感受愉悦"[①]，而且"述体"还能反射现实，并能使事物和人产生意义。这个概念无疑有些抽象和晦涩，如果用较为通俗的话来解释，可以总结成两层意思。第一，人的思想意识并非完全是由大脑控制的，通常默不作声，被我们所忽略的身体其实也在控制着人的思

---

① ［法］高概：《话语符号学》，王东亮编译，北京大学出版社1997年版，第21页。

想意识。它的控制方式是，用其所独有的存在方式和经验感受来决定了言说者的作者。第二，作者的身体看上去好像是独立自主的，其实不是，它总是被外界给赋予了一定的意义。换句话说，身体的存在和感受并非是独立的，而是受其所处的时代和环境的制约的，即身体处于何种时代、何种环境，就会有与之相对应的存在方式和感受经验。①

高概和 E. 本韦尼斯特绕着这么大的一个弯，无非还是说明一个问题：人与外部世界是难以分割开来的。只不过他们比以往的理论家往前更为推进了一步，从"身体"的角度把人与外部世界紧紧地拴在了一起，即说明任何一个作者的存在都是一种社会性的存在。作者自身所具有的这种社会属性，就决定了文学作品的属性也是"杂色"的。

既然文学作品本身都是不"纯粹"的，那么论述、研究文学作品的"理论"怎么可能会"纯粹"？换句话说，解读或评价一部充满复杂思想观念或社会因素等影响的文学作品，所使用的与之相对应的文论都会程度不等地存在"场外征用"的问题。譬如，发生在 18 世纪 70 年代至 80 年代中叶的德国"狂飙突进"（Sturm und Drang）运动，就是个较为典型的例子。

从"狂飙运动"本身来看，这是一场声势浩大，席卷了整个德国的文学运动。青年时期的歌德、席勒等都是这场运动的积极参与者和中坚力量。多数学者认为，这场由当时的作家克令格尔（Friedrich Maximilian Klinger，1752—1831）在 1776 年创作的同名剧本而得名的运动，是"德国启蒙运动的继续和发展"，是"在反封建和强调文学的民族性方面比启蒙时期更向前跨进了一大步"。②到底该如何分析和评价这样一场反映当时社会思想和政治文化诉求的文学运动？如果只从文学内部而全然不考虑"场外征用"的话，恐怕既不能深刻地揭示出这场运动的起因及其深刻的内涵与外延，也无法诠释清楚这场运动对德国乃至欧洲文学和社会所产生的深刻影响。

---

① 乔国强：《韦勒克的文学史观》，《上海大学学报》2009 年第 3 期。
② 杨周翰、吴达远、赵萝蕤：《欧洲文学史》上卷，人民文学出版社 1980 年版，第 108—135 页。

第一编 场外征用

事实上,"狂飙突进"时期的那些文论也都是通过"场外征用"构建而成的。这一点从当时具有代表性的文论家约翰·高特夫里特·赫尔德尔(Johann Gottfried Herder,1744—1803)的个人经历、知识结构以及所提出的文学主张等都可以显示出来。赫尔德尔曾学过医学和神学,还在教会学校里做过助理教师和教会牧师。他曾在巴黎游历过,接触过卢梭的著作,与法国思想家狄德罗还有过交往。他在德国结识了莱辛和歌德,歌德还推荐他到魏玛充当教会总监督和市立教堂作首席牧师。总之,他经历丰富,学识渊博,以至于我们很难对其做出分割,即哪一部分的赫尔德尔是神学家的赫尔德尔;哪一部分的赫尔德尔是医学家的赫尔德尔;哪一部分的赫尔德尔是文学理论家的赫尔德尔?他在撰写《关于人类历史哲学的思考》(*Ideen zur Philosophie der Geschichte der Menschheit*,1784—1791)这样一部论及"世界各国的自然和人民、语言和风俗、宗教和文学、艺术和科学,以及历史地理等"① 鸿篇巨制时,难道会把其头脑中的有关医学、神学以及哲学思想都要统统屏蔽掉,然后再以文论家的身份从事写作吗?

这显然是不可能的。相反,赫尔德尔之所以能写出这样一部有分量的文艺理论专著,正是因为他借鉴、融会了不同学科领域中的精华,即恰恰是"场外征用"的优势成全了他。这样的事例绝非是偶然的,发生在20世纪60年代美国文坛上的一件黑人作家与犹太作家之间的一场强硬"对话",也反映出"场外征用"的必然性。

这场"对话"最初是由对黑人文学作家的不同理解和评论而引发起来的。美国犹太学者,同时也是批评家的欧文·豪(Irving Howe,1920—1993)在评论黑人作家理查德·赖特(Richard Wright,1908—1960)和詹姆士·鲍德温(James Baldwin,1924—1987)的作品时,褒扬了赖特,而贬抑了鲍德温。这引起了另一位黑人作家拉尔夫·埃里森(Ralph Ellison,1914—1994)的不满。他指责作为犹太人的豪并不了解黑人,因而也没有资格对美国黑人作家的创作指手画脚。豪对埃里森的过激反应表示不解,因而又撰文解释说他的评论仅限于美国黑人文学作品的评论,除此之外,不包含其他的意思。这篇

---

① 冯至等:《德国文学简史》,人民文学出版社1958年版,第113页。

原本没有什么恶意的文章彻底激怒了埃里森,他先是质问豪为何对他的指责不予以理会;又愤怒地指出,美国犹太人不要以为自己的肤色和白人一样,就可以以白人的口吻来教训黑人;进而还提醒说,犹太人也是移民,而且还是后于美国黑人的移民。

显然,这场看似有关文学问题的论争,从一开始就不是在文学系统内部展开的,而是自始至终都处于"场外征用"之中。换句话说,犹太批评家与黑人作家看似讨论的是文学问题,其实离着文学自身甚远,论争来论争去都没有离开种族、肤色以及地位问题。这也说明文学这个系统是不可能离开社会系统、族裔系统等独立发育的。这场争论消停之后,美国犹太作家伯纳德·马拉默德(Bernard Malamud,1914—1986)还以此为背景写了一篇名为《房客》(*The Tenants*,1971)的小说,这也从另一侧面说明作家的创作也都具有"场外征用"的特点。更有意味的是,其他理论家对《房客》的解读也充满着"场外征用"的意味,如伊斯卡·奥尔特认为,马拉默德的《房客》是一部有关末世学的小说,讲述了人类在世界末日到来之前所发生的暴力、绝望和文明的堕落。① 美国文学批评家谢尔顿·J. 赫什诺(Sheldon J. Hershinow,1942—)认为,"《房客》本质上的象征意义是黑人与白人冲突的寓言……暗示了文明的白人反对野蛮的黑人,爱与恨相对峙,理智与本能相冲突"。② 以色列学者埃米莉·米勒·巴迪克(Emily Miller Budick)则认为马拉默德欲表达一种黑人与犹太人应该结成联盟的思想。③

以上三种评论没有一种是针对文学自身的艺术性的,从事的全部是与哲学、种族、历史、政治有关的主题性释说。这又再次证明了"场外征用"不但不是文论的弊端,相反是文论构架和发展的一种正常态势。

---

① Alter, Iska, *The Good Man's Dilemma*, New York: AMS Press, 1981, p. 172.
② Hershinow, Sheldon J., *Bernard Malamud*, New York: Frederick Ungar Publishing Co., 1980, pp. 92 – 93.
③ Budick, Emily Miller, *Blacks and Jew in Literary*, Cambridge University Press, 1998, pp. 11 – 13.

第一编 场外征用

结　语

　　说文论"场外征用"的合理性主要出于以下三个方面的考虑：（一）从史上来看，文论"场内""场外"因素是孪生的，自古皆然；（二）从文论自身的内涵看，"场外"与"场内"因素互为表里，文论源自文学艺术和社会生活，又阐释和引导文学艺术的发展走向；（三）从文学实践的角度看，"场内""场外"这两种因素有机地纠缠在一起，无法将它们剥离开来。总之，让文学批评和文论构建局限于在"文学系统"之内，而不进行"场外征用"的设想是不现实的："场外征用"既可以说是出于文学批评实践和文论构建的某种需要，也可以说是反映了文学批评实践和文论构建的内涵及外延。

　　张江先生之所以在《强制阐释论》中提出当代西方文论中的"场外征用"问题，我想可能是基于以下两种语境：其一，当代西方文论对"文论"的界定过于笼统和宽泛了，把一些严格意义上说不属于文论的东西也看作是文论，即借跨学科之际模糊了文论与其他学科的界限；其二，当代西方文论中，有过于偏重政治、意识形态或伦理道德等方面的倾向，从而使原本用来阐释、批评文学艺术作品和现象或引导文学艺术走向的文论，被政治、意识形态以及伦理道德等所绑架。抑或说，使原本用来让读者进行认知、审美、娱乐等活动的文学艺术背上了沉重的"十字架"——文学艺术成为文论的奴仆，专事用来阐释文论的正确性。在这样的一种背景下，张江先生提出这样一个话题是非常及时的。这与文论本身是否含有"场外"因素不完全是同一个层面上的问题。从这个意义上来说，文论的"场外征用"不单纯是个应不应该借鉴和利用其他学科资源的问题，更重要的是文学理论到底该是以何种态势出现的问题。

　　其实，西方的一些理论家也意识到了文论所面临的窘境。早在20世纪初，俄国形式主义批评家、结构主义语言学家罗曼·雅各布森（Roman Jakobson，1891—1982）就提出了"文学性"问题，主张文学研究的对象是那种使特定作品成为文学作品的东西。近期，哈佛大学教授丹尼尔·奥尔布赖针对当前理论批评与文学作品的关系时也说:"我信仰一种更接近实践的理论,我信仰那种让人们更加接近和热爱文学文本、音乐作品的理论。我不喜欢'俯视'姿态的理论。我愿意去看作品,并从中发现一些东西。……我认为最好的批评同时既是理论的,又是实践的,既关注宏大的视野,也关注具体的情感与词句。"① 正是基于这样的一个前提,即文论如何才能更好地成为文论的想法下,本文才不揣冒昧地与张江先生探讨,以便更好地推进这个话题,为文论发展和建设提出一点管窥之见。

---

① 顾悦:《文学的未来与文学理论的出路——访哈佛大学丹尼尔·奥尔布赖特教授》,《英美文学研究论丛》(第二十一辑),上海外语教育出版社2014年版,第6页。

场外征用的有限合法性[*]

蓝国桥^{**}

场外征用是批评中较为常见的现象。场外征用到底合不合法，关键不在于所征用的场外理论是什么，而在于场内的文学是什么——是纯文学还是杂文学。假如我们阐释的是纯文学，场外征用将容易导致强制阐释，而假如我们阐释的是杂文学，场外征用则可以避开强制阐释。前者是非法的，后者是合法的。可见两种文学观的边界划定，是审视场外征用合法与否的关键所在，由此才能看清楚场外征用有限合法性的本来面目。

一　两种文学观的中西生成反思

纯文学是自律性的文学，它所建构起来的是自足的文学内宇宙。侧重内宇宙营造的纯文学，整体上表现出三个方面的特点。其一是它具有无功利性。文学是目的而不是手段，它不是为了实现自身之外的目的，比如政治的、道德的、商品的，等等，且我们不以功利的态度面对它，而是以无利害的意愿对待它，文学此时即表现出无功利性。其二是它展现出审美艺术性。审美是艺术书写的主要内容，艺术的重要规定便是审美，纯文学的世界中，审美与艺术的边界模糊。审美艺术性所执意凸显的，是对现实的疏离与超越，它因而强调艺术技巧的

---

* 本文系国家社科基金青年项目"王国维与康德美学中国化研究"（12CZW018）的阶段性成果，原刊于《学术研究》2016 年第 5 期。
** 作者单位：岭南师范学院人文学院。

使用，语言修辞手法的运用，张扬大胆的想象虚构，充满个性的自由书写，汪洋恣肆的情感宣泄，如此等等。其三是它表现出形象情感性。形象的灵动飞扬总充满着不尽的趣味，无论是创造还是欣赏，都无不如此，情感是滋养形象的源头活水，形象是承载情感的媒介，纯文学世界中的形象与情感，始终水乳交融。情感与形象带有明显的个别性，即形象都是单个具体的，而情感多与特定的个人联系起来，不过纯文学中的个别性的情感、形象，总指向某种普遍性的意蕴、意义。纯文学的基本保障是无功利性，它的实现路径是审美艺术性，情感形象性是它的内部显现，三者之间由表及里、逐层推进，建构起光彩迷人的纯文学海市蜃楼。

纯粹文学的海市蜃楼，尽管显得虚无缥缈，然而它的观念却是历史的建构与生成，与中西方特定的历史语境密不可分。中国自近现代以来，纯文学理论与实践的双重诉求，就表现得异常迫切强劲。"五四"新文化运动前后，面对社会文化的败局，相当一部分知识分子，深刻地意识到观念的变革方是挽救败局的关键。梁启超热衷并自觉贯彻的趣味教育，王国维血泪捍卫的纯粹精神空间，蔡元培大力提倡并实施的美育，陈寅恪与吴宓对实用国民性的批判，朱光潜、宗白华等理论家长期的美学颖思，以及新时期以来文艺美学的兴起，均为纯文学观的形成奠定了基础。现代文学时期的创造社、沈从文和冰心，以及新时期以来坚持高雅艺术创作的张炜、张承志等，都是纯文学观的自觉践行者。中国纯文学的生成，除了受根植久远的庄禅文化传统影响之外，更主要的还是与心态开放的智识群体自觉融摄西方文化有着内在联系。

西方自近现代以来，无论是具体的创作实践，还是抽象的理论思辨，价值的指针都不约而同地指向纯文学场。西方近现代以来的文学活动，整体上表现出向内转的态势，浪漫主义、唯美主义、象征主义、表现主义、意识流小说等各种文学思潮，如雨后春笋般竞相涌现，它们书写得更多的不是外部世界，而是体验性的内在世界，这恰好为纯文学的观念生成，夯实地基、构建平台。西方近现代以来抽象的理论反思，一路凯歌，为纯文学观念生成起到强有力的辩护作用。它们先对活动的主体提出要求，指出活动的主体于心灵上，应与欲望、功利绝缘，如此无欲望、无功利的主体，面对的不是对象的内容，而只是对象的形式、形象，主体与对象所构成的只是纯粹的审美关系。康德、席勒、叔本华、尼采、布洛、克罗齐、克莱夫·贝尔、罗杰·佛莱、俄国形式主义、英美新批评、结构主义等众多的理论个体、流派，无疑都是纯文学观重要的理论辩护者。理论反思与创作实践都共同指证，纯文学观显然已在西方形成、发展。

中西纯文学观念的建构除了带有空间性、结构性特点之外，时间性、历史性的特质同样明显。它是特定社会历史条件的产物，因而可在社会历史中寻找到它生成的原因。韦伯指出，西方自近现代以来，理性一再张扬，祛魅不断推进，社会出现了不可避免的世俗化。① 世俗社会中的恶四处蔓延，是催生纯文学观的动因。中国近现代以来，经历了前所未有的大变局，遭受的社会文化危机同样前所未见。摆脱社会文化危机的强烈愿景，是中国纯文学观建构的动力。纯文学既然也向社会历史敞开自身，因而纯文学难以将纯粹进行到底。不纯粹的文学便是杂文学。

杂文学与纯文学相比，是他律性的文学，它所经营的已不再是文学的内宇宙，而是文学的外宇宙。杂文学整体上表现出三个特点。其一是功用性。判定文学的功用性有无，标准是文学所处的关系，以及主体面对文学的态度。当我们内置功用的态度，迫使文学沦为手段，而实现它之外的目的，且我们以实用的态度面对它，文学必表现出功用性。其二是依附性。依附性是指文学存在的合法性紧紧依附它之外的因素。文学充当实现目的的手段，表明文学业已沦为工具，目的的实现重要，文学作为实现目的的工具，已甘愿退居次要地位，文学并且只有作为工具，才具有存在的正当性，恰是工具性的担当，使文学丧失自身的独立品格。其三是综合性。杂文学之所以显得杂，乃是由于它是多种文化事项的杂糅，它不能以被剥离为纯文学的样式而只能以杂糅的面貌展现自己。文学所需实现的目的多样，而它所要担当的工具不一，使它内置多种的功能，功能的多样性使它具有综合性。杂

---

① ［德］马克斯·韦伯：《伦理之业》，王容芬译，广西师范大学出版社2008年版，第54页。

文学质的规定便是功用性,而依附性则是它的站立姿态,综合性是它的整体面貌,三者之间由低到高、逐层递升,共同建构起杂文学五彩斑斓的世界。

杂文学五彩斑斓杂而不纯,它是文学存在的常态。我们如此来界定常态的杂文学,乃出于逻辑与历史的双重考量。杂文学与现实生活之间,建立起来的是"剪不断,理还乱"的联系。两者的关系之所以紧密,一方面是因为文学活动中的主体,对生活的体验是全面的而不是片面的,另一方面则是由于文学对生活的反映,是指向生活的整体而不是局部。生活体验的全面性与生活反映的整体性,是导致杂文学斑驳面相生成的逻辑原因。与逻辑略显坚硬不同,历史的演进则多半柔软。杂文学柔软的历史演进,突出地表现为时间跨度长,而在纯文学兴起的语境中,杂文学仍然表现出异常旺盛的生命力。历史时间跨越的漫长,使得杂文学的数量,显得相当庞大。数量巨大的杂文学,展现的方式更是多样,反观古代纯文学如《诗经》、《荷马史诗》、古希腊戏剧等,则多表现得不够纯粹,它们是文学同时也是历史、哲学等;而其他如历史、哲学等诸多的文化样式,同样残留着文学的痕迹。中西历史上涌现的杂文学,呈现出时间跨度长、存在数量巨大、展现方式多样的特点。

二 纯文学与场外征用的非法性

纯文学可分化为两种形态,一种是"道"(体)的形态,另一种是"器"(用)的形态。"道"的形态是理论的建构,结果是纯文学观念于中西近现代的形成。"器"的形态是理论建构的依据,它体现于特定的活动与文本当中,近现代以来涌现出的具体纯文学作品,便是"器"的形态展现。或者说存在着两种纯文学,一种是抽象、观念、理论上的纯文学,另一种是具体、现实、现象上的纯文学。因此纯文学的批评阐释,也存在着两种出发点,一种是以抽象的理论、观念、本体为出发点,另一种是以具体、现实、现象为出发点。批评阐释的起点决定路径,两种不同的出发点,便可延伸出两种不同的批评阐释路径,一种是理论、观念、抽象的路径,另一种则是具体、现实、现象的路径。① 定于何种出发点，选择何种路径，直接关系到批评阐释的有效性。依此会引申出三个问题。其一是选定哪种出发点与路径，才使得批评阐释有效、理论建构恰当。其二是批评阐释纯文学，征用场外理论的缘由何在，非法性的原因何是。其三是宣布场外征用为非法，非法性的具体表现是什么。

恰当、合理的选择，是第二种出发点与路径。批评阐释侧重于"点""线"，理论建构与"面"相关，"具体"是两者的共性。批评阐释需在具体的点上追问意义，它可以是一首诗歌、一部小说、一篇散文、一部戏剧作品，可以是某种纯文学的现象，还可以是瞬息万变的创作、欣赏活动。张江说"没有抽象的文学，只有具体的文本"，②照此我们也可以说，"没有抽象的纯文学，只有具体的文本"，以及具体的活动。"点"上文本、活动显得具体，意义的追问领会却不能止步于此，它需向抽象区域挺进，意义的阐释使得具体迈向抽象，彼此浑然不分，"线"的特点恰好正体现于具体到抽象的上升之路中。理论的建构是更高的抽象，它需要多"点"的支撑，多"线"的交织，它的抽象在"点"与"线"上来回滑动，最终会形成更大的"面"。理论建构"面"的稳固性，与"点""线"的多与寡，发生着内在的联系。张江说批评阐释，首先应着手分析单部作品，接着汇聚众多作品，进行翔实的统计，最后归纳出理论观点，如此理论的地基才会牢固。因而理论观点的概括力、阐释力，与作品分析的深入性、统计的翔实性，构成正比例关系。归纳、概括所走过的，是由具体爬升到抽象的活动，如此的活动便是反思活动。反思活动，是批评阐释与理论建构的不二选择。

批评阐释与理论建构，对象与主体均需在场，反思活动于其中的重要性，可从在场的对象与主体体现出来。反思活动以鲜活的体验为根基，带有相当明显的瞬间性、流动性，是阐释意义获得、领会的可靠路径。反思活动在此首先需穿越的，是生动的纯文学场，以及场内具体的作品，确切地说来，是具体作品中言语意象的森林，以及单个

---

① 王坤、喻言：《符号的本体意义与文论扩容》，《学术研究》2015年第9期。
② 张江：《强制阐释论》，《文学评论》2014年第6期。

言语意象的树木，这些都相对具体；反思活动的纵深推进，还要逐一反复追问的，是单个的言语意象、单部作品、多部作品的意义，单种意义与意义群的领会，则多半显得抽象。具体（个别）与抽象（一般）的无缝对接，是反思活动的效果。于个别、具体之"器"处，透显一般、抽象之"道"，是文学批评意义衍生的必经路径，文学批评的独特性，恰可体现于"道"与"器"的不分离上。反思对象舒展的特征，受制于主体的本质力量。纯文学场意义的激活领会，由于没有功利的缠绕，主体可全身心融入其中，主体整体机能的付出是必然的。反思活动是意义诞生的源泉，而纯文学的批评阐释、理论建构，均奠基于意义的领会、激活之上，因而它是批评阐释、理论建构的支点。

反思活动支点功能的凸显，尚可基于两个方面的考虑。其一，它可强化理论的阐释力度。理论观点的归纳概括、提炼生成，经历过数次的反思判断，业已汇聚着众多的个别性、具体性信息，因而当再一次面对具体文学现象时，一方面理论观点可以最低限度地发挥解释功能，另一方面由于现象与理论的一再吻合，理论观点的合理性随之得以增强，理论的生命力也随之得以延续。越是使原先的理论观点得到进一步的强化，强化中理论的阐释力度越是得到进一步提高。其二，它是理论的经典化理路。经典的文学理论著述，它的支点都会是反思活动，古今中外几乎无一例外。不以具体文学反思为支点，反思到达不了相应的深度，几乎不可能成为经典。由其一到其二建立起的是因果性联系，彼此关联的紧密性可进而标明反思活动作为支点选择的有效性。

第二种批评阐释、理论建构的模式，它的最后归结点是反思活动，走的是从具体到抽象上升之路。与此相反的情形是，第一种模式的立足点是规定活动，走的则是从抽象到具体的下降之路。历经反思活动，批评阐释、理论建构具有自足性，它只需激活反思者的潜能即可，而第一种模式因支点是抽象的理论，它却需仰仗于其他的理论知识。批评阐释、理论建构疏于发挥反思者自身的力量，不从具体鲜活的文学场出发，而只盲信于外在的力量，依靠外在的力量翩翩起舞，有意在放逐文学场，使之荒芜化成为一块飞地，如此的情形便是场外征用。

　　规定活动所走的下降之路，迫使批评阐释、理论建构，不得不征用众多的场外理论，致使大量的场外理论涌入场内，制造了理论的众声喧嚣。场外征用是多方面原因作用的结果。原因之一是理论创造力的缺失。此处的理论指的是文学理论，文学理论创造力的缺失，是指文学理论的主体性弱化，进而丧失理论自身的创造活力。理论的主体性弱化，大致包含两个方面的内容，一是指理论的文学身份模糊，二是指理论的民族身份不清，两者都矮化了理论。批评阐释、理论建构不考虑文学性，它征用其他的非文学理论，容易变得胆大妄为。20世纪西方的文论，便是胆大妄为的典范。它导致的严重后果便是，非文学的理论出现了严重的征用过剩，而文学的理论却意外缺席。文论的民族身份不清，是指民族自主型的文论缺乏，近现代以来的中国，便是如此。近现代以来，中国文论的民族身份一直模糊不清，文论的核心观念、众多文论观点，多或被迫或自愿地从西方征用。民族文论创造力的衰弱，是众多西方入侵的原因所在，我们有很多理论，却都不属于本民族的。可见主体性弱化、创造力枯竭，是征用诸多理论的原因之一。原因之二是理论欲望的膨胀。理论在此是指非文学理论，非文学理论欲望的膨胀，是指以各种各样抽象的理论为起点，具体的文学材料被强硬拉扯进来，理论运行的机器当中，文学现象只是理论的证明材料。理论征用在先，文本阐释跟进在后，热衷于理论的知识化表达，如此的批评阐释架空了文本，是批评阐释、理论建构的异化。20世纪的西方文论，知识化演绎热情高涨，文论异化的命运在劫难逃。原因之三是文学感受力的钝化。创造力的缺失、理论欲望的膨胀，带来的后果是，具体文本的细读、鲜活现象的反思，处于风雨飘摇之中。文学感受力的钝化，使批评阐释、理论建构进入恶性循环，感受力越是被钝化，征用其他理论就越轻巧，而越是征用其他理论，感受力越是被钝化。

　　第一种模式的出发点，是产生知识的规定活动，依此纯文学的批评阐释、理论建构，势必导致场外征用，致使批评阐释、理论建构，背离、疏远自身的本质，走上异化的迷途。理论的异化，首先表现为理论与文学的对立。理论不是源于对具体文学场的反思，而是抽象横移自其他学科,如哲学、史学、语言学、政治学、社会学、自然科学等,[①] 这些学科、理论不包含具体的纯文学现象。不包含文学自然不能阐释文学,非要征用它们来阐释文学,只能扭曲文学以符合理论阐释的要求,此时与其说阐释的是文学,还不如说阐释的是理论自身,是理论本身在自说自话。如此的理论越是繁荣发展,越是与文学毫无瓜葛,越是走上与文学背离的道路。其次,理论的异化,还表现为理论与过程的疏离。文学创作的过程,是由具体上升到抽象,是为具体而找抽象。与创作过程相适应,批评阐释、理论建构的合理道路,走的也是由具体到抽象的上升道路。而场外征用则是从抽象到具体,以征用的理论为起点,迫使文学符合理论,它显然与过程相背离。最后,理论的异化,表现为理论与理论的对立。场外征用的大量理论,未能令人信服地展开批评阐释,它们的产生远离合理的过程,面对具体文本同样无能为力。理论的场外征用很难做到彻底,它容易瓦解理论,把理论引上末路,导致理论把自己从理论那里放逐出去。

三 杂文学与场外征用的合法性

纯文学的观念不断得到强化,是强制阐释论置身的特定语境。受如此语境的深刻影响,强制阐释论对俄国形式主义、英美新批评等流露出部分的肯定态度。强制阐释论眼中的文学,因而"是人类思想、情感、心理的曲折表达",它"强调人的主观创造能力","是作家独立的主观精神活动",主观性、情感性意味甚浓。[②] 语境、态度、言说三者可表明,强制阐释论更多坚持的是纯文学观。然而俄国形式主义、英美新批评等,未能看到文学与现实生活的联系,存在若干偏颇实在所难免。现实生活的场景无所不包,文学场一旦向现实生活倾斜,它必难以做到出淤泥而不染。如果说面对纯文学现象,场外征用大量的非文学理论,以展开批评阐释、理论建构,是种非法的行为的话,那么对杂文学的批评阐释、理论建构,情形会与此不同。杂文学

[①] 张江:《强制阐释论》,《文学评论》2014 年第 6 期。
[②] 同上。

的场外理论，既可以是文学的，也可以是非文学的。征用不问出身的场外理论带有合法性的原因，是因为场外征用的理论事项，与场内的杂文学面貌相吻合，能够揭示、阐释潜藏于场内杂文学的意蕴。杂文学的"杂"与征用理论的"杂"，以杂文本为起点，两相辉映相得益彰，彼此处于相互印证的关系中。合法性问题审视的关键有二，其一是杂文学中"杂"的面相如何显现，其二是理论与杂文学怎样对应。

近现代以前的中西方，文学大多不太纯粹，而是掺杂各种文化元素，文学因而是以杂糅的面貌存在。划归文学名义下的东西，包括了多种的文化事项。伊格尔顿指出，"十七世纪的英国文学包括莎士比亚，韦伯斯通，马维尔和弥尔顿；但是它也延伸到培根的论文，邓恩的布道词，班扬的精神自传以及托马斯·布朗所写的无论叫作什么的东西。在必要时，人们甚至可能用文学包括霍布斯的《利维坦》或克拉仁登的《反叛的历史》"，"十七世纪的英国文学"与法国文学基本相似，两国的文学包括今天通行的文学、论文、布道词、精神自传、历史、诗学、哲学、书信等等，凡与语言相关的都可囊括在里面。① 西方17世纪如此，17世纪之前更如此。中国传统语境中的文学，与文化并无二致，近人章太炎一语道破，说"文学者，以有文字著于竹帛，故谓之文；论其法式，谓之文学"；② 孔子最早使用"文学"一词，所指是文章、博学，是孔门四科之一，说"文学，子由，子夏"，大概子由与子夏于文章、博学方面，表现尤其突出。近现代前后的中西方，以杂糅面相存在的文学，有两种展现形态。

第一种形态是纯文学显得杂而不纯。它有两种表现方式。其一是纯文学观被建构的历史语境中，杂文学的观念演绎、实践依然不消歇停息。观念上康德虽然留恋纯粹美，却又认定美是道德的象征，他于是把美的至高理想，最后是推给了依存美；马克思倡导历史唯物论，坚持文艺社会学，是杂文学观最坚定的维护者。受西学影响的王国维、朱光潜等，对纯文学无不憧憬向往，不过他们对人格依附的杂文

---

① ［英］特雷·伊格尔顿：《二十世纪西方文学理论》，伍晓明译，陕西师范大学出版社1986年版，第1—2页。
② 章太炎撰，庞俊、郭诚永疏证：《国故论衡疏证》，中华书局2008年版，第247页。

学,仍有着很高的评价。实践上近现代以来的中西方,都在强调文学应介入现实,现实指向的作品不断涌现,杂文学的生命力旺盛依旧。其二是以建构的纯文学观为标准,衡量过去的文学作品,当中被判定为纯文学的作品,仍然显得不够纯粹。历史越是久远的作品,情形越是如此。西方文学的开端是《荷马史诗》,《荷马史诗》除了是围绕情感展开的诗,还是久远历史的生动叙述,更是哲学义理的形象阐发。中国第一部诗歌总集《诗经》,首先它是诗歌是文学不假,刘经庵因而将之列入纯文学的行列;① 它还是"劳者歌其事,饥者歌其食"的历史,包含《诗经》在内的"六经皆史",《诗经》中"淫奔之诗",实是礼、社会制度的体现等,都透显出历史的信息;② 它更是蕴含着高深的哲学义理,港台新儒家牟宗三将《诗经》中的两首诗,一首是"天生烝民,有物有则。民之秉彝,好是懿德",另一首是"维天之命,於穆不已。於乎不显,文王之德之纯",视为儒家智慧的根源,反复申引。③《荷马史诗》与《诗经》在中西方的历史长河中,都产生着难以估量的影响。此足以表明,纯文学有杂而不纯的一面。

  第二种形态是文学的文化依附性。与第一种形态不同的是,文本存在的整体不能冠之文学的名称,而是另外的文化样式。别的文化样式承载着文学性,或说文学的存在依附于别的文化样式,如分别依附于历史、哲学、宗教、诗学、道德学、政治学等。文学可依附于历史而存在,司马迁《史记》中的文学即依附于历史,历史的描写中有文学性。历史小说既是历史也是小说,文学与历史的边界模糊。哲学表达中不乏文学,中西方无不如此,《论语》《孟子》《庄子》是哲学与文学兼具,"柏拉图之《问答篇》、鲁克来谑斯(卢克莱修)之《物性赋》,皆具哲学、文学二者之资格",哲学与文学的联系水乳交融。④

---

① 刘经庵:《中国纯文学史纲》,东方出版社1996年版,第9—15页。
② 冯友兰:《三松堂自序》,《三松堂全集》第1卷,河南人民出版社2001年版,第198页。
③ 牟宗三:《康德第三批判讲演录》,卢雪昆整理,杨祖汉校正,《鹅湖月刊》1991年。
④ 王国维:《奏定经学科大学文学科大学章程书后》,《王国维全集》第14卷,浙江教育出版社、广东教育出版社2009年版,第37页。

第一编 场外征用

文学性还可体现于基督教的《圣经》中。中国诗论中也不乏文学性。中国传统的"文以载道",体现着文学的道德诉求,革命文学使文学与政治紧密联系起来。文学性弥散于不同的文化样式中。

纯文学的杂而不纯,当中文史哲未分的憧憬,当是不难辨别。文学性散布于文化当中,杂文学的文化依附性,同样昭然若揭。无论是纯文学的杂而不纯,还是杂文学的不纯而杂,两者均可指明文学的杂糅面相。杂文学沾染、整合着众多的文化质素,有历史、哲学、宗教、道德、政治等,对它的批评阐释、理论反思,依然遵循由具体到抽象的行进线路,而行进中征用非文学的道德、政治、宗教、哲学、历史等理论,就不能被简单地宣布为非法。杂文学的场内与理论的场外,处于某种吻合的状态,正是如此的状态,构成理论场外征用合法性的保障。它具体可体现于如下几个方面。

杂文学的批评阐释,征用哲学的理论,哲学理论若与文学吻合,理论的征用不能算非法。杂文学中蕴含着哲学义理,对如此特质鲜明的杂文学,展开批评阐释、理论说明,可启用相应的哲学理论。与文本相应的哲学理论,能够揭示潜藏其间的意蕴,批评阐释的展开便是有效的,相应哲学理论的征用,即是合法的举措。相应性的找寻,是合法性恒定的要害。哲学义理的正当性、深刻性,源于哲人对宇宙、人生的反思。作家创作的起点,是他对宇宙、人生的鲜活反思,反思的意义同样可融入作品中。哲学义理融入杂文学,有三种融入的路径。一是思想家进行文学创作,容易融入哲学思想。西方思想家如席勒、萨特,中国宋明思想家周敦颐、朱熹、王阳明,以及近人王国维、陈寅恪、鲁迅等,都能在文学创作中融入哲思。二是思想的表达是目的,而文学性处于依附的地位。西方柏拉图的《问答篇》、卢克莱修的《物性论》,与中国的《孟子》《庄子》等,都能使文学性嵌入思想的表达中。三是形而上学的韵味渗透于作品当中。佛理参悟的《题西林寺壁》,悲凉气息弥漫的《红楼梦》等,即是如此的作品。显然,三种情况,都可使文学与哲学义理有机融合起来。作品中的哲学义理挥之不去,对作品的批评阐释,仰仗于相应的哲学思想,如此的要求不算过分。与哲理融入路径相对应,哲理征用也有三种表现情形。一是阐释思想家的作品,征用他已消融的哲学,有益于作品的解读。萨特的文学作品如《恶心》《群蝇》《密室》等，是他存在主义思想的体现，征用他的存在主义哲学，可帮助我们有效、合理地解读作品；王国维的诗词创作，受叔本华、康德的影响颇深，欲使批评顺利展开，征用康德、叔本华两人的哲学，并非多余。二是寓言性意味浓厚的作品，征用合适的哲学思想，绝非可有可无。有效推进《庄子》的文学性批评，重要的前提是深入领会庄子的思想，然后征用庄子的思想，否则一切将无从谈起。批评卡夫卡的作品如《变形记》，可与异化哲学联系起来。三是具备相应的哲学思想，有助于领会作品的形而上意味。《题西林寺壁》暗藏佛理，征用佛理实属恰当。《红楼梦》悲凉之雾气迷漫，征用悲剧理论，与小说的意味正相吻合。作品的哲理融入保证哲学征用的合法性。作品意蕴的有效揭示，流露出对哲学征用的迫切需要。当然，征用哲学理论的目的，不是演绎理论的正确性，而是揭示作品意蕴的深刻性。

除了蕴含哲理，作品可含有德性。含有德性的作品，自然不够纯粹，那是杂文学。阐释蕴含德性的作品，征用道德的学说，可有助于揭示作品内蕴。征用合法性的契机，是杂文学的场内与场外，于道德上的融会贯通，是场内对场外的敞开，而不是相反，即是说对如此作品的阐释，不是证明道德学说的有效性，而是重在挖掘作品的道德意蕴。儒家重道德，它是中国文化的主线。儒家伦理浸染过的作品，必是杂文学，累积的数量不少。儒家伦理在唐向文学转进，体现于杜甫的诗与韩愈的文，阐释他们的作品，不征用儒家学说，阐释将不得要领。同理，阐释含有宗教、政治指向的作品，征用相关的宗教、政治理论也不能算非法，前提是以具体文本为立足点。

理论泡沫化与学科转基因*

高小康**

一 过度阐释与理论的泡沫化

2014年以来，张江先生提出的"强制阐释"概念已成为文艺学的一个热词。关于这个概念的解释和评价有许多争议，但已经发生的影响则是不容置疑的事实。

什么是"强制阐释"的准确含义，这个问题也许不如这个概念发生的学术史背景重要。虽然强制阐释是个刚刚出现的概念，但对于理论阐释正当性和价值的怀疑乃至争论却早已发生。对于文学文本乃至整个文学活动进行意义分析和阐释，这似乎是包括文学理论或文艺学学科研究在内各种人文学术研究的题中应有之义，但在近几十年的中国学术研究中，这种理论分析与阐释的正当性问题却遇到了信任危机。早在10年前，文艺学界就讨论过文学理论研究中的"理论过剩"与过度阐释问题。① 那么，发生于中国文艺学研究中的这种理论正当性危机是如何发生的呢？

从事文艺学研究的人们都知道，中国的文艺学学科基本上是在苏联影响下形成于20世纪50年代的学科。从50年代到"文化大革命"，文艺学研究中的理论阐释由于意识形态的绝对指导地位而具有

---

* 本文原刊于《文艺争鸣》2015年第10期。
** 作者单位：南京大学文学院。
① 参见高小康《理论过剩与经验匮乏》，《文艺研究》2005年第11期。

独断的正当性,或者说只有理论本身的意识形态正确性判断,而不存在理论分析、阐释方法的正当性问题。到了20世纪80年代思想解放时期,意识形态理论所具有的独断的正当性受到质疑,"新方法""新观念"的探索成为理论研究的主导方向。从存在主义、形式主义、精神分析等西方近现代文学理论到信息论、系统论、控制论等所谓的"新三论",似乎任何理论只要可以操作,就都可以无条件地成为文艺学研究的思想工具。这是理论阐释具有绝对正当性的时期。这种绝对正当性观念源于突破思想禁锢的理论探索要求,带来了20世纪80年代到90年代中国学术思想的多样性,同时也造成了理论应用范围的无限制扩张和过度阐释的问题。一位学者在谈到20世纪末的小说批评状况时这样评价道:

> 批评家们在貌似繁杂的流派纠结中不断地出概念给命名,在眼花缭乱的文学现象中经常地发现新路向新动态,遂将世纪末文坛渲染得且温且火,衬托得有声有色。惜乎热衷于理论的批评家恰恰缺乏本土性和原创性理论的导引与充实,只能借助西方的新批评观念对当代小说作隔靴搔痒式的论述和总结,于是这样的小说评论越是热热闹闹则越让人产生空空洞洞之感。①

理论阐释的过度发展表现为越来越刻意寻绎和发掘作品中高深莫测的形而上内涵:弗洛伊德的弑父情结或阉割恐惧,荣格的集体无意识,加缪的荒诞孤独感,海德格尔的"在"之澄明,福柯的权力—知识,利奥塔的宏大叙事……大量新奇而深刻的理论观念和术语给人以耳目一新甚至振聋发聩之感。但随着这类阐释的日渐泛滥,读者越来越陷入层出不穷的新奇深奥的观念中,理解这些莫测高深的概念术语变得比对作品的直接感受更加重要。当研究者举出某种形而上的理论概念——终极关怀、生命体验、本真存在、权力关系等等——作为分析作品意义、评价作品的标准时,这类很容易使人不知所云的玄奥评价使研究者获得了一种独特的话语权力。

---

① 朱寿桐:《论世纪末的中国现当代小说研究》,《东南学术》2002年第4期。

需要注意的是，这种过度阐释并非中国学术界特有的现象。美国学者拉塞尔·雅各比曾经写了一本书叫《最后的知识分子》，对20世纪80年代以来美国人文知识分子从公共领域向所谓专业化研究退缩的倾向进行了批评。他在书中提到20世纪80年代的马克思主义文学和文化批评因理论术语的"过剩"而变得越来越艰涩难懂，对杰姆逊的《政治无意识》需要别人另外写导论来帮助理解表示不满："问题不只在于杰姆逊的过剩术语，而在于术语本身：一切都是文本加文本。"① 对于造成这种理论过剩现象的原因，雅各比提到大学人文科的专业主义倾向带来的问题。他引用了希尔德曼书中对大学专业化的评述：

> 今天发表的文章如果不是登在适当出版社的适当的刊物上并受到大学褒奖的话，那么就完全可能是发表了文章也灭亡。这个制度不是用来欢迎无名小卒的……②

这是美国三十多年前出现的情况，但对于今天在中国大学任教和研究的人来说听上去似乎也挺熟悉。在雅各比看来，大学人文学科的专业主义倾向是导致学术研究变成"文本加文本"的理论术语过剩现象的原因；也就是说，当文学研究变得越来越理论化、专业化时，理论阐释的所指对象就被逐渐推开，能指本身变成了研究兴趣的中心，理论术语不断衍生而形成了理论的泡沫化。中国大学的学术研究自20世纪末以来也走上了与美国大学相似的学院化、专业化道路，"权威期刊"成为学院知识分子成就的量化标志，驱动学者的研究朝着专业标准和量化写作的方向发展；理论通过术语、模式和体系所体现的专业性成为评价研究成果是否具有学术价值的重要标准。这种学院化和专业主义学术生态助长了"文本加文本"的理论泡沫化趋势，理论研究变成了过度阐释，理论的正当性危机由此产生。

---

① ［美］R. 雅各比：《最后的知识分子》，洪洁译，江苏人民出版社2002年版，第150页。
② 同上书，第139页。

二　从泡沫化到转基因

　　理论的过度阐释制造着不断膨胀的学术话语泡沫，成为中国文艺学研究在20世纪90年代后期以来研究范式越来越庞杂、研究对象越来越溢出传统领域、研究内容越来越泛化的一个原因。理论的泡沫化似乎不足以构成学术讨论的重要议题，10年前文艺学界关于过度阐释的讨论没有凝聚成集中的焦点问题便不了了之。今天当人们在谈论"强制阐释"的时候，"过度阐释"的概念再度被提起，可能意味着这个话题还没有真正完结。

　　从"过度阐释"与"强制阐释"这两个概念来看，所涉及的学术现象有相关性，但含义不尽相同。关于"强制阐释"的具体特征，提出概念的张江先生有个说法叫作"场外征用"，具体说就是"脱离文本和文学本身，裁截和征用场外现成理论，强制转换文本主旨的做法，不能恰当地阐释文本，也无法用文本佐证理论"[①]。这里出现了一个特殊的概念就是"场外"。所谓"场外"，指的是文学研究话语"场"域之"外"，即在文艺学学科之外的其他学科领域。"场外征用"就是用其他学科的理论或研究模式来阐释文学文本。历史地看，其实无论西方还是中国的文学研究，历来都有借用文学观念之外的理论、观念、概念或方法模式研究文学经验的做法。即使经典如亚里士多德的《诗学》中关于文学的有机统一性隐喻，刘勰《文心雕龙》中关于道、圣、文关系的论述，都可以看到借用文学之外的理论观念来阐释文学特征或意义的做法。可以说，没有从其他学术理论或话语场域借用或借鉴思想资源，很难设想文学研究会形成今天这样丰富深刻的理论成果。我们常常用"他山之石可以为错"来说明这种借用场外理论资源的正当性和价值，这和关于"场外征用"的批评是否有些矛盾？

　　不过就张江的解释来看，"场外征用"的问题不是借用了其他理论，而在于"强制转换文本主旨"，也就是说对文学的研究阐释脱离

[①] 张江：《强制阐释论》，《文学评论》2014年第6期。

了文学自身的意义和话语场域，成为一种场外化的研究活动。10年前谈论的"过度阐释"主要是指"文本加文本"、阐释加阐释的理论泡沫化，也可以说是理论话语的能指狂欢；而"场外征用"则突出强调了场外理论话语被强制嵌入文学研究话语场域而造成的理论研究的场外化。

当然，如果"场外征用"的结果只是强制转换文本主旨，那么这个问题的症结只在于如何严谨科学地进行学术研究。但实际上文学研究的场外化是个比学术研究方法和态度复杂得多的现象。例如早在20世纪早期弗洛伊德用他的精神分析学说解读《哈姆雷特》、摩西坐像等文学和艺术文本，可以说就是较早的"场外征用"案例。弗洛伊德的精神分析学说对文学艺术文本的研究不是关注于通常意义上的文本即叙述表达的字面意义，而是试图透过叙述中的某些反常、怪异、矛盾或叙述的缝隙去寻找那些隐藏在字面背后的、可能连叙述者自己也没有意识到的意义。他对文本的分析阐释依据是文学研究场外的病理学，而且那种精神分析主要依靠内省自证而非生化实验，阐释的结果往往脱离人们的阅读经验很远且因无法证明而令人愕然。可以说，弗洛伊德的文学分析既是将场外理论征用于强制阐释文学，同时也是将文学文本作为征用的对象移出文学研究场域，用来"强制阐释"精神病理现象；所以这种理论研究的正当性在精神病理学和文学研究两个领域都受到质疑也就不足为怪了。然而尽管如此，精神分析理论却对20世纪的文学研究乃至整个文学活动发生了重要的影响。弗洛伊德式的文学阐释虽然很难判断是否符合文本主旨，但却引导出从不同知识领域和心理层面对文学体验、阐释的多样化，而且还影响了文学文本的再生成。20世纪初以来的现代文学，从对现成文本意义的分析阐释到新的文学写作，都或多或少地受到精神分析学说的影响。

列维-施特劳斯的俄狄浦斯神话结构分析是另一个经典案例。列维-施特劳斯的结构主义分析方法对神话文本的分析与一般意义上对文学文本的理解阐释在分析和处理对象的方法上有根本的不同。他像洗牌一样完全打乱了神话叙述的字面结构顺序，也就是说完全抛弃了作为文学文本的叙述逻辑，而根据一些自己确定的神话要素之间的关系重新排序，而构建出神话的"深层结构"。这是一种明确地以文学文本为案例的文化人类学研究，研究方法完全肢解了神话的文学性，而且关于列维-施特劳斯对俄狄浦斯神话系列的"深层结构"序列组合是否合理也有种种不同看法，因此几乎可以把这种研究置之文学研究门外而不予理睬。然而有趣的是，这种看似与本来意义上的文学研究没有太大关系的结构主义人类学研究，却演化出了20世纪文学研究中的一个新的研究方法和流派——法国叙事学。叙事学以文学文本的叙述结构为研究对象，似乎应当说是正宗的"场内"研究了。但实际上从列维-施特劳斯的结构主义分析到法国叙事学和符号学，形成了一种特殊的结构分析方法：从文本内部分解文学文本的整合性，进而从不同文本的结构相似性中发现普遍的"文学性"和文化意义。从普罗普的故事形态学到罗兰·巴特的符号学、格雷马斯的结构语义学、托多罗夫的叙事诗学等等，文本分析变成结构和符号分析的同时便已游离出特定的文本，在寻找不同文本所具有的普遍符号结构时，从这种普遍性中发现的意义内涵也就超出了传统意义上的文学场域。罗兰·巴特在《神话》一书中关于大众文化符号的神话意义阐释可以作为这种符号学研究的一个范例。书中分析阐释的对象不是文学文本，而是各种当代大众文化符号——摔跤、电影明星、商品广告等等，这些东西和文学有什么关系呢？对此罗兰·巴特解释说：

> 当我对显然与文学无关的现象投注兴趣时（一场摔跤赛、一道精致的菜肴、一次塑料制品展览），我倒并不觉得自己在远离资产阶级世界的一般符号学领域，我先前的文章所研究的只是这个领域的文学层面罢了。然而，只有在研究了许多当今社会现象以后，我才尝试系统地定义当代神话。[①]

显然，在罗兰·巴特看来，符号学的文学文本分析只是对"当代神话"（contemporary myth）进行文化分析的一个层面。符号学并不仅仅属于文学研究领域特有的方法，那么当符号学的文化分析与文学

---

① Roland Barthes, *Mythologies*, the Noonday Press, 1991, p. 9。

分析放在同一个研究体系中时,哪个算"场外"哪个算"场内"似乎也成了问题。

这些"场外征用"案例之所以是经典,不仅在于分析的方法和结论与人们在阅读文学文本时直接获得的感受和理解大相径庭(也可以说是强制转换了文本主旨),更重要的是使文学研究从文本主旨研究向场外溢出,形成了文学研究场外化的趋势。20世纪80年代起,欧美学界的文化研究越来越多地被介绍到中国学界。许多文化研究与传统意义上的学科并不吻合,对中国学界影响较大的如法兰克福学派,有文学与美学研究的知识背景,但作为一个社会研究所,其成员的学术背景包括社会学、哲学、文学批评等不同学科,研究领域包括了社会研究的多层面。在法兰克福学派和其他一些文化研究理论的影响下,20世纪90年代以来中国文艺学和美学界的学术研究视域从传统的文学文本和审美观念溢出,转向了文化研究。在"日常生活审美化"的概念下,研究领域扩展到了后现代主义文化批判所及的许多方面——后殖民主义、女性主义、消费文化、身体政治,等等。如同罗兰·巴特关于当代"神话"的研究和雅各比所批评的杰姆逊关于波拿文都拉酒店(Bonaventure Hotel)的叙事学分析,中国的文化分析也转向文学文本和传统美学问题之外。

这种研究领域的场外扩张同时意味着理论模式、方法和研究目的转向,因此在2000年年初引起学界关于这种"转场"研究正当性的论争,即文艺学的文化研究转向是否"越界"之争。有的反对越界的学者认为那种"日常生活审美化"等与当代大众文化相关的研究不属于文艺学和美学研究,应当归入其他相关学科,比如研究身份政治应该在社会学学科,研究消费和广告(如同罗兰·巴特那样)就应该去营销学或传播学之类学科。但实际上这种"转场"越界的研究并非真正转入另外一个学科领域,与其他学科的关系在某种意义上说可以认为是一种"逃票入场"的行为。文化研究转向实际上是在文艺学和美学学科中开辟了一种被称为"审美文化研究"的跨界研究领域。

十年前这场关于文化研究转向的争论实际上不了了之,文化研究是否具有学术正当性以及中国的文艺学研究是否实现了向文化研究的转向,这样的争论其实没有产生理论结果。从此后10年来文艺学的发展状况看,文艺学学科并没有彻底"转向"成为文化研究,但同时文化研究也没有因为"逃票"越界而失去学术的正当性。基于不同理论基础的文化研究一直在文艺学和美学的概念下继续发展,因而使得文艺学、美学的学术范式和学科特征变得越来越模糊杂乱。各种"场外理论"的"进场"产生的后果并非仅仅是强制阐释造成的对文学文本意义的误读、歧义和认识扭曲,而且对作为研究对象的"文学"这个概念内涵和外延的理解也发生了歧义,因此造成了文艺学学术生态的变化——从"场外征用"到学科语境的场外衍生和蜕变,生成了许多跨界的研究领域、对象和方法。这种衍生发展也可以说是学科的"转基因化"。

如同生物的转基因工程一样,学科的转基因化制造出传统学科无法界定的研究领域和对象,甚至包括学术话语和评价体系。文化研究就是这样一类"转基因"产物。作为传统文艺学主要研究对象的文学文本在"场外"的文化研究中被征用为某种文化现象的符号或案例,这从传统文艺学的"场内"研究来说可能意味着强制性的意义曲解、附会或增生。但作为一种"转基因"的衍生学术研究领域,对文学文本的分析阐释因溢出文本阅读语境而形成了多层次衍生的意义;而正是这些衍生的意义研究,构成了对文学活动与更广泛的文化形态和更深层的社会心理结构之间关系的认识。弗洛伊德把《哈姆雷特》解读为杀父娶母情结的表现,是否符合莎士比亚的创作意图以及剧本读者、戏剧观众对这个剧作意义的基本解读,这可能是个无法确定的问题;但弗洛伊德的这个强制阐释式的解读对20世纪文学创作产生的影响之深远却是无可置疑的——文学、艺术与美学的现代主义思潮在很大程度可以说是在弗洛伊德理论影响下产生和发展起来的。对这些"转基因"产品的评价有非常大的差异和争议,但它们在当代文化与学术研究中的存在及其影响却是当代学术必须面对的问题。

三 "为承认而斗争"

"转基因"学术的出现对于文艺学学科发展来说造成的最明显焦

虑就是因为传统学科研究领域中心的离散而产生的歧路亡羊之忧——从此以后文艺学研究的学者们还能够坐在一起好好说些互相听得懂的话吗？

这种焦虑的思想背景就是关于学科统一性的前置观念：既然是一个学科的学术研究，当然就要有共同的知识背景、研究领域和话语逻辑，否则还怎么讨论和判定是非？中国的文艺学学科当然是一个比较晚近出现的学科，具体地说就是20世纪50年代在苏联影响下建立的学科。但就文艺学研究的基本领域和研究模式来说，还是属于比较传统的人文学科。这类从属于大学学科体系的人文学术研究形态来自西方学术传统，这一点应该是没有疑问的。人们往往以为人文学术的西方传统源自古希腊——柏拉图的雅典学院似乎就是一个证据。但作为大学学术传统的学科化学术研究其实和古希腊的哲人学问不大一样。通过学科体系建立起来的研究模式具有向心性：学者们操作可沟通的工作语言，使用统一的论证逻辑对同一命题进行正反质证以求获得唯一的正确结论。这种向心性保证了学术研究目的和价值的确定性，简单地说就是"为真理而斗争"。

然而这种学科化的学术研究其实并非古希腊的学术研究方式。古希腊哲人的求知方式虽然有苏格拉底式的辩证和亚里士多德的逻辑，但主要的思想成果还是来自哲人的形而上学冥想、推理和独白式的论断，几如中国先秦诸子之学。不同学者之间通过严谨的逻辑推理进行命题质证以求唯一正确结论的研究方式其实是源自中世纪的经院哲学（Scholasticism）——这才是大学人文学术的滥觞，也是学科化研究的前奏。经院哲学虽然争论的都是不着调的神学问题，但自安瑟姆开始就采用了学术争论的方式，即通过亚里士多德的形式逻辑来论证是非。这种学术研究在外行看来可能繁琐无谓不得要领，但却有助于形成特定学术共同体的共同话语和评价体系。这种学术共同体造就了大学人文学术的学科基础。文艺学研究从学科诞生起就沿袭了这种传统的学术共同体模式，在不同时期都有共同讨论的核心命题，如文学与政治、文学与人性、现实主义与浪漫主义、外部研究与内部研究、传统与现代、中国与西方，等等。这些核心命题来自文艺学学科的共同知识背景和研究领域，围绕这些核心命题进行的研究和争论目的是寻求能够在学术共同体中获得普遍认可或理解的正确认识。这种学科背景与"转基因化"的变异学术领域之间存在隔阂和冲突当然也就不奇怪了。

然而吊诡的是，造成学科衍生变异的基因其实早就埋藏在经院哲学时代的学术中了。为了确证上帝存在的真实性而进行的论证同时却又造成了怀疑主义和异端学说滋生的语境。14世纪著名的剃刀手奥卡姆削掉了唯实论视为真理之本的"实体"，启迪了19世纪学术的怀疑主义思潮。从19世纪到20世纪的反形而上学和反本质主义观念造成了学科语境的衍生变异，成为20世纪以来异端学术蜂起的渊源。从更大的历史文化背景来看，这个时代学术的反形而上学和反本质主义和"全球分裂"（斯塔夫利亚诺斯语）的文化冲突背景相关的反中心、反霸权的后现代文化、政治思潮趋同，学术"转基因化"本质上是文化分裂衍生的产物。如伊格尔顿描述的20世纪60年代以来形形色色文化理论兴起的状况：

> 在这期间，政治上的极左派在陨落得几乎无影无踪之前曾一度声名鹊起。新的文化观念，在民权运动、学生运动、民族解放阵线、反战、反核运动、妇女运动的兴起以及文化解放的鼎盛时期就深深地扎下了根。这正是一个消费社会蓬勃发展，传媒、大众文化、亚文化、青年崇拜作为社会力量出现，必须认真对待的时代，而且还是一个社会各等级制度，传统的道德观念正受到嘲讽攻击的时代。社会的整个感受力已经经历了一次周期性的改变。我们已从认真、自律、顺从转移到了孤傲冷漠、追求享乐、抗命犯上。如果存在着广泛的不满，那么，同时也存在着虚幻的希望。存在着普遍兴奋感：现在是正当其时。如果此话成立，部分是因为现在显然预示着，新的未来是通往无限可能性的国度的入口。①

伊格尔顿认为激进时代发生的理论影响在消失，21世纪已经进

---

① ［英］特里·伊格尔顿：《理论之后》，商正译，商务印书馆2009年版，第25页。

入"理论之后"时代。但他所描述的文化状况正是全球化时代的文化冲突带来的知识与价值观念冲突,以及这种冲突影响下文化理论的产生和走向怀疑主义的"理论之后"的演变。

对于中国学术研究而言,20 世纪 60 年代的宏大文化批判理论和 21 世纪"理论之后"的学术思潮都已成为学科语境"转基因化"衍生的知识背景,因此形成了众声喧哗而相互之间难以通约的学术话语漩涡。学科的"转基因化"现象已经成为学术生态蜕变的一种事实,自经院哲学时代传承下来的"为真理而斗争"的学术交流、评价范式遇到了挑战。现在需要面对的问题是如何认识这种失去共同范式和价值标准的学术研究形态的意义?

法兰克福学派第三代传人霍耐特在研究社会交往理论时提出了一个源自黑格尔的观念"为承认而斗争",用以解决社会冲突的伦理正当性:

> 在黑格尔看来,社会伦理关系是主体间性的一种实践形式,承认运动保证了对立主体相互依赖的一致性和必不可少的相关性。在黑格尔看来,一切相互承认的关系结构永远都是一样的:一个主体自我认识到在主体的能力和品质方面必须为另一个主体所承认,从而与他人达成和解;同时也认识到了自身认同的特殊性,从而再次与特殊的他者形成对立。①

霍耐特对耶拿时期黑格尔的承认思想做了进一步解释和发展,他认为社会冲突源自个体被承认的需要,而社会交往的最高境界是实现主体间性的自觉:从情感经验的爱,到社会法律规范下的自尊,最后到达主体间性的承认即"团结"——"彼此对等重视就意味着根据价值互相评价,这就使他者的能力和特性也对共同的实践有意义。这种关系就可以说是'团结'。"②

---

① [德]阿克塞尔·霍耐特:《为承认而斗争》,胡继华译,上海人民出版社 2005 年版,第 21 页。
② 同上书,第 134 页。

对于人文学术而言，借用霍耐特的"为承认而斗争"这个观念是一种对学术研究转基因蜕变意义的描述——从"为真理而斗争"到"为承认而斗争"意味着学术交往目的的现代转向：从向心统一的学科知识体系转向后学科时代不同学术研究观念、范式的主体间性自觉和对话交往关系的建立。"为承认而斗争"是学术研究中主体间性差异的自觉和自主性构建。这种自主性的意义在于，学术生态的蜕变不一定是被动和强制性的消极后果，而可能是新的学术自觉和文化自觉。21世纪初胡经之先生提出了"走向文化美学"的观点：

> 我国目前的文化现象，极为错综复杂。我们急需对现代化过程中涌现出来的错综复杂的具体的文化现象作文化研究，也需要及早对文化发展作宏观审视，从整体上关注文化发展的美学方向……文化美学、文化研究，两者相辅相成，相联系美学如能面对当下现实，更多关注文化现象，进一步发展，正可走向文化美学。
>
> 无疑，文化美学首先应关注当代审美文化。但当代审美文化并不只限于大众文化，高雅文化当亦在其列。文化美学可以通过对高雅文化和通俗文化的研究，探索当代文化如何走雅俗共赏之路。不只是当代审美文化，就是非审美文化也应列入文化美学的视野。艺术文化之外，政治文化、道德文化、科技文化、教育文化等也应得到文化美学的关注，从美学上加以审视、评析。研究领域因现代化的发展而日益扩大，这正是文化美学和文化研究相近之处。研究领域因现代化的发展而日益扩大，这正是文化美学和文化研究相近之处。①

这里主张的文化美学实际上是对文化研究略加学科约束的一个概念，可以说是在为文艺学、美学的场外扩张正名。作者并不讳言文化研究与当代西方文化理论的关系，但更强调了文化美学研究内容的当下性和中国问题意识。因此，"文化美学"这个从传统文艺学和美学

---

① 胡经之：《走向文化美学》，《学术研究》2001年第1期。

学科溢出的转基因产物具有在学术自觉和文化自觉基础上获得发展的可能性和学术正当性。在中国文艺学、美学界发展起来的生态美学、都市美学、新媒介美学、民间文艺学等等与当代中国审美文化现象相关的各种创新的文艺学美学研究，在某种意义上都可以视为这种跨学科多元化发展的例证。

事实上，中国的文化研究在20世纪90年代的开展与中国社会文化转型发展的现实有关，而进行大众文化研究的思想资源和理论工具则主要来自20世纪80年代中期以后逐渐介绍到中国的各种西方文化批判理论。经过十多年的发展后再回过头来看，中国的大众文化研究还存在着一些值得反省和探讨的问题。最主要的问题是过于简单化地套用西方文化理论。从阿多诺、本雅明到波德里亚、费瑟斯通等，各种理论观点似乎都能够在改革开放后的中国社会中找到对应的文化现象和问题：机械复制、平面化、消费主义、意识形态编码、传媒的操控等观念好像都可以解释中国的大众文化，于是了解西方文化理论的学者便可以轻车熟道地研究中国问题了。查看一下这个时期关于大众文化的研究论著，会发现很多研究是蜻蜓点水般掠过文化现象然后直奔现成的文化理论观点——"消解深度"可解释各种通俗艺术，"消费主义"是对所有时尚进行研究后的结论，资本的霸权是社会万恶之源，如此等等。因为几乎每一种理论都可以找到现实中的对应物，所以听上去都言之凿凿，但理论之外的中国文化现实的特殊性却可能被遮蔽了。也就是说，转基因化研究的问题关键不在于学科外延的扩张，而在于对场外理论的普适性想象。正是这种关于理论无所不能的想象造成了强制阐释剥夺研究者主体性的消极后果。"为承认而斗争"所唤起的主体间性意识和多元文化共享的需要，在学术研究中意味着从强制性普适理论的桎梏中把研究视野解放出来，认真面对具体发生和发展中的文化现实；重视个案、重视特殊、重视差异、重视田野工作，使大众文化研究真正切入活的文化过程。

这是一个回到知识生态现场的转向，对于传统的文本中心研究来说，也是破解向心性封闭研究的一个机会。以文本为研究对象，它的知识、智慧都体现为对客观、固化对象的发现、阅读、阐释，这是所有这种学术的共同特点。但固化了的文本背后存在一个使文本得以产生、演变、发展和获得意义的过程，这一点被经典学术忽略了。研究对象从文本的内在意义转向文化生态和生成过程，意味着探求历史事件和文本背后具体发生的形形色色生动具体的文化活动。这种研究视野的离散化在造成学科基因蜕变的同时可能带来的是学术研究在更高层面上的多元化共享与相互承认。

从"文学流变"到"视角偏向"

——强制阐释与文学理论的判定*

李昕揆**

近二十年来,我国文艺理论界始终面临着一个"难以摆脱的悖论:一方面是理论的泛滥,各种西方文论轮番出场,似乎有一个很'繁荣'的局面;另一方面是理论的无效,能立足中国本土,真正解决中国文艺实践问题、推动中国文艺实践蓬勃发展的理论少之又少"。① 面对此尴尬处境,学者们主要从"中国古代文论现代转换"和"西方文论中国化"双路突进的方式,为中国当代文论失语症和话语重建提供解决方案。"转换论"和"中国化论"皆以我国文论自身存在的危机和问题为出发点,通过汲取既有文论库存(包括中国传统文论和引介至国内的西方文论)中的理论资源,以达到重建中国当代文论话语体系的目的。近两年来,中国社会科学院张江教授在《中国社会科学》《文学评论》《外国文学研究》等刊物连续刊发系列文章,提出"强制阐释论"并以之作为撬动整个当代西方文论大厦的"阿基米德支点",通过揭示西方文论中普遍存在的"场外征用""主观预设""非逻辑证明"和"混乱认识路径"四种典型症候,对诞生于资本主义世界的西方文论尤其是 20 世纪西方文论进行了批判性审视,并以此为基础对当代西方文论用于文学阐释特别是这些源自西方

---

* 本文原刊于《中国社会科学院研究生院学报》2016 年第 1 期。
** 作者单位:中国社会科学院外国文学研究所。
① 张江:《当代西方文论若干问题辨识——兼及中国文论重建》,《中国社会科学》2014 年第 5 期。

文化语境中的理论话语适用于中国文学经验的合理性、合法性、正当性与有效性提出了质疑。

张江教授通过对"理论"特别是"文学理论"的批判性反思，实质上提出了一个"文学理论的评判"问题，或者说，提出了判定某种理论是否属于"文学理论"的问题。这让我们更为深入地接近文学理论的本体层面：文学理论到底是什么？它的存在依据是什么？文学理论的意义何在？文学理论能够做些什么？对这些问题的回答，不仅有助于我们洞察文学理论的运作机制，而且能够把对文学理论之限度、效用与可能性的思考引向深入。我们的文学理论也因此而可能不再那么或"狂妄自大"或"妄自菲薄"。在此意义上，张江教授关于"强制阐释论"的提出与系统论述，表明我国的文学理论研究与学科反思正在迈入一个更为自觉的全新阶段。

一 "文学流变"与文学理论的判定

无论说"文学理论"是"关于文学的理论""对文学的理论思考"还是"与文学有关的理论"，"文学"在其中都扮演着最为核心的角色。因此，如何理解"文学"，就成为判定一种理论是否属于"文学理论"的前提和关键所在。对中西学人使用"文学"一词的历史稍加梳理就会发现："文学"并不是一个意义恒定的概念。如果说今天我们使用的"文学"偏重于"纯文学"这一现代性含义的话，那么，在19世纪之前的整个中西方社会，"文学"则常常混杂于关于社会、政治、哲学、道德、文化、宗教、修辞、语言等论述之中，是一个"杂文学"或"大文学"范畴。就西方社会而言，"1800年之前，文学（literature）这个词和它在其他欧洲语言中相似的词指的是'著作或者'书本知识'"，它是一个"更大范畴里的作品和思想的实际范例，包括演讲、布道、历史和哲学"。[①] 用英国学者特雷·伊格尔顿的话说，"在18世纪的英国……文学不是'亲身经验''个人反

---

① [美]乔纳森·卡勒：《文学理论入门》，李平译，译林出版社2013年版，第22页。

应'或'想象独特性'的问题:这类今天对于我们来说与整个'文学'观念密不可分的字眼在亨利·菲尔丁看来也许是无足轻重的"①。我国古代社会使用的"文学"一词,与西方社会19世纪之前使用的"文学"一词在含义上较为接近,主要指的是"学术文化"。"文学"一词最早见于《论语》之"文学:子游、子夏。"②"文学"在此主要指的是文化典籍与文化思想传承,近乎后人所谓的"学统"。两汉时期人们所称的"文学"与《论语》中的"文学"大体类似。至南朝刘宋时代设"文学"科,"文学"始有"文章之学"的含义,但与近世的"文学"含义仍相差甚远。两汉之后的"文章",其中除包括诗、赋之类的"文学"作品外,亦包括章、表、书、奏、碑、诔、箴、铭等应用性文章。"可以说,古代以文字表述便视为文学的大文学观念一直沿用了数千年。"③

从知识社会学的角度看,今天人们使用的"文学"一词,是伴随着西方近代学术的发展而催生出的"现代"概念。启蒙运动时期,人们方把知识视作社会存在的条件,开始致力于纯粹知识的建构及对各门知识作分类研究。西方近现代学术的特点之一是文化分化与学科分流,文、史、哲、政等各学科之间界限分明;"文学"作为一种语言艺术形式,在分科观念的调配下成为既不同于其他艺术门类,亦有别于各种非艺术功能语言文本的"纯文学"样态,其现代意义"直到19世纪才真正出现,这种意义上的文学是晚近的历史现象……首先发生的情况是文学范畴的狭窄化,它被缩小到所谓'创造性'或'想象性'作品"④。近代中国在外部现代性因子刺激和示范作用之下被动地纳入世界现代化进程,欧美现代学术及其分科观念随之进入中国。从1903年开始的癸卯学制中中国文学科——"文

---

① [英]特雷·伊格尔顿:《二十世纪西方文学理论》,伍晓明译,陕西师范大学出版社1987年版,第19—20页。
② 《论语·先进》。
③ 张炯:《百年中国文学的深刻嬗变》,《中国社会科学院研究生院学报》2000年第1期。
④ [英]特雷·伊格尔顿:《二十世纪西方文学理论》,伍晓明译,陕西师范大学出版社1987年版,第20页。

学研究法"与"文章学"的杂糅,到1912—1913年壬子癸丑学制中"文学概论"同"文章学"(即"文法要略")的分别设立,再到1923年壬戌学制对"文学概论"与"文学欣赏"科目的进一步细分;从1908年周作人《论文章之意义暨其使命因及中国近时论文之失》到1917年刘半农《我之文学改良观》、1919年罗家伦《什么是文学?》,再到1925年朱自清《文学的一个界说》;从1904年黄人《中国文学史》、1910年林传甲《中国文学史》到1918年谢无量《中国大文学史》,再到1931年胡怀琛《中国文学史概要》、1932年胡云翼《中国文学史》,可以清晰地看出"现代"纯文学观念在近现代中国确立的轨迹。

　　从对中外"文学"观念演变脉络的梳理中可以看出,"文学"的意义并非一成不变而是流动的,它大体经历了一个从"杂文学(或大文学)"到"纯文学"的演变过程。由此,以不同时期的"文学"观念出发去看待"关于文学的理论""对文学的理论思考"或"与文学有关的理论",所呈现出的就是完全不同的理论面貌和形态。也即是说,如果从文学的现代意义(即将"文学"等同于"想象性、虚构性作品")去理解"文学理论"的话,那么,"文学理论"就必然偏向于强调文学在虚构、想象、形式、美感、语言、叙事、风格等文本、文体方面的审美性要素。以此评判,浪漫主义文论、俄国形式主义文论、布拉格学派以及英美新批评派等都可视作"纯文学"的文学理论派别。而如果从前现代意义上的"杂文学(或大文学)"观念,或者说从文学是一项涉及作家创作、文本建构、读者阅读、时代社会、文学惯例等诸多变量的复杂的系统工程角度去理解"文学理论",那么,"文学理论"侧重于揭示的就是文学与政治、道德、伦理、心理、传统以及伊格尔顿所谓的"意识形态"等各种社会变量之间的交互关系。由此,探讨文学与社会语境、政治意识形态、伦理道德、文化传统的关系,开展所谓的文学道德批评、文学政治批评、文学社会批评、文学心理批评等就应当算作"杂文学"和"大文学"意义上的"文学理论"。也即是说,从"文学"的不同含义出发,决定了我们对"文学理论"的不同理解。

　　综合言之,"文学"兼有"纯文学"与"杂文学(或大文学)"

两种维度，或者说，兼具"审美性"与"社会性"两个向度。由此，判定某种理论是否属于"文学理论"，无论从"审美性"角度还是"社会性"角度着眼都是确当的。

在强调文学理论注重文本或审美要素的同时，文学理论不能也不应回避来自于其他学科和领域的理论资源。因为这既与"文学"是一项关涉社会文化各个层面的系统性工程有关，也与"文学"含义的历史流变有关，同时也与当前势不可挡的跨学科发展趋势密切相关。应注意的是，在广泛借用场外理论并充分认识其优势与长处的同时，不仅要对其理论局限特别是运用于文学场内的"理论限度"了然于心，更要对场外理论进入文学场中的合理性与合法性作细致辨析。这是"强制阐释论"给予我们的重要启发。

二 "视角偏向"与场外理论的合法性

在西方文论史上，文学阐释对于场外理论的借用有着悠久的历史传统：从亚里士多德的悲剧净化论到贺拉斯的"寓教于乐"说，从但丁的"四义"说到布瓦洛的尺度论，从狄德罗的"美在关系"说到莱辛的现实主义文艺观，都特别注重对于社会、道德、伦理话语的借用。在20世纪以来，特别是在"跨学科趋势"势不可挡与文学研究"泛文化化"的今天，文学理论对场外理论资源的借用更是成为一种"常态"。比如，文学结构主义是对索绪尔创立的现代结构语言学方法的借用；以诺曼·霍兰德（Norman N. Holland）为代表的精神分析文论主要从弗洛伊德的精神分析心理学中获得理论灵感；原型批评理论主要建基于弗雷泽的人类学理论和荣格的原型心理学；在以克里斯蒂娃为代表的女权主义文论那里，则可以看到政治学理论的明显影响。而伊格尔顿指出，"没有任何读解是清白的或没有先决条件的"。① 借用现代阐释学的说法，任何理解和阐释都不可能没有阐释者的立场和前见。因此，张江教授提出"强制阐释论"的深刻意义

---

① ［英］特雷·伊格尔顿：《二十世纪西方文学理论》，伍晓明译，陕西师范大学出版社1987年版，第99页。

就在于：他提醒我们在将场外理论引入文学场内的同时，要时刻警惕其可能存在的"理论局限"与"阐释暴力"。

美国文学理论家艾布拉姆斯在其名著《镜与灯》中，以世界、作家、作品、读者四个要素构筑出一个文艺批评的坐标模型，并以模仿说、表现说、实用说、客观说等四种倾向对西方文论史上的主要流派进行了理论概括。姑且不论以"模仿说"作为对"世界"要素、以"表现说"作为对"作者"要素、以"实用说"作为对"读者"要素、以"客观说"作为对"作品"要素的概括适用于20世纪文论派别是否妥帖，但整个西方文论包括当代西方文论的所有流派，却大体都可归入由世界、作家、作品、读者四个向度构成的理论模型之中。比如，20世纪以伽达默尔为代表的"解释学文论"，以耀斯、伊瑟尔为代表的"接受理论"，以斯坦利·费什为代表的"读者反应理论"等偏重于强调"读者"要素；俄国形式主义文论、布拉格语言学派文论、以洛特曼为代表的符号学文论、英美新批评派文论、耶鲁解构学派文论、以英伽登为代表的"现象学文论"等与"作品"要素密切相关；浪漫主义文论、克罗齐的"艺术即直觉"论、弗洛伊德的精神分析文论（从艺术家心理立论而言）、以乔治·普莱为代表的日内瓦学派文论（从描述作者意识中的世界立论而言）等主要关涉"作者"要素；而卢卡奇的现实主义文论、原型批评等则与"世界"要素密切相关。然而，由于上述理论在实际应用时都只考虑了理论坐标的不同向度，这就决定了每种理论都各有其不同的"视角偏向"，并以此"视角偏向"对文学或文学作品究竟是"关于什么"的问题做出不同的理论回应。比如，马克思主义视文学为社会力量的表述，新历史主义则认为文学是关于遏制颠覆力量的表述；新批评派认为文学是关于统一经验可能性的表述，新唯美主义则认为文学是关于文本具体性与独特性的表述；结构主义视文学与更广阔的结构之间存在密切联系，解构主义则认为文学是关于文本自我解构本质的表述；女权主义认为文学是关于性别关系不对称的表述，同性恋研究则认为其是关于异性恋根源的表述；精神分析视文学道出了心理冲动和本能冲突，后殖民主义则认为文学是关于帝国主义阻碍的表述。艾布拉姆斯指出，"在各种感觉敏锐的人看来，每一种都足以对一般的艺术进行令人满意的批评"。① 然而,一种理论在从某种"视角偏向"出发"进行令人满意的批评"(即产生新的"洞见")的同时,也必然会因对其他视角的忽视而存在局限性(即造成新的"遮蔽"与"盲视")。比如,形式主义和新批评派文论在"专注于孤立的文学作品以及对敏感性的精细培养"的同时,"却往往忽视了文学的比较宏观的和更具有结构意义的方面";② 接受理论和读者反应批评固然突出了读者在文学接受中的能动作用,但不适当地夸大读者对作品之形象、意义、价值、效果甚至历史地位的影响便可能带来相对论的危险;精神分析学文论在揭示作家"无意识"创作动机和许多过去文艺创作与接受中被忽视的重要心理特征时,却忽视了作家的理性因素和社会责任感;原型批评以其从整体上探寻文学类型之共性和演变规律的全景式视野在文论界独树一帜,但在纵谈文学结构模式时却有撇开文学之社会意义、意识形态和美学价值的嫌疑。

既然绝大多数文学理论都是对场外理论的征用,都存在着自身的阐释优势和难以克服的局限,那么,探讨场外理论的合法性就显得尤为关键。在同朱立元、周宪、王宁进行关于"场外理论的文学化"的通信中,张江教授明确提出了场外理论的"合法性"(即有效应用)问题:"文学的发展需要场外理论。……但是,要注意的是,正当的场外理论的应用,或者说有效应用,必须立足一个正确的前提,这就是场外理论的文学化。""所谓场外理论的文学化,包含这样几重意思:其一,理论的应用指向文学并归属于文学;其二,理论的成果落脚于文学并为文学服务;其三,理论的方式是文学的方式。"在张江教授看来,正是由于没有"指向文学并归属于文学",没有"落脚于文学并为文学服务",没有"以文学的方式存在",致使西方文论的许多"主义"和"派别"对其他学科理论征用的同时却滑入了对文学的"强制阐释"。由于它们"很难给文学及其理论的发展以更

---

① [美] M. H. 艾布拉姆斯:《镜与灯》,郦稚牛、张照进、童庆生译,北京大学出版社 2004 年版,第 26 页。
② [英] 特雷·伊格尔顿:《二十世纪西方文学理论》,伍晓明译,陕西师范大学出版社 1987 年版,第 100 页。

多的、积极的意义",因此"不能归化为场内的文学理论"。①张江教授提出场外理论"合法性"问题的深刻之处在于:他启发并引导我们更加深入地思考:在场外理论难以避免的今天,如何确保场外理论应用于文学场内的合理性与合法性?更为关键的是,这一反思和提问,有助于提醒我们的文学理论和文学阐释在应用场外理论时要采取更加谨慎、更加合理、更为有效的路径。

如果说张江教授以"强制阐释论"对西方文论特别是20世纪西方文学理论的主要病象进行了综合性诊断的话,那么,英国文学理论家特雷·伊格尔顿的"二次修正论"则是一个温和而有趣地对照与补充。伊格尔顿认为,20世纪"大部分文学理论都可以被认为是对于文学作品的某种二次修正。在对于'和谐'、'一致'、'深层结构'或者'根本意义'的执着追求中,这类理论为本文(即文学文本或作品——笔者注)补苴罅漏,弭平矛盾、调和分裂、消除冲突"②。事实上,无论是"强制阐释论"对西方文论的激烈批判,还是"二次修正论"对西方文论的温和调适,当今文学理论在模式、形态、观念、方法上的多样性已不可避免。各种样态的文学理论应当而且能够并存,都应在文学理论的园地中拥有一席之地。但同时必须明确:文学理论在向其他学科领域和文化形态保持开放的同时,不能强行征用、生搬硬套。毕竟,文学理论终究应是"为文学的文学理论"。这正是张江教授"强制阐释论"给予我们最深刻的启发。

---

① 张江:《场外理论的文学化问题》,《探索与争鸣》2015年第1期。
② [英]特雷·伊格尔顿:《二十世纪西方文学理论》,伍晓明译,陕西师范大学出版社1987年版,第198页。

文学阐释与对话精神

刘月新

张江先生在《强制阐释论》中以极大的理论勇气对当代西方文论强制阐释的弊端进行了清理与批判。他认为强制阐释是"背离文本话语,消解文学指征,以前在立场和模式,对文本和文学作符合论者主观意图和结论的阐释"[①]。其特征有四:场外征用、主观预设、非逻辑证明、混乱的认识路径。在他看来,当代西方文论除形式主义及新批评以外,其他重要流派和学说,基本都是以场外理论和方法来建构文学阐释的模式,直接侵害了文学理论和批评的本体意义。这一判断与实际情况不符。除了形式主义与新批评的阐释较为切合文学指征之外,当代西方文论还存在另外一条抑制强制阐释的理论线索。这一线索发端于胡塞尔的现象学,中间经过伽达默尔的本体论阐释学,一直到姚斯与伊瑟尔的接受美学,都克服了传统形而上学的主观独断论,摒弃了主客分裂的两极思维模式,推崇文学阐释的对话精神,坚持从阐释者、文本与作者的对话关系来探讨文学。

一

西方20世纪是一个推崇对话的时代。不少思想家认识到,过去的很多社会问题和文化问题,都是因为缺少对话的结果,因此,他们

---

* 本文原刊于《江汉论坛》2017年第9期。
** 作者单位:三峡大学文学与传媒学院。
① 张江:《强制阐释论》,《文学评论》2014年第6期。

文学阐释与对话精神

更加强调文化与文化之间，观点与观点之间，人和人之间的交流和对话，寻找彼此沟通和联系的契合点，达到多元之间的共生与互补。西方对话学说的兴起，也与"语言论转向"和现象学的兴起密切相关，许多理论家不约而同地关注语言和对话的关系，他们力图通过语言和"主体间性"的研究来建立自己的对话学说。这些理论家中，有马丁·布伯、胡塞尔、海德格尔、伽达默尔、哈贝马斯、保罗·利科尔、姚斯和伊瑟尔。其中伽达默尔的本体论阐释学、姚斯与伊瑟尔的接受美学最具有代表性，深刻揭示了文学阐释的对话精神。

伽达默尔的本体论阐释学推崇阐释者与文本之间的对话，将阐释者与文本之间的对话行为视为"我"与"你"的关系。他多次提及柏拉图的对话，将这种对话称为探讨真理的辩证法与"问答逻辑"。根据巴赫金的分析，柏拉图对话中的主谈者——苏格拉底是以探讨的态度进入对话过程的，"他把用对话方式寻求真理，与郑重的独白对立了起来，这种独白形式常常已掌握了现成的真理。对话方法又和一些人们天真的自信相对立，因为这些人觉得他们自己颇有知识，也就是掌握着某些真理。真理不是产生和存在于某个人的头脑里的，它是在共同寻求真理的人们之间诞生的，是在他们的对话交际过程中诞生的"①。假若对话者是为了真理而发问，他就要以平等的姿态进入对话过程，摆脱知识和主观意向的约束，诚恳倾听对方的声音。伽达默尔将柏拉图对话吸收到自己的本体论阐释学中，创建了独具一格的阐释学对话。他认为对话要排除主观立场的干预，接受"逻各斯"（对话逻辑）的引导，因为"在其真理中所出现的东西是逻各斯，这种逻各斯既不是我的又不是你的，它是这样远远超出谈话伙伴的意见，以致谈话的引导者自身也经常是无知的"②。真理不是凝固僵化的，而是在对话中渐次展开和生成的。独断论者认为真理掌握在自己手中，全然不顾对话的逻辑，从自己的主观预设和立场出发，将对象强

---

① ［苏联］巴赫金：《陀思妥耶夫斯基诗学问题》，白春仁、顾亚铃译，生活·读书·新知三联书店1988年版，第160页。
② ［德］伽达默尔：《真理与方法》上卷，洪汉鼎译，上海译文出版社1999年版，第472—473页。

行纳入自己预先设置的思维圈套，得出自以为正确的结论，这就违背了阐释的对话逻辑。

伽达默尔认为对话是平等地交流和互动，既不是使自己臣服于对方的标准，也不是让对方受制于自己的标准，而是通过对话来拓展双方的视阈。对话"总是意味着向一个更高的普遍性的提升，这种普遍性不仅克服了我们自己的个别性，而且也克服了那个他人的个别性。'视阈'这一概念表示了这一点，因为它表达了进行理解的人必须要有卓越的宽广视阈。获得一个视阈，这总是意味着，我们学会了超出近在咫尺的东西去观看，但这不是视而不见这种东西，而是为了在一个更大的整体中去按照一个更正确的尺度去更好地观看这种东西"①。每个人的视阈都是有限的，都要受到历史与现实、经验与文化的制约，但能通过与他人的对话来扩展和丰富自己的视阈。阐释者一旦拥有一个开阔的视阈，就能在一定程度上超越自己的前见与立场的约束，将对象置于一个更宽广的语境中看待，发现其新的价值和意义。

伽达默尔常常通过艺术作品的存在来分析阐释学对话，他用游戏、象征与节日这三个关键词来描述艺术作品的存在方式。他反对西方传统的主体论游戏观，认为游戏不是游戏者的自我表现，而是游戏的自我表现，"因为游戏具有一种独特的本质，它独立于那些从事游戏活动的人的意识。……游戏的主体不是游戏者，而游戏只是通过游戏者才得以表现"②。游戏不在游戏者的意识和行为中发生，而是将游戏者吸引进它的领域，按照游戏情境展开游戏。游戏是由游戏者和观赏者共同构成的整体，游戏者面对观赏者表现自己，观赏者也被卷入其中，被游戏的过程与内容所吸引，与游戏者一同游戏，甚至转变为游戏者。艺术与游戏具有相同的本质，艺术是为人而存在的，即使没有一个观赏的人实际存在于那里。这就意味着艺术作品的存在是由创作者与欣赏者共同构成的，是两者之间的交流和对话。从文学阐释

---

① ［德］伽达默尔：《真理与方法》上卷，洪汉鼎译，上海译文出版社1999年版，第391—392页。
② 同上书，第132页。

学的角度看,阐释者在领会作品的过程中,能够暂时排除自己的实在性,进入作品的艺术情境凝神观照,达到与作品的"同在"。在这种状态之下,阐释者通过"外在于自身的存在"来实现对自身存在的占有。

象征是伽达默尔分析艺术作品的另一个关键词。他反对黑格尔将艺术理解为"理念的感性显现",这种观念的错误在于将艺术看作是绝对理念的一种表现形式,艺术终将被哲学所取代。伽达默尔认为,艺术作品是一个独特的存在,其价值不可替代。"作品是作为作品向我们诉说,而不是作为传达信息的媒介向我们诉说。……艺术作品就其不可替代性来说,并非是一个单纯的意义承担者,如果这样,其意义也可以由其他的承担者来承担了。"[①] 象征并不单纯指向意义,而是意义的呈现,它本身就是意义。如果将象征当作信息传达的工具,就会将艺术作品"纳入理论理性的普遍意义的期望中去"。文学阐释不是榨取作品的意义,而是感受作品的存在,"与艺术感受相关的是要学会在艺术品上作一种特殊的逗留……我们参与在艺术品上的逗留越多,这个艺术品就越显得富于表情、多种多样、丰富多彩"[②]。如果文学阐释不能感受作品的丰富性,用一套抽象理论来抽取作品的思想意义,就会漠视作品的存在,导致强制阐释的发生。

基于以上分析,我们认为张江先生将伽达默尔的本体论解释学划归到"场外征用"之列,是不符合实际的。

二

伽达默尔开创的阐释学对话在姚斯与伊瑟尔的接受美学中得到了拓展。接受美学反对作者中心论与文本中心论,从读者与文本的对话关系来认识文学阐释的特点。姚斯与伊瑟尔虽然提高了读者在文学阐释中的地位,但是他们从来没有忽视文本对读者阐释的制约,而是立

[①] [德] 伽达默尔:《美的现实性》,张志扬译,生活·读书·新知三联书店1991年版,第53—54页。

[②] 同上书,第76页。

足艺术形式与审美经验来揭示文学阐释的特殊规律,力求避免前置立场对文本的强制阐释。

接受美学要解决的也是读者与文学文本的关系问题。姚斯重在考察不同时代的读者对文本的不同接受,在他看来,"一部文学作品,并不是一个自身独立、向每一时代的每一读者均提供同样的观点的客体。它不是一座纪念碑,形而上学地展示其超时代的本质。它更多地像一部管弦乐谱,在其演奏中不断获得读者新的反响,使本文从词的物质形态中解放出来,成为一种当代的存在"①。读者接受作品的历史就是其意义被不断丰富的历史,这既体现了不同时代读者期待视野的嬗变,又说明了作品在不同时代的命运。伊瑟尔从阅读现象学出发,认为文本的意义来源于读者和文本之间相互作用的审美效应,他认为:"文学作品具有两极。我们可以称之为艺术极和审美极。艺术极是作者写出来的文本,而审美极是读者对文本的实现。从这种两极化的观点看来,十分清楚,作品本身既不能等同于文本也不能等同于具体化,而必须是处于两者之间的某个地方。"②必须将文本与作品区分开来,文本是作者的语言构成物,而作品是渗透了读者审美经验的审美对象。姚斯和伊瑟尔都认为作者不能垄断对文本的解释权,文本不存在唯一正确的解释。这既是对读者阐释的宽容,也是对阐释霸权的颠覆。

刘小枫先生认为,重视读者在接受过程中的重要作用,并不是接受美学的主要意图。接受美学产生之前,布拉格学派的穆卡洛夫斯基和波兰的英伽登对读者接受问题已经非常重视。接受理论重视读者有更为深刻的意图,"在接受理论看来,艺术经验使人摆脱了具有控制关系的历史,使人的行为具有价值的独立自主性。在每一时代,都有一些社会意识压制人的艺术经验,古代的某些艺术禁令和现当代的各种宣传媒介,都在损害人的价值活动,但艺术经验对此总是一再反

---

① [德]姚斯:《接受美学与接受理论》,金元浦、周宁译,辽宁人民出版社1987年版,第26页。

② [德]伊瑟尔:《阅读行为》,金惠敏、张云鹏、张颖等译,湖南文艺出版社1987年版,第25页。

抗，它具有难以驯服、难以驾驭的性格。正是借助于艺术经验，人才得以坚持自己对世界的解释"[①]。接受美学既强调读者接受的主动性，又重视艺术经验对读者感觉与意识的塑造。

接受美学注重文学社会效果的分析和考察，尤其是要研究一个时代的文学对读者所发挥的特殊影响。姚斯说："如果人们回顾一下历史，文学作品打破了占统治地位的道德的禁忌，或者在生活实践中针对道德质疑给读者提供新的结论，并逐渐为这个包括所有读者的社会舆论所认可，那么，文学史家面前就展示了一个至今很少有人问津的研究领域。"[②] 这个领域就是研究文学如何同其他社会力量一起，将读者从意识形态束缚中解放出来，跨越文学与历史之间的鸿沟，而这是通过艺术形式和审美经验来体现的。姚斯将什克洛夫斯基的"陌生化"概念转化为"审美距离"，他认为："假如人们把既定期待视野与新作品出现之间的不一致描绘成审美距离，那么新作品的接受就可以通过对熟悉经验的否定或通过把新经验提高到意识层次，造成'视野的变化'……"[③] 读者的期待视野常常具有保守性，习惯与自己熟识的文学经验认同。而文学作品以"陌生化"的艺术形式打破读者的期待视野，向读者的阅读经验发起挑战，让读者摆脱感觉模式与思维圈套的束缚，从新的角度看待事物。"审美经验总是以意想不到的形式在每一个敌视艺术的阶段出现，并通过智胜禁令，重新解释教规或发明新的表达手段来实现。审美经验的这种根本顽强性也在它经常要求的自由中展现自身。"[④] 文学阐释的任务就在于揭示不同时代的文学创作与文学接受如何打破各种禁令，让人在审美愉悦中获得感性与理性的双重解放，达到内心的自由。

伊瑟尔也紧扣阅读经验来分析文本对读者的影响。他认为，文学

---

① 刘小枫：《接受美学译文集·编者前言》，生活·读书·新知三联书店1988年版，第5页。

② ［德］姚斯：《接受美学与接受理论》，金元浦、周宁译，辽宁人民出版社1987年版，第55页。

③ 同上书，第31页。

④ ［德］姚斯：《审美经验论·作者原序》，朱立元译，作家出版社1992年版，第20页。

阅读是读者对本文的一种期待，好的文学本文在唤起读者期待的同时更应否定它，而不是去满足它。文本是一个"否定性"结构，没有"否定性"，读者和文本就没有真正的艺术交流，就不能获得新鲜的阅读经验。他指出："读者发现文本的意义，以否定来作为他的出发点；他通过一部至少是部分不同于他自己所习惯的世界的小说而发现一个新的现实；他在流行的规范和他自己受约束的行为中发现了内在固有的缺陷……"① 文学阅读是读者与文本交流的过程，读者在发现文本意义的同时，从文本的"否定性"中获得新的阅读经验，对自己的内在缺陷进行反思，逃离固有经验的束缚。读者在阅读经验的影响下，逐渐被作者的思想所占据，引发了自我经验的分离。"在思考作者思想的时候，他暂时放弃了自己的意向，因为他关心的是没有为他自己的经验领域所涵盖以及不能从此产生的某种东西。因此，当读者把不属于他的某种东西带进他自己的透视角度时，便产生了一种人为的分离。当然，这不是说，他个人的意向就完全消失了。"② 阅读是读者经验和文本经验的碰撞、对话和融合。在阅读之初，文本力量更为强大，它力图占据读者意识的前景，但读者经验不会自行消失，而是作为一种背景过滤来自文本的经验，生成新的经验与透视角度。这表明，文本意义的生成与读者自我的构成是一体两面，读者在阐释文本的同时也在认识自我和重塑自我。

正如卡勒所说："由于文学提供了越出我们理解习惯的语序和词语组合，使语言出现脱节，从而断断续续地再现了我们周围世界的符号，文学便对我们这个理解手段和体系所设定的极限发出挑战，就会使我们同意对于自我的新理解。……要全面实现这一点，就需要对于让我们了解自身文化背景的阐释模式具有一定程度的自觉性。"③ 文学阐释的目的不仅是为了促进人与人、文化与文化之间的理解与交流，而且是为了对现有阐释模式的局限性进行反思和批判，更新人们

---

① 参见朱立元主编《现代西方美学史》，上海文艺出版社1993年版，第921页。
② [德] 伊瑟尔：《阅读行为》，金惠敏、张云鹏、张颖等译，湖南文艺出版社1987年版，第200页。
③ [美] 卡勒：《结构主义诗学》，盛宁译，中国社会科学出版社1991年版，第195页。

认知世界的眼光。

三

　　伽达默尔、姚斯与伊瑟尔的文学阐释理论是在胡塞尔现象学的影响下形成的。胡塞尔对西方近代主体性哲学主客分裂的对象性思维进行了尖锐批判，他认为，主体性哲学割裂了人与世界的原始关联，导致了人与世界的抽象化和逻辑化，人与世界的关系不是纯粹的认识关系，而是彼此规定的存在关系。海德格尔在《存在与时间》中确立了人的"共在"理论，认为此在（人）是在世界中的存在，每个人都以他人的存在和世界的存在为前提。胡塞尔与海德格尔的意图是要将人从孤立的主体困境中拯救出来，使人返回活生生的生活世界，回归存在的本源。

　　胡塞尔提出的"回到事情本身"就是为了回到"生活世界"。所谓生活世界就是具有本源性的、非对象化的世界。倪梁康先生将它的特点概括为四个方面：非课题性、奠基性、主观性和直观性。非课题性是指人对世界的意识还处于混沌模糊的原始状态，一旦对它采取理论思维的态度，这个世界就变成课题性的世界，就成为与人分裂的对象化世界。奠基性是指生活世界具有本源性地位，是科学、哲学等专门化世界的基础。主观性是指生活世界是由无数人的主观意志作用所构成的世界，是一个有意义的世界。直观性是指生活世界中的一切事物都是具体感性的，是感官可以触及的。生活世界是一个具有本源性、混沌性、整体性和直观性的意义世界，回到生活世界就是回到人与世界的本源关系。与"回到事情本身"相呼应，胡塞尔提出了现象学的方法论，这就是"现象学悬搁"。它首先意味着人对世界的态度的转变，即从自然态度转变为现象学态度，其次是要舍弃原有的对世界的理解和认识，再次是将世界是否存在的问题置入括号，存而不论，最后是从归纳法与演绎法转向为现象学的本质直观，在直观中把握对象的本质和意义。伽达默尔说，现象学"所产生的作用如同一种纯化过程，一种返璞归真，让人们摆脱到处流传的晦涩的意见、流行的口号和战斗的口号"①。现象学的精神实质是要让人从各种没有根据的偏见中摆脱出来，改变看待世界的方式，与世界建立一种朴素的关联。现象学虽然是一种哲学方法，但能够被很好地运用到美学研究和文学阐释领域。胡塞尔就这样说："现象学的直观与纯粹的艺术中的美学直观是相近的；当然这种直观不是为了美学的享受，而是为了进一步的研究、进一步的认识，为了科学地确立一个新的哲学领域。"② 事实上，现象学不仅开辟了一个全新的美学研究领域，而且还直接运用于艺术欣赏和文学阐释。因为文学阐释首先是一种审美直观活动，阐释者既不能运用抽象的逻辑演绎，也不能采用简单的经验归纳，只能通过审美直观来领会和阐释文学作品的意义。杜夫海纳说："批评家可以把现象学的口号接过来。'回到事物去'就是说：'回到作品去'，去做什么，去描述它，去说明它是什么。"③ 文学批评不是抽象地阐释作品，而是具体地描述和说明作品。批评家要将自己的先入之见进行"现象学悬搁"，避免前置立场对艺术经验的干预，让作品的固有性质向自己显现。

伽达默尔承认胡塞尔"现象学悬搁"的合理性，但他认为阐释者对自己前见的"悬搁"不能在孤立的个人意识中进行，只能在阐释者与文本的对话之中进行。他说："当某个前见不断地不受注意地起作用时，要使人们意识到它可以说是不可能的；只有当它如所说的那样被刺激时才可能使人们意识到它。"④ "任何人在试图理解时都将面临那种并不是由事情本身而来的前见解的干扰。理解的恒久任务在于努力作出适当的、客观地确定的筹划，那就是作出无把握的预期，这些预期只应该'由事情本身'加以确证。"⑤ 所谓"无把握的预期"是指要避免结论先行，不能以前置结论曲解文本。阐释者总会带着一

---

① 参见严平编选《伽达默尔集》，邓安庆等译，上海远东出版社2002年版，第336页。

② 参见倪梁康编选《胡塞尔选集》，上海三联书店1997年版，第75页。

③ [法]杜夫海纳：《美学与哲学》，孙非译，中国社会科学出版社1985年版，第157页。

④ [德]伽达默尔：《真理与方法》上卷，洪汉鼎译，上海译文出版社1999年版，第383—384页。

⑤ 参见严平编选《伽达默尔集》，邓安庆等译，上海远东出版社2002年版，第42页。

定的前见进入文本，这是由阐释者所处的境遇决定的，但阐释者必须从文本自身出发，"由事情本身"加以确证，以保证阐释的有效性与合理性。姚斯十分重视对读者期待视野与文本之间"审美距离"的研究，他认为读者的期待视野不会自行发生变化，而是在读者与文本的对话之中悄然变化的。读者只有在阅读中才能将自己的内在世界暴露在文本面前，发现期待视野的局限性。伊瑟尔重视对文学阅读过程的现象学描述，认为文学阅读既是读者对文本意义的发现，也是读者对自我经验的重构。读者必须深入文本之中，根据文本视野的变化不断调整自己的视角，更新自己的经验。伽达默尔、姚斯与伊瑟尔的观点说明，文学阐释中的"现象学悬搁"不是瞬间的态度转变，而是在阐释者与文本打交道的过程之中逐渐实现的。

现象学的"回到事情本身"与"现象学悬搁"还促成了一种新的文本观的产生。"回到事情本身"就是要回到文本本身，要实现这一目的，阐释者不仅要排除遮蔽文本的先入之见，还要排除传统的文学观念。作者中心论的文学观念认为，文学文本是作家思想情感的表现，必须联系作者的创作意图来理解文本的意义。读者中心论的文学观念认为，文学文本是指向读者的，必须联系读者的主观反应来理解文本的意义。文本中心论的文学观念认为，文本的意义既与作者的创作意图无关，也与读者的主观反应无关，只与文本自身有关，应该从文本的语言和结构理解其意义。现象学文论排除了这三种文学观念，建立了封闭性与开放性相统一的文本观。所谓封闭性，是指相对于作者的创作意图与读者的主观反应而言，文本具有独立性，应该将作者的意图"悬搁"起来，仅仅关注文本的意图。作者的意图在创作过程中虽然发挥了重要作用，但文本一旦完成就独立于作者的意图而存在，文学阐释应该立足于文本自身，而不能以文本之外的作者意图为依据。同样的道理，文学阐释也不能以读者的主观反应为依据，将文本的意义稀释为读者的感觉和印象，忽视文本的客观存在。所谓开放性，是指文本的意义不是凝固不变的，并非只有唯一正确的解释，文本的意义在阐释中不断被丰富和补充。

回到张江先生的观点来看，为了避免强制阐释，他提出了本体阐释的方法。本体阐释以文本的自在性为出发点和落脚点，可以分为三个层次。第一个层次是核心阐释,是对文本自身的确切含义进行阐释;第二个层次是本源阐释,是对文本产生的背景、过程与话语机制进行阐释;第三个层次是效应阐释,是对文本传播过程中的社会效应与读者的反应进行阐释。三个阐释层次都应该以文本为中心,以确证文本的自在含义。本体阐释的关键是文本"自在性",包括文本的原生话语与作者通过话语传递给读者的全部信息。张江先生在《"意图"在不在场》等论文中反复申明要以作者意图为标准设定阐释的边界,可见本体阐释是要回到文本与作者意图,以此抑制强制阐释对文本和作者意图的遮蔽与扭曲,这一观点有一定道理。但这里面临三个问题,第一,作者意图在文学创作过程中的确很重要,但这种意图有可能外化在文本之中,表现为文本意图,也有可能在外化的过程之中发生偏离,因此,阐释者只能以文本意图为依据进行阐释,作者意图只能是证明文本意图的间接依据;第二,文学文本语言的意义常常具有丰富性与多样性,其能指并不一定指向一个固定的所指,会引发阐释者的多重联想与想象,进而导致不同的阐释;第三,文学阐释是阐释者与文本之间的双向建构活动,不是阐释者单向度地解读文本的活动,不能以回到文本与作者意图为文学阐释的唯一目的。文本话语的"自在性"诚然是客观存在的,但阐释者与文本对话所生成的审美对象则是客观与主观的统一。阐释者与文本的关系不是主体与客体的认识关系,而是彼此渗透的存在关系,文本必须有阐释者的参与才能转化为现实的审美对象。因此,文学阐释的出发点与落脚点不是文本的"自在性",而是阐释者与文本相互参与所形成的审美对象。这一对象必然会超越作者的经验与意图,渗透了阐释者对文本独特的感受与理解。从这一角度看,脱离阐释者与文本对话的具体语境抽象地谈论文本的"自在性"没有实际意义,文学阐释中的问题都应该置于这一对话关系中来探讨。

"强制阐释论"的独创性与矛盾困境*

付建舟**

一 "强制阐释论"的独创性

张江教授根据强制阐释普遍存在的现象,提出"强制阐释"这一概念,以此区别于"过度阐释",这在当下文论语境中可谓空谷足音,具有学术独创性。这种独创性把当代西方文论以及当代中国文学批评"强制阐释"的严重弊端暴露无遗,其学术深度堪与"过度阐释"媲美,而其学术视野远远超出"过度阐释",从而体现了应有的反思力度。

所谓"强制阐释",是指"背离文本话语,消解文学指征,以前在立场和模式,对文本和文学作符合论者主观意图和结论的阐释。"①其基本特征有四:第一,场外征用;第二,主观预设;第三,非逻辑证明;第四,混乱的认识路径。"强制阐释"概念具有独创性,它被赋予不同于"过度阐释"的新内涵。这是《强制阐释论》及其他相关论文最突出的学术贡献。强制阐释的"场外征用"现象普遍存在,并早就为西方学者所关注。加拿大学者诺思洛普·弗莱曾经指出,无论是马克思主义、托马斯主义、自由人文主义,还是弗洛伊德学派、荣格学派,或是存在主义,都是以文学之外的概念框架来谈论文学

---

* 本文原刊于《江汉论坛》2017年第7期。
** 作者单位:浙江师范大学人文学院。
① 张江:《强制阐释论》,《文学评论》2014年第6期。

的。美国学者乔纳森·卡勒也认为:"那些常常被看作是'理论'的东西,就'学科'而言,其实极少是文学理论,例如它们不探讨文学作品的区别性特征及其方法论原则。诸如弗里德里克·尼采、西格蒙德·弗洛伊德、佛迪南·索绪尔、克劳德·列维-斯特劳斯、雅克·德里达、雅克·拉康、米歇尔·福柯、路易斯·阿尔图塞、朱迪丝·巴特勒以及很多其他理论家的理论著作都根本不是在研究文学,最多不过是稍微牵涉到一点文学而已。"① 但他们没有提出"强制阐释"理论,张教授提出这一理论具有划时代的意义。有论者认为"强制阐释论"的提出是2014年中国文艺理论界的一个标志性事件,是以地道的中国话语对20世纪一切流行理论的犀利解构,是以中国自己的声音,以很大的勇气对20世纪西方文论总体上落入"强制阐释"窠臼的大力批判,给"理论死了"这个在西方也在中国文学批评界业已流传有年的低迷口号,以高屋建瓴的哲学和理论总结。②"强制阐释论"不是提倡"强制阐释",而是反对"强制阐释",实质上是"反强制阐释论",是不同于"过度阐释"的一种理论建构。这一点为不少学者所忽视。白烨《"强制阐释论"在文论界引起热议》说:"法国学者让尼夫·盖兰指出:张江教授对'强制阐释'提出的批评,恰当而深刻。的确,强制、滥用和野蛮的阐释,即所谓过度阐释,以前有过,如今也依然存在。"③ 瑞士洛桑大学教授阿纳斯塔西娅·德·里亚·福尔特认为:"任何一个阐释都必须放在一个历史语境中,否则过度阐释就是不可避免的。在西方文论中,过度阐释的现象很早就有。"还指出:"可以用新的标准来阐释旧的文本,在文本里面发现一些秘密的内涵,但是不能完全脱离文本,在这方面我同意张江教授的观点。"④ 很显然,他们没有发现张江教授对"强制阐释"与"过度阐释"的区分及其意图。

意大利学者艾柯建立了"过度诠释"理论,其核心是围绕"作

---

① 参见陆扬《评强制阐释论》,《文艺理论研究》2015年第5期。
② 同上。
③ 白烨:《"强制阐释论"在文论界引起热议》,《光明日报》2016年4月11日。
④ 参见张江等《关于"强制阐释论"的对话》,《南方文坛》2016年第1期。

品意图",而非"作者意图",也非"读者意图"。他试图在"作品意图"与"读者意图"之间保持某种辩证的关系。在艾柯看来,"本文的意图只是读者站在自己的位置上推测出来的。读者的积极作用主要就在于对本文的意图进行推测",而能够推测出"本文的意图"的,是隐含在本文中的"标准读者",而不是"经验读者"。艾柯认为,本文被创造出来的目的是产生其"标准读者","既然本文的意图主要是产生一个标准读者以对其自身进行推测,那么标准读者的积极作用就在于能够勾勒出一个标准的作者,此标准作者并非经验作者,它最终与本文的意图相吻合"①。艾柯并没有对"过度诠释"做出明确的定义,不过我们可以从其论述中推测,其"过度诠释"可能是指超越"标准读者"对本文意图推测范围的诠释。张江教授的文本阐释论与艾柯的"作品意图"理论存在相同之处,即都突出文本或文本意图,并进行"合法阐释"。张教授自言"强制阐释"与"过度阐释"都承认批评的有限性,不认同读者天马行空"阅读"文本的权力;都认为强制阐释和过度阐释的结果超越了文本,对文本作了在作者看来是多余的阐释;都认为作者——在艾柯那里是"经验作者"——有权力判断哪些是"合法阐释",其余阐释应排除于合法阐释之外。②二者都对"解构主义者"的"无限衍义"式的文本批评持否定态度。卡勒认为:"诠释只有走向极端才有趣。四平八稳、不温不火的诠释表达的只是一种共识;尽管这种诠释在某些情况下也自有其价值,然而它却像白开水一样淡乎寡味。"③卡勒的观点,在张氏看来,违背作品与作者的意愿;在艾柯看来,超越"标准读者"对文本意图推测的限度,是不可接受的。然而,二者存在更大的不同之处,即前者既突出文本或文本意图,又突出作者或作者意图,而后者突出文本意图或忽略作者意图。张教授认为,对一个文本展开批评的首要一点是

---

① 参见[意]艾柯等《诠释与过度诠释》,王宇根译,生活·读书·新知三联书店1997年版,第77—78页。

② 张江:《关于"强制阐释"的概念解说——致朱立元、王宁、周宪先生》,《文艺研究》2015年第1期。

③ 参见[意]艾柯等《诠释与过度诠释》,王宇根译,生活·读书·新知三联书店1997年版,第135页。

对文本存在的本体认识,"这包含以下三个方面:其一,文本实际包含了什么,意即文本的客观存有;其二,作者意欲表达什么,其表达是否与文本的呈现一致;其三,文本的实际效应是什么,读者的理解和反映是否与作品表现及作者意图一致。这是正确认识、评价文本的最基本准则。"张教授的"强制阐释论"与艾柯的"过度诠释"理论存在根本差别,他声称:"尽管有诸多相似之处,但我还是要强调,强制阐释不是过度阐释,前者可以包括后者,后者无法代替前者。最根本的区别是,强制阐释的方式不仅体现在结果上,而且体现在动机和路线上。阐释的动机和路线,决定了强制阐释的基本特征和结果。"① 他反复指出:"不能从一个文本的阐释结果去区别过度与强制,要从阐释的路线去区别过度与强制。过度阐释的出发点是从文本出发的,在文本中找到阐释的各个关节点,抓住这些关节点,做了超出文本本身内容的和作者本身意图的阐释。而强制阐释是,从我自己的理论出发,从我的政治意图出发,然后对文本做文本基本没有、或者说从来就没有的意图的强制阐释,其目的不是要阐释这个文本,而是要证明我自己的理论立场,从阐释路线说,这个路线是非常清楚的。"② 由此可见,"过度阐释"立足于文本,而"强制阐释"则立足于阐释者所倚重的理论或政治意图;"过度阐释"是似有非有,而"强制阐释"则是无中生有;"过度阐释"意在阐释文本,而"强制阐释"意在通过文学文本证明论者的理论。这一理论建构是中西学者均忽视的问题,是与"过度阐释"理论比翼双飞的新建构。

二 "场外"与"场内"的矛盾困境

四平八稳的理论往往缺乏应有的深度,而深刻的理论又往往失于片面。张江教授的"强制阐释论"也是如此,它存在严重偏向,这种偏向造成其理论建构的矛盾困境。

---

① 张江:《关于"强制阐释"的概念解说——致朱立元、王宁、周宪先生》,《文艺研究》2015年第1期。
② 参见张江等《关于"强制阐释论"的对话》,《南方文坛》2016年第1期。

"强制阐释论"的独创性与矛盾困境

在张江教授看来,"场外征用"是指"广泛征用文学领域之外的其他学科理论,将之强制移植文论场内,抹煞文学理论及批评的本体特征,导引文论偏离文学"。这一理论概括引起广泛的学术共鸣。"场外征用"由来已久。朱立元教授指出,20世纪60年代,起始于文学批评的英国伯明翰学派大力提倡文化研究,其文化研究没有局限于文学批评,而是把文化的社会评价功能开始从文学转向了日常生活,特别是转向了通俗文化或"人民"文化研究,开启了文化研究拓展疆域、贴近现实生活的进路。其后,伯明翰学派逐渐脱离了文学批评的领地,引领文化研究"把注意点集中在文化语境中的民族、种族、性别、阶级等意识形态及其相互作用上",并逐渐与后文化研究和后现代主义不断交汇、合流,研究领地迅速扩张到政治学、哲学、历史学、社会学、美学等绝大多数人文社会科学领域,而专门的文学研究和批评却日益走向萎缩和衰退。"正是在这种过度泛滥的文化研究思潮的强制冲击下,文学研究和批评本身日益远离文学和文本,逐渐消融、消失在包罗万象的文化研究中,沦为其招之即来、挥之即去的奴仆。文化研究的多学科、跨学科阐释模式强制性地支配和逐步取代了文学批评以审美为主干的传统阐释模式。这里,文化研究显然充当了对文学研究、文学批评进行强制阐释的专制主角。文化研究主宰文学研究的这种强制阐释的风行,正是当代西方文论危机的征兆之一,昭示着文学研究有可能走向自我衰解的现实危险。"[①] 这种警示并非危言耸听,当今国内国际的文学研究现状清楚地表明了这一点。面对"狼来了",文学研究如何面对?这是摆在文学研究者面前的一大难题。"强制阐释论"做出了回应,但它在"破"与"立"中更多地立足"破","破坏性"有余,而"建设性"不足。如何发掘所谓的"场内"理论?如何正确对待"场外"理论?如何使"场外"理论为"场内"所用?这一系列问题让文学研究者十分棘手。

诚然,有些理论的"场外征用"存在严重弊端,但另一些理论的"场外征用"也存在其合理性。卡勒认为:"理论是一种判断",各种

---

① 朱立元:《关于"强制阐释"的几点补充意见:答张江先生》,《文艺研究》2015年第1期。

第一编 场外征用

富有创见的思想判断可被其他学科所合理采用,"那些名目繁多的思想判断之所以成为文学的理论,是因为它们提出的观点或论证对那些并不从事该学科研究的人具有启发作用,或者说让它们从中获益"①。因此,这样的"场外征用"就存在极大的合理性。印度德里贾米尔大学拉什米·多拉伊丝瓦米教授坚持认为,"场外"理论进入文学阐释使文学获得了很多东西,"艾亨巴乌姆对果戈理的《外套》的阐释,什克洛夫斯基对《项狄传》的阐释,巴赫金对陀思妥耶夫斯基和拉伯雷的阐释,巴特、德里达和福柯对爱伦坡的阐释,列维·斯特劳斯和德里达对神话的阐释……这个阐释和被阐释对象的名单还可以列得很长,它们对文学而言都是富有成效的。一系列的理论都是相互连接的,一些理论会引起其他理论的共鸣和发展,比如种族理论、女权主义、性别研究、媒介研究、怪异行为研究、环境研究等等,这些新理论也会促进马克思主义文学理论的发展,法兰克福学派、本雅明、葛兰西、阿尔都塞、马舍雷等对于马克思主义文艺学派的发展发挥了很大作用"。他小结说:"有不同学科的理论加入文学理论,把文学理论丰富起来,无论这有什么负面效应,还是会对文学提供很大帮助。在我看来,在20世纪的文学理论中,各种场外理论在各个国家四处旅行,起到了丰富文学和文学研究的作用。"②笔者不厌其烦引用一大段,意在强调"场外征用"只是当代西方文论的一个基本特点,但不一定是根本缺陷,相反甚至是优长。不仅如此,"场外征用"情况在西方有的国家越来越强烈。莫斯科法兰西学院院长艾伦·梅拉认为,目前法国文艺学有一种趋势,就是文论方面的交叉研究,"文论可以跟人类学、民族学、社会学、历史学相互结合,甚至还可以有文学和地理学、文学和视觉艺术、文学和电影的混合。总之,法国文艺学在试图谋求一种综合,把各种不同的方法融合在一起。像结构主义,就把文学、历史、社会学、语言学的方法都糅合在一起,这些不同的方法是互相影响、互相结合的。可以说,现在的文艺学正处于一

---

① [美]乔纳森·卡勒:《文学理论》,李平译,辽宁教育出版社1998年版,第4页。
② 参见张江等《关于"强制阐释论"的对话》,《南方文坛》2016年第1期。

个多元、综合和融合的时代"①。学科交叉是文学自身的复杂性所决定的，与此相伴随的是跨学科研究，文学的跨学科研究有其合理性，不能因为有的理论的"场外征用"存在严重缺陷而作出整体性否认。

文学的"纯"主要是指文学的叙事缘情等的审美性而言的，"杂"主要是指文学突破叙事缘情等审美性而涉及其他更加广泛的内容，如政治、宗教、历史、社会等。张江教授《强制阐释论》一文的"内容提要"指出："强制阐释是当代西方文论的基本特征和根本缺陷之一。各种生发于文学场外的理论或科学原理纷纷被调入文学阐释话语中，或以前置的立场裁定文本意义和价值，或以非逻辑论证和反序认识的方式强行阐释经典文本，或以词语贴附和硬性镶嵌的方式重构文本，它们从根本上抹煞了文学理论及批评的本体特征，导引文论偏离了文学。"这种批判很有见地，体现了论者突出"文学"自身的理论及其批评的学术立场。然而，文学场自身的理论十分有限，张教授在该文中也认识到，"从20世纪初开始，除了形式主义及新批评理论以外，其他重要流派和学说，基本上都是借助于其他学科的理论和方法构建自己的体系，许多概念、范畴，甚至基本认知模式，都是从场外'拿来'的。这些理论本无任何文学指涉，也无任何文学意义，却被用作文学理论与批评的基本范式和方法，直接侵袭了文学理论与批评的本体意义，改变了当代文论的基本走向"。换言之，不改变当代文论的基本走向的"场内理论"没有发挥重要作用。在张教授看来，20世纪初以来的所谓"场内理论"仅仅只有"形式主义及新批评理论"，少得可怜。相对于"场外理论"，"场内理论"是如此贫乏。如果排除"场外理论"，当代文论一定也是十分贫乏。"场外理论"对当代文论的贡献不能低估，如马克思主义对马列文论的巨大贡献、社会学理论对文学社会学批评的贡献等。

文学的内涵与外延从来就不是固定的，而是变化的。它既是当下的，又是历史的。对内容如此丰富多彩的文学作品进行阐释，是"场内理论"难以胜任的，必须借助于"场外理论"中的相关理论。张教授也认识到："特别是近些年来，当代国际政治、经济、文化发生

---

① 参见张江等《关于"强制阐释论"的对话》，《南方文坛》2016年第1期。

深刻变革，一些全球性问题日趋尖锐，当代文论对其他前沿学科理论的依赖愈深愈重，模仿、移植、挪用，成为当代文论生成发展的基本动力。"既然如此，坚守"场内理论"有何益？吸收一些有价值的"场外理论"又何妨？文学研究越来越走向交叉研究，借助于"场外理论"是必然的，也是不可避免的。关键是既不能使"场外征用"泛滥成灾，又要充分肯定合理使用的合法性。

三 "发现意义"与"赋予意义"的矛盾困境

张教授的"强制阐释论"是基于文本的文学阐释学。为了更好地说明问题，他提出"本体阐释"概念，认为"本体阐释"是以文本为核心的文学阐释，是让文学理论回归文学的阐释。它以文本的自在性为依据，遵循正确的认识路线，从文本出发而不是从理论出发。它拒绝前置立场和结论，拒绝无约束推衍。它有核心阐释、本源阐释和效应阐释三个层次，有原生话语、次生话语、衍生话语三重话语。多文本阐释的积累，可以抽象为理论，上升为规律。① 这种阐释学体现了论者的文学本位观，体现了文学阐释的纯正立场。其核心是尊重文学文本，尊重作者，是根据文本受动地去"发现意义"，而不是根据臆测能动地去"赋予意义"。

文本阐释学有各种不同的观点。一种观点认为，"解释学是以一种信息的方式使解释者获得本来的意义。这种解释学依赖于信心，依赖于想听的愿望，它的特点是认为符号揭示了某种秘密"；另一种观点认为，"解释学则被看成是以一种伪装的方式把非神秘化的意义传递给解释者。这种解释学依赖于猜测，依赖于对所给予东西的怀疑，它的特点是怀疑符号掩盖了事物的真相"②。这两种观点都试图在文本中"发现意义"。与发现意义不同，还有一种观点是"赋予意义"。卡

---

① 毛莉：《由"强制阐释"到"本体阐释"》，《中国社会科学报》2014年6月16日第A04版。

② ［法］利科尔：《解释学与人文科学》，陶远华、袁耀东、冯俊等译，河北人民出版社1987年版，第7页。

勒不排斥"发现意义",更提倡"赋予意义"。他在《为"过度阐释"一辩》中指出:"我认为不应该将文学作品的诠释视为文学研究的最高目的,更不能视其为唯一的目的;如果批评家们执意如此,那也应该尽量多思考一些问题,应将其思维的触角伸向尽可能远的地方。尽管像温和的诠释一样,许多'极端'的诠释无疑在历史上不会留下什么痕迹——因为它们会被断定为没有说服力、多余、不相干或枯燥乏味——然而,如果它们果真非常极端的话,对我来说,它们就更有可能揭示出那些温和而稳健的诠释所无法注意到或无法揭示出来的意义内涵。"① 这种追新求异的学术旨趣尽管偏执,却有很大的吸引力和广阔的学术前景,也是"强制阐释论"所批判的文学阐释主张。张江教授坚决反对"强制阐释",反对"过度阐释",主张"合法阐释"。

张江教授通过美国杜克大学教授、著名的西方马克思主义学者杰姆逊用格雷马斯的符号矩阵对中国传统小说《聊斋志异》中的一个故事《鸲鹆》所进行的文学符号学分析,批判"强制阐释",批判"过度阐释"。杰姆逊认为,故事《鸲鹆》的四个基本要素是:人(鸟主人,文中称"其人")、反人(买鸟者,文中称"王")、非人(八哥)、"人道"。经过分析得出的判断是:"这个故事探讨的问题似乎是究竟怎样才是文明化的人,是关于文明的过程的。这个过程中包含有权力、统治和金钱,而这个故事探讨的是应该怎样对待这些东西。一方是人的、人道的生活,另一方面是独裁统治和权势,怎样解决这之间的冲突呢?八哥无疑是故事提出的解决方法。"② 这一判断显然与故事的本意南辕北辙。张教授认为,杰姆逊的分析存在三个明显的缺陷,第一,其结论不是一个文学的结论,而是一个伦理学甚至哲学的结论,且其分析不是文学符号学探讨文学自足形式的本意。第二,其方法是用先验的恒定模式套用具体文本,并生硬地造出那个本不存在的"人道"要素,得出离奇的结论。第三,这一矩阵分析抽

---

① 参见[意]艾柯等《诠释与过度诠释》,王宇根译,生活·读书·新知三联书店1997年版,第135页。
② 参见张江《当代西方文论若干问题辨识——兼及中国文论重建》,《中国社会科学》2014年第5期。

象而生涩，既无审美又无鉴赏，完全失去批评的意义。张教授认为第三点尤为重要，因为"文学作品表达的理念无论如何深奥，必须是生动而可感的，否则，将失去文学的特质……从而必将被其他思想表达形式所取代"。他用"五个狎"对该故事作了十分精彩的文学阐释，最后指出："按照中国传统习俗，旧时玩鸟且可出游者，大抵为市井流氓。文本中鸟与王的关系只是骗与被骗的关系。故事就是写王的愚蠢、鸟的下作。这里没有文明的意思，也没有人道的意思，更没有解决人道与独裁统治及权势冲突的意思。"通过这一个案，张教授对"强制阐释"展开了有的放矢的批评，同时为自己合理化的文学批评树立了一个样板。然而，看上去，张教授对杰姆逊关于《鸲鹆》符号矩阵分析的批判很有道理，其实并不尽然。杰姆逊之误在于，在分析《鸲鹆》的符号矩阵的四因子时，"人道"因子有误，若把这一因子改为"狎"，问题就迎刃而解。那么，杰姆逊与张江教授各自对《鸲鹆》的解释就可能殊途同归。如果是这样，那么杰姆逊关于《鸲鹆》的符号矩阵分析就存在很大的合理性。

张江教授对"赋予意义"而不是"发现意义"给予严厉批判，认为这种"强制阐释"往往是主观预设。"主观预设是强制阐释的核心因素和方法。它是指批评者的主观意向在前，预定明确立场，强制裁定文本的意义和价值。主观预设的批评，是从现成理论出发的批评，前定模式，前定结论，文本以至文学的实践沦为证明理论的材料，批评变成对文本和文学作符合理论目的的注脚。"其要害有三，前置立场、前置模式、前置结论。他以肖瓦尔特对《哈姆雷特》的女性主义批评为例，指出，肖瓦尔特的解读"一反历史和作品的本意，推翻以主人公哈姆雷特为中心的批评立场，提出要以奥菲利亚——莎士比亚剧中的一个配角，重新布局"。这种批评改变了以往的批评标准，以女性主义的既定立场重新评价作品，重新评价人物，重新设置剧目的主题，以配角奥菲利亚的故事替代主角哈姆雷特的故事，使被忽视、被曲解的角色奥菲利亚作为女性主义的代表站到前台，集中表达对男性父权制的反抗。张教授追问："这种预设的立场与结论是莎士比亚的本意吗？或者说他写哈姆雷特的目的中，含有蔑视女性的动机及意图吗？女性主义者把自己的立场强加给莎士比亚，是不是合理和正当的阐释?"这种批判并非没有道理,但问题是,文学的文本阐释不仅可以"发现意义",也可以"赋予意义"。在解构主义者看来,"赋予意义"比"发现意义"更重要,更能够另辟蹊径,取得创新。卡勒主张阐释学可以走极端,极端到可以"强制"赋予文本所并未蕴含的意义,只有这样才有创新的可能,否则难逃前辈的阐释窠臼。在卡勒看来,迄今为止,所有传统上被视为"经典"的文学作品都已经被研究透了;要想在此研究领域取得成功,就必须不断创新,不断标新立异,仅仅满足于在那些著名的文学作品的现有诠释中去挑选、去论证是不够的,必须运用许多非经典的材料,提出新的解释。"尽管这些新的解释仍会被视为微不足道或不着边际,但通过对那些无可争议地处于中心地位的作品做出新的解释,他们引起了学界的注意,同时被诠释的作品也又一次获得了新的生命。"① 肖瓦尔特从女性主义的视角对《哈姆雷特》的解读是对传统阐释的新突破,其结论并非没有说服力。由此可见,"强制阐释论"存在着肯定"发现意义"否定"赋予意义"的矛盾困境。朱立元教授主张,追求文本自在意蕴与阐释者生成意义的有机结合。他认为,文学文本一旦完成,其意义意蕴就必定超越了作者特定情境下创作时的思想感情,文学作品的自在意义远远大于作者创作的原意。"阐释是意义生成和建构的动态过程,是文学文本的某些自在意义与读者阅读过程中生成的新意义这两者的有机结合或者融合。阐释过程,必定有意义的增值和生发,不能把后者排除在阐释的意义系统之外。"② 批评的能动性往往受到忽视,而"生发意义"往往受到质疑甚至批判。

---

① 参见[意]艾柯等《诠释与过度诠释》,王宇根译,生活·读书·新知三联书店1997年版,第136页。
② 朱立元:《追求文本自在意蕴与阐释者生成意义的有机结合》,《学术界》2015年第5期。

第二编

主观预设、前见与立场

强制阐释的主观预设问题
——致王宁、朱立元、周宪先生[*]

张 江[**]

各位先生：

此前的几轮通信中，我们对强制阐释涉及的几个问题进行了较为充分的讨论，收获颇丰。今天，我想提出一个新的问题请教各位先生，即强制阐释的主观预设问题。

在我看来，主观预设是强制阐释的核心因素和方法。它是指批评者的主观意向在前，预定明确立场，强制裁定文本的意义和价值。主观预设的批评，是从现成理论出发的批评，前定模式，前定结论，文本以至文学的实践沦为证明理论的材料，批评变成对文本和文学作符合理论目的的注脚。

主观预设的要害有三。一是前置立场。这是指批评者的站位与姿态已预先设定，批评的目的不是阐释文学和文本，而是要表达和证明立场，且常常为非文学立场。征用场外理论展开批评，表现更加直白和明显。其思维路线是，在展开批评以前，批评者的立场已经准备完毕，批评者依据立场确定批评标准，从择取文本到作出论证，批评的全部过程都围绕和服从前置立场的需要展开。阐释者之所以选取文学文本，只是因为文学广泛生动的本体特征，有益于提升前置立场的说服力和影响力。

二是前置模式。这是指批评者用预先选取的确定模板和式样框定

---

[*] 本文原刊于《学术研究》2015年第4期。
[**] 作者单位：中国社会科学院。

文本，作出符合目的的批评。批评者认为，这个模式是普适的，具有冲压一切文本的可能，并据此作出理论上的指认。当代西方文论的诸多流派中，符号学方法，特别是场外数学物理方法的征用，其模式的强制性更加突出。通过这种方式，理论和批评不再是人文表达，文学抽象为公式，文本固化为因子，文学生动飞扬的追求异化为呆板枯索的求解。

三是前置结论。这是指批评者的批评结论产生于批评之前，批评的最终判断不是在对文本实际分析和逻辑推衍之后产生，而是在切入文本之前就已确定。批评不是为了分析文本，而是为了证明结论。其演练路径是从结论起始的逆向游走，批评只是按图索骥，为证实前置结论寻找根据。

不妨举个例子。在历史文本的解读上，女性主义批评家肖瓦尔特站在女性主义的前置立场上，带着女性解读的模式，对诸多作品强制使用她的前置结论，无遮蔽地展现了主观预设的批评功能。在《阐释奥菲利亚：女性、疯癫和女性主义批评的责任》中，肖瓦尔特对《哈姆雷特》的解读一反历史和作品本意，推翻以主人公哈姆雷特为中心的批评立场，提出要以奥菲利亚——莎士比亚剧中的一个配角，重新布局。她认为，奥菲利亚历来被批评界所忽视不是偶然的，而是男权征霸的结果。"文学批评无论忽略还是突出奥菲利亚，都告诉我们这些阐述如何淹没了文本，如何反映了各个时代自身的意识形态特征。"[①]

但是她认为，从女性主义的立场出发，这个角色就有着非同寻常的意义。她历数以往的批评历史中对奥菲利亚的多种解读，锋利地表达了不满："女性主义批评应该怎样以它自己的话语描述奥菲利亚？面对她以及与这个角色一样的女人，我们的责任是什么？"[②] "要从文本中解放奥菲利亚，或者让她成为悲剧的中心，就要按我们的目的重塑她。"[③]

---

① Showalter, Elaine, "Representing Ophelia: Women, Madness, and the Responsibilities of Feminist Criticism", In Geoffrey H. Hartman & Patricia Parkereds. *Shakespeare and the Question of Theory*, New York and London: Methuen, 1985, p. 91.
② Ibid., p. 78.
③ Ibid., p. 79.

肖瓦尔特的追索是鲜明的。第一，必须改变以往的批评标准，以女性主义的既定立场重新评价作品。在这个立场下，无论作者的意图是什么，作品的原生话语如何，都要编辑到女性主义的名下，作品是女性主义的作品，作者是女性主义的作者。不仅这部作品如此，以往的文学史都要如此，要按照女性主义的企图重新认识和书写，女性经验是衡量作品以至文学价值的根本标准。对女性主义批评家而言，这个立场是前置的，是开展全部批评的出发点。离开这个立场，女性主义的批评将不复存在。第二，要重新评价人物，"就要按我们的目的重塑她"，让以往所谓被忽视、被曲解的角色，作为女性主义的代表，站到前台，站到聚光灯下，集中表达对男性父权制的反抗。第三，为此，必须重新设置剧目的主题，其中心不是哈姆雷特的故事，而是奥菲利亚的故事。这个故事是一段"被再现的历史"。这个历史是作者有意识的书写，是莎士比亚反抗男性中心主义的证明，也是文学史中女性主义早已存在的证明。对此，肖瓦尔特的态度是坚定的，她将此视为女性主义批评家对文学和妇女的责任。

在这个主观预设的指挥下，莎士比亚的经典剧目被彻底颠覆。尽管全剧20场中只有5场出现奥菲利亚，她和哈姆雷特的爱情也只由几个模糊的倒叙提起，但现在必须重新审视她，"要让她成为悲剧的中心"，以往所有被忽略的细节都要被赋予特定的含义加以阐释。奥菲利亚头戴野花被赋予双重的象征：花是鲜花，意指处女纯洁的绽放；花是野花，象征妓女般的玷污。她死的时候身着紫色长裙，象征"阴茎崇拜"。她蓬乱的头发具有性的暗示。至于她溺水而逝，更有特殊的意义："溺水……在文学和生活的戏剧中成为真正的女性死亡，美丽的浸入和淹没是一种女性元素。水是深奥而有机的液体符号，女人的眼睛是那么容易淹没在泪水中，就像她的身体是血液、羊水和牛奶的储藏室。"[①] 肖瓦尔特还仿拟法国女性主义的批评，认为在法国父权理论话语和象征体系中，奥菲利亚"被剥夺了思想、性征、语

---

① Showalter, Elaine, "Representing Ophelia: Women, Madness, and the Responsibilities of Feminist Criticism", In Geoffrey H. Hartman & Patricia Parkereds, *Shakespeare and the Question of Theory*, New York and London: Methuen, 1985, p. 81.

第二编 主观预设、前见与立场

言,奥菲利亚的故事变成了'O'的故事,这个空洞的圆圈或女性差异之谜,是女性主义要去解读的女性情欲密码"。① 这些阐释要证明什么? 就是要证明在莎士比亚的戏剧里,以至于在漫长文学的历史中,女性是被男权所蹂躏、所侮辱的集体,是被文学所忽视、所误读的对象,在女性主义的视阈中,女性形象必须重新解读,或揭露男权的暴力,或歌颂女性的反抗。一切文学行为和结果都要符合女性主义的阐释标准,都要用这个标准评价和改写。但问题是,这种预设的立场与结论是莎士比亚的本意吗? 或者说他写《哈姆雷特》的目的中,含有蔑视女性的动机及意图吗? 女性主义者把自己的立场强加给莎士比亚,是不是合理和正当的阐释?

如果说以上只是一个具体文本和个别作家的分析,那么女性主义的名著《阁楼上的疯女人》的批评者则对此作了更远大的推广。桑德拉·吉尔伯特和苏姗·格巴对19世纪前男性文学中的妇女形象作了分析,划分了两种女性塑造的模式,认为以往的文学中只有两种女性形象——天使和妖妇。这些天使和妖妇的形象,实际上都是以不同方式对女性的歪曲和压抑,反映了父权制下男性中心主义根深蒂固的对女性的歧视和贬抑、男性对妇女的文学虐待或文本骚扰。作者还列举了一些具体例证。② 应该承认,这种一般性概括具有强大的冲击力,因为它已经从个别上升为一般,为女性主义学说涂抹了普适性和指导性色彩。但我也更加疑惑,预设立场以类归人物,证明立场的正确,到底有多少令人信服的理论力量?

主观预设的问题不仅在女性主义批评实践中广泛存在,放眼20世纪以来整个当代西方文艺批评的历史,包括精神分析批评、生态批评、后殖民主义批评等在内,诸多批评流派都存在这样的问题。毫不夸张地说,主观预设已经成为一个多世纪以来文艺批评实践的稳定套

---

① Showalter, Elaine, "Representing Ophelia: Women, Madness, and the Responsibilities of Feminist Criticism", In Geoffrey H. Hartman & Patricia Parkereds, *Shakespeare and the Question of Theory*, New York and London: Methuen, 1985, p.79.

② [美]桑德拉·吉尔伯特、苏姗·格巴:《镜与妖女:对女性主义批评的反思》,董之林译,张京媛主编:《当代女性主义文学批评》,北京大学出版社1992年版,第271—297页。

路、固化范式，也成为众多批评家批评操练中常见的思维方式。并且，随着西方文论被引入到国内，这种主观预设的问题在国内批评理论界也已经司空见惯。

我们不否认女性主义批评、生态批评、后殖民主义批评等流派的理论价值和有益认识。它提出了认识和阐释文学的新视角，对文学批评理论的生成有重要的扩容意义。各位先生，我要质疑的是文学批评的客观性问题：文学批评应该从哪里出发？批评的结论应该产生于文本的分析还是理论的规约？

有人说，理论仅仅是介入和观照文本的一种视角。我同意这种说法。任何批评，对任何文本的批评，都需要一个切口，一种视角。无视角的批评既是不可能的，也不存在。但是，这个视角如何选取和确立？在我看来，唯一牢靠的办法就是从作品出发、从文本出发。如果将文本比喻为一座山峰，那么理论就是观照山峰的视点和角度。只有根据山峰的位置、状貌、形态等特征，才能确立适合的或者说最佳的观测角度。主观预设经常犯的错误，是无视山峰的具体特征，画地为牢，闭着眼睛先主观预设一个观测点和观测角度，这又如何能保证"识得庐山真面目"？我们承认，对一座山峰的观察，角度不是唯一的，可以有多个视点，观照角度不同，会产生"横看成岭侧成峰，远近高低各不同"的效果，从而丰富对山峰本身的认知。文学批评也是如此，从不同的视角切入，用不同的批评理论指引，会对文本有新的不同发现。但是，这样说并不等于承认每一种理论都可以应用于任何文本之上。不同的观照位置、观照角度既可以产生"横看成岭侧成峰，远近高低各不同"的效果，也可能远离了山峰、不见了山峰，即歪曲了文本、远离了文本。也就是说，不是每一种理论在任何一个文学文本面前都是万能的。这就涉及批评理论与批评对象的黏度问题，也即理论与文本的适合性问题。如何判断一种理论是不是适应某一文本？核心不在这种理论是否强大、是否流行，而在文本自身是否具备与这种理论相匹配的质地。

各位先生，我用的是"质地"这个词，而不是"元素"。所谓质地，我指的是对文本的一种综合判断。也就是要全面地、宏观地、整体性地去考察文本，然后确立它的质地。比如《哈姆雷特》这部作

第二编 主观预设、前见与立场

品,对它的判断必须超越片面的、微观的、局部的限制,在此基础上认识它、明确它,给它一个质地的定义。而不是说仅仅因为《哈姆雷特》中包含了几个与女性相关的元素就将其视为女性主义的文本。先于文本、凌驾于文本之上的主观预设,说到底,就是无视甚至践踏了文本的这种客观质地,其结果,自然是背离了文本,所生发的阐释无疑属于强制阐释。

那么,当代西方文论及其批评实践为什么会普遍出现这种主观预设的情况?我认为原因有二。其一,当代西方文论的场外征用使然。我们之前讨论过,从当代西方文论的理论发生角度而言,很多理论流派直接征用其他学科的理论,且未经过文学化处理,理论与文学本身,乃至具体的文学文本之间,存在明显的裂痕,很难融合为一体。强制征用而来的理论,对文学而言先天地就是一种预设。从现有的情况看,很多理论征用,不是方式方法的借鉴,而是直接将模式和结论拿过来,强行套用到文学上。方式方法的借鉴是正当和必要的,比如统计学本来是数理领域的方法,但近年来一些学者将之引用到文学研究上,使文学研究打破了以往模糊的定性逻辑,建立了定量的概念和思维。这是进步。反之,忽视文学的学科特征,仅仅征用其他学科的模式和结论,只能造成强制阐释的后果。

其二,理论的过度膨胀使然。20世纪以后,当代西方文艺理论进入了发展的快车道,各种理论思潮此消彼长,令人目不暇接。与之相应,在理论和文本的天平之上,理论的分量越来越重,人们对理论的热情、对理论的期待和重视程度越来越高,相反,文本反倒成了配角,不但丧失了理论诞生源头的地位,在功能上也沦落为理论的佐证和注脚。理论服务于文本逆转成文本服务于理论。在此过程中,两种倾向起到了推波助澜的作用。一是倾向于认为文学理论的来源未必就是文学实践。佛克马、易布思就曾明确表达过这种观点:"弗洛伊德的心理学对心理分析学派的文学批评理论无疑产生过影响。马克思文学批评理论与特定的政治学和社会学观点纠结在一起。格式塔心理学派对于人们探讨一种文学系统或结构肯定具有启发的作用。俄国形式主义不仅受惠于未来主义,而且也受惠于语言学的新发展。有些文学理论派别与文学创作的新潮流更接近一些,有些则直接由于学术和社会方面的最新进展，还有一些处于两者之间。仅将现有各种不同的文学理论派别的产生原因，给予一种概括性的解释，是没有多大裨益的。"① 他们拒绝承认文学理论是"一种概括性的解释"，实际上是认为，文学理论的来源未必是文学实践。二是倾向于用"理论"取代"文学理论"，这是20世纪后半叶以来的一个重要趋向。热衷于"理论"，其着眼点在理论自身的发展，文学文本在理论建构的格局中，仅仅是一种佐证材料。为理论而牺牲文本成为经常的现象。

我从来都赞成理论本身具有的先导意义，但如果从理论出发，预设立场，并将立场强加于文本，衍生出文本从来没有的内容，理论将失去自身的科学性和正当性。更进一步，如果我们预设了立场，并站在这个立场上重新认识甚至改写历史，企图把全部文学都改写为某个立场的历史，那么历史事实的真实性和历史文本的真实性又在哪里？预设立场，一切文学行为和活动都要受到理论的前在质询和检验，这种强制阐释超越了文学批评的正当界限。文学阐释可能是多元的，但不能预设立场。预设了立场，以立场的需要解读文本，其过程难免强制，结论一定远离文本。立场当然可以有，但只能产生于无立场的合理解读之后。

另外，可以想见，各位先生会对我的"前置立场"提出质疑。其理论方向大致应该是立场与前见的关系。在和我的一些学生讨论这个问题时，也有人表示疑惑。这是一个很重要的阐释学问题，今天不能系统回答，我正在准备一篇论文，详细地讨论这个问题。我认为，与海德格尔不同，伽达默尔的前见，是一种知识背景，是一种由生存和教育语境所养成的固定辨识和过滤模式。这种模式以潜意识甚至是集体无意识的方式而存在并非自觉地发生作用。立场则不同。立场是一种主动、自觉的行为表达，是一种清醒意识的选择。它经过理论的过滤和修整，且以进攻的姿态而动作。各位先生，不知道我这样去想，是不是有些道理？等待你们的回信。

---

① ［荷兰］佛克马、易布思：《二十世纪文学理论》，林书武、陈圣生、施燕等译，生活·读书·新知三联书店1988年版，第2页。

文学批评的预设和理论视角*

王 宁**

张江先生：

很高兴读到您的最近这封信，看来我们的讨论围绕着"强制阐释"这个中心话题逐步展开了，其中已经开始涉及当代西方文论以及文学批评中的越来越多的问题。我想这正好应验了一句老话：真理越辩越明。

您在这封信中提出了一个新的话题，也即批评的预设与理论视角问题。显然，您想对这二者做一些区分。照我的理解，您在这封信中想集中讨论的是"强制阐释的主观预设问题"，这确实不仅是当代西方文论中普遍存在的一个现象，同时也是国内文学理论批评界大规模引进现当代西方文论后出现的一个现象，当然对这一现象的价值判断各人有着不同的看法。作为一个既在纯理论领域内进行形而上探讨的理论工作者同时又常常涉足具体文学批评实践的两栖学者，我可能有着与您不太相同的看法，但也基本上同意您做出的评估。正如您所指出的，主观预设是强制阐释的核心因素和方法。它指的是批评家的主观意向在前，预定明确立场，强制裁定文本的意义和价值。或者正如您所说的，所谓主观预设的批评，是从现成理论出发的批评，前定模式，前定结论，文本以至文学的实践仅仅沦为证明理论的材料，批评变成对文本和文学作符合理论目的的注脚。我认为这样的描述是十分准确的，实际上也隐含着对包括我本人在内的一些国内外学院派批评

---

* 本文原刊于《学术研究》2015 年第 4 期。
** 作者单位：上海交通大学人文艺术研究院。

文学批评的预设和理论视角

家经常从事的批评实践。

坦率地说，就我个人而言，我自己也常常如同您所批评的那样去从事文学批评，尤其是当我以一个纯理论工作者的身份出现时，我的兴趣往往并不在于对文学作品做出恰当的解释，而是以作品为例来证明我所预设的理论的有效性和正确性。显然，在这种场合，我自然不是为了批评而批评，而是为了理论而批评，或者更确切地说为了学术而批评。对我来说，阐释就是批评，因而我很少在批评文章中断然做出泾渭分明的价值判断。我也和我的西方学院派批评家同行一样，只要选中一部作品来阐释，就等于是承认那部作品有着批评和研究价值，否则对没有价值的作品甚至都不屑一顾，对之保持沉默就等于对之否定，无须去耗费笔墨。这应当说是我从事批评实践的一个基本态度。所以，我的一些作家朋友常常抱怨我："请你写一篇评论文章真难！"这倒是事实。因为我始终与当红的作家和被人们热捧的作品保持一段距离，也许过了一段时间该作品不那么走红了，我倒会去静下心来细读该作品并写下一些批评文字。当然，我有时在阐释作品的过程中也会对自己所应用的那种理论的正确性提出质疑甚至修正。这一点可以说是我受到西方文论大家德里达和詹姆逊等人影响的结果，因此我也常常不满足于仅仅做一个文学批评家或研究者，而要以一个思想家和理论家的身份来发挥作用和影响。我的一些国内外同行大概也是这样的，所以我们常常沉溺于玩弄纯理论的思辨游戏，以一些新奇的理论术语来轰炸批评界。当然，我们这样做也会得到两方面的效应：一些恪守传统人文批评的老批评家对我们这些学院派比较反感，认为我们不是在做文学批评，而是在以文学批评演绎自己的理论；而一些青年批评家和学者却对我们这样做十分推崇和追捧，有时甚至亦步亦趋地模仿我们去做纯理论的演绎。这样看来，您的批评不仅是针对那些西方文论大家的，而且也是针对我们这些西方理论在中国的传播者和实践者的，这确实足以引起我们的警醒，让我们去思考：为什么要从事文学批评？何以从事文学批评？

另一方面，也正如您在信中所批评的，这样做的要害有三：一是前置立场，二是前置模式，三是前置结论，所得出的结论常常不能令作家本人信服。但不可否认的是，我们这些学院派理论家一旦从事文学批评,常常所关注的作家作品大多是文学史上有定评的经典作家作品,而不屑去评论仍然活跃和健在的当代作家及其作品。因此我们根本不去考虑作家本人的感受,但常常会发现一些原作者创作时未曾想到的东西。我权且称其为"文本无意识",作为对弗洛伊德的"作者无意识"的一种修正。由此看来,任何事物都有着相反相成的两个方面,不可偏废一个方面而抬高另一方面。就文学批评而言,我同意您的看法:批评应是理论的批评,而理论也要能经过批评实践的检验。好的批评必定有一个独特的理论视角,这样才能说出别人说不出的东西。我这里再做进一步的发挥:我们应当做到文学批评理论化,文学理论科学化,文学研究人文化。这样,我们所写出的论文就会既有深厚的理论功力,同时又不乏扎实可靠的文本细读经验,此外也可能丰富文学理论的建设和发展。我想这应该是一种理想的批评、理论和研究的三位一体。

我上面所说的只是批评理论家的所作所为,并不涉及一般意义上的批评家的批评实践。尤其是那些凭借印象和感悟从事批评的批评家,其实他们也有一种预设,即认为某一部作品是好还是不好。只是这样简单地以好坏来评价作品层次较低而难以产生影响罢了。这些批评家往往用近乎文学的语言来从事批评,甚至字里行间饱含着自己的生命体验。因此他们的批评文字颇受一般文学爱好者所喜爱,却不受专业批评理论家和学者的重视。我想这类批评文字肯定也不会进入您的批评视野。我认为,对于从事批评实践的批评家而言,他们所要做的应该是根据作品的内容和叙事风格而选取一个适合对之进行解读的理论视角,这样的批评就显得厚重和有价值。但即使如此,也不能像那些专事形而上理论演绎的思辨理论家那样驰骋在文学理论的王国里,不去管自己所分析的作品是否适合用某种理论进行解读,这样一来就诚如您所批评的那样:前置立场、前置模式和前置结论。这自然不是优秀的文学批评所应该做的。

您在信中还不无正确地举了女性主义理论家的例子来说明这种主观预设的现象。确实正如您所说,主观预设的问题不仅在女性主义批评实践中广泛存在,放眼 20 世纪以来整个当代西方文艺批评的历史,包括精神分析批评、生态批评、后殖民主义批评等在内,诸多批评流派都存在这样的问题。因此毫不夸张地说,主观预设,已经成为一个多世纪以来文学批评实践的稳定套路、固化问题范式,也成为众多批评家批评操练中常见的思维方式。

  我们这里所要思考和讨论的是,当代西方文论及其批评实践为什么会出现这种主观预设的情况呢?在您看来,原因有二。其一,当代西方文论的场外征用使然。我们之前讨论过,从当代西方文论的理论发生角度而言,很多理论流派直接征用其他学科的理论,并且未经过文学学科化处理,理论与文学本身,乃至具体的文学文本之间,存在明显的裂痕,很难融合在一起。征用而来的理论,对文学而言先天地就是一种预设。其二,理论的过度膨胀使然,这样便使得一些人天真地认为,只要掌握了理论就可以所向披靡,只要有一种理论的尚方宝剑在手就可以包打天下。因此,久而久之人们便对理论的有效性发生了怀疑,甚至出现了"理论死亡"的呼声。我想这应该是问题的症结所在。针对这种情况,我也提出我的一些看法,以就教于您以及各位先生。

  您在信中以女性主义批评为例提出了您对批评预设和理论前置的批判,并指出了理论视角与之的区别。我认为,可能由于篇幅所限,您还未能将这个问题说透。我这里想进一步指出,我们从西方引介到中国的一批女性主义理论家严格说来并非都是专事文学研究的批评家,即使有些可算作文学批评家,其兴趣也不主要在文学上:克里斯蒂娃同时是一位受到精神分析学影响的符号学理论家和女性主义文化批评家;朱迪斯·巴特勒则主要是一位哲学家,只是偶尔通过对文学作品的阐释来证明自己的哲学或文化理论的正确性和有效性;斯皮瓦克的背景则更为复杂,照她自己的话说,她的理论来源主要是马克思主义、解构主义和女性主义,她常常以三种身份交替出现——马克思主义的女性主义批评家,后殖民理论家和比较文学学者;只有西苏才同时以一位创造性的女性主义作家和后结构主义理论家的身份交替出现。她们都是大学教授,根本不屑于从事一般意义上的文学批评,即使偶尔从事批评也主要是出于理论阐释和建构的需要。而包括您本人在内的一大批中国的文学理论工作者所关注的恰恰就是这样一些学院派批评理论家,而更广大的活跃在批评一线的文学批评家则未进入你们的考察视野。因为他们/她们主要是为报纸和流行的文学期刊撰文,而不在你们所关注的学术期刊上撰文。再加之语言的局限,他们/她们在中国就更不为人所知了。同样,现在在西方很热门的生态批评也有这样的情况。我这里仅从生态批评的角度来说明理论前置与理论视角的区别,以便对您的批判做出呼应。

在今天的西方和中国,谈论生态问题已经成为一种时髦,不仅是环境研究学者和环境保护主义者大谈生态问题,更有广大的人文学者,当然也包括生态文学批评家也在谈论。为什么会出现这种情况呢?首先是因为我们所生存的环境出了问题,作为作家和批评家,他们对生态环境的恶化格外敏感。于是便积极地在一切场合发表自己的见解,呼吁人们重视生态环境问题,文学的生态批评便应运而生,并在一定程度上取得了长足的发展。生态批评家在自己的文学阅读和批评实践中,从生态环境的角度发掘出文学作品的深层含义,建构了一种生态写作和批评话语,这无疑对繁荣当代文学批评有着积极的意义。但实际上,生态批评界也有着目标截然不同的两类人。一部分人作为环境保护主义者,他们试图通过生态批评来表达对环境恶化的关注,因此他们的旨归并不在文学,而在环境和生态本身。尽管他们也知道,自己的呼声还没有影响到决策者的决定,但至少给决策者提出了一些必要的警示,使这些掌握权力的人在做出重大决策之前广泛考虑到各方面的后果。这部分人并不能算作是真正的生态文学批评家,而是广义的生态主义者或生态批评家。而另一部分人则是文学研究者和批评家,他们从生态批评的理论视角出发来解读文学作品中表现的生态环境主题。我认为这部分人的旨归仍然是文学,因为我们都知道,文学史上首先出现了一大批以生态环境为题材的文学作品,因此,这些批评家便以生态批评作为理论视角,通过对一些以生态环境为题材的作品的解读来发掘文学作品所内含的生态学意义。应该说,他们的批评实践为当代文学批评开辟了一个新方向。目前生态批评无论在西方还是在中国都方兴未艾。

当然,上述两种生态观常常混合在一起,一时令人难以区分,但我认为还是有必要做一些辨析。我们都知道,文学中的生态批评始于哲学上的生态主义话语,对于生态批评的意义,我们也许还没有充分认识到，但至少有一点是不应该忽视的，也即生态批评主要关注的是文学作品中对人与自然之关系的想象性描写和审美再现。由于在当今时代，仍保持其原始状态的自然已经十分稀少，而一切经过人化的自然则往往与人类的生存环境融为一体，因此，生态写作和生态文学研究在西方又称作环境写作和环境研究。我在这里将其统称为生态环境写作和批评。

生态批评顾名思义，所针对的对象就是以生态环境为题材的文学作品。按照美国的生态批评家彻里尔·格罗特菲尔蒂（Cheryll Glotfelty）的定义："生态批评就是对文学与物质环境之关系的研究……生态批评家和理论家提出这样一些问题：自然是如何在这首十四行诗中得到再现的？物质场景在这部小说的情节中扮演着何种角色？这出戏中表现的价值与生态学的智慧相一致吗？我们何以展现作为一种文类的自然写作之特征？"[1] 在这里，我们可以清楚地看到，格罗特菲尔蒂首先已经指出了生态批评所要研究的对象，也即他们所要研究的主要是那些表现了自然生态和环境的文学作品。反之，不以生态环境作为描写对象的作品就不能从生态理论的角度去对之进行强制性阐释，更不能前置结论来作出反证。这同样也清楚地表明，首先是因为有这样一些作品存在，然后才有批评家从生态批评的理论视角出发去研究这些作品。因此很清楚，他们批评研究的出发点和最终的旨归依然是文学，即使从生态学的理论视角切入，其考察对象也依然是文学。因此，这样的批评就应该算作是文学的生态批评，而不是那种广义的环境保护主义者所撰写的（以生态环境为旨归的）生态批评。我也赞同您的看法，并非那种广义的生态环境批评没有价值，而是那些批评家的批评实践不属于生态文学批评。也许那些批评家有着更大的文化生态和政治抱负，也许会对环境保护起到积极的作用，但是从本质上来说，他们的批评实践并不属于文学的范畴。当然，我们也不能排除另一种情况，即作家在创作一部作品时的本意和批评家对之的过度阐释和解读有时会大相径庭，这种情况尤其会出现在伟大作家的内涵丰

---

[1] Cheryll Glotfelty and Harold Fromm eds., *The Ecocriticism Reader*, Athens and London: The University of Georgia Press, 1996, "Introduction", p. xix.

富复杂的作品中。我这里也举一个最近的例子来略加说明。

  2014年10月底，我应邀出席了在南京大学举行的易卜生学术研讨会，会议期间，组织者安排我们观摩了南京大学艺术硕士话剧团演出的戏剧《〈人民公敌〉事件》。这出戏之所以在剧名中提及易卜生的《人民公敌》，是因为该剧写到了淮河两岸的污染使得一些回家探亲的大学生深感不安。但是他们通过正常渠道无法表达自己的意见，即使表达了也没人去听。于是他们就试图通过排演易卜生的《人民公敌》来表达他们对环境问题的关注和担忧。在这里，易卜生被当作了一个环境生态保护主义的先驱，他的作品的政治和社会意义大大地胜过了艺术价值。这显然与原作者创作的初衷不相符合。我这里之所以提及这一点只是想再一次说明，理论家的立论本意与批评家的"征用"或挪用是不能相提并论的，但这也至少说明，被"征用"或挪用的理论本身是影响巨大的，否则在一个理论话语爆炸的年代，怎么会只有极少数理论被批评家所用，而大多数"理论"则尚未风行就已过时了呢？

关于主观预设问题的再思考[*]

朱立元[**]

张江先生：

拜读了您关于强制阐释的主观预设问题的来信。您强调主观预设是强制阐释的核心因素和方法，认为它是从现成理论出发的批评，前定模式，前定结论，文本以至文学的实践沦为证明理论的材料，批评变成对文本和文学作符合理论目的的注脚。对您这个基本观点和逻辑理路，我总体上是赞同的，因为如果按照这种逻辑进行批评，无疑必定是强制阐释。这确实切中了某些当代西方文论的要害。不过，对于您所说的主观预设的三个要害之一，似乎还有一些可以完善和补充的地方，我不揣冒昧，特提出来向您请教。

首先是"前置立场"的提法似乎可以商讨。这个问题又有两个方面。第一是关于立场是否可能不"前置"的问题。按照现代阐释学的观点，任何立场都必定是前置的。这是理解发生的前提，没有前置的立场，任何阐释都不会、也不可能发生。海德格尔的本体论阐释学认为，此在的理解活动为它的"前理解"（Vorverstandnis）所制约和决定。所谓"前理解"乃是一组他称之为"als（作为）……"结构的因素，这些因素包含着指示、预见、互通三层含义，它们成为构成理解的前提和预定指向。而这个"作为……"结构还需要以理解的"前结构"为先在条件，这个"前结构"由"前有"即"预先有的文化习惯""前识"即"预先有的概念系统"和"前设"即"预先有

---

[*] 本文原刊于《学术研究》2015年第4期。
[**] 作者单位：复旦大学中文系。

的假设"三方面构成。"前结构"就是理解、阐释发生的必要前提。他说:"解释从来就不是对某个先行给定的东西所作的无前提的把握。如果像准确的经典释文那样特殊的具体的解释喜欢援引'有典可稽'的东西,那么最先的'有典可稽'的东西无非只是解释者的不言自明的无可争议的先入之见。任何解释一开始就必须有这种先入之见,它作为随同解释就已经'被设定了'的东西是先行给定了的,也就是说,是在先有、先见、先设中先行给定了的。"① 现代哲学阐释学的奠基者伽达默尔进一步发展了海德格尔的本体论阐释学,他发挥了海德格尔关于此在的历史性与有限性的观点,认为历史性是人类生存的基本事实,无论是认知主体还是作为对象的(广义的)文本都内在固有地镶嵌于历史之中,所以,真正的理解,不应像古典阐释学所主张的那样,要去克服主体的历史局限,消除主体与文本的历史间隔,以求纯然客观地解释本文的原初意义;而是应当正确地适应和发挥这种与生俱来、不可避免的历史性,以求获得一种发展了的新的视界。他分析了理解的历史性的三要素:(1) 理解前业已存在的社会历史因素;(2) 理解对象的历史性构成;(3) 由社会实践历史发展所决定的价值观念。这些构成了理解的前提或曰"前理解"。它导致理解者对所理解事物的一种先入为主的"偏见"。偏见的形成是为人的不可避免的历史性所决定的,所以是"合法的偏见"(类似于海德格尔的"前结构")。它不是一种有待克服的消极因素,而是促成真正理解的积极因素,它构成我们理解的前提,也是我们理解的动力;它不帮助我们"复制"本文,而是激发我们"生产性"的努力。据此,伽达默尔指出:"我们存在的历史性产生着偏见,它实实在在地构成我们全部体验能力的最初直接性。偏见即我们向世界敞开的倾向性。"② 又说:"一切阐释学条件中最首要的条件总是前理解……正是这种前理解规定了什么可以作为统一的意义被实现,并从而规定了对完全性的在先把握的应用。"③ 这里,"前理解"即

---

① [德]海德格尔:《存在与时间》,1979年德文版,第150页。
② [德]伽达默尔:《真理与方法》,1986年德文版,第261页。
③ 同上书,第299页。

海德格尔的"先入之见"和伽达默尔所说的"合法的偏见"。在我看来,这实际上就是任何理解、阐释活动发生时阐释主体所不可避免的"前置立场"。我不知道您是否基本赞同伽达默尔的上述观点,但是,我认为,这个观点是西方阐释学史上一个重大突破和推进,它既揭示了人的认识、理解、阐释的与生俱来的历史性和有限性,也肯定了理解、阐释的主体性、生产性和创造性,有效地克服了古典阐释学的纯客观主义局限,提供了解决"阐释学循环"的历史主义思路,是康德主体性认识论思路在阐释学领域中的应用和发展,所以被称为是施莱尔马赫以降阐释学中"第二次哥白尼式的革命"。这个评价,可能过高了,但是其基本逻辑和理路应当说是站得住的。我认为,如果对之恰当地借鉴和应用,其实对于批判当代西方文论中强制阐释的弊端会更加有效、更加深刻。相比较而言,您提出的前置模式、前置结论两点就完全不同于伽达默尔的"前见""合法的偏见",而更符合您概括的"主观预设"的特征,更准确、更击中强制阐释的要害。

第二是关于"立场"的提法问题。我注意到您并不否定伽达默尔等人的"前见"说,只是把这种"前见"仅仅看作理解的"经验背景",识字、逻辑等"知识准备";并将前置的"立场"与"前见"作了对比,强调了二者的重大区别,认为:"与伽达默尔的前见不同,强制阐释的立场目标是清晰的,不是前见的'隐而不显';立场的外延是明确的,不是前见的'模糊'混沌。前见是无意识地发挥作用,立场是自觉主动地展开自身。"① 我觉得这个对比,对于前见的特点,把握得相当精准,也是别人没有明确阐述过的,很有新意;不过,对于立场的论述似乎不够全面。您突出了立场的理性、自觉性和主动性。而在我看来,立场也完全可能以模糊、潜意识、不自觉的方式发生作用。这就涉及对"立场"一词的理解问题,特别是在中文语境中的理解问题。我查了词典,"立场"作为名词有两个含义:(1) 认识、处理问题时所处的地位和所持的态度;(2) 特指从一定阶级利益出发认识和处理问题的态度,即阶

---

① 张江:《强制阐释论》,《文学评论》2014年第6期。

第二编　主观预设、前见与立场

级立场。① 这就是说,"立场"一词的含义比较广,它不但是(理论)认识、而且是(处理)实践之前就必然持有的态度,它当然包括一定的价值倾向性、先在的意向、理念等,实际上与前见基本一致。它可以是自觉的,也可以是不自觉的。立场与前见两个术语在内涵和外延上虽不一定完全一样,但多有交叉重叠,很难严格区分。在现代中国语境下,"立场"一词的先在性和前置性是在被广泛使用中约定俗成的。众所周知,在面对一个对象时,任何人都不可能不持有某种立场,不持立场本身也是一种立场。拿我们长期以来一贯强调的、亦为人们普遍接受的"以马克思主义的立场、观点、方法去认识(理解、阐释)、对待客观事物(无论是物质的还是精神的事物)"的说法来看,这个"立场"毫无疑问就是前置的,但这个前置立场就完全是正面的、必要的,而且不可规避。您信中特别强调,"立场当然可以有,但只能产生于无立场的合理解读之后"。这一点我觉得有点疑问:任何读者的阅读难道开始时有可能是"无立场"的"白板""空白状态"吗?什么是"合理解读",合理的尺度和标准是什么?立场产生于合理解读"之后",那么"不合理的解读"能不能产生立场呢?……据此,我以为"前置立场"的提法在中国语境中容易发生歧义,建议能不能改一种说法?

我的以上"质疑"绝不是对您批评"强制阐释"的"主观预设"逻辑有任何怀疑,恰恰相反,我是为了帮助您的大思路、大观点更加完善、更加严密、更加无懈可击。我相信您的强制阐释论是有生命力的,有很大的阐释空间的。

其次,顺便谈一下王宁先生的回信。我十分敬佩王宁先生对自己理论批评实践中存在的"主观预设"问题的自我反思和自我解剖,这是值得我学习的。这也说明您对当代西方文论中强制阐释倾向的批评对于当代中国文艺理论的建设也有重要意义。王宁先生还正确地指出您"提出了您对批评预设和理论前置的批判,并指出了理论视角与之的区别",他并从生态批评的角度进一步论述了"理论前置与理论

---

① 李行健主编:《现代汉语规范词典》,外语教育与研究出版社、语文出版社2004年版,第806页。

视角的区别"。我觉得言之有理。不过,我倒从中得到启发:建议能不能将"前置立场"的提法改换成"前置理论"呢?这样,与"前置模式""前置结论"一起仍然是配套的,但是却避免了"立场"一词容易引起的歧义,而且与现代阐释学基本思路相一致,而又有所发展。不知您意下如何?

您以女性主义批评为例,犀利地批评了其主观预设的弊病,是切中要害的,同时您也把生态批评等都归入主观预设的强制阐释的范围。我觉得,这样批评的面是不是稍微大了一点?王宁先生将生态批评界分为目标截然不同的两类人,对后一类人作了辩护:一部分人作为环境保护主义者,其旨归并不在文学,而在环境和生态本身,因此,他们在批评文学作品时容易犯主观预设的毛病;另一部分人则是文学研究者和批评家,他们从生态批评的理论视角出发来解读文学作品中表现的生态环境主题,其旨归仍然是文学,其批评实践为当代文学批评开辟了一个新方向,他们的批评就不应该归入"主观预设"中。我觉得,这样的分析是符合实际的。下面,我也想举例说明后一种生态批评是应该肯定和提倡的,因为它们是与强制阐释根本不同的。

比如,美国生态批评的领军人物之一斯科特·斯洛维克(Scott Slovic)在对美国当代怀旧环境写作的两个特别的作品——约翰·尼克斯的《秋日的最后凄艳》(1982)和瑞克·巴斯的《亚克记》(1996)——进行了非常精彩的对比性批评。限于篇幅,这里只打算看看他对《秋日的最后凄艳》所作的文学的、而非强制的阐释。他引用了作品开篇一段动人心弦的描绘:

> 我为秋天而生活。我终年憧憬着那些凉爽美丽的日子的到来,并回忆着昔年的十月。那是深入我骨髓的最有生机、最真切得令我心碎的季节。我钟情于凛冽的风、凋零的叶,还有那断断续续飘落在这贫瘠的谷地里的初雪。我爱去闻流溢在四周的收获的味道,还有成熟和烂熟的水果,以及新近砍下的紫花苜蓿。躁动的马儿扬起了头,扇动着鼻翼不安地嗅着北极的气息,这些使我禁不住要歌唱。我向往山区秋日的华美死亡,在那一时节,群

山与冬季晶莹剔透的光洁以及数以百万计的白杨的赤裸尖矛——而不久之前它们还裹着一身绚烂的叶子——一起律动着，在起伏的山峦中创造出一种柔和、灰白的愉悦。

然后，他评论道："这里尽管有某些含糊的政治寓意——这些寓意在尼克尔斯的其他自然写作［如《如果群山死去》（*If Mountains Die*, 1979)、《在台地之上》（*On the Mesa*, 1986)、《只有天空才是极限》（*Only Sky is the Limit*, 1990）以及《简单一点》（*Keep It Simple*, 1994)］中都存在——但这个段落以及《秋日的最后凄艳》的大部分篇章都沉浸在跟随自然季节流转的个人化、怀旧的梦幻里。环境与文化保护的问题隐现于叙述的背景之中，但是尼克尔斯的主要旨归似乎还是藉言语和图片来营造一种类似道家对秋的体验。我不能肯定雷纳多·罗萨尔多是否会指摘其为一个欧美裔作家对一片被征服的土地的帝国式赞颂，但他很可能会评论道，在这怀旧的华彩文字之中，行动主义和责任感是被掩盖了。"① 这里，斯洛维克虽然赞同罗萨尔多对尼克尔斯缺乏保护生态的责任感的批评，但他确实是从作品文本出发进行了文学的、审美的批评。

再如，美国另一位生态（环境）批评重要的开拓者和领军人物劳伦斯·布伊尔（Lawrence Buell）在对"最为经典的英语自然文学著作——梭罗的《瓦尔登湖》"进行的评论也是适例。他指出，在"书中的一个高潮时刻：看到一个恍若梦幻的森林世界，与镇里可能发生的任何事情都毫无关系。人们经常讨论的《春天》一章中沉思'杰作'（tour de force）的那一节尤其凸现了自然写作贬斥写实、褒扬变化的能力。梭罗写道：在瓦尔登湖的另一侧，他搬来的前一年就开始建设的铁路线形成了流动的沙岸，呈现出'真正奇异的''建筑学的枝叶花簇'形态"。② 在引述了《瓦尔登湖》这一长段的文字后，布

---

① ［美］斯科特·斯洛维克：《走出去思考：入世、出世及生态批评的职责》，韦清琦译，北京大学出版社2010年版，第60—61页。
② ［美］劳伦斯·布伊尔：《环境批评的未来：环境危机与文学想象》，刘蓓译，北京大学出版社2010年版，第48页。

伊尔联系梭罗后来的作品和达尔文的著作进行评论：

> 这一节在梭罗作品的标准版本里长达五页。它在《瓦尔登湖》中的作用等同于达尔文《物种起源》结尾处物种缤纷的河岸意象。可以肯定的是，与梭罗后来的作品相比，《瓦尔登湖》只能算旧科学：它更像一部浪漫的《自然哲学》或者后爱默生式的神秘主义著作。而他的后期作品（直至最后一部）包含了更多对自然世界的精确观察，显示出作者对《物种起源》进行过一种知识性的、尽管有所选择却还予以肯定的审视。而这一切都有些超出上述《瓦尔登湖》节选的主旨。尤其要注意的是，文中拒绝把自然秩序同社会秩序截然分离，而且采用了细致的观察手法，以便造成一种意象的叠加，而这恰恰是违背写实主义成规的。通过上下文，梭罗十分清楚地表明，这种"自然的"景象是由人类设计制造的堤坝工程造成的。他有着隐匿的进化论观——认为变化或变形（metamor-phorsis）与生命进程有着明显区别，这表明不仅地球的各种形式而且还有"凌驾其上的机制，都是被塑造而成的"。文中的修辞似乎就是为了再现那种可塑性而有意设计的。这里的言说在实践他那种原始艺术家式的奇思妙想，游戏般地以过度的精力传播其新鲜的构思。①

显而易见，布伊尔对《瓦尔登湖》的批评虽然显示出他的环境批评的前见和指向，但完全是从作品本身的文学阅读（如"意象叠加"之类）出发和入手的，不能划入主观预设的强制阐释的圈子。

以上看法，乃管窥之见，谨供参考。

---

① ［美］劳伦斯·布伊尔：《环境批评的未来：环境危机与文学想象》，刘蓓译，北京大学出版社2010年版，第49—50页。

前置结论的反思

周 宪

张江先生：

您好！拜读了您关于强制阐释的主观预设问题的来信。您接着前几封信继续思考，进一步提出了强制阐释的原因，如下一段话大抵可以看作是您这封信的主旨所在："在我看来，主观预设是强制阐释的核心因素和方法。它是指批评者的主观意向在前，预定明确立场，强制裁定文本的意义和价值。主观预设的批评，是从现成理论出发的批评，前定模式，前定结论，文本以至文学的实践沦为证明理论的材料，批评变成对文本和文学作符合理论目的的注脚。"这段陈述涵义丰富，直击当代西方文学理论的某些弊端，即那些明显过于主观的文学阐释。您特别提到了三个"前置"及其危害，即"前置立场""前置模式"和"前置结论"，这"三害"使批评家和理论家的文学阐释充满了主观臆断和离奇说法，您所列举的那些例子在西方文学理论中屡见不鲜，当然还有许多有过之而无不及的。

您所讨论的核心问题是三种"前置"（或"预设"）。从信中您的论证来看，所聚焦的问题集中在两个层面。第一是"前置"，即三个"前置"的立场、模式和结论；第二是由"前置"而造成的"强制裁定"。从逻辑上说，第二个层面显然是第一个层面所致，这是一个因果律的推演。换言之，前置结论是由前置立场和前置模式所造成的。但是，反过来推论就比较复杂了，不能简单地推论说前置立场和

---

* 本文原刊于《学术研究》2015年第4期。
** 作者单位：南京大学艺术学院。

前置结论的反思

前置模式必然导致前置结论。前置立场和前置模式只是前置结论的诸多可能的条件之一,而非充分必要条件。所以我的想法是,前置立场和前置模式在文学研究中实际上有其合理性和必然性。问题的关键也许并不在于是否有前置立场和模式,而是如何避免"前置结论"。

其实,作为人文学科组成部分的文学理论,前置立场不但无法消除,而且在某种程度上说是相当重要的。我始终认为,文学研究不同于其他知识系统的一个突出特点,就在于文学研究者总是持有鲜明的价值立场,这一立场当然是前置的,或者更严密地说,文学研究者的价值立场甚至意识形态立场一定是先在的。我们很难想象在没有前置立场的情况下发表自己的文学见解。解释学指出了一条规律,前理解乃是理解所以可能的条件,这说明前置立场存在的合理性和必然性。这里我还可以用艺术心理学的原理来说明。艺术理论家贡布里希从哲学家波普尔的"探照灯理论"受到启发,即研究者的发现如同探照灯一样,是照到哪里哪里亮,从而认为,艺术创作和发现也遵循同一原理,艺术家表现什么取决于他已有的认知图式。贡布里希有一句名言:"画家的倾向是看到他要画的东西,而不是画他所看到的东西。"① 这就是说,艺术家绝不是用空无一物的镜子来反射世界,而是高度选择性地再现他想表现的东西。贡布里希断言,任何一个画家都受到他所属的绘画传统的深刻影响,这些传统所形成的绘画语言和语法,如同筛子一样过滤了他的所见所闻,并以某种视觉图式的方式有力地制约着他的所作所为。这个原理表明,人的认知是受到他已有的文化传统和观念的深刻制约的。如同鲁迅说人不能拔着自己的头发离开地面一样,没人能去除先在的价值立场去研究文学,虽然现象学哲学曾设想,科学研究者可以将自己的前见悬隔起来进而达到对事物的"本质直观"。就文学研究来说,阐释者或批评家先在的价值立场不是多余的,而是非常重要的,由此才使得文学研究带有鲜明的人文意蕴和批判力量。既然前置立场非但不可去除,而且对文学研究很重要,那么,我们需要考察的是如何合理运用前置立场来阐释具体文学

---

① [英] E. H. 贡布里希:《艺术与错觉》,林夕、李本正、范景中译,浙江摄影出版社1987年版,第101页。

文本。

您在信中反复表述的一个想法,是强调研究者阐释的目的应集中于文本的文学方面而不是非文学方面,是文本而非其前置立场,这个强调显然是合理的。依照这一论证逻辑,如果研究者前置立场不是文本而是其前置理论,那么就会转向"提升前置立场的说服力和影响力",而忽略了文本自身的文学层面。这么来看,问题的关键并不在是否有前置立场,而在以下两个问题:其一,持什么样的前置立场?其重要的分野是持文学的立场还是非文学的立场;其二,这一立场与文学文本的关系,其阐释是在解释文本还是论证自己的前置立场?

如您所一贯坚持的看法,文学理论有自身特性,不同于哲学、历史、政治、心理学或其他学科。尽管其他学科的学者对文学问题也颇感兴趣,也会对各种文学文本发表种种看法,但是他们的出发点和归宿点都不是文学,而是其他学科。这类研究有强制阐释的特性,但人家在自己的园子里玩儿也无可厚非。我们关心的是文学批评家、理论家和文学史家,他们的文学阐释该是怎样的?我以为,一方面,文学研究者研究的是文学而非其他;另一方面,他们研究文学往往又不局限于文学。或者换一种说法,文学与其他许多复杂的社会、历史、文化问题纠缠在一起,谈论文学其实并没有一个可以清晰划出的边界。如我在前一封信里说到的,研究文学以文学为中心但并不限于文学。这么来看,文学理论应持的前置立场是以文学为中心又不止于文学。

由此我们便可以进入前置立场与文本的关系的讨论,亦即我们要关注的是研究者与文本之间的某种双向互动关系。您所说的强制阐释或主观预设,其问题就出在缺少这种互动关系,因此,强制阐释乃是研究者对文本的单向支配和曲解,缺乏来自文本的特殊性对研究者的前置立场的修正和改变。这里我们不妨引入发生认识论的一个原理来说明。心理学家皮亚杰发现,人的认知能力的发展是在两个环节的交替互动中形成的,这就是所谓的"同化"与"调节"。在他看来,所谓"同化"(assimilation)是指主体以现有的认知图式(schema,或译作"格局")来理解当下刺激,即按照现有的认知水平和结构来消化外在刺激的信息;所谓"调节"(accommodation)则是现有的认知图式无法理解新的刺激,因此导致了认知图式的变化。皮亚杰在心理学研究中发现，人的认知能力是在不断地"同化"与"调节"的平衡过程中得以发展的。① 用发生认识论的原理来解释强制阐释或主观预设，可以说强制阐释就是在文学研究中缺乏"调节"而刻板"同化"，即是说，研究者无论面对何种文学文本，也不问文本各自的特性，以其不变之前置立场来应万变之文本，这必然导致阐释的强制性。这个原理告诉我们一个规律，既有的前置立场并不可怕，可怕的是固守它而没有随文本差异而发生变化。面对新的文本，既有理论捉襟见肘时，应该及时调整和改变，发展出新的适合于解释当下文本的新理论。如果不能做到这一点，强制阐释或主观预设就在所难免。其实，库恩在讨论科学革命的结构时，所指出的科学理论"常态期"和"反常期"，和皮亚杰所说的发生认识论原理如出一辙。"常态期"就是"同化"，亦即现有的理论可以解释科学现象，而"反常期"则是"调节"，即现有理论不足以解释新的现象，因此引发了科学理论的革命。

至于"前置模式"，我认为它是和"前置立场"关联在一起的。只要立场前置了，前置模式也就随之而来。有什么样的理论立场，自然就会有什么样的研究模式，理论和方法从来都是合二为一的。您在信中所特别指出的前置模式，主要是带有自然科学特点的方法，这的确值得反思。科学与人文在许多方面都有所不同，用科学模式来解释文学，常常是隔靴搔痒，抓不住文学的要害。宽泛地说，前置模式作为方法的预设，也是普遍存在的现象，尤具合理性和必然性。每个文学理论家都不可能在研究开始时没有自己的方法，其前置立场本身就包含了方法。前面我说到的文学研究的"同化"与"调节"的平衡关系，用来解释前置模式也同样适用。只要研究中研究者不是抱残守缺式地坚持其前置立场，那么"调节"过程的出现就会改变前置的理论，也会改变前置模式。我发现，一些出身于文学研究领域的学者，在使用自然科学的方法时，往往会比较谨慎并有所调节，比如意大利学者莫莱蒂在世界文学语境中对小说历史发展所做的统计学研究就很有特点。他采用统计学的方法来处理大量小说史的数据，进而在

---

① Jean Piaget, *The Psychology of Intelligence*, London: Routledge, 2003, pp. 8–9.

第二编 主观预设、前见与立场

一个独特的视角上揭示了小说历史演变的规律。这一研究模式迥异于常见的经验式的小说史研究,更具事实性的说服力。这表明,问题的关键不在于有无前置模式,而是面对具体文本时如何根据实际情况"调节"前置模式,使之切合于特定文本的特定文学问题的实际情况。

最后一个"前置"是所谓"前置结论",我以为您的批评切中肯綮。诚如您所言:前置结论"是指批评者的批评结论产生于批评之前,批评的最终判断不是在对文本实际分析和逻辑推衍之后产生,而是在切入文本之前就已确定。批评不是为了分析文本,而是为了证明结论"。这的确是一些西方文学理论和批评让人诟病的缺憾。记得我在以前的回应中曾引用了美国批评家伦区基亚极富调侃的说法,这里我愿再次引用来说明"前置结论"的问题所在。他曾幽默地指出:只要你告诉我你是什么理论派别,我就能在你还没有分析文本之前告诉你,你将会得出什么结论。这个调侃式的断语实在是对"前置结论"的犀利批判。在您所讨论的三个"前置"中,这第三个"前置"才是真正具有危害性的,也是我们研究文学应努力抵制和克服的。如果还没有对具体文本分析之前就可得出结论,这样的研究意义何在?您所言极是:危害在于"批评不是为了分析文本,而是为了证明结论"。

我以为,"前置结论"对于文学研究来说有百害而无一利,它钝化了我们对文学的鲜活经验和判断力,遮蔽了文学文本丰富多样的特色,最终把文学研究引向歧途而难以觉察。防止"前置结论"的途径之一就是努力实现文学研究中"同化"与"调节"的均衡。前置立场和前置模式是无可避免的,关键在于如何将前置资源随文本的变化而变化,不断地修正前置理论和方法。任何文学阐释的结论都不应在文本解读前预成,只有在具体的阅读之后才会形成合理的结论,这是一个颠扑不破的原理!这里我愿再次明确一下我的想法,三个"前置"中的最后一个"前置结论"是强制阐释的关键所在,因为"前置立场"和"前置模式"不可避免,但需要重申的是,具体鲜活的文本阐释会产生从"同化"到"调节"的转变,因而"前置立场"和"前置模式"就会随之而变,这就避免了直奔早已预成的"前置结论"。

前置结论的反思

最后，我还想赘言几句。正是由于前置立场和模式的不同，才有可能形成文学理论的不同流派，才有可能造就文学文本解读的多样性。这就涉及文学理论知识生产的生态问题。在前几次回复中，我提到过自然科学和人文科学的差异，科学哲学家库恩就指出，科学只在寻找唯一正确的答案，而艺术则可以有不同答案的并存。"科学家力图解决的疑点反被认为是只有一个解答，或者只有一个最好的解答。找出这个解答正是科学家的目标：一旦找到解答，以前为此所做的种种尝试就是……多余的'行装'，不必要的负担，必须把它们扔开，以利于集中注意于专业研究。与此一起被抛开的，还有许多个人特异性因素，还有那些曾引导发现者去解决问题的纯属历史性和美学性的因素。"[①] 这就是说，科学的假说一旦被确证，那就只有一种唯一正确的答案存在。人文学科则完全不同，它的假说不可能像科学那样被确证，也不可能形成唯一正确的假说，因此，人文学科总是充满了"解释的冲突"。也就是说，总是存在着形形色色的"前置立场"和"前置模式"，当然，结论也总是呈现为多样化。这是文学理论作为人文学科正常的生态，如果文学理论只有一种立场、模式和结论是合法的，或唯一正确的，那么对于人文学科来说将是悲剧性的。所以，我们在警惕文学理论研究中的强制阐释时，应该注意维护文学理论的多样性生态。俗话说得好，"百花齐放，百家争鸣"，但要真正做到这一点并不容易。

---

① ［美］托马斯·S. 库恩：《必要的张力》，纪树立、范岱年、罗慧生等译，福建人民出版社1987年版，第342页。

前见与立场

——致周宪、朱立元、王宁先生*

张 江**

各位先生：

  收到你们的回信，很有感触。上次讨论的问题，你们提出了基本一致的看法，对主观预设中的"前置立场"给予质疑。特别是朱、周二位先生的理论追索，得到王宁先生的赞同，让我的压力大了起来。几次捧着你们的回信，反复阅读，在迷惑、动摇和坚定中徘徊，启发无疑是深刻的，但也激起我一些更深的思考，还是想就这个问题再讨论一次，甚至多次，把我的想法说得更准确和深透一些。

  显而易见，我们的讨论越来越深入，讨论的问题也更学术和专业。所谓前见，作为认识的前提，或者说理解的前提，是西方阐释学理论中一个具有巨大理论空间的重要问题。对这个问题的认识和争论，从一般阐释学开始，到海德格尔和伽达默尔的本体论推进，前见作为认识和理解的前提，在阐释中发挥的无法规避的作用，似乎已是定论。但是，立场这个概念或者是范畴，因为它的使用过程中的意识形态色彩，以及在中国语境中的特殊含义，使学界对此颇多质疑，以致忘记了它的本来意义。朱先生细心查证了词典——我猜想是中国词典——对立场的解释明显偏重于政治的意义，更突出了它与阶级的关系，把立场定向为阶级的立场。对此我深为理解。但是，重新检省我在强制阐释论中所使用的立场的含义，的确与政治和阶级一类的概念

---

* 本文原刊于《学术月刊》2015年第5期。
** 作者单位：中国社会科学院。

无关。我的本意是阐述立场与前见的区别,表示阐释者的学术站位和姿态,或者说是阐释的出发点和立足点。由此,有必要再一次申诉,在我的概念体系中,前见与立场是完全不同的。这是一个阐释学的基本理论问题,深入讨论它,对阐释学理论的进步有很大意义。

前见到底是什么?我认为应该是人所不断存有和变化的知识模式。这个模式既包含特定历史环境、民族与氏族的文化对认知者的影响和塑造,也包含认知者个人的教育背景、经验积累,以及认识起始时的社会和文化环境的浸润。从认识发生的意义看,这个模式不为认知者所自觉把握,甚至是潜意、完全不自觉的。凡当认识过程启动,它就要无意识地发生作用,认识从这个起点上展开。那么,这个无意识的前见与认识的结果是什么关系?我认为,最根本的一点是,前见不决定对象的内容,因此它不决定结果。关于这一点,伽达默尔本人有清楚的论述。他说:"即使见解也不能随心所欲地被理解。""我们也不能盲目地坚持我们自己对于事情的前见解,假如我们想理解他人的见解的话。"为了真正实现理解,前见解必须是开放的,必须对文本保持一种"事实的探究",因为"谁想理解,谁就从一开始便不能因为想尽可能彻底地和顽固地不听文本的见解而囿于他自己的偶然见解中"。他认为阐释不能被前见解所束缚,更不能够固执地坚持所谓的前见解而否定对象所具有的实际真理,在前见和理解的关系上,伽达默尔的态度是:"我们必须认识我们自己的先入之见,使得文本可以表现自身在其另一种存在中,并因而有可能去肯定它实际的真理以反对我们自己的前见解。"① 视域和前见可有类比。两者之间相同的是,它们都是前在的,都是阅读文本之前所有的一个前在的认知模式;它们都可以是非自觉的,都不能根据自身结构要求任意改变认知对象的本来面目。两者不同的是,前见是一种认知准备,视域是一种目的期待。在文本的理解和阐释上,视域期待经常是具体的、可以自觉感知的。与前见一样,期待视域不是立场。立场是指且仅仅指,有目的地修正文本,并以现实和文本证明立场。姚斯在阐释所谓期待视域的对象化过程时曾经指出:当一部作品与读者既有的期待视域符合

---

① [德] 伽达默尔:《真理与方法》,洪汉鼎译,商务印书馆2013年版,第382页。

第二编 主观预设、前见与立场

一致时,它立即将读者的期待视域对象化,使理解迅速完成;当一部作品与读者既有的期待视域不一致甚至冲突冲突时,它只有打破这种视域使新的阅读经验提高到意识层面而构成新的期待视域,才能成为理解的对象。这证明了我的想法,期待视域与立场的严格区别,作品与期待视域不同,持有者将修正视域;作品与立场不同,立场将修正作品。

各位先生,我赞成"一切理解都必须包含某种前见"。① 对文学批评而言,这种前见的内涵要更加丰富,批评者不但要有一般的世界观和价值观,而且要经过严格系统的文学理论和批评的训练。这种训练打造了批评者的思维和认知模式,批评主体要在这模式的作用下,开展理论和批评活动。但是,这依然不是立场。强制阐释论中所强调的立场是一种自觉的姿态和主观指向明确的判断性选择:"其思维路线是,在展开批评以前,批评者的立场已经准备完毕,批评者依据立场选定标准,从选取文本至作出论证,批评的全过程都围绕和服从前置立场的需要展开。"② 这就是前见与立场的根本区别。前见,是一种知识背景,是一种由生存和教育语境所养成的固定辨识和过滤原始认知模式。这种模式以潜意识甚至是集体无意识的方式而存在,并非自觉地发生作用。立场则不同。立场是一种主动、自觉的行为表达,是一种清醒意识的选择。它经过理论的过滤和修整,以进攻的姿态而动作。前见是可以根据对文本的认识而修正的,而立场是不可改变的,它主导、驾驭、操纵阐释,使阐释的结果服从立场。立场的积极进攻和强制,立场的自觉意识和动作,都决定了在实践的层面上它高于前见。所以,我不赞成朱立元所说"按照现代阐释学的观点,任何立场都必定是前置的。这是理解发生的前提,没有前置的立场,任何阐释都不会、也不可能发生";③ 也不认同周宪所说"解释学指出了一条规律,前理解乃是理解所以可能的条件,这说明前置立场存在的

---

① [德]伽达默尔:《真理与方法》,洪汉鼎译,商务印书馆2013年版,第383页。
② 张江:《强制阐释论》,《文学评论》2014年第6期。
③ 朱立元:《关于主观预设问题的再思考》,《学术研究》2015年第4期。

合理性和必然性"①。我认为这是把前见与立场混淆了。这是我们在这个问题上发生歧见的重要原因。

那么,一位阐释者裹挟一种理论定向阐释一个文本,这是不是一种立场,是否合理和必要?我认为,必须区别理论运用和生成的不同方式。作为批评家怀抱一种立场,具体阐释和发挥文本展开批评,这是理论的运用;作为理论家坚持以理论为指导,依据实践和经验形成新的理论,这是理论的创造。当然,不排除它们之间的交叉重合。但在理论发生的机制上,是完全不同的两个问题。目前看它们已经形成差别甚大的两个不同领域,所谓学院派就是一个结果。在《强制阐释论》一文里,对这个问题没有涉及。但拜读各位先生的来信,我想到这两个问题必须加以区别和说明,否则会引发诸多歧义。我赞成,作为个体的文学批评活动,前见是不可避免的,也可以秉持立场,以现成的理论为模式,对具体文本做阐释。比如女权主义对历史文本的阐释,生态批评对传统经典的开掘,等等。至于是否为强制阐释,应该说,如果以既定目标为目标,在文本不符合理论需求的情况下,为实现目标而肢解文本,重置文本,使文本符合理论,这就是强制阐释。相反,当文本与立场不合甚至相反时,阐释者能够改变或放弃立场,以文本为依据,做出新的确当阐释,则可视为合理的阐释,尽管这种阐释极端表达了阐释的主观随意。如此判断的理由在于,无论如何这是从文本出发的阐释,是依据文本展开的阐释,而不是依据立场强行裁定文本的行为。

第二种情况,从系统理论的生成说,理论的全部出发点必须是实践,是文学的实践和经验。如果离开实践和经验,以某种现成理论为立场,用理论去制造理论,就失去了理论生成的根基,违背正确的认识路线。文学理论的生产必须依据文学的实践和经验,离开文学的实践和经验,就没有文学的理论。理论可以自我生长,依据逻辑推衍生长理论,但其生成依据一定是实践,并为实践所检验。理论的生成当然可以有先在的理论指导,也可以坚持一种立场,但这种立场只是指导或者指南而已,不能是结论,不能是裁剪实践的工具。实践的品格

---

① 周宪:《前置结论的反思》,《学术研究》2015年第4期。

高于理论的品格。理论来源于实践，任何理论、任何立场都从实践出发。文学理论的生成也是如此。特别是当下中国文学理论的建设问题，让我们困惑不已。经过三十多年的开放，西方文艺理论已在中国占据强势地位，这有好的一面。但是，当代西方文艺理论竟也成为民族理论建设的前见甚至是立场，而这个理论既无法解释民族审美经验，又很难融入当下文学实践，依据西方前见构建立场，依据西方立场构建理论，从理论出发回到理论，甚至连个出发都没有，只是原地打转，重复和咀嚼别人的言语。这可以是民族理论的生成方式吗？这种方式有前途吗？各位先生，这是我批评强制阐释的最初动力，只是非常模糊和犹豫。我坚定赞成，更多地引进和学习当代西方文艺理论的优长，更多地运用这些理论来观照和改造中国古典文论，更多地运用新的理论和方法来研究当下的中国文学实践和经验。但是，这些理论只是一种资源、材料、前提，或者是一种知识背景和有益的前见，而不能是立场，尤其不能是有确定目标，让实践服从理论的立场，实行理论构建上的强制阐释。

为了说得更清楚一些，让我们来看一下作为学者的恩格斯是怎样处理这个问题的。1890年10月，他给自己的朋友康拉德·施米特的信中这样写道："每一个时代的哲学作为分工的一个特定的领域，都具有它的先驱传给它而它便由此出发的特定的思想材料作为前提。"[1]这段话有三个节点值得重视。

第一，"特定的思想材料"是指什么。在我看来，就是历史留下的思想和理论。这些思想和理论有合理和科学的一面，当然也有许多不合理、不成熟，甚至是荒谬、愚昧的成分。这些特定的思想材料对当下的实践具有历史的意义，它象征理论的延续和继承，后人从这里吸收对当下实践有意义的养分，其中的错误也为后人创造新的理论提供经验和教训。对不同学科而言，这个"特定的思想材料"也经常是其他学科和领域提供的理论和方法，借鉴甚至挪用这些理论和方法，对各学科理论的交叉融合、发现新成果、创造新理论具有重大意义。如果把它们作为理论背景，作为新的认识的条件，可以归纳为

---

[1] 《马克思恩格斯文集》第10卷，人民出版社2009年版，第599页。

"前见"，或者是对客观对象的前理解。

第二，"由此出发"是指什么。毫无疑问，这个出发是理论的出发，运用特定思想材料的人，从这里出发去创造新的理论。新的理论不应也不会回到起点，用新的理论去证明用以出发的特定的思想材料。也就是说，出发点不是落脚点，运用这些材料构建新的理论，有另外的理论目标，而不是回到出发点。如果从材料出发，无论经过什么环节回到原点，这就不是创造而是证明，甚至是一种循环论证，无所谓创新和创造。这种方式和结果，是历史上多数理论和理论家的归宿。当然，必要的论证是不可或缺的。理论的演进总是震荡与调整相互补充的过程。我注意到，包括我自己在内，经常把理论生成意义上的出发点和落脚点混淆起来。这样做的结果就是，直接模糊了理论成长的方向，歪曲理论成长的路径。

第三，最重要的一点就是所谓"前提"。由"先驱传给它而它便由此出发的特定的思想材料"，其价值如何定位？恩格斯说是"前提"。在我理解，这个前提是指，为进一步的讨论和深入提供一个可供参考的理论资源。这个资源可以是深入研究问题的指南，可以是推进理论发展的出发点，也可以是新的理论成果的根据，但所有这一切都不能是固化的，不能把前提强加于结果。一旦结果和这个前提相悖，那就必须毫不动摇地放弃和修正这个前提，而不是相反，修正结果服从材料。

统合这三点分析，我们可以得出一个结论，在恩格斯这里，这些特定的思想材料可以视为前见，但绝非立场。前见是可以有的，而且应该努力培植积累有价值的理论和经验前见，把人类对客观世界的新的认知建立于更高级更科学的形态之上，推动人类科学和理论以更快的步伐接近真理。但是，前见只是认知背景和条件，是研究的出发点，只是材料而非模式，更不是标准，不能用前见来挤压认知对象，任意歪曲对象以依附前见。否则，人类的认识永远没有进步。设想一下，如果德国古典哲学不是恩格斯的"前见"而是他的前置的不可动摇的立场，是他修订和挤压实践的立场，他用这个立场来构建理论，恩格斯还会是恩格斯，他的理论还会站住脚吗？这在恩格斯那里不是偶然的。他的全部理论都是从特定的思想材料出发，对现实做深

第二编 主观预设、前见与立场

入考察而生成的。随手再举个例子。对社会主义的理论生成和发展，恩格斯也是这样总结的。现代社会主义"就其理论形式来说，它起初表现为18世纪法国伟大的启蒙学者们所提出的各种原则的进一步的、似乎更彻底的发展。同任何新的学说一样，它必须首先从已有的思想材料出发"，但是，"就其内容来说，首先是对现代社会中普遍存在的有财产者和无财产者之间、资产者和雇佣工人之间的对立以及生产中普遍存在的无政府状态这两个方面进行考察的结果"。① 这一段话是1878年6月，恩格斯撰著《反杜林论》时写下的。而前面一段给康拉德·施米特的话，是1890年写的，时隔12年之久。在他著书立说的漫长岁月里，他不知道反复说过多少类似的警言。我想，这应该为阐释学理论，特别是如前见、前理解、前置立场等概念的研究所重视。不知道各位先生以为然否？另外，朱先生建议将立场转换为理论，周先生、王先生也都表示赞成。从立场的理论形式说，这是一致的，但用前置理论这个概念，能不能表达用立场强制文本这一层含义，就要请进一步讨论了。另外，如果从概念的并列看，前见、视域可以与立场对应，用理论来对应是不是恰切，我很难判断。

---

① 《马克思恩格斯选集》第3卷，人民出版社1995年版，第355页。

文学的对话性与文学研究的对话性

周 宪

张江先生：

读了你的第五封信，我感到你的思想有了进一步的发展。你在这封信里对"前见"和"立场"做了明晰的区分和界定。在你看来，"前见"是无意识的，是一个人所处的文化传统对其所形成的影响，它对文学研究是必要的，且不会导致强制阐释。真正导致强制阐释的根源是文学阐释过程中的"立场"，它是有自觉的、有意识的，它削足适履地曲解文本，使之适合于"立场"而改变了文本原有特性。这就是你多次谈到的一个重要想法，即强制阐释的特点是让文本适合于预先存在的某种理论，而不是相反，让某种理论适合于文本的实际情况。由于粗暴地迫使文本来迁就特定理论，由此产生的阐释必然背离了文本，也远离了文学，进而堕入阐发各种非文学的政治、意识形态或社会问题的窠臼。你在信中着意区别了"前见"与"立场"在文学阐释中的不同功能，就是想揭示强制阐释的根源所在。在你的表述中，"前见"的功能是积极的、有益的，而"立场"的观念则是消极的、破坏性的。这些分析颇为犀利，直指造成强制阐释的原因。读了你这封信，我感到你进一步完善了先前关于强制阐释的理论构架和内在逻辑，显然，你的这些论断给文学理论界的同仁们启发良多，独辟了一条通向反思批判当代文学理论的新路径。

你的论述也留下了一些引发进一步思考的问题，这些问题的解决

---

* 本文原刊于《学术月刊》2015 年第 5 期。
** 作者单位：南京大学艺术学院。

第二编 主观预设、前见与立场

不会一蹴而就，而且不同学者对这些问题也会有不同的理解和认知。读了你的这封信后，我也产生了一些想法，在这里提出来供讨论，并期待你和各路方家的指点。首先，有两个难题很难解决。其一，要如何明确地区分出"前见"和"立场"并非易事，在具体的文学阐释中放行"前见"而拒斥"立场"是很难做到的。其二，"前见"也好，"立场"也好，对文学研究来说也许都是不可或缺的。从你信中对"立场"的界说来看，如果我理解正确的话，主要是指某种先在的政治立场或社会观念，是一些干扰或歪曲了文本意义的先入之见。你指出由于强制阐释固执于"立场"，使得阐释活动就像是一个"飞去来器"的飞行轨迹，从一个原点出发最终又回到了这个原点。在这个过程中，特定文本的特定文学问题被搁置了，文本的阐释旨在说明那个先在的政治立场或社会观念。这种情况当然是有可能存在的，但并非持有"立场"的研究者都是如此。对一个合格的、训练有素的文学理论工作者来说，秉持某种政治观点或社会观念是很自然的；在任何一个有思想和创见的文学理论家的工作中，其政治观点和社会观念不但在其研究中无法摒除，而且还会因此使研究达致相当深刻性、思想性和批判性。

那么，究竟是什么导致了文学理论中的强制阐释现象的出现呢？我的想法是，导致强制阐释的关键也许并不在于或不完全在于研究者先在的某种"立场"，而在于他如何处理其"立场"与文本的阐释性关系，在于研究者是否善于倾听来自文本的声音。换一种表述，我认为文学研究中存在着两种不同范式，一种是只关注阐发一己之见的"独白"式研究，另一种是阐释者与阐释对象构成某种对话关系的"交谈"式研究。前者必然导向强制阐释，而后者则避免了强制阐释。顺着这个思路，我把讨论的焦点转向文学研究阐释者与其阐释对象的关系，进而说明导致强制阐释的深层原因。

在上一封回信中，我陈述了一个观点，那就是用皮亚杰的发生认识论"同化"和"调节"的关系，来说明强制阐释的特性。即是说，从认知心理学的角度看，强制阐释是一味恪守"同化"范式而未能"调节"。所谓"同化"是指研究者完全以现在的认知格局来理解和阐释文本，刻板地以研究者自己既定的理论和方法来解析文本，忽略了文本及其语境的特殊性甚至独一性,因此导致了阐释的强制性。如果在阐释过程中能引入"调节"范式,结合文本及其语境的特定性或独一性,适时调整阐释者自己原有的立场或看法,并在特定文本的研读中获得一些新的发现,进而形成新的理论,如此也就可以防止强制阐释。

这里,我想借取更多的理论资源来深化这一看法。首先,我想引入贡布里希的艺术心理学理论来说明。贡布里希在解释艺术家如何再现所见物像时,提出了一个物像—图式的"匹配"和"矫正"说。依据他的看法,艺术家在再现世界时,并不是一个镜子式地被动反射世界,也不是以"纯真之眼"去看世界。艺术家在创作(哪怕是直接模仿或写生)时,都必须具有某种"初始图式",所以贡布里希直言:"为了说明这个事实而提出的一个假设是,一定存在着一种特殊的艺术,他不是立足于观看,而是立足于知识,即一种以'概念性图像'进行创作的艺术。"① 这个以"概念性图像"形式出现的"知识",也即我们所讨论的"前见",甚至包括"立场"。贡布里希具体描述了这一知识的功能:"他〔指艺术家〕不是从他的视觉印象入手,而是从他的观念或概念入手。"② 这就是说,任何艺术家都不是从他当下看到的东西入手的,因为如果没有先在的"概念性图像"的"知识",他就无法理解和归类眼前所见。因为"你无法凭空创作出一个忠实的物像,只要你在其他图画中看见过,你就必定已经学会了这种诀窍"。③ 贡布里希使用了一个康德意义上的"图式"概念来说明,这种习得的"图式"就相当于某种语言的语法能力,没有这样的能力是无法运用特定语言的。更重要的是,贡布里希把基于"图式"的艺术再现过程看作是不断"试错"的过程,其中"图式"与物像形成一系列复杂的"匹配",而"图式"在"匹配"中被不断地加以"矫正"。如果把贡布里希的视觉心理学与皮亚杰的发生认识论结合起来,我想可以得出一个合理的结论。艺术创作过程以先在的

---

① 〔英〕贡布里希:《艺术与错觉》,浙江摄影出版社1987年版,第104页。
② 同上书,第85页。
③ 同上书,第100页。

"图式"来"匹配"当前的物像,进而引发"图式"的"矫正",这显然属于"同化"功能。不断出现的"试错"和"矫正"非常重要,这一过程既应用同时又改变了先在"图式",使艺术家"概念性图像"的"知识"处于某种弹性发展的开放状态。用这个原理来说明文学研究是很切合,阐释者的"前见"或"立场"就是某种"图式",如果阐释者面对文本不断"匹配",对特定的文本灵活调整自己,采用合适的又针对性的理论和方法,那么就会在"试错"中排除了不合理的东西,并对自己现有"图式""矫正",强制阐释也就不会出现。所以说"匹配"很重要,它是阐释者与阐释对象之间的互动与调适"试错"或"矫正"则是去除那些不合适的"前见"或"立场",找到适合于特定文本及其语境独一性阐释路径。至此我想说,文学研究实际上是一个研究者与文本及其作者之间的某种平等的和互动性的对话。

说到平等对话,这是一个太平常的说法。但这个平常的说法中却包含了不平常的意味。以下,我再从解释学、交往行动理论和复调小说理论入手,进一步展开讨论。

根据海德格尔的看法,交谈是语言和人之生存的根本所在。他独辟蹊径地指出,交谈中最重要的并不是"言说",而是"倾听"。这个结论听起来有点不合情理,但仔细想来含义颇深。海德格尔认为,逻辑上是一定先有"听"后有"说","听"乃是"说"的前提条件,没有"听"就不可能有"说",因为"说"是说给"听"听的,就像没有读者文学将不复存在一样。海德格尔如是说:交谈是一个引起人们同往的过程,"能倾听并不仅仅是与他人讲的结果,恰恰相反,毋宁说能够倾听是与他人讲这一过程的前提……我们成为交谈,这就是说,我们能倾听他人,我们是一起交谈……(交谈)总是展示出某一我们一致赞同的同一物,在此基础上,我们被结合在一起,从而达到我们本质性的存在"。[①] 如果我们把海德格尔的说法挪移到文学研究中来,这一论断就转变为研究者如何学会倾听来自文本及其作者

---

① [德]海德格尔:《荷尔德林与诗的本质》,伍蠡甫、胡经之主编:《西方文艺理论名著选编》下卷,北京大学出版社1987年版,第597—598页。

的声音。对研究者来说，首先要学会并善于倾听文本说什么，然后再对文本说些什么。用这个听—说关系模式来看，文学研究中的一切强制阐释都导源于不愿或不善于悉心倾听文本声音：阐释者急于阐说自己的想法，失去了与文本的平等对话和交流。这样的研究缺乏海德格尔所说的"交谈"特性，因为没了"听"，"说"就是无的放矢，缺了"展示出某一我们一致赞同的同一物"，剩下的就只有研究者自己一厢情愿的自说自话，这不是强制阐释是什么？

不同于海德格尔的听—说交谈论，哈贝马斯从交往行动和交往理性的角度，也提出了颇有启发性的看法。这一理论的核心概念是交互主体性，哈贝马斯认为，主体之间可相互理解的条件乃是这种交互主体性，缺了这个主体性，交往是不可能的。那么，什么是交互主体性呢？哈贝马斯有一段很精彩的描述：

> 纯粹的交互主体性是我和你（我们和你们），我和他（我们和他们）之间的对称关系决定的。对话角色的无限可互换性，要求这些角色的操演时在任何一方都不可能拥有特权，只有在言说和辩论、开启与遮蔽的分布中有一种完全的对称时，纯粹的交互主体性才会存在。[1]

哈贝马斯这段话指出了一个重要的原则，那就是主体间的平等对话关系，这种关系是"我（们）"和"你（们）"或他（们）之间的"对称关系"和角色"可互换性"。回到海德格尔，也就是听和说的无限可互换性，其中任何一方都没有特权只说不听，只有这样平等的交流才是可能的。对文学理论研究来说，研究者与文本及其作者之间，亦有一个交互主体性的对称关系和角色可互换性。即使在"作者死了"的条件下，文本作为一个有自己生命的研究对象，也必须置于和研究者同样重要的平等地位。而强制阐释的问题就在于没有建构出这样的交互主体性，而是研究者单一的自我主体性及其支配，将研究

---

[1] Jürgen Habermas, "Social Analysis and Communicative Competence", in Charles Lemert, ed., *Social Theory: The Multicultural & Classic Readings* (Boulder: Westview), 1993, p. 416.

者自己的意志和观念凌越于或强加于文本之上，进而导致了解释的偏差，最终堕入强制阐释的陷阱。

对文学研究对话性范式的思考，还把我们的目光引向了巴赫金的"复调"理论，这一理论不但揭示了文学文本具有对话性特征，同时也有助于我们理解文学研究的对话特性。巴赫金在研究俄国作家陀思妥耶夫斯基小说时，发现陀氏小说有一个显著的特征，那就是作者和小说中的各式人物处在同一平面上，他们相互争吵，各有自己的声音不容混淆，这就形成了一个多种声音对话的"复调"结构。"复调小说作者的意识……具有高度的积极性。……与独白小说是不一样的：作者意识不把他人意识（即主人公们的意识）变为客体，并且不在他们背后给他们做出最后的定论。作者的意识，感到在自己的旁边或自己的面前，存在着平等的他人意识。……他人意识不能作为客体、作为物来观察、分析、确定。同它们只能进行对话的交际。思考它们，就意味着和他们说话。否则的话，它们立即会以客体的一面转向我们：它们会沉默不语、闭锁起来、变成凝固的完成了的客体形象。"[1] 巴赫金进一步把陀氏小说和托尔斯泰的小说加以比较，他发现托尔斯泰的小说则是另一种形态，它带有明显的"独白"性。即是说，在后者的小说中，作者个人的声音压倒了人物，"托尔斯泰的作者意识和作者语言，从不面向主人公，不询问主人公，也不等待主人公的回答。……他不是和他们交谈，而是谈论他们"[2]。在巴赫金看来，在小说中"复调"性要比"独白"性更宝贵也更重要，复调小说彰显了现实生活的复杂性和多元性，从大型对话（人物与人物或人物与作者的对白），到微型对话（人物自己对自己的心理对白等），读来也更加饶有兴味。

从巴赫金的"复调"和"独白"小说的理论来审视强制阐释问题，那么，可以说也存在着两种判然有别的文学研究范式。一种是"独白"型的，只有研究者自己的独白话语，缺乏来自文学作品复杂

---

[1] ［苏联］巴赫金：《陀思妥耶夫斯基诗学问题》，刘虎译，中央编译出版社2010年版，第109—110页。

[2] 同上书，第113页。

的多重声音。这就是强制阐释,其特征恰如巴赫金所言,文本变成了客体,"沉默不语、闭锁起来、变成凝固的完成了的客体形象"。反之,另一种研究范式是"复调"性的,它具有显而易见的对话性。研究者如同复调小说的作者一样,努力将文本转变为平等对话的对象,因为文本中包含了诸多"平等的他人意识"。所以结论必然是,文学研究不能把文本"作为客体、作为物来观察、分析、确定";"同它们只能进行对话的交际。思考它们,就意味着和他们说话"。

至此,我大致说明了关于强制阐释原因的看法。即是说,我认为强制阐释的关键也许并不在于研究者是否有"前见"或"立场",而是取决于在其阐释过程中是否形成某种对话,是否倾听了来自文本的多重声音,是否以一种交互主体性的平等方式来处理文本,而不是一味恪守自己的"前见"或"立场"。如果文学理论工作者自觉实践对话性研究范式,如果他们能在研究中像艺术家那样在"匹配"中"试错"和"矫正",那么,他们关于文学文本的阐释就可以避免强制阐释,进到对文本合理而不乏创见的研究情境中去。在这个意义上说,"前见"也好,"立场"也好,它们都不可怕,可怕的是这些"前见"和"立场"凌驾于文本之上而失去了对话的机会。有经验的文学研究者一定会有这样的体会,他们总是在新的具有挑战性的文本解读中有所发现,并不断修正或改变自己原来的想法,发展出新的创见,我想,这正是对话性研究范式的特点。

也说前见和立场*

朱立元**

张江先生：

拜读了你的第五封信，完全同意你关于对前见与立场问题的认识是一个阐释学的基本理论问题的观点，我们深入讨论这个问题，对阐释学理论的推进肯定大有裨益。同时，觉得你对问题的思考的确很严密，就你讨论的论域而言，也就是在你的概念体系中，认定前见与立场完全不同，这在逻辑上是自洽的。但是，如果超越了你《强制阐释论》一文自成一体的概念体系，恐怕情况就会不一样了。

十分清楚，你对"前见"（包括"视域"）与"立场"作了独特而严格的区分："前见"是无意识的，是理解者在所处的文化传统中形成的理解文本前的知识背景和认知模式；而"立场"，是主动的、自觉的、有意识的，在理解、阐释文本前已经预先操控、决定了阐释的结论，并不惜曲解和改变文本原有的意义和逻辑，使之适合于"立场"预定的结论。你根据这个区分得出"立场"乃是导致强制阐释的真正根源的结论，是持之有故、言之成理的。然而，如果跳出你"强制阐释论"的独特的概念体系，从一般的语义学角度来理解"立场"的话，你对"立场"的个性化阐释，就不一定具有普适性了。首先在西文中恐怕不容易被普遍认同。我查了一下英文、德文辞典，与中文"立场"一词相对应的英文词有两个：（1）standpoint，含义为立场、观点、立足点（按：这与你说立场"表示阐释者的学术站

---

* 本文原刊于《学术月刊》2015年第5期。
** 作者单位：复旦大学中文系。

位和姿态，或者说是阐释的出发点和立足点"，倒是一致的）。同义词 perspective（透视、前景、观点、看法）。例如 a modern/political/theoretical standpoint。（2）position，有 place（地方）、ways of sitting/standing（坐/立姿势）、situation（情势）等多种含义，其中 opinion（看法）有立场义，position on sth.（观点、态度、立场），例如 to declare/reconsider/shift/change your position, the party's position on education reforms, She has made her position very clear。[①] 德文的情况也大同小异，对译"立场"一词的德文是 der Standpunkt，其含义也是位置、立足点、立场、观点、见解、看法等。

这样看来，在西文中，立场与观点、见解、看法等词在含义上并无显著的区别。虽然前见在伽达默尔的阐释学中有特定的内涵，即你理解为理解活动前的某种知识准备或者认知模式，但无论如何它也还是属于见解、观点的范围，并没有与 standpoint 或者 der Standpunkt 有根本的区别。你文中所引用的伽达默尔的两句话："即使见解也不能随心所欲地被理解"；"我们也不能盲目地坚持我们自己对于事情的前见解，假如我们想理解他人的见解的话"，也证明前见解与一般见解、观点或者立场在语义上没有根本区别。所以，你在强制阐释论的概念体系中对前见和立场所作的严格区分，我认为不容易为西方学者所理解和认同。在我看来，为了使你的"强制阐释论"在西方文论界产生影响，而不至于被误读、误解，建议"前置立场"的概念还是调换一下更好。

在中文语境中，这一点尤为重要。由于众所周知的历史和现实的原因，"立场"一词的基本含义在我国知识界和人民大众中形成了约定俗成的理解，其中意识形态性和政治性的含义无疑不可避免，所以，尽管你强调"我在《强制阐释论》中所使用的立场的含义，则的确与政治和阶级一类的概念无关"，但是并不能改变人们对立场一词含义的习惯性理解。当然，立场一词在具体使用中并不只限于政治性、阶级性的含义，还有许多其他含义。正如后期维特根斯坦所说的"语词的意义即用法（或译'在其使用中'）"，"立场"一词的种种

---

① 参见《牛津高阶英汉双解词典》第6版，商务印书馆、牛津大学出版社2004年版。

具体含义也显示在其不同的使用中。不妨就拿我最近一个月间所读到的三篇文章对"立场"的使用为例,对此作简要的说明。

"立场"这两个字真是久违了!一讲就容易让一些人联想到"左"。当今兴讲"学术归学术,政治归政治"。然而,"学术"就不涉及立场了吗?有一句话话糙理端,叫"屁股决定大脑",这对学术就不适用了吗?衡量学术水平,跟立场、观点、方法无关了吗?苏东坡有一首七绝脍炙人口,题目是"题西林壁":"横看成岭侧成峰,远近高低各不同;不识庐山真面目,只缘身在此山中。"其中就讲到了认识事物的立场、观点和方法,要求我们看问题要有更高的立足点,更开阔的视野,要选择最佳的视角。①

显而易见,这篇文章是在政治性和意识形态性意义上使用"立场"一词的。而且,作者将立场、观点与视野、视角等词看成同义、近义词,混合、交替使用,不加区分,他还明确强调了立场与学术不可分割的密切关系。中国学术界同仁对该文如此使用"立场"一词,绝对会接受和认同的。

批评家最重要的是需要有宽容温厚的心胸,敏感细腻的感觉,以及坚定不妥协的人文立场,才能发现尚处于萌芽状态的新生艺术力量,与他们患难与共地去推动发展文学艺术。②

该处对"立场"一词的使用没有突出政治性、阶级性,意识形态性也不明显,作者强调的人文立场,主要针对文艺创作和研究中众多受资本的、功利的逻辑所支配的负面现象而言的。对于文艺理论和批

---

① 陈漱渝:《重提治学之道——从陆建德先生的两篇文章谈起》,《中国现代文学研究丛刊》2015年第1期。
② 陈思和:《再说说文艺批评——为第二套〈火凤凰新批评文丛〉而作》,《文汇读书周报》2015年2月10日第2版。

评来说，这种人文立场不但不会导致强制阐释，反而有利于对作品作出有创见的评论。

> 当张艺谋这代导演笃信世间只有物质时，当他们信奉现实主义为唯一的创作方法且把现实主义与写实主义等同起来时，当他们很少把镜头对准人性的幽微之境时，他们便拒绝了大多数高妙的存在。……事实上，在这样哗众取宠的时代，越是那些理想主义难以生存的时代，精英立场的坚持就显得弥足珍贵。众生下陷，只有其不断升高。但在中国，这样的理想主义者越来越少。电影界尤其如此。①

该处"精英立场"的用法政治性也不明显，但突出了其理想主义的精神特质，用以批评中国第五代导演创作中世俗化、物质化的倾向和理想主义的失落，我以为是很恰当的。

以上三篇文章都属于文艺批评，它们虽然在不同意义（语义）上使用了"立场"一词，但共同之处在于：第一，就语义学角度而言，这些使用都是合适的、恰当的，能够在中国语境中为人们普遍接受或认可的；第二，就阐释学角度而言，在这些使用中，立场一词与观点、见解、看法、视域等概念在含义上并不存在重要的区分；第三，对立场一词的上述使用，不带有任何强制阐释的内涵，同你的三个"前置"之一的"立场"，用法完全不同，语义也大相径庭。所以，你赋予"立场"以主动的、自觉的、有意识的预先操控，决定了将阐释的文本的结论那种独特的含义，恐怕在中国语境中面对中国受众时，不容易被广泛接受。我因此而担心这容易导致对强制阐释论理解的歧义乃至误解，因为强制阐释论毕竟首先要为中国学界、中国读者所认可和接受。其实，在我看来，这只是一个概念的使用或者用词问题，并不涉及你的基本观点、理路和推演逻辑，修改起来并不难。

下面，我想把话题拓展一点，谈谈红学研究中若干与强制阐释相

---

① 徐兆寿：《张艺谋与那一代导演的宿命》，《文学报》2015年2月12日。

关的问题。我不是红学家，只是对红学有点业余的兴趣，喜欢读一些相关的文章而已。但是，自从拜读了你的《强制阐释论》以后，再对照一下当下的红学研究，忽然发现，红学研究中存在着一些在我看来是相当典型的强制阐释现象。不揣冒昧，试举几个例子，可能会得罪某些专家、学者，敬请谅解。

比如著名作家刘心武先生的红学研究。他在中央电视台等媒体上提出了独创的"秦学"来重新阐释《红楼梦》。虽然他文本读得很细致，但是由于预先设置了秦可卿的特殊身份作为阐释小说的关键和贯穿的地位，一切阐释都围绕这个先设的结论展开，因而这种细读不但是在有选择性地臆测，而且有时竟然罔顾历史事实。如他将林黛玉进贾府在荣禧堂看到的对联"座上珠玑昭日月，堂前黼黻焕烟霞"说成是隐射康熙太子胤礽，将秦可卿说成是胤礽的私生女儿，寄养在贾府，元春去世是因为秦可卿寄养贾府的秘密被发现了。[①] 胤礽是历史人物，贾府和秦可卿是小说虚构的情景和人物，不能将二者等同起来。这种将文本与现实随意置换、等同的做法，固然显示出作为作家的刘心武先生的丰富想象力，但胤礽从来就没有女儿这一铁的历史事实却证明他的"秦学"难以成立。所以，我认为，总体上说，刘心武先生的红学研究属于强制阐释，它将《红楼梦》这部伟大作品的文学世界肢解了，目的只是要证明其"秦学"主张的合理性，实际上对普通读者理解《红楼梦》并没有带来什么好处。

又如著名文艺理论家刘再复先生，他学问渊博且富独创性。他的《红楼梦》研究，也很有成就，提出了不少精辟、独到的见解，颇给人启发，但也有一些看法有那么一点强制阐释之嫌。如他曾用李泽厚先生"自然的人化"论（其实来自马克思的《巴黎手稿》）解释绛珠仙草与林黛玉的关系，说绛珠仙草是"自然"，后来成为绛珠仙子、转世为人还泪是"人化"。[②] 这种解释是先设定"自然的人化"为阐释的理论出发点，然后将人物命运与此机械地对应、类比，

---

① 刘心武：《红楼望月》，书海出版社2005年版。
② 参考刘再复2011年6月28日在华东师范大学中文系所做的"《红楼梦》与西方哲学"的演讲。

这既不符合《红楼梦》本身的叙事,也不符合李泽厚先生的原意。另外,刘再复在《红楼四书》中将《红楼梦》与中国的儒、释、道和西方的基督教、存在论等哲学美学思想结合在一起研究,将贾宝玉比作基督、释迦牟尼等;① 又在《红楼梦悟》的批评集里提出《红楼梦》可视为与《伊利亚特》《奥德赛》一样的"史诗"的观点,认为《红楼梦》具有西方史诗的某些特点,尤其是《红楼梦》高超的叙事技巧和混沌的神话氛围与西方史诗比较接近,因而可以算是"中国的史诗"。② 有学者批评这两种解释"很牵强,有生拉硬扯之嫌"。③ 这个批评在我看来是有道理的,因为,上述这种脱离了小说创作具体的社会、历史、文化语境,预先设定基督教、佛教以及荷马史诗与《红楼梦》有内在相似性、可比附性,再从小说中寻找一些叙述或描写材料来论证这个预设的结论,这恐怕多少有些强制阐释的味道。

再如有的学者通过女性主义、荒诞性这样两个后现代主义经常使用的概念来解读《红楼梦》,认为《红楼梦》中林黛玉、晴雯、尤三姐等女子对自我命运的认识与抗争,与西方女性主义对女性的界定与评价比较类似,体现出后现代主义"消解中心性、秩序性、权威性"等特点;论者还把《红楼梦》中出现的神话描写和各种梦境、仙道的描写以及主人公的奇幻身世看作是"荒诞的",与后现代主义讨论的荒诞性有一致之处。④ 可见其研究思路是以后现代主义哲学的某些思潮、概念生吞活剥地套用到《红楼梦》的阐释上,作生硬的比附性解读,得出二三百年前的中国小说《红楼梦》具有西方后现代特征的结论。这无疑也是一种强制阐释。

类似的例子在当代红学研究中不是个别的,而是多有发现。这不仅仅是我这个红学圈外人的感觉,红学界也有不少学者有此同感。由此,我悟出了一个道理:强制阐释不仅仅是当代某些西方文论的

---

① 刘再复:《红楼四书》,生活·读书·新知三联书店2009年版。
② 刘再复:《红楼梦悟》,生活·读书·新知三联书店2006年版。
③ 刘永良:《对刘再复〈红楼梦悟〉的不同看法》,《红楼梦学刊》2014年第5辑。
④ 孙波:《红楼梦的后现代特征》,《赤峰学院学报》2013年第3期。

缺陷，也是当前某些红学研究的弊病，而且其阐释的强制性和强制度并不亚于西方文论。看来，强制阐释论不仅仅适合于批评某些当代西方文论，而且适合于对红学研究（中国古典文学研究的一个领域）中的某些弊端进行有效的批评。就是说，它有覆盖中西的普遍阐释力，因而对于纠正当代中国文论批评中存在的某些不足和缺点，建设更加健康、丰富的文艺理论，也有着直接而重要的理论和现实意义。

由此往前追溯，我还想到了鲁迅先生1927年写的关于《红楼梦》评论的一篇小文，其中有一段名言至今仍然给人以极大的启示：对《红楼梦》一书，"单是命意，就因读者的眼光而有种种：经学家看见《易》，道学家看见淫，才子看见缠绵，革命家看见排满，流言家看见宫闱秘事……"① 这里仅就与本文相关的话题，对鲁迅这段话谈几点我的粗浅体会。一是鲁迅实际上提出了现代阐释学关于不同理解者（此处指经学家、道学家、才子、革命家、流言家等等）对所要理解的文本必然有各自不同的"眼光"即"前见""视域"，他们必然带着各自的前见（眼光）进入理解和阐释过程。二是这些理解者的前见（眼光）和立场是一致的，很难以是否主动、自觉来区分有无立场，而且似乎也不必要作这种区分。从经验角度看，在我们的实际生活中，对人对事采取某种立场（广义的），不一定都是自觉的，相反，常常是不自觉的、身不由己的，这样就与前见（眼光）没有根本的区别。三是前见（眼光）和立场虽然不完全决定阐释的结果，但必定参与到整个理解、阐释过程中，对阐释过程和结果有一定的选择指向或导向作用，虽然在与文本视域发生矛盾时会不断修正、改变自身。鲁迅所说的这几种人，其前见（眼光）和立场对其阐释结果显然有直接的导向性影响。四是这几种人对《红楼梦》所作的阐释（即在《红楼梦》中所"看见"的），我认为都是强制阐释。鲁迅对这些阐释都是持批评和否定态度的，虽然他们多数不一定有自觉、明确的理论立场，而只是无意识的或直觉的。五是从鲁迅的这个批评我

---

① 鲁迅：《〈绛洞花主〉小引》，《集外集拾遗补编》，人民文学出版社2006年版，第177页。

们可以看到，早在红学研究初创时期，强制阐释的情形已经出现，并且已经相当严重。所以，我们在批评某些当代西方文论存在强制阐释的毛病时，千万不要误以为我国当代文论中这方面的缺陷，完全来自西方文论的消极影响，实际上病根还在我们自己身上。

前见、立场及其他理论概念的辨析
——答张江先生[*]

王 宁[**]

张江先生：

来信收到，仔细地拜读了大作，感到此次的讨论大多居于形而上的理论推演，有可能把简单的问题弄得复杂化了，因此我不打算沿着这条路径继续走下去，只想围绕文学批评中与强制阐释相关的几个问题谈一些看法。但作为一篇回应性的文章，我首先应表明我对信中所涉及的理论问题的态度。

你在信中讨论的前见和立场这两个问题都是阐释学的重要命题，正是有了这种所谓的"前见"和"立场"，批评家才有可能对文学作品进行强制性的阐释，我认为这是导致强制阐释现象出现的根源之一，因此我们在对这一现象进行追踪探讨时应正视这两个问题。按照信中的看法，前见作为认识的前提，或者说理解的前提，是西方阐释学理论中一个具有巨大理论空间的重要问题。对这个问题的认识和争论，从一般阐释学开始，到海德格尔和伽达默尔的本体论推进达到了高峰。对这条发展线索的把握无疑是正确的。确实，根据我的理解，前见（vorurteil）又可译作先入之见或偏见，是在阐释主体对考察对象作出阐释之前就已经存在于头脑中的一种意识结构和先在的观念。它作为认识和理解的前提、阐释的起始，所发挥的作用是无法规避的，尤其是在用于文学文本的阐释时更是如此。这也

---

[*] 本文原刊于《学术月刊》2015 年第 5 期。
[**] 作者单位：上海交通大学人文艺术研究院。

前见、立场及其他理论概念的辨析

正是为什么许多文学理论批评家对阐释学本身以及作品意义的阐释十分感兴趣的一个重要原因。你想对立场与前见加以区别,以表示你作为文学阐释者所应有的学术姿态,这也是十分必要的。或者换句话说,这也是所有的文学批评家在对一部作品进行分析阐释时应具备的出发点和立足点,或者说"立场"吧。没有这些,批评的观点就无从提出了。

但是对于前见到底是什么,不同的理论家有不同的说法,我对强制阐释的态度是辩证的,也即我们要分清楚作为元(批评)理论家的强制阐释和作为(实践)批评家的强制阐释:前者的目的并不仅仅在于阐释作品的意义,而更在于通过阐释来建构自己的(元批评)理论,因此我对他们的努力深表理解,而且也常常效法他们去建构自己的理论;而后者则不同,他的目的并非是要建构一种理论,而是要用现有的理论对文学现象进行阐释,因此这样一来,理论先行显然就会导致主观性的强制阐释出现谬误。我很赞同你一贯的看法,即对作品阐释所得出的结论不应该是在阐释活动发生之前就已形成,而应该是在阐释活动的过程中逐步得出。即使有一个特定的理论视角,随着阐释活动的展开,最终的结论也会沿着作品本身的内在逻辑而自然得出,而不必依循先在的某种"前见",对此我们应有所区别。由于西方哲学阐释学界有不同的学派和理论,而这些居于形而上的理论推演一经翻译或用中文来表达,其内在的含义就有可能发生变化,因此在中文(实际上也包括英语世界)的语境下,不同的批评家在对之加以应用时也有不同的取舍。在你看来,前见应该是人所不断存有和变化的知识模式。这个模式既包含特定的历史环境、民族与世族的文化对认知者的影响和塑造,也包含认知者个人的教育背景、经验积累,以及认识起始时的社会和文化环境的浸润。也即它是阐释主体在开始对某个事物进行全面考察之前就已经存在于阐释者头脑中的某种"先入之见",这无疑是正确的。而立场则是阐释者本人选取的一种姿态,也即阐释者站在何种角度和位置对所阐释的对象发表自己的看法。前见早在阐释者正式接触一个现象之前就已存在于他的头脑里,因而很容易促使他沿着一个既定的模式将自己的结论推演下去,它在某种程度上是无意识的。而立场则是阐释者的一种有意识的选择，他在考察一件事物时必须要选取一个独特的立场或视角或位置，一旦选定，他自己的阐释也会沿着这条路径发展下去。正如你已经注意到的，这二者的另一个不同之处就在于：前见很难改变，立场则是可以不断调整的。实际上，前见有时也是可以改变的，这一点我最后还要举例说明。在此我不想花费过多的篇幅去做纯理论的推演。我仅想对你信中提到的另一个概念略作阐释和发挥，因为它与文学接受和阐释密切相关，而且直到现在仍有着很大的影响。那就是视域或译作期待视野。

关于这一点，你在信中也将其与前见作了区别，我也表示赞同。在你看来，前见是一种认知准备，视域是一种目的期待。在对文本的理解和阐释上，视域期待经常是具体的、可以自觉感知的。你还从辩证法的角度进一步推断，作品与期待视域不同，持有一种期待视域者可以在阐释的过程中修正视域；作品与立场也不同，立场将修正作品，也即从不同的立场出发有可能在阐释的过程中得出不同的结论。这些都是我们在从事文学理论和批评时必须弄清楚的基本概念，否则就难以使我们的批评见解令人信服。这两个概念都与你所提及的前见和立场关系密切，并时常出现在具体的文学批评中。同时这也是阐释学在走出了宗教解经的狭隘领地步入哲学及人文学领域后对文学阅读和接受产生的一个直接后果。在阐释学的故乡，20世纪60年代后期曾出现过一个以接受美学著称的"康斯坦茨学派"，它的出现对文学史的书写和文学阐释以及比较文学研究都产生了不可估量的影响，而且这种影响一直延续至今。

接受美学学者从阐释学中提取的一个重要概念就是视域，中文一般译为"期待视野"，这是汉斯·罗伯特·姚斯从现象学—阐释学理论中挪用于文学研究时所使用的一个术语。他从读者接受的角度出发，提请人们注意读者对文学作品的接受因素，认为只有考虑到读者的接受因素在构成一部文学史的过程中发挥的重要作用，这部文学史才是可信的和完备的。在姚斯等人看来，长期以来，特别是浪漫主义的文学批评家以及后来的现实主义批评家，往往拘泥于作品的作者因素以及与作者有关的外部社会因素的作用，很少涉及作品本身在社会语境中被阅读和接受的程度。也即他们全然忽视了文学传播的一个重

前见、立场及其他理论概念的辨析

要因素：读者的因素，这里的读者实际上就是阐释者。他的这篇论文以及所提出的观点得到了沃夫冈·伊瑟尔的响应。国际文学理论的权威刊物《新文学史》还组织过专门讨论，从而使得接受美学迅速从德语世界进入英语世界，并为文学接受研究的兴起推波助澜。20世纪70年代后，接受美学又从德美进入法国，对比较文学的影响研究也产生了很大的冲击，使得陷入危机状态的比较文学影响研究走出单一的"影响的焦虑"，进入更加注重读者—接受者的能动阐释作用的接受—影响研究。

如前所述，姚斯的一个重要观点就是期待视野。这一概念指的是作为接受者的读者通过自己先前的人生经验和审美经验转化而来的关于艺术作品形式和内容的定向性心理意识结构，这一概念的提出，开辟了文学研究的读者指向的新方向。之后的各种后现代主义批评流派几乎无一不试图强调读者—阐释者的作用，他们的努力对强制阐释现象的出现起到了重要的推波助澜的作用。实际上，弘扬读者的阐释作用在英语世界的文学研究界也从未被全然忽视过，即使是对浪漫主义文论的作者指向情有独钟的艾布拉姆斯也早就在初版于20世纪50年代初的巨著《镜与灯》中涉及了读者的接受问题。他的那部著作虽然主要讨论的是浪漫主义文学理论，但对我们今天的文学理论工作者所具有的普遍指导意义和价值却远远超出了他对浪漫主义文论本身的讨论，这种意义在更大的程度上体现在他所提出的文学批评四要素，也即世界、作品、艺术家和欣赏者（即读者）。① 在这四要素中，始终占据中心地位的无疑是作品，这也说明了艾布拉姆斯为什么要与解构主义的元批评方法进行论战，而那些形形色色的形式主义批评理论所侧重的恰恰是其与作品最为密切相关的一个方面。在这四要素中，作品与艺术家（也即作者）的关系也是作者讨论的重点，因为这正是浪漫主义作家的创作特色。即使如此，艾布拉姆斯仍然涉及了作品与欣赏者（也即读者—接受者）的关系，在他看来，读者的因素在早期的实用主义批评那里曾颇受重视，但强调批评过程中读者的作用并

---

① 参见［美］M. H. 艾布拉姆斯《镜与灯：浪漫主义文论及批评传统》，郦稚牛等译，王宁校，北京大学出版社2003年修订版，第5页。

将其推向极致则是 20 世纪后半叶接受美学和读者—反应批评的一大功劳。到了后现代主义文论那里,伴随着这些文论家们宣布"作者的死亡",读者的作用得到了空前的弘扬。在接受美学理论家看来,一部未经读者—欣赏者阅读欣赏的作品只能算是一个由语言符号编织起来的"文本",只有经过读者的阅读和解释它的意义的建构才能得到完成,因此读者—欣赏者的参与实际上便形成了对作品的"二次创作"和作品意义的完善。他们的所有努力极大地弘扬了对文学作品的意义建构中读者—接受者—阐释者的主观能动作用,使之成为意义生产的一个重要的甚至主要的因素。当然,一种倾向一旦走向极端,就会出现弊端,例如你批判的强制阐释可以说就是这种过度弘扬读者—阐释者的能动阐释作用而产生的一个后果。

  你在信中还提到与前见相关的无意识这个概念,这是精神分析学家弗洛伊德根据自己的临床经验提出的一个重要概念,我曾在第一封信中对之作过较为详细的阐述,此处毋庸赘言。① 我这里只想指出,弗洛伊德意在表明人的心理结构的分层:意识(Bewußtsein)、无意识(Unbewußte)和前意识(Vorbewußten)。根据现有的研究,我们发现,在弗洛伊德的理论术语中,很少出现潜意识(Unterbewußtsein)这个词,但是由于翻译的原因,在中文语境中却经常出现这个术语,而且使用者常常硬将其加在弗洛伊德的头上。这样一旦再翻译成欧洲的语言,我们就会发现这并不是弗洛伊德的德文原文中使用的术语。实际上,在弗洛伊德看来,人的心理结构组成就像一座冰山,露出水面的只是一小部分的意识,隐藏在水下的绝大部分属于无意识,而介于这二者之间就是一种前意识。后来的法国精神分析学家雅克·拉康从结构主义和后结构主义的角度对传统的精神分析学作了修正和创造性阐述。拉康在重视语言的中介作用的同时,也强调了主体的作用,他的新精神分析学文本分析为批评家提供了一个崭新的"主体"理论。从传统的弗洛伊德理论过渡到拉康的新精神分析理论在文学批评中就是从作者无意识向文本无意识的转变,因为在拉康看来,"无意

---

① 王宁:《关于"强制阐释"与"过度阐释"——答张江先生》,《文艺研究》2015年第1期。

识也像语言一样是有结构的"。① 而作为读者—阐释者，他有权从文本出发对隐于文本表面的深层意义进行阐释，其中自然无法避免强制阐释。我这里仅略作一些术语的辨析，不想进一步展开讨论。我想提醒国内学界的是，讨论西方文论中的一些基本概念，一定不能仅仅依赖翻译，甚至出自德文和法文的术语一旦翻译成英文也会发生变异，更不用说翻译成完全不同于西方语言文化的中文了。但是，如果西方文论通过翻译进入中文的语境能够引起理论上的讨论和争鸣，那就不必去计较它是否与其本真的意义相符了。另一方面，如果对这些术语仅仅一知半解就运用于文学文本的阅读，并对之进行强制阐释，那就只能愈加远离该术语的本来意义。我想这大概也是为什么在当今的中国文论界，侈谈当代西方文论者大有人在，但真正能够与西方理论大师进行直接对话和讨论者却凤毛麟角。正如你知道的，我正在组织我们这几人的文章用英文在国际权威刊物上发表，从而推进中国学者与西方学者就基本理论及其在异域的接受问题进行平等对话。

最后再回到前面讨论的前见和立场这两个概念，我想结合一个在中国的语境下广为人所知的例子来加以说明。如前所说，前见就是一种先入之见，沿着这一先入之见，观察者如果忽视客观事实就很容易顺势得出与之相一致的结论。反之，观察者如果秉持客观事实，他就会发现自己的前见与客观事实并不相符，他则有可能出于学术的良知而改变自己的前见而得出相反的结论。因此，前见有时也会与立场发生偶然的一致，这可以在"东方主义"这个内涵丰富复杂的概念中见出端倪。

按照赛义德对"东方主义"（Orientalism，又译东方学）这个概念所作的定义，它有三个层面的含义：第一，沿袭了几千年以来的东西方文化关系，这种关系以西方对东方的主宰和重铸为前提；第二，西方学术体制内的东方研究学科，也即东方学，它在西方的学术和学科体制内是十分边缘的；第三，几千年来沿袭下来的关于东方的形象。按照这个前见，西方学界对东方的考察和研究始终居高临下，他

---

① Elizabeth Wright, *Psychoanalytic Criticism: Theory in Practice*, London and New York: Routledge, 1984, p. 114.

们有着自己一套完整的学术训练和学术规范，因此他们的研究基本上是独立的，很少参考东方国家学者的研究成果。在西方的中国研究领域内，也有类似的情况。一些从未来过中国的西方人，总是对中国作出种种猜想甚至建构，他们通过西方主流媒体的宣传而获得的一鳞半爪的知识，把当代中国想象为"贫穷落后"，把中国人看成是"东亚病夫"。这些看法均出自他们从所看到的个别不具有普遍意义的现象而形成的前见。同样，中国经济的腾飞和中国的崛起又使他们得出了另一种形式的东方主义幻象：中国是一个超级大国，21世纪将是中国的世纪，因此中国应当有能力为挽救西方的经济危机做出贡献，总之，中国应当承担更大的义务。在这里，他们在改变了早先的前见之后，又走向了另一个极端，使他们又形成了另一种形式的前见或新的东方主义幻象。沿着这一前见，他们对中国的看法必然与早先的看法大相径庭。这便说明，即使是一种前见，也是可以改变的。而立场则更是可以改变的了，正是这种前见发生的变化导致观察者改变了自己的原有立场。关于这一点我们还可以举出更多的例子来佐证，只是由于篇幅有限不得不就此打住。总之，不对前见、立场、无意识以及视域这些基本概念加以辨析，我们是很难驳倒强制阐释者的。

前置结论与前置立场
——致朱立元、王宁、周宪先生[*]

张 江[**]

各位先生：

这是我们讨论的第七封信了。从强制阐释的理论要求看，我想还是要讨论一下前置结论，以及结论与立场的关系。因为这个问题实在是强制阐释的核心和关键问题。对此，前几封信中，大家从各个方面涉及过多次，有了一些新的提法和认识。在第四封信中，周宪先生就有一个很尖锐的批评，认为前置立场与前置模式不是强制阐释的必要充分条件，前置立场与模式是必要的，关键不能前置结论。这话让我思考许久，我理解周先生的提法是正确的，有道理，但又觉得不全合我本意。按照《强制阐释论》的文本顺序，这次应该讨论前置结论了，我想就从这个角度切入，就这个问题请教各位先生。

先说前置结论。前置结论的定义和表现是清楚的，没有任何歧义。它是指阐释者的结论产生于批评开始之前，阐释不是为了认识和分析文本，而是为证实他的前置结论。从一般意义上讲，前置结论是认识上的大忌。凡对事物的认识，必须从分析、探索、考察开始，从确当掌握事物本身的内容开始，在深入研究以至多方辩证之后，才可能对事物做出判断和结论。按照实践论的说法，要想知道梨子的滋味，必须要先吃梨子，然后才能话酸甜。对文本的批评更应该如此。从文学批评的研究方式看，文学批评是一种经验研究。它的研究对象

---

[*] 本文原刊于《北京师范大学学报》（社会科学版）2015 年第 4 期。
[**] 作者单位：中国社会科学院。

是具体文本及写作实践。批评的功能在于从文本和书写中找到具有指导意义的规律，指导书写者增进书写能力，帮助阅读者提高鉴赏水平。更重要的是，通过经验研究而总结归纳具有共性意义的书写和阅读规范，推动文学成长。用韦勒克的话说："倘若没有文学，世界就会贫乏到难以想象的地步，反之，文学也需要批评所提供的理解，筛汰和评判。"① 批评当然需要理论，但是，在实际运行中，理论只能指导批评，而非替代批评。经验研究与理论研究的重要区别之一就是，经验研究不能预设也就是前置结论。没有对具体文本的深入考察和分析，没有对文本内容的确当识认，就无法对文本作出符合实际的判断。但是，对强制阐释而言，其认识和阐释路线是，事先选择立场和模式，并由此而确定最后的结论，然后开始追寻目的的逆向操作。就像机械工程的热加工，预设一个产品，造一个模型，然后把材料化为钢水，热气腾腾地灌入模型中，完成生产和产品。强制阐释就是这样的过程。区别只是在于前者是物质行为，后者为思想行为。对单一文本的阐释是这样，对构建理论就更加要坚定，绝对不能前置结论。理论的生成是从经验和实践而来的。由理论生成理论，不是不可以，但其理论一定是有实践依据的，是经过实践检验，证明其合理性的。所谓新的生成，不过是后人在深入检验的基础上，根据实践的发展，进一步的丰富和发展而已。对于不同民族而言，其他民族的理论要为本民族所应用，必须经过长期的试错、同化、修正，在自觉主动的积极调整中实现民族化、本土化，有的甚至要经过脱胎换骨的改造，才可能成功。违背了这个规律，简单地套用其他国家和民族的现成理论，甚至信奉为教条，以此为根据而前置立场、模式和结论，一定会给本民族的理论和实践造成极大伤害。如果是从原点起步构建理论，那就更需要坚持从经验出发，从对实际情况的把握和认识出发，而不能从理论出发，从现成结论出发，不能简单套用其他民族的理论，强制阐释本民族的经验和实践。对文学理论的建设而言，若想构成一个学派、一种思潮、一类阐释方法，进而形成具有鲜明民族特色的完整

---

① ［美］韦勒克：《近代文学批评史》，第5卷"五、六卷导论·方法与范围"，杨自伍译，上海译文出版社2009年版，第15页。

理论体系，其出发点也只能是经验而非形而上的推演和预设。周宪先生曾介绍意大利学者莫莱蒂在世界文学语境中对小说历史发展所做的统计学研究，我就很赞成。无论文学的统计方法存在什么问题，但就它踏实进行文本研究，以文本的实证研究为基础，寻找和总结规律，进而做出新的理论判断和结论而言，这个认识路线是正确的。我曾说过，俄罗斯的神话研究从原生的神话文本解剖入手，做出具有一般意义的普遍推论，尽管存在其有效边界问题，但他依靠经验和实证方法展开文学研究，并以此建构独立的理论学派的路径是应该肯定的。现在的问题是，当代西方文论中的诸多"主义"不是从经验和实证出发，而是从观念和理论出发，预设各种结论，对文本和文学史做形而上的玄妙的概念操练，不仅对具体文本的阐释如此，对理论的生成也是如此。这样的理论很难有实际阐释力和说服力，更谈不上理论的长久和持续。百多年间，西方文论各种主义相互替代轮换，而很难有知识性成果留存历史，主要的原因就在这里。对这种严重脱离实际，从理论生成理论的运动，葛兰西曾有过生动的批评："现在，有一种历史政治的学术观点认为：只有那些预先经过精心策划或对应抽象理论（其结果都是一样）的运动才是百分之百的觉悟运动。"他认为这种所谓的"觉悟运动"是一种"闭门造车的思想者的垄断游戏"，这种觉悟运动不可能有好结果，因为在他看来，"现实则是多种因素千奇百怪的结合。理论家必须揭开其中的谜团，才能找到自己最新的理论依据，把历史生活的要素'翻译'成理论语言，而不能期待现实符合抽象的计划"。① 我们翻检一下，就一些西方文论而言，有多少"主义"和思潮不是这样的"觉悟运动"？对单一文本的处理是如此，对整部文学历史的处理也是如此。随手掐算下来，女性主义、生态批评、空间理论，尤其是大名鼎鼎的解构主义，本质上不都是这样吗？无论它们对当下还是对历史，都是在"期待现实符合抽象的计划"，用抽象的计划强制文本和实践的现实。

关于前置立场、模式与结论，在强制阐释中作用分配的比重，也

---

① ［意］安东尼奥·葛兰西：《狱中札记》，曹雷雨、姜丽、张跣译，河南大学出版社2015年版，第152、255页。

就是哪一种前置更有决定性意义,是前置立场、模式和结论三者同在,才会造成强制阐释,还是只有一条或两条存在,就可能造成强制阐释?这是很深刻的认识发生论的问题,应该区别两种现象逐一说明。一是自觉的强制阐释。即意识清醒的强制阐释者,从本人的自觉立场出发,抓住和创造一切机会开展强制阐释,以证明和宣扬其立场。在这种情况下,三者作用的分配是,立场的分量最重,决定模式和结论。其典型过程大致为,在各种政治、经济、文化、社会,及个人经历与心理因素的共同影响下,阐释者生出立场,立场一旦生成,其模式就在,所有结论业已明了。其阐释过程是,在立场和结论的支配下,主动选取对象,并根据阐释需要而重构文本,达到证实立场和结论的目的。从三者的关系上看,因为立场在前,结论在后,并显性地暴露于读者,其要害地位容易被确认。因为立场先于结论,且通过诸多遮蔽而深藏于结论和模式的背后,阐释者又经常千方百计地掩饰和装扮立场,立场的决定作用就很难被认清。对自觉的强制阐释而言,前置立场可以独立决定强制阐释的生成,前置结论只是更显明的表征而已。在这次讨论中,各位先生的意见大致一致,共同认为,在任何认识之前,前置立场必须要有,否则无法展开认识,当然也无法进入批评。周先生指出,强制阐释的三个前置关键是前置结论,哪怕有了立场和模式,只要能坚持"交谈"而非"独白",坚持"调节"而非"同化",就能够避免强制阐释。对一般阐释过程而言,也就是非自觉的强制阐释过程来说,这话才可能有效。先有一个成见,但在认识过程中修正自己的意见,否定或修改了成见,这是正当的认识路线。同样的话韦勒克也说过:"我们常常带些先入为主的成见去阅读,但在我们有了更多的阅读文学作品的经验时,又常常改变和修正这些成见。这个过程是辩证的,即理论与实践互相渗透、互相作用。"①但是,这不是第一种情况,而是非自觉的强制阐释。韦勒克所说的"先入为主的成见"应该是各位认可的前见,而非我说的立场。与普通的正当认识方式不同,作为自觉的强制阐释,其要害就是主动预设

---

① [美]韦勒克、[美]沃伦:《文学理论》,刘象愚、邢培明、陈圣生等译,江苏教育出版社2005年版,第33页。

前置结论与前置立场

立场、模式和结论，并通过有结论的阐释去证明结论，不存在调节的欲求和可能。自觉的有意识的强制阐释是事先选定的阐释方式，立场既定，结论不可改变。全部的阐释和论证过程，只能紧紧围绕立场和结论展开，无法遮掩。如果达不到目的，比如说此文本不符合前置结论，那么，阐释者就一定要重新选取文本，做出能够证明自己结论的阐释。这是强制阐释的完全模式，也是规定其内涵和定义的根据。极端一点的例子，就像雍正王朝的文字狱，"清风不识字，何必乱翻书"，阐释者的立场、目的是唯一的，结论由此而生，怎么可能去调节？朱立元先生列举刘心武的红学研究的方法，也很透彻地说明自觉的强制阐释的要害。其阐释路径是，先前置一个立场。这个立场就是，找到一个与前辈红学研究完全不同的支点，打造红学研究的新成果；其次，前置模式，这个模式就是，排除其余众多人物，打碎原著现有结构，以完全不同于前人的方式重置原著；最后，前置结论，这个结论就是，文本是以不为人重的秦可卿为中心展开叙述，实现意图，红学实际是"秦学"。按照定义，这是完全自觉的强制阐释。这种阐释方法，与肖尔瓦特强制阐释莎士比亚的《哈姆雷特》，以证明她女性主义立场的女性批评何等相似！如果按周先生辨析，释者有一个立场，想重新解读《红楼梦》，说出一番前人没有说出的话，这个当然没错；有一个模式与文本平等对话，或者以现成"图式"去"试错"也非常正当，关键是他要真正平等而不是强制于人，是不断地"矫正"自己而不是矫正文本，那就没有强制阐释的嫌疑了。只可惜，阐释者没有这样，也不可能这样，因为他是自觉地进行强制阐释，其立场是明确的，必须要达到目的，没有秦可卿，可以说袭人，也可以是元春，甚至什么更不着边际的人物，模式总是可以找到的，论证也不乏手段，立场才是根本，有了立场一切都很难改变。当代西方诸多文论的软肋就在这里。那些各种各样的主义如果只是前置而非坚持，更理想的是能在理性试错的过程中不断矫正自己而非矫正文本，那就没有强制阐释的问题了。也就是说，对自觉的强制阐释行为而言，是不是很难出现周先生所说的现象："前置立场和前置模式在文学研究中实际上有其合理性和必然性。问题的关键也许并不在于是否有前置立场和模式，而是如何避免'前置结论'"。再进一步说，强制阐释,不仅有三个前置,并且它要坚持三个前置,要自觉地进行强制阐释。这样可能就会被更好地理解和接受。

二是非自觉的强制阐释。意即在具体的阐释过程中,阐释者只有非自觉的前见,却无意识地进行了强制阐释,并得出强制阐释的结果。在这种情况下,如何确定强制阐释?这也是一个认识发生论的问题,我理解周先生已经给出了两点结论:其一,前置结论,且以结论为准操控阐释,虽无前置立场和模式的显现,但已具备强制阐释的核心要件,同样可以视为绝对的强制阐释。其二,仅有前置立场和模式而无结论,且能够在阐释过程中不断调整立场和模式,做出符合实际的结论,不会发生强制阐释。那么非自觉的强制阐释如何发生?我理解关键就是一点,固执于前见。也就是阐释者下意识地用前见作为评判文本的标准,符合其前见的就接受,偏离前见的就排斥,将模糊的、非自觉的前见无意识地固化为立场。由此而陷入强制阐释的泥淖。与自觉的强制阐释不同,前置立场、模式和结论,是其有目的的、主动的行为,而非自觉的强制阐释虽然不去预设立场、模式、结论,但其一旦固执于前见,立场和结论就可能随之而出,阐释者本人也难以察觉。这又显示立场与前见的不同作用,前见的隐蔽性与非自觉状态,不会确定模式和结论。而立场的自觉性和进攻姿态必然决定模式和结论的选择。固执于前见,也必将影响阐释者的态度。周先生说的"对话""调节",与文本的平行交流都很难实现,模糊的前见固化为清晰的标准,已与自觉的立场没有太大差别了。我个人认为,这种非自觉的强制阐释,不应该发生在专业理论家和批评家的阐释中,而主要出现于缺少专业训练的一般读者的理解中。读者对文本的理解当然是多元化的,是根据本身的经历和感受而理解文本。鲁迅先生说:"单是命意,就因读者眼光而有种种:经学家看见《易》,道学家看见淫,才子看见缠绵,革命家看见排满,流言家看见宫闱秘事……"看看这段话,鲁迅说的都是非专业人士,都是"读者"因为眼光不同而已。职业的文学理论家和批评家,不应与非专业读者一样对待文本和批评。批评家有自己的责任,不能混同于普通老百姓。这个观点,以后通信中将专门提出,就教各位先生。

作为旁证,我举宋代理学大师朱熹的有关论述,补充上面的辨析。在对经典文本的阐释上，朱熹很是不屑强制阐释的行为。当然，他没有这样的概念。他批评有人以道家和佛家的观点来阐释儒家，其实是以其"之似以乱孔孟之实"。其方法是"本要自说他一样道理，又恐不见信于人。偶然窥见圣人说处与己意合，便从头如此解将去"①，并"直以己意强置其中"，"只借圣人言语起头，自演一片道理"。② 正如立元先生所言，强制阐释不仅在当代西方文论中存在，在中国当代文学批评中也是常见，而且无论东方、西方，强制阐释古已有之，源远流长。只不过没有人这样看问题，这样建立概念以至范畴认真推演论述而已。由此，我更加坚定地认为，强制阐释的提出是有意义的。不仅对当代西方文论的认识，而且对阐释学范畴体系的丰富，都是一种发现和总结。只可惜当然也庆幸朱子的"强置"不是"强制"。

等待各位的回复。顺祝安好。

---

① 黎靖德编：《朱子语类》卷一百三十七，中华书局1994年版，第8册第3258页。
② 参见《晦庵先生朱文公文集》卷五十六，《答赵子钦》，中华再造善本，北京图书馆出版社2006年版。

从文学批评性质、功能的定位说开去

朱立元

张江先生：

　　读了您的第七封信，感到我们所讨论的问题又深了一层，颇有收获。这次，您重点对强制阐释的三个"前置"中第三个前置即前置结论作了一锤定音的批判，使人心悦诚服地认可前置结论是强制阐释最明显、最毋庸置疑的特征。同时，您深入论述了在强制阐释中三个前置的相互关系和动态构成，这在思维逻辑和推理方式上是站得住的，深化了对强制阐释的批判。我特别注意到，您站在马克思主义认识论的高度，对文学批评的性质、功能在理论上作了明确的概括，以此作为批判强制阐释的理论依据。我以为，一般说来，这个理路是对头的。不过，细细推敲起来，似乎还不够完整、不够全面，还有一些可以补充、修正之处。下面试谈谈我的初步想法，以就教于您和专家学者们。

　　首先，关于文学批评的性质和功能问题。您从认识论角度明确指出："从文学批评的研究方式看，文学批评是一种经验研究。它的研究对象是具体文本及写作实践。批评的功能在于从文本和书写中找到具有指导意义的规律，指导书写者增进书写能力，帮助阅读者提高鉴赏水平。更重要的是，通过经验研究而总结归纳具有共性意义的书写和阅读规范，推动文学成长。"我认为，这个概括从批评的出发点而言，无疑是正确的；但是，就批评的完整性质和过程而言，则还需要

　　＊　本文原刊于《北京师范大学学报》（社会科学版）2015年第4期。
　＊＊　作者单位：复旦大学中文系。

作一些重要补充。

　　第一，从文学批评的起点或者开端而言，它确实是经验研究，因为它面对的是一个个具体的文学作品（文本），即特定作家在创作实践中生动鲜活的文学经验的书写和表达，批评家如果不努力去进入和体验这种文学经验，从直观经验的体悟中作出某些理性的概括、判断和评价，而是用某种先入为主的理论框架、理念和模式硬套到文本上去，把对文本的阐释作为证明自己前置结论的手段，那只能陷于强制阐释的窠臼；但是，我认为，就文学批评的展开和全过程而言，它不只是经验研究，不只是经验的归纳和提炼，与文学创作虽有理性指导、却需要保持感性经验的形态不同，文学批评同时也必定是批评家自觉不自觉地在某种理论（理性、理念、模式）指导下对文学经验进行的理论思考和研究，换言之，文学批评必定是经验和理论两种研究的双向互动的过程。要是没有一定理论（无论是自觉还是不自觉形态）的介入、参与和指导，哪怕对文学经验的最初步、最表层的归纳、提炼、概括都不可能，更不用说从文本和书写中找到具有指导意义的规律了。事实上，批评家们，恐怕没有哪一个会承认自己的批评活动、批评实践，仅仅是"经验研究"而不包含理论研究在内；也因此，优秀的批评家不但在具体作家、作品的批评上有卓越成就，而且往往会形成具有自己个人特点的批评理念和理论，即使有时候他本人不一定作出明确的理论概括，但其他批评家或理论家完全能够从其大量批评实践、批评文本中概括出其具有个性的批评理论来。

　　您不无理由地指出，"经验研究与理论研究的重要区别之一就是，经验研究不能预设也就是前置结论"。我完全理解，这是试图通过强调文学批评的经验研究性质来批驳强制阐释事先选择立场、模式及最后结论的逆向认识和阐释路线。然而，我想要补充的是，不但经验研究不能预设或前置结论，理论研究同样不能。如果理论研究预设或前置了结论，那么其整个研究实际上只是为这个前置结论的正确性、合理性作论证，理论研究就降低为这种自我证明的辅助性工具和手段。当然，这要与学术研究中"大胆假设、小心求证"的科学方法严格区分开来，关于这一点，此处不拟展开。这样看来，无论经验研究还是理论研究，都不能预设或前置结论。如果我们把文学批评不仅仅看作经验研究，而是如实地看成经验研究和理论研究双向互动的辩证过程，那么，前置结论无论如何都是批评的大敌，都是导致强制阐释的根源。

第二，文学批评作为一种经验和理论相统一的阐释活动，当然包含着认识的一般程序，但是，在我看来，批评又不只是对文学作品、文本的认识和理解，不仅仅要遵循唯物主义的认识（包括批评者主体能动的认识在内）路线，而应当同时是从批评者主体的价值立场（与您对立场一词含义的界定不全一样）和追求出发对其作出的价值（包括审美、伦理、政治、法律、宗教等等价值）评判，一句话，文学批评应当是审美、认识与评价的统一，是对文学文本审美性的解读、分析、评论和价值判断等的综合阐释和书写。康德把美学（审美）看成是认识论（认知理性）与伦理学（实践理性）之间的中介和桥梁，是不无道理的。所以，讨论文学批评的性质、功能，似乎不能局限于求真的认识论框架，还应该拓展到求善、求美的价值论范围，在阐释文学作品、文本的意义时，不仅要发掘、揭示其艺术形象背后诉说的"是什么"（本质、必然性），同时要以"应如何"（应然性）的价值尺度给予评判。也就是说，应该在认识论与价值论辩证统一、真善美辩证统一的基础上考量文学批评的性质和功能。这一点，单单从认识论角度考量恐怕还不够全面。

第三，更重要的，我认为，您提出的三个前置中，前两个前置并不必然导致前置结论。我上一篇文章中提出了批评模式的两重性的观点，现在我想补充一点，前置"立场"也有两重性。（在此，我先提出一个建议，是否能用"理念"或"观念"来代替"立场"一词，以减少中文语境中容易发生的歧义。）这里拟用马克思、恩格斯对拉萨尔的历史剧《弗兰茨·冯·济金根》的批评作为范例加以说明。也许有人会认为，这个例子人所共知，没什么必要再来重复。但是，我经过反复的重新学习和思考，觉得马克思主义经典作家创建的文艺批评形态是有其完整的理论和逻辑构成的，它包括批评开始前的批评理念（或者说"立场"、前见等）和模式，及其指导下的批评实践。当然，绝对不存在也不容许存在任何意义上批评的前置结论。在此我谈谈自己这方面重新学习的心得。

马克思、恩格斯分别于1859年4月19日、5月18日致信拉萨尔，不谋而合地从审美入手，对他的剧本《济金根》在认识论与价值论的结合上进行了全面、深刻而精彩的分析和批评。他们俩的批评有一系列共同特点，试作如下归纳。

第一，都从对剧本的审美阅读和体验进入。马克思首先强调自己以审美的态度、即"完全撇开对这个剧本的纯批判的态度"来阅读时，"在我读第一遍的时候，它强烈地感动了我"①。恩格斯则说，在当下德国到处都缺乏美的文学，很难读到这类作品，相比之下，《济金根》值得另眼看待，他第一二次读这部获得的印象是，从题材和处理上看，"都堪称德国民族的戏剧，使我在情绪上激动不已"②。也许他们说得比较客气，但不约而同都在（审美）情感上被打动了，应当不假。

第二，都紧密结合剧本的艺术形式，展开对其思想、历史内容的批判性考察和分析，二人的基本观点完全一致。马恩都从评论剧本艺术形式方面的得失开始，马克思"称赞结构和情节，在这方面，它比任何现代德国剧本都高明"③；恩格斯也说其"情节的巧妙的安排和剧本的从头到尾的戏剧性使我惊叹不已"④。他们也都批评剧本的韵律方面存在不足，认为还可以"安排得更艺术一些"⑤。

紧接着，马恩迅速切入对剧本的戏剧冲突的悲剧性及其历史内容的深度分析。马克思肯定拉萨尔"所构想的冲突不仅是悲剧性的，而且是使1848—1849年的革命政党必然灭亡的悲剧性的冲突"，"赞成把这个冲突当作一部现代悲剧的中心点"。但认为剧本设计的主题并不适合表现这个冲突，故未能揭示出"济金根的覆灭并不是由于他的狡诈"，而"是因为他作为骑士和作为垂死阶级的代表起来反对现存制度，或者说得更确切些，反对现存制度的新形式"⑥；指出"他是

---

① 《马克思恩格斯选集》第4卷，人民出版社1995年版，第553页。
② 同上书，第556页。
③ 同上书，第553页。
④ 同上书，第557页。
⑤ 同上书，第553页。
⑥ 同上书，第553—554页。

按骑士的方式发动叛乱的",在其"统一和自由的口号后面一直还隐藏着旧日的皇权和强权的梦想"。所以,马克思认为,对这样一种"革命中的贵族代表",不应当像在《济金根》中"那样占去全部注意力,农民和城市革命分子的代表(特别是农民的代表)倒是应当构成十分重要的积极的背景",因为只有这样,剧本才"能够在更高得多的程度上用最朴素的形式恰恰把最现代的思想表现出来"[1],才能够揭示出这个冲突的悲剧性及其深刻的历史内容。恩格斯对此作了更详尽的论述,他指出,《济金根》重点关注的只是官方分子,而"对非官方的平民分子和农民分子,以及他们的随之而来的理论上的代表人物没有给予应有的注意",就是说,"同贵族运动比起来,它却没有充分表现出农民的鼓动在当时已经达到的高潮"[2]。恩格斯一针见血地批评拉萨尔:"由于您把农民运动放到次要地位,所以您在一个方面对贵族的国民运动作了不正确的描写,我觉得,您同时也就忽视了在济金根命运中的真正悲剧的因素",而这种"悲剧的因素正是在于:同农民结成联盟这个基本条件不可能出现;因此贵族的政策必然是无足轻重的;当贵族想取得国民运动的领导权的时候,国民大众即农民,就起来反对他们的领导,于是他们就不可避免地要垮台"[3]。正是在此基础上,恩格斯总结、归纳出"这就构成了历史的必然要求和这个要求的实际上不可能实现之间的悲剧性的冲突"这一个具有普遍意义的著名论断,实际上深刻揭示出悲剧性冲突的社会历史内涵。这种分析既有深广的社会历史内容,又有界定悲剧性冲突那样的美学意义,二者紧密结合、水乳交融。

第三,上述对《济金根》思想历史内容的剖析,又都时时紧扣对其艺术和审美价值的评判。这里最值得强调的是,马恩都批评了剧本存在的席勒化倾向,而倡导莎士比亚化的审美价值取向。马克思在批评拉萨尔像济金根一样,"犯了把路德式的骑士反对派看得高于闵采尔式的平民反对派这样一种外交错误"的同时,明确指出,"这样,

---

[1] 《马克思恩格斯选集》第4卷,人民出版社1995年版,第554页。
[2] 同上书,第559页。
[3] 同上书,第560页。

你就得更加莎士比亚化,而我认为,你的最大缺点就是席勒式地把个人变成时代精神的单纯的传声筒"①。在此,马克思一方面界定了"席勒式"的美学内涵,而把"莎士比亚化"作为它审美上的对立面予以提倡;另一方面集中批评了拉萨尔戏剧创作上的主要缺陷就是"席勒式",而他美学上这种的"席勒式"弊病又与剧本历史描写上的"外交错误"直接相关。马克思还批评了《济金根》"在人物个性的描写方面看不到什么特色",连济金根"也被描写得太抽象了"②。无独有偶,恩格斯同样从戏剧艺术发展前景的角度强调,"德国戏剧具有的较大的思想深度和意识到的历史内容,同莎士比亚剧作的情节的生动性和丰富性的完美的融合","正是戏剧的未来"③。据此,恩格斯提出人物性格描写的个性化要求,认为"刻画一个人物不仅应表现他做什么,而且应表现他怎样做",他婉转地指出《济金根》这方面存在不足,认为它"如果把各个人物用更加对立的方式彼此区别得更加鲜明些,剧本的思想内容是不会受到损害的",他并提醒拉萨尔"原可以毫无害处地稍微多注意莎士比亚在戏剧发展史上的意义"④;他在批评《济金根》忽视对农民运动广阔背景的描写时,再次呼吁人们"不应该为了观念的东西而忘掉现实主义的东西,为了席勒而忘掉莎士比亚"⑤,与马克思一样将席勒与莎士比亚作为两种相反的创作倾向(观念主义与现实主义),肯定后者而贬低前者。在此,马恩对现实主义创作方法和审美原则的大力倡导表现得十分鲜明和强烈。

第四,马恩对《济金根》剧本的批评实际上提出了一个具有普遍意义的文学批评的理念和模式,这就是恩格斯所说的,"我是从美学观点和史学观点,以非常高的、即最高的标准来衡量"⑥拉萨尔的《济金根》的。据我理解,这里"美学观点和史学观点"相结合和统一,应该是两位马克思主义创始人用来进行文学批评的最重要标准和

---

① 《马克思恩格斯选集》第4卷,人民出版社1995年版,第554—555页。
② 同上书,第555页。
③ 同上书,第557—558页。
④ 同上书,第558页。
⑤ 同上书,第559页。
⑥ 同上书,第561页。

第二编 主观预设、前见与立场

尺度。用我们现在的话语，是不是也可以说，就是他们开展文学批评的基本模式呢？我以为完全可以。从前文所归纳的三个方面，我们非常清楚地看出他们是如何运用和坚持"美学观点和史学观点"相结合的批评模式和批评标准来有效而出色地进行批评实践的。给我印象最深的，就是批评时这两个方面的紧密结合、相互交织和彼此渗透。马恩这种批评理念和模式，不仅仅体现在的《济金根》的批评中，而且，在他们一生的文学批评实践中都得到了贯彻和体现，如对当时英法小说写作风格"发生了一场彻底的革命"[①]的评论，如对巴尔扎克这位"比过去、现在和未来的一切左拉都要伟大得多的现实主义大师"[②]及其长篇系列小说《人间喜剧》的一系列精彩又精辟的评论，又如对哈克奈斯的小说《城市姑娘》"现实主义的真实性"[③]的肯定和典型性不足的批评[④]，等等，无不如此。由此我联想起，长期以来文艺理论界习惯于将马克思主义文艺批评概括为"社会历史批评"，以区别于形式主义、唯美主义的批评，现在看来，这种观点至少是不全面的，完全忽视了马恩批评实践中的审美方面，以及审美与社会历史批评的有机结合。我认为这是对马克思主义文艺批评模式的不正确或者片面的理解和概括。

综上所述，我认为，从理论上概括，马克思主义文艺批评确确实实存在着独特的框架结构：最高层的理念是唯物史观（世界观和历史观）；其次是"美学观点和史学观点"相结合的批评模式；再次才是批评的操作和实践。如果一定要用前置还是后置来区分，那么前面二者也应该是前置的。但这种前置并不是孤立于批评实践之外，而是贯彻、渗透到整个批评过程中。它绝不会导致强制阐释，相反，它应当成为最富有阐释活力和有效性的批评形态之一。这些看法，是不是有点离题了？就此打住。

---

① 《马克思恩格斯全集》第3卷，人民出版社2002年版，第556页。
② 《马克思恩格斯文集》第10卷，人民出版社2009年版，第570页。
③ 同上书，第569页。
④ 同上书，第570页。

关于强制阐释现象的辨析

王 宁

张江先生：

读了您的第七封信，感觉到您对强制阐释问题如此着迷，以致接连几封信都在就这个问题反复并深入讨论，看来这个问题确实比较紧迫，如果不解决就无法对当代西方文论用于批评实践的成败得失作出总体评价。可以说，我们通过多次讨论已经在这个问题上达成了基本的共识。我在仔细拜读来信后发现，您对问题的认识又进一步集中并深化了。您不无正确地指出，理论的形成在大多数情况下来自批评实践，但您同时也并不否认，由理论生成理论，也是可以的，但一种理论的形成一定是有实践依据的，须经过实践检验，被证明确实是合理的才能具有普遍的指导意义，这样的理论用于批评实践也才能显示出有效性。这与我的看法是一致的，我在后面还要进一步阐述。此外，您又指出，所谓新的生成，不过是后人在深入检验的基础上，根据实践的发展，进一步的丰富和发展而已。对于不同民族而言，外来民族的理论要为本民族所应用，必须经过长期的试错、同化和修正，并在自觉主动的积极调整中实现民族化和本土化，有的甚至要经过脱胎换骨的改造，才有可能取得成功。对此我也完全赞同，而且在最近贵院主办的北京文学理论国际论坛上也作了类似的发言。我认为，早年西方古典文论在中国的登陆并在长期的实践中最终被"归化"为汉译西方文论就是一例，俄苏现实主义文论在中国相当长一段时间内的影

---

* 本文原刊于《北京师范大学学报》（社会科学版）2015年第4期。
** 作者单位：上海交通大学人文艺术研究院。

响也可以佐证。这些来自域外的理论教义现已深深地浸入到中国现当代固有的文学理论话语中，甚至可以说也成了中国的文学理论批评观念的一部分。但我这里仅想就从理论中生成理论与从实践中形成理论这两种现象作一粗略的辨析。

众所周知，文学理论指的是研究有关文学的本质、特征、发展规律和社会作用的原理和原则的一门学科，它属于广义的人文学科的范畴，带有鲜明的政治倾向性和意识形态特征，即使是那些专门研究文学形式和审美特征的理论也无法摆脱政治上的偏好。因此伊格尔顿所说的一切文学都具有政治倾向性是不错的，而他本人就以其批评观点的鲜明和语言的犀利在英语文论界独树一帜。只是他这里所说的"政治"并不是专指我们常说的那种带有阶级斗争、革命和剧烈的社会变革等意义上的政治，而在很大程度上指的是带有鲜明意识形态倾向的那种学术和批评政治。许多批评家由于这种"政治不正确"而成为学术体制的牺牲品，伊格尔顿本人也因为政治倾向太鲜明而在英国的学术体制内一度受到排斥。毫无疑问，文学理论对于文学研究是必不可少的，它统辖文学史和文学批评，并对后二者甚至文学创作都有着一定的指导和规范作用。当然，文学理论对文学创作的指导作用不一定总是直接的，它在大多数情况下是间接的，也即对作家的创作思想产生启迪和影响，使其在人物塑造和形式创新中有着一种自觉的意识和理论依据。可以说，一种文学理论在运用于文学批评和文学研究时是否有效，应成为检验这种理论是否具有生命力的一个标准。好的文学理论总是来自文学创作和批评的实践，经过一番抽象和理论升华后又可以反过来指导文学创作和批评实践。应该说这是一种常理。可以说，19世纪末以前的各种西方文学理论的发展演进基本上符合这一标准，因为那时并没有作为一门学科的文学理论，所谓理论也只是作家和批评家在实践中得出的具有相对普适意义的思想的结晶，后来者将其提炼总结为理论，因此我们常常将其称为文学理论（literary theory）或文学的理论（theories of literature）：前者指作为总体的理论，后者则指不同的理论形态和流派。总之，那时的理论与文学的关系十分密切，它来自文学，反过来又服务于文学。

但是正如您在近年来的一系列文章中所指出的，20世纪以来的各种西方文学理论，或由于其所带有的非文学性而干脆统称为文论，则并非都是从文学创作和批评实践抽象而来的，而大多是从文学以外的其他人文学科，有时甚至从社会科学或自然科学中借用或强行进入文学研究领域的。因此它们并不属于传统意义上的文学理论，而多半被称为批评理论或文化理论，美国理论家卡勒在写于20世纪80年代初的《论解构》一书中干脆称其为"文本理论"或"理论"。当然，他本人也曾对这些跨学科的理论的形成起过重要的推波助澜作用。但近几年来，他认识到了理论的这种无限制扩张带来的后果，所以他在三年前中国几所高校的演讲中，又重新启用被他放弃多年的"文学理论"一词来描述当今的西方文论状态，并把他的一本专题研究文集定名为"理论中的文学"（Literary in Theory）。这也值得我们中国的文学理论家和研究者深思。平心而论，那些来自文学以外的理论进入文学批评和研究，无疑开阔了批评家和研究者的视野，丰富了文学研究和批评的多元特征，使得过去那种对一部作品的单一的阐释变得丰富和多样了。因此从客观上说也使得一些沉默了多年的文学作品有了持续的生命和来世生命。因此不能简单地得出结论，认为来自非文学的理论就一定不能用于文学批评和研究。关键在于如何去使用它们？是不加批评鉴别地滥用还是有选择地适度使用？这应该是检验批评家的理论素养的一个准则。正如我在前几封信中所说的，提出这些理论的人也许并没有错，因为他们作为立一家之言者自有其道理。但是不加选择地将一个仅作为一家之言的理论概念滥用于对所有文学作品的阐释甚或强制阐释就不是实事求是的态度，所带来的后果反而会使那种理论观念失去原有的相对有效性。实际上，在一个多世纪以来的文学批评和研究实践中，许多来自非文学的理论已经在批评实践中被语境化和批评家创造性改造，因而证明，至少在西方的语境中，这些理论是行之有效的。另外，通过翻译的中介，这些理论在非西方语境中，包括中国，也广为批评家和研究者所使用，这其中并不乏误读和重构的成分，但仍然被证明大多是有效的。我想，您对此也不会持有异议吧。

根据我的理解，您想指出的是这样一种现象，也即在承认上述一般规律的同时，认为在由理论生成理论时也应有其内在的规律，若是

第二编 主观预设、前见与立场

违背这个规律,简单地套用其他国家和民族的现成理论,甚至不加选择地将其信奉为教条,以此为根据而前置立场、模式和结论,并将其不加区分地用于本民族的文学批评和研究实践,就势必会给本民族的文学理论和实践造成极大的伤害。对此我也深有同感。我想,您这里所要强调的是这样两个前提:前置立场和前置结论。也即不根据文学作品创作的内在规律,立场和结论先行,并以此来改造作品本来的意义和发展脉络。这当然也是我们所要反对的。我也同意您的辨析,即立场可以前置,但在阅读和阐释作品的过程中,批评家有可能根据文学作品的内在逻辑和批评分析的需要而改变立场,最终得出与自己的初衷相悖的结论,这样做应该说反映了批评家的文学良知。而另一种则不可取,即前置结论,当我们尚未深入一部作品内部进行仔细阅读和分析时就已经预先形成了结论,最终让批评服从于这一带有强制阐释性质的结论。这显然是我们要反对的。在这个问题上,我们的看法是一致的。

当然,以上所说的都是一般的原则,我们在这些一般性原则上意见比较一致。但正如您所指出的,现在具体的问题是,当代西方文论中的诸多"主义"不是从经验和实证出发,而是从观念和理论出发,预设各种结论,对文本和文学史做形而上的玄妙的概念操练,不仅对具体文本的阐释如此,对理论的生成也是如此。

您所说的这些确实都是事实,但是在实践中应该如何看待这种现象?是否凡是来自其他学科或理论的理论都是一种强制性阐释,还是对之应有所区别?我个人的看法是应该有所辨析。也即在整个文学理论史上,始终存在着两种形态的理论:一种是来自文学家的理论,也即作家和批评家在长期的创作和批评实践中得出了一些鲜活的经验,加以提炼升华成具有普遍指导意义的理论,这应该是一种文学的批评理论,而且这种理论若直接用于指导文学创作和批评常常是有效的。另一种则是来自学者或科学家(主要是人文社会科学家)的理论,他们往往缺乏文学创作和批评的经验,只是根据自己有限的一点文学知识,或者其他相关学科,如哲学、社会学和心理学的知识而提炼出的理论,这样的理论又叫作"元理论"或"元批评理论"(metacriticism 或 metacritical theory),它可以用来(间接地)指导文学创作或批评，或根本就不用于指导文学创作或批评，只是被批评家强行用于文学作品的阐释。但是提出这种理论的人的目的并不在于此，而正像您所说的，他们只是出于个人爱好读了一些文学作品或其他人文学术著作，就随意地用包括文学在内的人文作品来证明自己理论的正确或有效性，因而他们往往前置立场甚至结论，对文学作品的阐释就形成一种先入为主的强制性阐释。如果说理论的提出者一开始还兼顾文学作品的内在意义的话，那么后来的实践者则会远离这些理论家的初衷，将理论家的某个仅仅代表一家之言的理论洞见推广为具有普遍意义的原则，这样就会漏洞百出。比如我在前面几封信中所提及的弗洛伊德的精神分析理论用于文学作品的阐释就是如此。一些注重行动和实践的女权主义者或生态主义者对作品的先入为主的阐释也是如此。应该说，这才是您所批评的强制性阐释。不知道您以为如何？

尤其重要的是，您信中还进一步说明，有两种形式的强制阐释，我对此也十分感兴趣，也想就这个话题作些再发挥。按照您的看法，第一种是自觉的强制阐释。即意识清醒的强制阐释者，从本人的自觉立场出发，抓住和创造一切机会开展强制阐释，以证明和宣扬其立场。这种阐释者的最终目的并非指向文学，而是为了丰富自己的或自己所推崇的某个理论。第二种则是一种非自觉的强制阐释。意即在具体的阐释过程中，阐释者只有非自觉的前见，却无意识地进行了强制阐释，并得出强制阐释的结果。我认为前者是不可改变的，而后者只要适当地加以注意是可以克服的。这就好比文学创作一样，一个作家可以预先设定一个故事的结局，但是在写作的过程中，由于主要人物命运的改变或故事情节发展的需要，作家不得不改变自己的原初设定，最终使得故事的结局服从其内在的发展逻辑。对文学作品的批评和阐释也应该是这样。

因此在您看来，对一般阐释过程而言，也就是非自觉的强制阐释过程，先有一个成见，但阐释者在认识过程中会逐步修正自己的意见，最终否定或修改了成见，这是正当的认识路线。我想，一个有着自觉的理论意识的批评家在阐释一部作品时，如果发现那种理论并不符合该作品的内在逻辑或发展脉络，仍然硬是固执己见就势必陷入强制阐释的泥淖。反之，如果他尊重作品的内在发展逻辑和脉络，对所使用的理论进行语境化或改造，使其从无效变为有效，那就有可能获得双赢：既能得出令读者信服的批评性洞见，同时又与自己所使用的理论进行对话并对之加以重构，进而发展了理论。我认为后者是可取的。当年耶鲁批评家哈罗德·布鲁姆就是如此。他开始对德里达的理论着迷并受其影响，但后来他发现德里达的理论并非是一种文学理论，虽然德里达对文学也情有独钟，但其文学作品的阅读量较之布鲁姆还是相距甚远，因此用于文学阐释并非总是有效，因而就对之提出了批评和改造，以致最后完全与解构分道扬镳。而一般的研究者却不加区分地硬是将布鲁姆划归在德里达的解构主义麾下，这显然是不对的。我自己在长期的批评实践中常常也是这样做的，我总结出的经验就是：既要细读这些理论家的著作，又要在运用时强调中国文学作品的不同民族和语境特色，然后据此出发对这些理论提出质疑甚至重构，我认为这是创造性地运用西方文论于批评实践的正确态度。就我自己的经验而言，你越是敢于并善于对西方理论家提出批评意见，就越是能赢得他们的尊重，反之，对某个理论家不加区分地盲从，倒会使你在他们的眼里充其量不过是一个来自国外的信徒或翻译者，根本得不到他们的尊重。我想，这也正是米勒为什么在读到您的信后迟迟未回复，但一旦决定回复就十分认真地对待的原因。虽然您在信中出于谦虚称自己是为了向他请教，但他并没有将您当作一般的"请教者"，而是当作一个平等的批评者和对话者。我以为这才是一种真正的平等交流和对话。

最后，我尤其对您信中对经验研究的提及感兴趣，这一研究倾向试图将文学研究作为一门类似科学的学科，但在理论大行其道的年代，这一经验研究却被边缘化了多年，而到了文化理论式微时这一研究才又步入了前沿，我想这也是"后理论时代"西方文论的一个特征。正如您也看到的，它与理论研究的重要区别之一就是，经验研究不能预设也就是前置结论。没有对具体文本的深入考察和分析，没有对文本内容的确当识认，就无法对文本作出符合实际的判断。这使我想起"后理论"这个概念率先在英语世界的提出。20世纪90年代中后期，英国的一些专事文学和文化理论研究的学者于1996年7月4—6日聚集在格拉斯哥大学，举行了一个探讨理论衰落之后的状况的研讨会，会后的精选论文结集由爱丁堡大学出版社出版，取名为《后理论：批评理论的新方向》(*Post-Theory: New Directions in Criticism*, 1999)。但当时在那本书中，后理论主要指以德里达等人代表的后结构主义批评理论，并没有在整个国际文论界广泛被人们使用。而在今天，曾经受到后结构主义影响和启迪的各种后理论均已独占鳌头，而后理论概念本身也有了很大的发展，它已成为所有从事理论研究的学者所无法回避的一个现象。但是我们首先要弄清楚，后理论开始出现时意味着什么？后来又经历了怎样的发展演变？这些都是我们需要去解释的问题。

在这本书的短序中，英国著名的左派政治学家、埃塞克斯大学理论研究中心主任厄内斯托·拉克劳（Ernesto Laclau）开宗明义地指出："我们这个时代的理论之命运真是奇特的，一方面，我们自然是一直在经历着模糊经典的疆界之进程，这一进程使得'理论'成为一个独特的对象：在一个对元语言功能进行多方面批判的时代，对具体现象的分析又摆脱了严格区分的理论框架/个案研究的紧箍咒。但另一方面，恰恰是因为我们处在一个后理论时代，理论却又不能对抗一种脱离了理论的羁绊而蓬勃发展的经验性……因此尽管我们已经进入了一个后理论世界，但我们肯定又不可能处于一个非理论的时代。"[①] 正如一些西方学者已经注意到的那样，后理论时代的批评理论虽然失去了以往的批判锋芒，但却更加注重经验研究，从而使得文学批评和研究一样具有理论的依据和学科意识。这也许可以作为对您的上述看法的一个佐证。由于篇幅所限，关于这一点我不想在此多谈。

---

① Ernesto Laclau, "Preface", in Martin McQuillan, Graeme Macdonad, Robin Purves and Thomson eds., *Post-Theory: New Directions in Criticism*, Edinburgh, Edinburgh University Press, 1999, p. vii. 引文为作者翻译。

文学研究的立场与结论[*]

周 宪[**]

张江先生，您好！

没想到刚刚把对您第六封信的回应文章发出，不久就接到了您第七封信。看来您对这些问题已是深思熟虑，胸有成竹。您新的看法一出来，就逼迫我不得不进一步考虑如何回应，如何深化自己原有的想法。说实话，参与几次讨论后，我自己对一些原来没有仔细思考或系统考量的问题也做了较为深入的反思，把原先只存在于印象或经验层面的想法，转向更为逻辑和更为理论性的分析。感谢您提供了这样一个机会，让我可以集中精力地反省和深思一些文学理论的重要问题。古人说得好："不识庐山真面目，只缘身在此山中。"也许我是久在文学理论的樊笼里，形成了一些难以排除的职业定势，进而对某些问题缺乏敏感，导致了一些学术惯性思考。经您一连串的追问，反倒让我跳出樊笼，回过头去看看自己过去的成见和看法，获得了一些难能可贵的自我反省契机。

您在第七封信中着重讨论的是前置结论问题，这是您强制阐释论的一个重问题，因为强制阐释最终是以某种结论前置的方式呈现出来。照您的说法，前置结论是"指阐释者的结论产生于批评开始之前，阐释不是为了认识和分析文本，而是为证实他的前置结论。从一般意义上讲，前置结论是认识上的大忌"。此话一语中的！在具体研究开始之前就已经盖棺定论，这样的文学研究既无创新，又无现实针

---

[*] 本文原刊于《北京师范大学学报》（社会科学版）2015年第4期。
[**] 作者单位：南京大学艺术学院。

对性，只能属于主观臆说了。按照您的陈述逻辑，前置结论乃是一种本末倒置的研究，结论在前且不可更改，这样的文学研究的确是万万要不得的。纵观您信中的陈述分析，我注意到您特别强调前置立场的危害，您有两处特别讨论了立场对文学研究的潜在危害。一处是特别指出了立场、模式和结论三者的关系，"立场的分量最重，决定模式和结论"；另一处是您颇有见地的分析，"模式总是可以找到的，论证也不乏手段，立场才是根本，有了立场一切都很难改变"。照此推理，文学研究者在研究中是不应持有立场，否则就很难避免前置阐释。您在前几封信中还多次提到，立场与前见不同，前见无法逃离且有必要，立场则另当别论，应该且可以抛弃。

如果我的理解是正确的，那么关于前置阐释和前置结论的核心问题就集中到了如何避免研究者的预先持有的某种立场。但一系列新的问题又接踵而至：什么是立场呢？如何在文学理论研究中摒弃立场？或立场在文学研究中是一成不变的还是有所变更？如何将前见和立场自觉地区分开来？

从"立场"这个概念的词典意义来说，它有两个基本含义，其一是"认识和处理问题时所处的地位和所抱有的态度"；其二是"特指政治立场"[①]。前者涵义比较宽泛，好像任何人在认识和处理问题时都无法逃脱自己"所处的地位和所抱有的态度"；后者外延较小，内涵更为确定，就是某种政治观点。从您关于立场的表述来看，好像您的看法主要是指后一种立场，亦即某个政治态度。但问题的关键在于，要文学研究者在研究文学文本时不持有或放弃他们的政治立场，这恐怕是难以做到的，因为文学研究属于人文学科，而人文学科的意识形态性或价值取向是异常鲜明的，这恰恰是文学研究不同于科学甚至社会科学研究的一个特点。所以，我们才把这个领域的知识称为人文学科而不是人文科学。不管是谁，一旦他进入文学研究，难免会有某种价值观或意识形态，即使是那些主张价值中立或客观科学的人，也暗含了某种立场，摆脱不了某种价值论或政治观念。这么说好像是在为文学研究中的一切价值取向主观干预式的研究大开方便之门，其

[①] 《现代汉语词典》，商务印书馆2005年版，第838页。

实不然！在我看来，作为人文学科的文学研究，实际上面临着某种两难困境：一方面，文学研究无法完全去除研究者的价值取向或立场；另一方面，又不能把文学研究完全变成为受制于价值取向或立场的主观判断。如果我们把文学研究的这个两难困境放到其他学科里，不难发现其他学科也有同样的困境。就我所知，在社会学领域，20世纪初自韦伯提出了社会学研究的"价值中立"（又译作"价值无涉"）方法论观念以来，一直存在着激烈的争议和论辩。为了拓宽我们对这一问题的认识，不妨从社会学的论争入手来思考。

韦伯作为社会学的奠基人之一，认为人类的知识存在着两种不同的类型，一类是所谓的"实存的知识"，亦即关于"是什么"的知识；另一类是所谓的"应然的知识"，亦即"应该怎样"的知识[①]。韦伯旗帜鲜明地指出，作为经验科学的社会学，它只关心前者而不是后者。我们知道，这个差异在哲学上被概括为描述性方法与规范性方法的对立，"实存的知识"是描述性的，而"应然的知识"则是规范性的，前者关心事实如何，后者关系价值判断。韦伯在其生活的年代所以提倡"价值中立"，其实是有很多复杂原因的，除了强调社会学是一门经验科学之外，实际上还隐含了一个警醒，即警惕一些以捍卫德意志帝国事业为口号的"爱国主义者"利用社会学来做文章[②]。在韦伯看来，当价值判断进入经验科学时，研究的客观性和有效性就会面临威胁，科学研究就会变成为道德文章。有趣的是，韦伯在提倡"价值中立"的同时，还提出了另一个重要观念——"价值关联"。即是说，虽然社会学这样的经验科学要保持"价值中立"，但是这并不意味着它与价值无关。这两个概念的复杂关系意味着社会学研究方法论的一个内在矛盾，一方面要努力实践"价值中立"，另一方面又不得不考虑"价值关联"。社会学的这个内在矛盾与文学理论的两难困境颇为相似，它道出了社会科学研究的某种复杂性。

韦伯之后，到了20世纪六七十年代，社会学界爆发了激烈的争

---

① ［德］马克斯·韦伯：《社会科学方法论》，杨富斌译，人民大学出版社1999年版，第2页。
② 参见周晓虹《理论的邂逅》，北京大学出版社2014年版，第131页。

论。赞同"价值中立"的人极力反对把意识形态和政治立场带入社会学研究，看起来这样的立场似乎更倾向于实证主义和科学主义，它强烈抵制任何受制于价值预设的研究；而反对"价值中立"的人则指出，社会学具有显而易见的实践品格和社会关切，根本无法将研究者的价值判断从研究中排除出去。更进一步，鼓吹"价值中立"的人实际上隐含了某种强烈的政治立场，那就是用价值中立的武器来围剿社会学中的左派及其意识形态立场，为自由主义鸣锣开道。一时间两派阵营界线分明，各说各的理，未有定论。从这场论争背后所隐含的政治立场的差异来看，大致可以说是社会学界左派和右派的一场学术博弈。鼓吹"价值中立"的社会学家暗含了自由主义的意识形态，尽管他们表面上并不承认这一点；而力主价值取向立场的社会学家，大都怀有某种马克思主义的批判立场，强调意识形态对社会学研究的某种不可或缺的重要意义。

社会学尚如此，文学理论又何如？

在文学理论的历史上，虽然没有系统的"价值中立"说，但实际上也存在着相似或相近的理念。如果我们仔细辨析文学理论中的客观主义和科学主义的主张，可以说与价值中立殊途同归。俄国形式主义的一个重要观点就是拒绝各种社会、历史或心理的文学阐释，主张回到语言学的客观性上去说明文本。新批评的理论更加极端，直接亮出"意图迷误"和"感受迷误"两把剑，极力排斥对文学做社会历史的阐释。这么来看，文学研究中的客观主义和科学主义本身也是一种意识形态，看起来它是要求在研究不带任何预设的价值取向或意识形态，但它本身就是某种价值取向或意识形态。

从晚近中国当代文学理论的知识建构状况来看，所缺乏的就是具有深刻思想性和批判性的文学研究，那些偏重于技术性的、分析性的和文献性的研究则大行其道。换言之，中国当下文学理论和批评的研究现状，需要张扬某种带有思想性和批判性的研究方法。就文学理论作为一门人文学科分支而言，研究者的价值观甚至政治立场实际上是无法排除在研究之外的，有时我们甚至发现，真正打动人、说服人并给人以深刻印象的文学理论和批评，是一些具有强烈社会关怀和人文精神的理论批评，是带有鲜明价值取向甚至意识形态特性的文学研究。

　　这么说好像我是在批评价值中立的方法论，鼓吹价值观取向优先的研究理路。其实并非如此！在肯定了文学研究价值取向重要性的前提下，我们的确需要对这些先在的价值取向在文学研究中可能的负面功能有所警惕。从心理学角度说，完全不带任何先见的人文学科研究实际上是不可能存在的。贡布里希在讨论艺术创造时多次说到，所谓的"纯真之眼"根本不存在，如果有的话在艺术创作中不是被现实生活所灼伤，就是无法理解现实生活。

　　他从波普尔的探照灯理论中得到启发，认为艺术创作和科学发现都是一个"照到哪里哪里亮"过程，是一个高度选择性的活动。艺术家在创作之初并不会把自己的头脑清空，被动地像镜子一样反射外部生活世界。艺术家已在自己所属的文化传统中学会了艺术特定的语言、语法和词汇，并依赖于这些语言、语法和词汇来进行创作，贡布里希写道：

> 艺术家会被可以用他的惯用手法去描绘的那些母题所吸引。他审视风景时，那些能够成功地跟他业已掌握的图式相匹配的景象就会跃然而出，成为注意的中心。风格跟手段一样，也创造了一种心理定向，使得艺术家在四周的景色中寻找一些他能够描绘的方面。绘画是一种活动，所以艺术家的倾向是看到他要画的东西，而不是画他所看到的东西。①

　　在这段经典的陈述中，贡布里希以一种心理学上的"试错"原理为根据，提出了艺术家的高度选择性乃是客观物象与主观图式之间的"匹配"关系。"艺术家的倾向是看到他要画的东西，而不是画他所看到的东西"，这一原则明确地道出了"探照灯原理"。当然，贡布里希的这一说法也有一些值得商榷之处，那就是他只强调了主观图式的选择功能，而忽略了在实际的艺术创作过程中，物象在与图式的匹

---

① [英]贡布里希：《艺术与错觉：图画再现的心理学研究》，林夕等译，浙江摄影出版社1987年版，第101页。

配中，也具有修正、发展和转变图式的可能性。

将修正过的"匹配"理论用于文学理论研究，我觉得也是适用的。既然研究中研究者的价值取向甚至意识形态无法全然摒除，那么，为了避免走向前置结论，我们就需要对这些先在的立场有所限制。吾友周晓虹教授在讨论社会学界关于价值中立论争时提出了一种设想，认为绝对的价值中立是不可能的，但"避免用价值判断代替事实判断"却是必要的：

> 如果你同意社会科学研究应该奉行上述意义上的有限度的价值中立，或起码同意研究时对现实或经验资料的解释确实不应受个人或某个群体的主观好恶的左右……那么你就应该意识到，在你的解释或因果分析过程中，事实重于价值，哪怕从这个从事实推导出的结论严重地偏离了你的价值。①

"有限度的价值中立"也许是解决这个问题唯一可行的路径。看起来是一个折中式的中间道路或第三条道路，但实际上是解决价值中立及其对立面的尖锐矛盾的现实办法。

我始终认为，任何文学理论研究者都不可能在研究之初没有立场，关键的问题不是有无立场，而是如何恰当地处理先在立场与特定文学现象的阐释关系。如果这样的立场干预并歪曲了对特定现象的分析和阐释，并以某种先在的价值判断来取消对特定现象的描述和分析，其结果就是前置结论；如果能够在有限的范围内，恰当地将当下分析的文学现象与有所限制的价值判断彼此互动，既不是先入之见的强制阐释，也不是缺乏思想和价值取向的纯粹客观的描述，这就达到了贡布里希所说的"匹配"状态。这也就是我多次提出的想法，文学理论研究实际上就是研究者与文学文本之间的某种对话和交流。在这个对话和交流的过程中，常常会出现发生认识论所说的认知图式从同化向调节的发展，由此来看，在具体的文学研究中改变自己预设的立场是可能的。文学研究说到底也就是某种"试错"过程，每一种

---

① 周晓虹：《理论的邂逅》，北京大学出版社2014年版，第135页。

理论是否具有恰当的阐释有效性,就取决于特定文本与特定理论之间的适配性,这也就是贡布里希所说的"匹配"。在任何具有创新性的文学研究中,既有的理论观念或图式会不断地调适变化,以适应于具体文学现象的特殊性,研究者在与文本的对话中也会慢慢地质疑自己不恰当、不合适的理论预设,进而发展出新的看法。由此来看,探照灯的照射并不是一成不变的,而是随着对象的变化而及时调整光照、角度和方向,因而被照射物——文本也会在这样的变化中呈现出不同的样态与面相。所以,文学研究应该是这两方面的彼此互动,缺一不可。

前见是不是立场

张 江

关于"前见"（Vorurteil）或称"前理解"的内涵和作用，是从古希腊柏拉图到当代海德格尔、伽达默尔等学者一直热烈讨论和争执不休的重要问题。在当代阐释学理论中，前见作为理解和阐释的前提，被提到重要位置予以观照。在一些场合及语境中，前见被等同于立场，或被视为阐释过程中难以改变的态度和结论。同时，也有人误解，因为前见的存在及不可避免，前见制约下的强制阐释具有其不可辩驳的合理性和正当性。我认为，前见作为认识的准备及前提条件，与阐释者自觉选取的立场是完全不同的。区别两者之间的差异，解剖前见与立场的功能，并由此判断阐释路线及其结果是否确当与合法，是阐释学理论必须解决的重大问题。本文即从经典阐释学中有关论断的细读入手，对前见问题提出自己的看法，以就教各方。

一 前见的核心内涵

先从海德格尔入手。自柏拉图"美诺悖论"提起，直到20世纪中期，历史上的诸多哲学、美学和阐释学理论，都曾广泛涉及前见或前理解方面的研究。但直到近代，无论施莱尔马赫的一般阐释学还是狄尔泰的认识论阐释学，都没有就此问题作出决定性的论断。正是海德格尔从哲学阐释学的意义充分注意这个问题，并在其存在论和本体

---

* 本文原刊于《学术月刊》2016年第11期。
** 作者单位：中国社会科学院。

论框架内作出了重要判断,前见问题才作为当代阐释学的基本问题凸显出来,并对后世产生深刻影响。在此解剖和细读几个影响广泛的核心论述。

第一,什么是前见。海德格尔说:"最先'有典可稽'的东西,原不过是解释者的不言而喻、无可争议的先入之见。任何解释工作之初都必然有这种先入之见,它作为随着解释就已经'设定了的'东西是先行给定的,这就是说,是在先行具有(Vorhabe)、先行视见(Vorsicht)和先行掌握(Vorgriff)中先行给定的。"① 由此可判定,在海德格尔那里,所谓前见就是"先入之见",而且这个"先入之见"在阐释开始以前就已被"先行给定",阐释以此见为先,并在此基础上展开。同时,这个先入之见又是"必然的",不是阐释者所能决定的,也非阐释者所自愿,它先天地存在于阐释者的意识之中,是一切认知的前提和基准。再者,这个"先入之见"是被"设定了的",即被"先行具有"和"先行掌握"所设定,是阐释者本人无法改变的。前见不同,阐释者的阐释视野及质量也就不同。那么,这个先入之见的"先",又是从何认定的?或者如海德格尔的自我设问,"如何解释这个'先'的性质"?他从存在论的基本要素认证,"此在之存在的阐释,作为解答存在论基本问题的基础",有一项重要的任务,那就是"把此在作为整体置于先有之中","整体的生存着的此在从而可以被带入生存论的先行具有"②。正是从这个意义上,海德格尔把"一切解释都有其先行具有、先行视见和先行掌握"的"'前提'的整体称为诠释学处境"③,这个处境,是一个先天的处境,任何阐释和阐释者都无从避免,也无从超越。再来剖析所谓的"见"。在海德格尔那里,"见"就是此在的"带入",是此在的状况和存在的历史痕迹。如海德格尔所言,"此在是源始的,这就是说:就其本真的整体能在来看,它被置于先行具有之中;指导性的先行视见,即

---

① [德]海德格尔:《存在与时间》,陈嘉映、王庆节译,生活·读书·新知三联书店2006年版,第176页。
② 同上书,第269页。
③ 同上书,第267页。

前见是不是立场

生存的观念，由于澄清了最本己的能在而获得了它的规定性"①。由此可见，所谓"见"者，此在也。正是"把此在作为整体置于先有之中"②，所谓先行视见才获得其规定性。那么在阐释的准备和展开过程中，这个此在到底指什么？中国有学者如此解释："人绝不会生活在真空中，在他有自我意识和反思意识之前，他已置身于他的世界，属于这个世界。因此他不是从虚无开始理解和解释。他的文化背景、社会背景、传统观念、风俗习惯，他那个时代的知识水平，精神和思想状况，物质条件，他所从属的民族的心理结构等等这一切，他一存在就已有了并注定为他所有，即影响他、形成他的东西，就是所谓的前有。"③ 西方学者也有同类看法，布迪厄就说："我们一降生在某个社会世界中，就有一整套假定和公理，无需喋喋不休的劝导和潜移默化的灌输，我们就接受了它们。"这显然是对前见的另外一种表达。但同时，他认为前见并不简单地停留于传统，而是一种秩序，一种规则："在所有形式的'潜移默化的劝服'中，最难以变更的，就是简单明了地通过'事物的秩序'（order of things）发挥作用的那种劝服。"④ 如此理解前见大体上是确当的。从认识发生论的意义看，阐释当然是有前提的，这个前提就是所谓"先行具有""先行视见"，没有这个前提，阐释就无法开展和进行。应该承认，阐释是在领会和理解基础上"对某种领会的整理和占有"⑤，理论上讲是一种更高级更深入的认识行为，这个行为不可能在"白板"上生发，也不可能从零点起步。任何阐释都必须有一定程度的认知准备，这种准备是自动的，伴随此在的生长而生成。根据不同的环境，各个此在前见自身的丰富度和穿透力差别巨大；理解和阐释的对象不同，各个此在的认知程度和水平差异深刻。这是对同一文本生产诸多异见的重要起源。

---

① ［德］海德格尔：《存在与时间》，陈嘉映、王庆节译，生活·读书·新知三联书店2006年版，第354页。
② 同上书，第269页。
③ 刘放桐：《新编现代西方哲学》，人民出版社2000年版，第493页。
④ ［法］皮埃尔·布迪厄、［美］华康德：《实践与反思——反思社会学导引》，李猛、李康译，中央编译出版社1998年版，第221—222页。
⑤ ［德］海德格尔：《存在与时间》，陈嘉映、王庆节译，生活·读书·新知三联书店2006年版，第267页。

第二编 主观预设、前见与立场

否定前见、忽视前见，不符合认识发生及成长丰富的基本规律。

第二，前见的状态与特征。前见在阐释之先以何种状态存在，它的存在特征或者说以什么特征存在，决定着它如何发挥作用，及对前见作用的把握和调控。这里有两个问题应该讨论清楚。

前见是隐蔽的还是彰显的？"解释从来不是对先行给定的东西所作的无前提的把握。"① 按通行的语法规则，可以将此判断简化为：解释/是对/先行给定的东西/以有前提的/把握。这里的"解释"是当下阐释者实际操作的活动；这个活动本身是对先行给定的东西加以把握；而这个把握是有前提的；这个前提就是先入之见。同时可以认定，在解释之前，这个阐释的前提虽然存在，但却未被阐释者所把握，只有在阐释开始时，阐释者才去把握。由此可以认定，在海德格尔这里，前见或者说先入之见的存在是遮蔽的、隐藏的、未彰显的。但是，阐释者是知道这个前提的存在的。否则，"有前提"的把握就无从谈起。海德格尔"先入之见"的"见"，从根本上说即此在。而此在的意义，或者说其"本真性"与"整体性"，往往是隐而不显的。如此，阐释的任务才如此厚重，要把此在的本真性和整体性带到"明处"②。准此，似可再次判断，在阐释者自身，他所具有的先入之见应该是隐蔽的。从这个意义上说，所谓前见与我们后面将作出论证的立场是有本质区别的。刘放桐判断："前见始终隐而不显，它决定此在的理解和解释，却不能为人们条理分明地、理智地加以把握。它就像宇宙间某些最隐蔽的法则，始终在起作用，却永远也不会被人清楚地把握。然而，此在理解和解释却不会超过这个范围，我们要解释的东西，总是为我们的前有所规定了的。"③

前见是自觉的还是非自觉的？依然从海德格尔的原始语录上手进行考察。海德格尔说："如果解释作为阐释而成为一项明确的研究任务，那么就需要从对有待开展的'对象'的基本经验方面并即在这

---

① ［德］海德格尔：《存在与时间》，陈嘉映、王庆节译，生活·读书·新知三联书店2006年版，第176页。
② 同上书，第269页。
③ 刘放桐：《新编现代西方哲学》，人民出版社2000年版，第493—494页。

前见是不是立场

基本经验之中先行澄清和保障这些'前提'的整体。"① 海德格尔的表述是清楚的。从时态上说，解释作为阐释者的自觉目的和行动尚未开始之前，必须要做的是，从"有待展开的'对象'"的基本经验方面入手，创造开始阐释的条件。没有这个条件，阐释就无法展开。这个条件又是什么？就是要"澄清"和保障作为阐释前提的整体，即所谓"先行具有、先行视见、先行掌握"。值得注意的是，这里所说的"对象"，并不是有待阐释的客观文本和事件，而是阐释者本身的"此在"，这个"此在"所具有的"基本经验"，也就是此在的存在经验，在阐释的意义上，就是由三个"先行"构成的阐释"前提"及其"整体"。问题的核心在于：存在于此在基本经验中的阐释前提及其整体，是否为此在所自觉地感受和认知？在这里，海德格尔没有作出明确的判断和结论，但是，他说要"先行澄清"这些前提，而后才可能进行解释，就充分证明了，海德格尔认定，对于阐释者主体而言，这些前提及其整体是遮蔽的，是不为阐释主体所自觉承载并认识的。这是前见的基本性质和存在方式。其运用需要"把此在之在所可能具有的本真性与整体性从生存论上带到明处"。把此在所具有的本真性与整体性，也就是解释前提的本真性与整体性，从自在生存的状态——这是一个被遮蔽的晦暗的状态——"带到"明处，并以此为准备，使解释成为可能。这再一次证明，在海德格尔这里，前见在阐释者的存在中是模糊的，非自觉的。

第三，前见如何发挥作用。经过澄明和带入，前见由盲目的自在状态，上升为解释的必备条件，并在阐释中发挥着作用。前见作为此在所具有的意识状态和储备，它是非自觉的、非主动的，那么它如何在阐释中发挥作用，当是考察前见意义的重要方面。从海德格尔自己的论述看，主要有三种方式。

1. "寻视"。这是海德格尔阐释学理论中的一个重要概念。从根本上讲，寻视是前见发生作用的首要手段和方式。阐释者，也就是此在，依据知觉而寻视，凭借寻视找到并揭示对象。海德格尔的"寻

---

① [德]海德格尔：《存在与时间》，陈嘉映、王庆节译，生活·读书·新知三联书店2006年版，第267页。

视"有三个方面的作用。一是"照面"。"任何知觉都寻视着让某某东西作为某某东西来照面"①。很明显，这里的"寻视"有寻找的意蕴。"让某某东西作为某某东西"，前一个"某某"是待解释的对象；后一个"某某"是知觉中已有的标识。所谓"来照面"是被动语态，宣示了后者被寻视主动地寻找，"让某某东西来照面本来就是寻视着让某某东西来照面，而不是一味感受或注视"②，从而证明了我们理解的正确性。那么，知觉和前见又有什么联系？这就是"任何知觉都已经是有所领会、有所解释的"③，意即前见就是知觉，再准确一点说，前见是知觉的重要组成部分及重要形式。前见通过寻视让某某东西来照面，并不是一味感受或注视，突出了前见通过寻视而生成作用的主动性。二是寻问。寻问即考究，亦即寻视本身依照前见考察被解释的对象，追究某某东西可以作为及以作为某某东西而被操劳。"寻视寻问：这个特定的上手事物是什么？"④ 就表明了这个作用。三是揭示。"对世界的领会展开意蕴，操劳着寓于上手事物的存在从意蕴方面使自己领会到它同照面的东西一向能够有何种因缘。寻视揭示着。"⑤ 这话似乎有些晦涩。寻视到底揭示什么？我理解，它揭示了被寻来照面的东西所具有的意蕴和内涵，这些意蕴和内涵与前见中所存有的某些东西，具有可供阐释的映照关系，用海德格尔的话说，"随世内照面的东西本身一向已有在世界之领会中展开出来的因缘"；而这个因缘及其整体性"乃是日常的、寻视的解释的本质基础"⑥。

2. "开刀"。海德格尔说："解释向来奠基在先行视见（Vorsicht）之中，它瞄着某种可解释状态，拿在先有中摄取到的东西'开刀'。"所谓开刀，是入手、上手的意思。从哪儿入手？从前见中所有的东西入手。从解释者的角度说，解释一旦开始，首先要抓住对象中可以展

---

① [德]海德格尔：《存在与时间》，陈嘉映、王庆节译，生活·读书·新知三联书店2006年版，第175页。
② 同上书，第160页。
③ 同上书，第175页。
④ 同上书，第174页。
⑤ 同上。
⑥ 同上书，第175页。

开解释的某种东西上手,而这种东西是在先有中可以摄取也就是可以找到的东西。先有中的存在决定着对象是否可被解释。如果有,解释就将从此开始;如果没有,对象的解释则失去可能。先有的,也就是能在前见中"摄取到的东西",是解释的基础和开端。前见中仅有还不够,更紧要的约束条件是,对象中的有与前见中的有相交叠,并为寻视所瞄准,对象才可能被解释。这才是"开刀"的用意所在。"开刀"另外一个意思是"决定"。"无论如何,解释一向已经断然地或有所保留地决定好了对某种概念方式(Begrifflichkeit)表示赞同。"在解释之前,前见已经决定,对前见中的诸多概念及其方式予以承认和赞同,也同样对诸多概念给予否定和遮蔽。"开刀"可以产生两种完全不同的结果:一是使解释"从有待解释的存在者自身汲取属于这个存在者的概念方式",如此,被解释的东西便与前见中已有的概念相同,对象符合前见;二是"也可以迫使这个存在者进入另一些概念","虽然这些概念同这个存在者是相反的",也就是与前见中的已有的概念相反,但解释依然进行且有效。海德格尔一直坚决地认为"解释向来奠基在先行视见(Vorsicht)之中"就是这个道理。[①] 先行视见,也就是前见,通过"开刀"而发生作用。

3. "作为"(Als)。海德格尔明确地说,"'作为'组建着解释"。他的名言"把某某东西作为某某东西加以解释"[②],其"作为"就是这个作为。所谓"作为"有两重功能:一是命名,即把一个东西作为另一个东西来认定,对被认定的东西作一种解释。二是统制解释和对象,让对象与前见一致。也就是说,作为在解释中改造着被解释、也就是被作为的对象,让对象成为前见所期望成为的东西。这里需要辨析的是,什么是"把某某东西作为某某东西加以阐释"?有以下三重含义:一是"把某某东西作为某某东西",这本身是一种认定,是一种确定性"作为"。二是"加以解释",是以后者比附前者,认定前者就是后者,或是后者能够说明和解释前者。三是这种比附或者阐

---

① [德]海德格尔:《存在与时间》,陈嘉映、王庆节译,生活·读书·新知三联书店2006年版,第174—175页。

② 同上书,第174页。

释是没有对话的，是以后者对前者的比附，通达解释的目的。这些分析，在海德格尔对"作为"的充分阐释中可以得到证明。海德格尔说，"作为"并不单纯是给某某东西命名，而是要使被命名的东西得到"领会"，而且是要"作为那种东西"得到领会，作为"组建着解释"也由此得以实现①。

二 立场的意义表征

"立场"一词大致于 20 世纪 20 年代左右引入中国，并长期被表征为政治和阶级立场。《辞海》对立场的解释，除了"认识和处理问题时所处的地位和所抱的态度"，还特别强调"特指阶级立场"。由此，立场的本来含义，尤其是它的哲学和阐释学意义，很少被考察与研究。但是，在西方思想理论界，立场一词被诸多理论家、哲学家大量使用，其理论内涵似乎也不证自明。关于这一点，在剑桥和牛津分别出版的两种《哲学词典》②，以及《大不列颠百科全书》中均无本词条收入，就是证明。因此，我们的研究只能从立场的词语解释入手，以明确我们对立场本身的理解。

第一，立场的基本内涵。德语 Standpunkt 在《朗氏大词典》中的解释是：

Die Art，wiemanein Problem odereine Situation beurteilt（判断一个问题或一种情况的方式）。

英语 Standpoint 在《韦氏词典》的解释是：

A position from which something is or may be viewed（观察事物的位置）。

The mental position from which things are judged; point of view（判断事物时思想上的定位；观点）。

---

① ［德］海德格尔：《存在与时间》，陈嘉映、王庆节译，生活·读书·新知三联书店 2006 年版，第 174 页。
② ［美］罗伯特·奥迪主编：《剑桥哲学词典》，剑桥大学出版社 1999 年版；［英］西蒙·布莱克：《牛津哲学词典》，牛津大学出版社 1996 年版。

这些释义，是词典的普通语义解释。由这些解释，我们无法看出立场的本质意义到底是什么，更难体会应该给予立场以何种理论哲学和阐释学的理解与表达。海德格尔本人曾给立场下过定义，但他的定义是在存在论意义下给出的，不是很全面和清晰。在这种历史语境下，要弄清立场与前见的区别，更可靠的方法是，从海德格尔、胡塞尔等经典作家的著作上手，细致考察立场一词的实际使用状况，借以更深透地理解立场的意义。从不同著作中的词语定位及具体表达看，以下三种意义应予重视：

1. 立足点和出发点。海德格尔曾给立场如此定义：Stand（设置、设立）、ponere（放置、设定）、sistere（安置、建立）、安置（sistenz）、断定（Position）。① 把前两个词的词意融合起来，将立场视为"立足点"应该是贴切的。从有关经典著作的具体考察看，这是立场一词所表达的最基本、最首要的意义。海德格尔曾经说："当我们在发问前导问题之际，我们就已经采取了那决定性的立场。"② 在这个句子里，立场就是立足点的意思。某主体在动作以前，就站到一个有利位置，或者说把自己置放于一个有利位置，由此而做好"发问前导问题"的准备。在中文语境中，立足点与出发点可以是同义的。在德语中也有同样的用法："思并不一直只是随便怎样形成的一种区分中的对立一方，而是变成场地与立足点，由此出发来对对立者作出决定，甚至于连在都根本是从思方面来获取解释。"③ 这里的"场地"原文为"Boden"，本意为"地面"，可引申为基础、立场，它们与立足点并列，且"由此出发"，表现了三者之间的关系。还有一些间接的证据可以证明立场与出发点的直接联系。"如果用 cogito sum（我思我在）来作生存论此在分析工作的出发点"，④ 这里的出发点可以定位于立场，因为在不同的地方，海德格尔曾多次用过"笛卡儿的立

---

① ［德］海德格尔：《尼采》下，孙周兴译，商务印书馆2010年版，第1179页。
② ［德］海德格尔：《形而上学导论》，熊伟、王庆节译，商务印书馆1996年版，第43页。
③ 同上书，第119页。
④ ［德］海德格尔：《存在与时间》，陈嘉映、王庆节译，生活·读书·新知三联书店2006年版，第243页。

场"。如"笛卡儿的立场仍然保留如故"①，明示了立场就是出发点的确切语义。从德文与英文的转义看，"立场"与"出发"是同义的。"从这里出发，由自己的内容所证实的一些命题得到表述。"② 我们注意到，德文版原词是"von hieraus"，直译为"从这里出发"，从海德格尔著作的上下文看，可以作为"立场"来理解，中译本就是这样做的。在英文版中，译者使用的就是"standpoint"，间接证明了"立场"与"出发点"的一致意义。

2. 态度和判断。Haltung（态度）和 Grundstellung（基本立场），在一些重要论述中是并列使用的。譬如，"当我们在发问前导问题之际，我们就已经采取了那决定性的立场（Grundstellung），获得并确保了在这里有本质作用的态度（Haltung）。③ 海德格尔的表述很清楚，此处的"立场"不仅意指为"态度"，而且与"态度"同位，"态度"本身所具有"本质作用"，与"立场"的意义同向。"这种关联绝不会以从地球的精神历史出发来直接规定我们反问的基本态度（Grundstellung）与立场（Haltung）的方式进行。"④ 这应当说是另一条更为有力的证据。与前面一句相比较，本句中"基本态度"在德文原文中是"立场"一词（Grundstellung）；而本句中的"立场"在德文原文中是"态度"一词（Haltung）。应当说，中文译者对两个词语的理解是符合原作者本意的。⑤ 同类的用法还有："这一发问的基本立场与态度自身中就是历史性的。"⑥ 海德格尔还有"思想态度"与"理论态度"的用法，体现了立场与态度的高度一致："为了进行

---

① [德]海德格尔：《存在与时间》，陈嘉映、王庆节译，生活·读书·新知三联书店 2006 年版，第 235 页。

② 同上书，第 450 页。

③ [德]海德格尔：《形而上学导论》，熊伟、王庆节译，商务印书馆 1996 年版，第 43 页。

④ 同上。

⑤ 德文 Grundstellung 第一义为"立场"；但作为合成词 grund-stellung，其中 grundo 为"基本"意，stellung 为"态度"或"立场"意，所以 Grundstellung 用作"基本态度"或"基本立场"意是恰当的。

⑥ [德]海德格尔：《形而上学导论》，熊伟、王庆节译，商务印书馆 1996 年版，第 45 页。

哲学思考，我们需要有一种完全不同的思想态度"①；"本着这一意图，我们将研究对'世界'的理论态度如何从对上手事物的寻视操劳中'产生'出来"②。至于"立场"的"判断"意，如前所述，海德格尔本人明确说过"立场"有"断定"之意，德文为"Position"。"Position"本身就有"立场""态度""见解"的意思和用法。较典型的例子有："康德存在论教条地继承了笛卡儿的立场。"③ 这里的"立场"原文为"Position"，可以替换为"Standpunkt"或"Grundstellung"，中文可译为"判断"或"断定"。

3. 理论和观点。理论构成立场，立场宣示理论，这是"立场"一词的广泛意义。海德格尔经常说"存在论立场""认识论的立场""形而上学的立场"等等，明显为"基本理论"或"基本观点"的意思。理论表意为"立场"的语义传递应当说相当确切。将理论表达为"立场"意，有几个层次应予区分。由小到大说，是秉持一种概念，如"赋予认识论的概念与立场"④；或者是秉持一种观点，如"我们能做的事情只是：要么坚持'观点'和'立场'……要么相反地，与一切立场和观点之类的东西决裂"⑤；或者是秉持一种学说，如"黑格尔的立场"⑥；或者是秉持一个学科的基本精神或要领，如"这是这位思想家对他整个后期哲学基本立场的一个令人惊奇的预见"⑦；或者是立场与学派或流派的互喻，"只要现象学正当地领会了自己，它就既不是某种'立场'也不是某个'流派'"⑧。更加宏大的是，秉持某某主义的立场表达。比如，伽达默尔多次用过"新康德主

---

① ［德］海德格尔：《尼采》上，孙周兴译，商务印书馆2015年版，第394页。
② ［德］海德格尔：《存在与时间》，陈嘉映、王庆节译，生活·读书·新知三联书店2006年版，第405页。
③ 同上书，第28页。
④ 同上书，第451页。
⑤ ［德］海德格尔：《尼采》下，孙周兴译，商务印书馆2010年版，第784页。
⑥ ［德］海德格尔：《面向思的事情》，陈小文等译，商务印书馆2011年版，第44页。
⑦ ［德］海德格尔：《尼采》上，孙周兴译，商务印书馆2015年版，第182页。
⑧ ［德］海德格尔：《存在与时间》，陈嘉映、王庆节译，生活·读书·新知三联书店2006年版，第32页。

义的立场""现代历史主义的立场""唯心主义的立场"等。这些用法透露了"立场"一词使用的宽泛程度,大到与某种主义同位,小到类同于某种概念和观点,但在总的方向上,"立场"为理论和观点的代表却是明晰而准确的。

第二,立场的本质特征。

1. 立场的主体选择。立场是一种意识表现和行为。相对于一般的意识活动,立场不是随意的见解或感受,而是相对稳定、持久的理性认识。立场可以隐而不显,但作为一种理论态度和倾向,在面对具体事物和问题需要明确表达主体意向时,立场的选择性就立刻突显出来。我们回到海德格尔的那句名言,解析他对这个问题的态度。"当我们在发问前导问题之际,我们就已经采取了那决定性的立场"。① 应该引起注意的是,在"发问前导问题"之际,发问者"采取"了立场。从时间上看,发问之前要采取态度,表明发问者的主观能动意向;从方式上看,所谓"采取"立场,表明了发问者的主观动作选择。采取这种而不是另外一种立场,就是某种态度和倾向的选择性确定,也是某种理论和观点的选择性确定。发问者清醒地了解,作出这个选择,能够保证在问题提起以前,就有一个提出和解决问题的基本向度,一切问题的提起和解决,都将从这里出发,直至获取结果。胡塞尔也有相同的提法:"在这里我只是描述引起伽利略思想的那种'不言而喻的东西',并未对它采取某种立场。""心理学家作为心理学家,在他的研究中不允许有任何立场,也不允许采取任何立场。"② 两位经典作家在立场的所有上,同时使用了"采取"(nehmen)一词,且为毫无歧义的主动语态,应该是对立场的选择性特质的最好说明。关于这个判断,我们还可以从立场的生成方式及过程中找到根据。"历史上的每一位哲学家都实行他的自身反思,都与他那个时代的和过去的哲学家进行讨论,他就所有这些问题表达自己的看法,在

---

① [德]海德格尔:《形而上学导论》,熊伟、王庆节译,商务印书馆1996年版,第43页。
② [奥地利]胡塞尔:《欧洲科学危机与超越论的现象学》,王炳文译,商务印书馆2011年版,第36页。

这种探讨中确定自己的立场。"① 立场是怎样生成的？是在对自身的反思中生成的。这不仅表明立场是主动性的选择，而且表明，人的自我反思，人与其他人的讨论，是选择和确定立场的方式和过程，从立场生成的角度，充分证明了立场的选择性。更进一步的讨论是关于"反思"的意义。立场是经过反思而生成的。在胡塞尔的定义中，通常意义上的反思是"将目光从直向可把握的对象回转到本己的体验之上"，因此，反思不是原本性意识，而是一种意识变异，它要对已思考的东西进行再提问，完全是一种意识行为的自身意识。② 在这个背景下，立场作为不断反思的结果，作为思考的思考的结果，其自主性和选择性进一步凸显出来。

2. 立场的意识自觉。立场的自觉，集中表现为立场持有者自觉运用立场置身事物之中，使立场的意向性、决定性得以充分显现。立场一旦展开，解决问题的全部方式，从理解到阐释，从筹划到行动，都要由立场所决定，都要服从和维护立场。这具体表现为以下三个方面。一是以立场决定理解。在理解和阐释过程中，立场自觉发挥作用，从根本上决定事物的性质。对此，胡塞尔有毫无疑义的表述："当我们使自己置身于古典主义立场上时，对于由这种态度如何取得全部永远有效的伟大发现，以及有充分理由令前代人惊叹的大量技术发明，我们不是由此洞察而完全了解了吗？"③ 这无疑证明了采取并置身于一个确定的立场，对问题的理解和认识所具有的本质性意义：决定了立场，就决定了态度，决定了以何种姿态和取向来理解和认识问题。二是用立场规整思想。对象的客观思想如何，并不决定于思想本身，而决定于立场持有者的立场展开。海德格尔在对尼采的讨论中说："我们要明确地把尼采哲学置入那种立场之中，唯从此立场出发，尼采哲学才能够，并且必须展开出它最终本己的思想力量，而且是在已经变得必要的迄今为止整个西方哲学的

---

① [奥地利] 胡塞尔：《欧洲科学危机与超越论的现象学》，王炳文译，商务印书馆 2011 年版，第 95 页。
② 倪梁康：《胡塞尔现象学概念通释》，生活·读书·新知三联书店 2007 年版，第 408 页。
③ [德] 海德格尔：《尼采》上，孙周兴译，商务印书馆 2015 年版，第 16 页。

争辩中展开出他最本己的思想力量。"① 这段话值得认真解析。按照海德格尔的意思，要认识和理解尼采的哲学，必须采取一个立场，即西方哲学传统的形而上学的立场。但是，如何采取和运用这个立场？海德格尔认为要通过"置入"（versetzen），意即将某物放入。由此可见，西方传统的形而上学立场为先在，尼采哲学在后，只有把尼采哲学置入这个立场，余下的一切才有继续进行的可能。然后是"出发"，要从这个立场出发，而且是唯从此立场出发，尼采的哲学才能够展示自己的力量。不从这个立场出发，尼采哲学就要失去意义。在这个过程中，"置入"本身是一种自觉，"从此立场出发"亦是自觉，尼采哲学因此而"必须展开它最本己的力量"，更是立场的自觉展开。可见，立场的自觉决定了思想的态度及其结果。三是放弃立场同样是一种立场自觉。与胡塞尔主张心理学家"不允许采取任何立场"的观点不同——如果我们把这个"不允许采取任何立场"视为立场中立的企图——海德格尔认为，"立场中立其实只有作为一种立场才能成其所是"。在他看来，所谓立场中立者之所以要采取中立，核心是要克服"迄今为止始终有立场的哲学的片面性和先入之见"。由此可以看到，立场中立者的选择或者说中立立场的采取者是有目的、有选择的，同样是一种立场自觉，尽管海德格尔说："作为每一种哲学本质性的必要的嫁妆，哲学的这种立场特征是不能通过对它的否定和否认来消除的。"②

3. 立场的单向度姿态。胡塞尔认为，所谓立场是意识对意识对象的存在与否持有的判断。立场是"设定"和"执态"。从前者的意义上讲，"设定"就是一种命题行为，这个行为对意识对象的存在与否作出判断。从后者的意义上讲，"执态"也是要"设定意识的对象（主要是客体化意识的对象）是存在着的或不存在的"。③ 由此可见，在胡塞尔那里，无论从什么意义上分析，立场与存在的关系都是一个

---

① ［德］海德格尔：《尼采》上，孙周兴译，商务印书馆2015年版，第486页。
② 同上书，第398页。
③ 倪梁康：《胡塞尔现象学概念通释》，生活·读书·新知三联书店2007年版，第446页。

单向矢量，立场的指向是单一的，不可逆的。立场决定存在，而非存在决定立场。对于这一点，还有一个与执态同类的概念可以证明那就是"追求"。胡塞尔认为，"在正常感知的本质中包含着'追求'的因素，在它的较高阶段上，追求是一种"带有目的设定的认识意愿"，在感知行为的过程中，带有目的设定的认识意愿"将更切近对象，更完善地占据对象"。什么是"带有目的设定的认识意愿"？就是带有立场的意愿。这个立场本身含有自身的目的，在目的的驱使下，去设定或执态对象。什么是"更完善地占据对象"？就是让对象服从立场，成为立场的证明，使对象与立场一致。如此，立场的单向度姿态彰显无疑。再来看海德格尔是如何在立场的指使下切近并占有对象的。例证之一，"我们所谓的'形而上学基本立场'是为西方历史所专有的，而且从本质上参与规定了西方历史"。① 形而上学的立场，参与规定了西方历史，使得西方历史成为今天这样，而不是那样的面貌。更进一步，"只要此类立场将来还为人们所尝试，则以往的东西作为未被克服的东西，亦即作为未被居有的东西，就将依然发挥作用"。② 这个"未被克服"和"未被居有"的东西，就是尚未被形而上学立场所规定的东西，而这些东西若要发挥作用，只有参与形而上学立场的规定，成为这个立场的命题和意愿。这样说的根据在哪儿？海德格尔说："'形而上学的'指示的是一个领域，这个领域只有通过一种基本立场的结构才展开为一个形而上学的领域。"③ 例证之二，在论及尼采的思想时，关于所谓轮回学说是否具有一个形态，海德格尔说："一个形态就只有根据一种基本立场才是有可能的，而我们通过我们自己的方式为尼采思想预设了这样一种基本立场，那么，在尼采的哲学中，使一个形态成为可能并且要求着这个形态的那个东西就将活跃起来。"④ 这里有三层意思。第一层，"一个形态就只有根据一种基本立场才是有可能的"，意即任何事物，包括思想、学

---

① ［德］海德格尔：《尼采》上，孙周兴译，商务印书馆2015年版，第470页。
② 同上。
③ 同上。
④ 同上书，第450页。

说，要成为一种形态，必须根据立场的规定才为可能，立场决定视界，有了立场，思想的碎片可以凝聚为态，成为一种"真理的内存结构"；没有立场，思想终将是碎片，永远是一种"非完成形态"。① 第二层意思，"我们""为尼采思想预设了"一种基本立场，证明了在这个问题上，尼采是没有立场的，因此，他的轮回学说没有成为形态；当"我们"为尼采思想预设了一个立场，确切地说，是海德格尔把自己的立场从外部强加给尼采，其余的一切才得以继续进行。第三层意思，因为有了这个立场，"使一个形态成为可能"，立场决定了事物本身，而非事物生成立场；同时，那些本与形态无关的材料，那个"无形态性"和"非完成形态"，都会被立场调动起来，成为参与形态结构的合法要素，推动和保证这个学说成为完成形态。在这个过程中，立场的指向与结构作用完全是单向度，立场决定一切，立场具有改变事物面貌的无反冲力量。

三　前见与立场的本质差异

对于前见与立场的差异比较，有两点在前面的语义分析中已经标示清楚了。大致可表述为，前见是潜在的，非自主决定的，立场是显露的，自主选择的；前见是非自觉的，下意识的，立场是自觉的，主动进攻的。作为第三种差异，也是最核心最重要的差异，在理解与阐释的过程中，被阐释对象的实有与阐释者已有的前见、立场不同甚至完全相反的时候，前见和立场是如何面对，或者说是如何自处的？我们认为，这是印证它们不同特征的最高标准。

第一，如何处置对象。即阐释者以什么姿态面对准备理解的对象。有两种姿态由我们选择。一种是在对象之外以至居于对象之上，由阐释者根据立场的需要，强制地裁剪对象，而无论对象自身具有什么。另一种是走进并深入对象，以理解对象，让对象告诉对象是什么。在我看来，立场一般地持有前一种姿态，而前见因其无意识、无立场的性质，持有后一种姿态。在对此问题的讨论中，伽达默尔有一

---

① ［德］海德格尔：《尼采》上，孙周兴译，商务印书馆2015年版，第449页。

个动作描述，极有意味地表达了他的看法。这个动作就是"置入"。他强调负载前见的主体，要把自己"置入"对象之中，听从对象的见解。他说："如果我们把自己置身于某个他人的处境中，那么我们就会理解他，这也就是说，通过我们把自己置入他的处境中，他人的质性、亦即他人的不可消解的个性才被意识到。"① 这里所用的动作描述性词汇，也就是所谓"置入"，是伽达默尔在处理阐释主体与对象的关系问题时多次精心使用过的。在大多数情况下，是指把自身亦即自我放入他境的意思。这种"自身置入"（Sichversetzen）对于理解和阐释而言，是一个前提和基础，舍此"置入"，一切理解和阐释都将无法上手和展开。伽达默尔认为，"置入"对理解的意义起码有三个方面。（1）理解他人处境。"什么叫做自身置入呢？无疑，这不只是丢弃自己（Von-sich-absehen）。当然，就我们必须真正设想其他处境而言，这种丢弃是必要的。但是，我们必须也把自身一起带到这个其他的处境中。只有这样，才实现了自我置入的意义。"② （2）理解他人意见。"历史理解的任务也包括要获得历史视域的要求，以便我们试图理解的东西以其真正的质性（Massen）呈现出来。谁不能以这种方式把自身置于这种使传承物得以讲述的历史视域中，那么他就将误解传承物内容的意义。"③ （3）与他人共同向普遍性提升。这是置入的目的。"这样一种自身置入，既不是一个个性移入另一个个性中，也不是使另一个人受制于我们自己的标准，而总是意味着向一个更高的普遍性的提升，这种普遍性不仅克服了我们自己的个别性，而且也克服了那个他人的个别性。"④ 如此，阐释者获得一个卓越宽广的视界，从而能够真正地理解和认识对象。可见，置入的问题，尤其是谁置入谁，是阐释的出发点问题。因为阐释的起始是由前见入手的，因此，把带有前见的阐释者置入对象是必要的。阐释不能任由前见左右，而是要听取对象在诉说什么，这个诉说与前见构成的视域，才是

---

① ［德］伽达默尔：《真理与方法》Ⅰ，洪汉鼎译，商务印书馆2010年版，第431页。
② 同上。
③ 同上书，第428页。
④ 同上书，第431页。

当代阐释学意义下的结果。置入这个姿态显示了阐释者对对象的态度，负有前见的阐释者不能为前见所囿，而要把自己置入对象，理解对象，把握对象，在不断的理解中调整修正前见，生产能够重合叠加的视域，实现理解的一致性。立场就不同了。执着于立场，就要独立于对象之外，甚至凌驾于对象之上，从既定的立足点出发，使对象成为自身的异化之物，成为宣示和证明立场的材料，甚至完全丧失其自身存在的意义。为证明这一点，可以引入一个相反的例证。海德格尔诠释尼采，不是把自身置入尼采，而是把尼采置入自身，置入自身的立场之中，以自身立场为准阐释尼采。"我们要明确地把尼采哲学置入那种立场之中，唯从此立场出发，尼采哲学才能够，并且必须展开出它最本己的思想力量，而且是在已经变得必要的对迄今为止整个西方哲学的争辩中展开出它最本己的思想力量。"① 把尼采置入形而上学的立场中——这个立场也是海德格尔的立场，用立场规范尼采。与前见相比，同样的置入，具有全然不同的目标和结果。

第二，理解对象还是强制对象。伽达默尔同意："实际上前见就是一种判断，它是在一切对于事情具有决定性作用的要素被最后考察之前被给予的。"② 但是，这里的判断不是立场的判断，而是前见对自身存在的感知，它可以在事物本身面前改变自身。前见和立场的区别恰恰就在这里。面对事物本身，立场往往不改变自己，无论立场与事物如何不同。关于前见的这个特征，伽达默尔反复说过，一方面他认为前见不可避免，但同时也清醒地认识到前见对理解的消极影响，并且经常地指出前见对正确理解的束缚和误导。伽达默尔认为，前见的消极作用有以下三点。其一，前见的隐蔽性使我们深陷前见而不知，难以虚心地听取对象的诉求和关切，识别其本来面目。所谓"正是隐蔽的前见的统治才使我们不理会传承物里所述说的事物"③，说的就是这个道理。其二，前见只是一个认知的先验框架，它以非理性

---

① ［德］海德格尔：《尼采》上，孙周兴译，商务印书馆2015年版，第486页。
② ［德］伽达默尔：《真理与方法》Ⅰ，洪汉鼎译，商务印书馆2010年版，第383—384页。
③ 同上书，第383页。

形式存在并发生作用,因此,它会以"随心所欲的偶发奇想和难以觉察的思想习惯"干扰对事物的理解,甚至会使阐释者偏离事物本身,而被这些奇想和习惯所左右。所以,伽达默尔认为,"真实的前见最终必须由理性认识来证明,即使这一证明的任务可能永远得不到完成"。① 于是,他要求:"所有正确的解释都必须避免"它们(即随心所欲的偶发奇想和难以觉察的思想习惯)的干扰,去"凝目直接注意'事情本身'"。② 海德格尔表达得则更加直接:"解释(Auslegung)理解到它的首要的经常的和最终的任务始终是不让向来就有的前有(Vorhabe)、前见(Vorsicht)和前把握(Vorgriff)以偶发奇想和流俗之见的方式出现,而是从事情本身出发处理这些前有、前见和前把握,从而确保论题的科学性。"③ 其三,前见的作用,使对象在被理解的意义上,处于一个不利的位置,或者说先天地受到损害。前面说过,从判断的意义上看前见,它是先于事物本身的。"是在一切对于事情具有决定性作用的要素被最后考察之前被给予的"④,伽达默尔还从法学的意义引申:"对于某个处于法庭辩论的人来说,给出这样一种针对他的先行判断(Vorurteil),这当然会有损于他取胜的可能性。"⑤ 对于文本的阐释同样如此。一个前见存在,或者说一个阐释者固执地抱有前见而不自知,那么,在文本阐释的整个过程中,文本就当然地处于不利的地位,阐释者将不可避免地对文本造成损害。尽管如此,与立场相比,前见的诸多弊端是可以克服的,特别是在我们认识和承认前见的先天性弊端当然存在的条件下,克服其弊端是完全可以做到的。正是隐蔽的前见的统治才使我们不理会传承物里所述说的事物。对此,伽达默尔有许多论述。同样是三点:一是"谁想理解一个文本,谁就准备让文本告诉他什么",可谓听取论;二是"不能盲目地坚持我们自己对事情的前见解,假如我们想理解他人的见解的话",可谓理解论;三是对"作为另一种存在的文本"具有敏感

---

① [德]伽达默尔:《真理与方法》Ⅰ,洪汉鼎译,商务印书馆2010年版,第387页。
② 同上书,第378—379页。
③ 同上书,第378页。
④ 同上书,第383页。
⑤ 同上书,第384页。

性,"但是,这样一种敏感既不假定事物的'中立性',又不假定自我消解,而是包含对我们自己的前见解和前见的有意识同化",可谓同化论。同化的目的是什么?伽达默尔斩钉截铁地说:"我们必须认识我们自己的先入之见(Voreingenommenheit),使得文本可以表现自身在其另一种存在中,并因而有可能去肯定它实际的真理以反对我们自己的前见解。"① 简言之,与立场相比,前见可以将自身置入事物之中,根据事物的本来存在改变和调整自身。它可以从阐释前的非自觉己见开始,但决不固执地坚持己见,除非这个己见符合事物的本来面目。立场则不同,立场不改变自己的见解,而是根据自身需要强制对象,在强制的展开中,显示其刚性的力量。

第三,谁服从谁。在提醒人们不要盲目地囿于前见的束缚、真诚地面对事物自身的同时,伽达默尔做出了判断:"诠释学的任务自发地变成了一种事实的探究,并且总被这种探究所同时规定。这样,诠释学工作就获得了一个坚固的基础。"② 这是一个重要的判断。它表明以往那种一贯认为以伽达默尔为代表的本体论阐释学完全否定阐释的认识功能、阐释的对象无确定性可言、事物包括文本没有"事实"可言的理解是偏颇的。既然阐释学是一种事实的探究并为事实的探究所规定,那么,事实就是在的。否定和放弃"事实的探究",任意的阐释是不完全的。任何阐释的同等有效,将使阐释学失去存在的基础。更进一步的问题是,既然有事实存在,承认任何文本都因为有自身事实的存在而具有其"他在性",那么,任何阐释都有一个与对象的他在性一致或不一致的问题。无论前见还是立场,面对事物和文本的事实,都有一个谁服从谁的问题。当它们一致时,双方的对话与和解可能是一个完美的境界。但是,当它们不一致甚至完全对立的时候,就有一个到底谁服从谁,也就是主观的东西服从客观的实际,还是要暴力剥夺或强制阐释对象使客观对象服从主观需求的问题。前面清楚地论述过,当立场以理论的意义发生作用,这种理性的清醒立场是刚性的,不退让的。从一个前置的理论立场出发,无论文本是什

---

① [德]伽达默尔:《真理与方法》I,洪汉鼎译,商务印书馆2010年版,第382页。
② 同上书,第381—382页。

么，立场都要让文本服从自己，证明自己，这就是立场区别于前见的最本质特征。具体分析，其一，尊重文本。"谁想理解，谁就从一开始便不能因为想尽可能彻底地和顽固地不听文本的见解而囿于他自己的偶然的前见解中——直到文本的见解成为可听见的并且取消了错误的理解为止。"① 听从文本，并"取消自己的错误理解"，意味着文本中有可供理解的意义，这个意义由文本给出，阐释要取消对其错误的理解。其二，肯定文本。在肯定中说服自己。哪怕是一种错误的、不相同的理解，也要先去肯定它，甚至以文本为基点去增强它、辩证它，为正确理解文本构造宽容的语境和容错机制。所谓"自身置入"，"无非就是说，我们试图承认他人所说的具有事实的正确性。如果我们想理解的话，我们甚至会努力去增强他的论据"。② 其三，否定自己。"我们必须认识我们自己的先入之见（Voreingenommenheit），使得文本可以表现自身在其另一种存在中，并因而有可能去肯定它实际的真理以反对我们自己的前见解。"③ 这里再一次证明，伽达默尔是认可文本自身存在着"实际的真理"的，那么，阐释者就有揭示和阐明这个实际真理的义务和责任。当前见与"实际的真理"不相符合的时候，阐释者要反对自己，纠正自己，而不是相反。

由上可见，在前见问题上，西方阐释学经典作家的态度是清楚的。前见是理解的前提，前见不可避免，但是，正确处理前见与对象的关系，前见会成为阐释的有效基础。核心是从哪里出发。如果"从事情本身出发处理这些前有、前见和前把握"，就能"确保论题的科学性"④；如果从立场出发，因为立场的诸多特质，并执着于立场，阐释的有效性和确当性必将大打折扣。同时，我们要指出，立场同样很难规避。从一般的认识论观点出发，抱有确定的立场去认识世界，是同样必要和不可避免的。但是，关键在于，是什么样的立场，立场的核心意义是什么。就阐释学的意义而言，我们赞成"回到事物本

---

① [德] 伽达默尔：《真理与方法》Ⅰ，洪汉鼎译，商务印书馆2010年版，第382页。
② [德] 伽达默尔：《真理与方法》Ⅱ，洪汉鼎译，商务印书馆2010年版，第71页。
③ [德] 伽达默尔：《真理与方法》Ⅰ，洪汉鼎译，商务印书馆2010年版，第382页。
④ 同上书，第378页。

身",一切认识和阐释,都以承认客观事物独立于主观意向的他在性为前提,以承认事物本身的全部内容与形式的自在性为前提,一切都从实际出发,都从事物本身出发,具体问题具体分析,实事求是地展开认识和阐释。这是阐释学的基本立论点,也是作为科学的阐释学的基本出发点。这是我们辨识前见与立场的目的所在,也是我们对前见和立场同样保持清醒头脑的根据所在。

文学阐释过程中前置立场与前见的区别[*]

毕素珍[**]

所谓前见,在伽达默尔看来,"就是一种判断,它是在一切对于事情具有决定性作用的要素被最后考察之前被给予的"。[①] 伽达默尔在海德格尔理解前结构概念的基础上提出了前见概念,并作了系统、完整的阐述。

前置立场是张江在反思西方文论时提出的一个概念。他将强制阐释视为当代西方文论的根本缺陷,并将强制阐释的基本特征总结为四点:场外征用、主观预设、非逻辑证明,以及混乱的认识路径。其中,主观预设是强制阐释的核心因素和方法,其要害在于前置立场、前置模式、前置结论,即"批评者的主观意向在前,预定明确立场,强制裁定文本的意义和价值"[②],做出符合论者目的的结论,背离了文本的原意。前置立场是主观预设的第一步。

对文学批评来说,前见和前置立场都是先于文学批评活动而存在的主观心灵状态,那么,二者之间是否可以画等号?如若不能,二者之间的差别何在?针对这个问题,本文拟从以下五个方面进行辨析。

---

[*] 本文原刊于《文学评论》2015 年第 3 期。
[**] 作者单位:中华女子学院外语系。
[①] [德]伽达默尔:《真理与方法:哲学诠释学的基本特征》上,洪汉鼎译,上海译文出版社 2004 年版,第 349 页。
[②] 张江:《强制阐释论》,《文学评论》2014 年第 6 期。

一 自觉性：无意识与有意识

马克思曾说："人们自己创造自己的历史，但是他们并不是随心所欲地创造，并不是在他们自己选定的条件下创造，而是在直接碰到的、既定的、从过去继承下来的条件下创造。一切已死先辈们的传统，像梦魇一样纠缠着活人的头脑。"① 同样，在文学阐释活动中，阐释者与文本都是一种历史的存在，因而阐释者在阐释文本时也绝不可能脱离历史与传统的语境，无法从根本上摆脱自身的前见，正如伽达默尔所言，"一切理解都必然包含某种前见"②。阐释者必然把已知的东西作为参照系，"解释从来不是对先行给定的东西所作的无前提的把握"③。这种"前理解"状态，是历史、文化和传统所赋予的，是内化的、不可避免的。

从自觉性上来看，前见是在无意识地发挥作用。这是因为：第一，阐释者置身于既定的历史、文化与传统之中，无可选择，受到它们潜移默化的影响；第二，思考与阐释文本所运用的语言、概念在无意识地发挥作用；第三，阐释者在阐释之前所具有的观念、假定等在其决定阐释的路径与方法时也是隐而不显的。因此，在文本阐释过程中，前见作用的方式、影响的深浅、产生的结果等并非出于论者有意识的操纵与选择，而是无意识的，在介入文本之前，既无清晰目标，也无明确结论，是混沌模糊的。

与前见不同，前置立场发挥作用的方式是自觉主动的。所谓前置立场，是指在认识或处理问题之前，主体的态度已经确定。在文学阐释活动中，批评者预设明确的立场，由此出发，而非由文本出发，强制裁定文本的意义和价值。这一思想行为过程是自觉的、主动的、有意识的。

---

① 《马克思恩格斯选集》第1卷，人民出版社1995年版，第585页。
② [德]伽达默尔：《真理与方法：哲学诠释学的基本特征》上，洪汉鼎译，上海译文出版社2004年版，第349页。
③ [德]海德格尔：《存在与时间》，陈嘉映、王庆节译，生活·读书·新知三联书店1999年版，第176页。

"强制阐释的立场是指主观指向明确的判断性选择","其思维路线是,在展开批评以前,批评者的立场已经准备完毕,批评者依据立场选定批评标准,从选取文本到作出论证,批评的全过程都围绕和服从前置立场的需要展开"。① 由此可见,前置立场的视角是既定的,思路是具体的,目标是清晰的,外延是明确的。论者的姿态和立场、研究的模式、批评的指向、最终的结论,都是精心判断、选择以至雕琢的结果。在这一起点上展开的文学批评,其过程难免强制,前置模式和前置结论必然不可避免。

二 随意性:主观性的消解与强化

文学阐释的创造性活动由两条相望的地平线构成,一条由阐释者的视野向作品延伸,一条从作品的世界向阐释者开放,作品的个性与阐释者精神世界交合的领域才是阐释者所能把握的界域。阐释者的前见必然使其阐释活动带有一定的主观性。此外,在阐释文本时,阐释者不是被动复制文本的原意,而是发挥主观能动性,对文本意义进行创造性的解读。伽达默尔说:"文本的意义超越它的作者,这并非只是暂时的,而是永远如此的。因此,理解就不是一种复制的行为,而始终是一种创造性的行为。"② 这是否意味着,在阐释文本的过程中,前见就是纯粹主观的呢?

答案是否定的。一方面,作为生活在一定历史传统与社会文化中的个人所接受的一种"先在的判断",前见"是表现在主观中的一种客观断言,其内容是给定的、甚至是未被察觉到的,是主客观在主体的统一"③。另一方面,"即使见解也不能随心所欲的被理解,正如我们不能继续误解某个用语否则会使整体的意义遭到破坏一样,我们也不能盲目地坚持我们自己对于事情的前见解,假如我们想理

---

① 张江:《强制阐释论》,《文学评论》2014 年第 6 期。
② [德] 伽达默尔:《真理与方法:哲学诠释学的基本特征》上,洪汉鼎译,上海译文出版社 2004 年版,第 383 页。
③ 潘中伟:《前见与认识》,河南人民出版社 2007 年版,第 152 页。

解他人的见解的话"①。文本有自己的情感、声音和意义,这种自在性构成阐释发生的基础和对前见的约束。"一个受过诠释学训练的意识从一开始就必须对文本的另一种存在有敏感"②,阐释者不应固守自己的前见,而要与文本保持碰撞与对话,让作品自身的生命得以展现。

作品有其自在含义,同时也寄托了作者的意旨,阐释者不能听凭自己的主观性肆意发挥。正如艾柯所言:"我接受文本可以有许多不同的诠释这样的观点。我反对那种认为本文可以具有你想要它具有的任何意义的观点。"③ 而站位于前置立场的强制阐释无视作品含义与作者意图的客观存在,企图营造一个偏离甚至背离二者的意义世界。前置立场的确立,是强制阐释的出发点和立足点,其目的是证明前在结论,论者不惜违背作品解读的基本原则,从作品的片言只语中精挑细选,拼接剪裁,甚至无中生有,作出符合主观意图的阐释,具有极强的主观随意性。

文学阐释是阐释主体结合文本世界与主观感知展现出来的理解、认知与评价,它以有限提示无限,以有言提示无言,以已知提示未知,从而促进对作品的理解和体会,推动意义的推陈出新。在这一过程中,文本的意义形成对阐释主体的牵引,阐释者"一方面要对文本内容进行解说,另一方面也要对自己的兴趣对文本阐释产生了哪些影响进行反思"④。这就需要阐释者不断重返文本,倾听、遵从作品的自发呈现,在对文本的连续解读中把握新的意义方向,而这恰恰是基于前置立场的文学阐释不屑做也不能做的。文学阐释固然需要阐释者的创造性活动,但这种创造发挥,必须建立在对文本原生话语理解的基础之上,前置立场显然违背了这一基本准则。

---

① [德] 伽达默尔:《真理与方法:哲学诠释学的基本特征》上,洪汉鼎译,上海译文出版社 2004 年版,第 347 页。
② 同上书,第 348 页。
③ [意] 安贝托·艾柯等:《诠释与过度诠释》,王宇根译,生活·读书·新知三联书店 2005 年版,第 152 页。
④ 王峰:《西方阐释学美学局限研究》,黑龙江人民出版社 2007 年版,第 43 页。

三 合法性：合法与不合法

在文学阐释活动中，作者、文本、阐释者的关系，按照出现的先后顺序可以描述为：作者→文本→阐释者；按照它们在阐释进程中的位置，则为：阐释者→文本→作者原意＋文本意义＋阐释者领悟之意。无论从哪个角度出发进行整体考察，文本在阐释过程中都居于核心位置，是作者的精神客观化于其中的意义形式，是一切理解的起点，故而文学阐释本身的前提与核心，必然是文本的阐释问题。阐释活动是否以文本解读为基础，是衡量阐释者的体悟和发挥是否具有合法性的标准。

由不同前见所导致的不同视角决定了对同一文本的阐释必然是丰富多元的。文本的某些意义因与阐释者的前见深相契合，因而得到发挥。陶渊明曾说"好读书，不求甚解；每有会意，便欣然忘食"，何以"会意"？自是由于读者的心灵世界与文本的内容与含义相融合。阐释者的人生经验、知识修养、人格修养、艺术修养、思维能力等都会影响对文学作品的阐释。批评者前见的差异性与多样性、文本的复杂性与丰富性，必然导致文学阐释的千差万别。

"不同的知觉者在艺术品中发现的意义和作品的深度是不同的，但不管什么意义，总是在作品中发现的，而非他自己外在赋予作品的。"① 阐释者尽管无法绝对准确无误地还原文本意义，却依然可以努力追寻对作品"更好""更全面"的理解。正是在对文本多样化阐释的借鉴与比较中，人们对文本的理解得以加深，从而不断接近对文本合理、正确的解读。带有前见的阐释固然千差万别，但都是基于文本的解读，因而都是合法的。

前置立场则不同。作为强制阐释的出发点和立足点，前置立场无视文本含义和作者意图，把预设的立场强加于文本，依据主观立场的需要选择文本、剪裁文本、解读文本，使文本沦为主观需要的奴隶。这种阐释是曲解，是无中生有，是"郢书燕说"。王国维曾以叔本华

---

① 王岳川：《现象学与解释学文论》，山东教育出版社1999年版，第121页。

的哲学和美学思想阐释《红楼梦》，尽管不乏精辟见解，但由于批评立场的预先设定，导致对作品本身的忽视，使之成为证明西方文论有效性的脚注。

面对文本的不同态度决定了文本阐释的具体差异。阐释主体必须具有主动面向文本的真诚的态度和方式，才能发现文本蕴涵的真正含义。而前置立场的确立，必将使注意力偏离文本，把主观意志凌驾于作品与作者之上，这种强制性违背文学阐释的基本原则，丧失了阐释的合法性。

四　发展态势：开放变化与封闭僵化

文学阐释过程中的前见并非一成不变，而是不断形成发展，呈现一种敞开状态，是阐释者与文本、过去与现在的视域融合。这种开放性主要体现在：前见接纳文本，始终处于与文本意义的交流之中，并在这一过程中形成新的前见；同时，前见既对过去开放，又不断筹划未来，视域融合的过程也是发现新的视野盲点的过程。

文学阐释要求尊重文本，尊重作者，在与作品对话的过程中不断调整阐释的方向。它是一种弹性的确定性，是一种视野不断转化的动态过程。尽管阐释者无法从根本上摆脱自己的前见，但随着阐释的逐渐展开，阐释者的前见总是被不断地、部分地克服。阐释的过程是对前见的不断挑战质疑、检验修正、反思突破，在对文本世界的不断重返中获得新的视野、新的意义。

文学作品是人类丰富情感的曲折表达，每一部作品都是具体生动、独一无二的，相应地，文学批评也应是具体鲜活、各具特色的。然而，前置立场并非在阐释过程中随着对文本的解读而逐渐生成，它是论者头脑中固定不变的僵化存在，成为选择和框定文本的标准。文本如何展开并不重要，作者怎样言说亦无意义，如何利用文本巩固立场才是论者关注的焦点。当文本与前置立场发生矛盾与冲突时，阐释者也绝不改变立场，而是运用前置模式对文本进行调整和剪裁，达到得出前置结论的目的。

前置立场在介入文本之前就已认定作品中有一个单一隐藏、固定不变的意义存在。无论文本含义如何变化，阐释最终仍回归前置结论。由此产生了这一后果：作品中明明显现了某些含义，但因不能服务于阐释者的主观意图，阐释者对之视而不见，只对前置结论情有独钟。"源源不断的、富有新意的诠释，不但从深度和广度上揭示出历史的文本的丰富内涵，而且也使人类的文化学术传统得以延续下去，并在与新的现实生活的碰撞中焕发出新的生命活力。"① 前置立场用符合论者意图的单一终极答案封闭文本，使文学阐释丧失应有的弹性。文学阐释本应是一个开放碰撞的过程，是一个对话、交流的过程，是一个意义不断生成创新的过程，然而，基于前置立场的文学阐释则呈现出封闭僵化之态。

五　作用与本质：阐释文本与证明理论

前见是阐释必不可少的基础，"我们的解释往往被我们的前见所支配这一事实，是文本意义得以向我们呈现的最好保证"②。作为主体由已知向未知推进的参照系，前见协助阐释者开拓出文本新的含义，使新的理解阐释成为可能。对文本的阐释过程就是文本的历史性与阐释者的历史性在冲突中视域融合的过程，前见以历史性、非对象性的思维方式实现了文学阐释历史性的回归，其核心作用指向对文本的有效阐释。

前置立场是先于文本解读行为的有偏见的立场，有既定的理论标准，并用这个标准来衡量、选择、剪裁文本。"如果批评者的站位与姿态已预先确定，批评的指向就不再是文学和文本，而在表达和证明立场。文本是脚料，文学是借口，批评只是凭借文学的历史深度证明立场正确，凭借文学广泛生动的本征，增强立场的说服力和影响力。"③ 前置立场是脱离文本内容和含义而存在的主观意向的表达，

---

① 俞吾金：《实践诠释学》，云南人民出版社2001年版，第13页。
② E. D. Hirsch, *Validity in Interpretation*, New Haven: Yale University Press, 1967, p. 260.
③ 毛莉：《中国社会科学院副院长张江谈当代文论重建路径》，《中国社会科学报》2014年6月16日。

第二编 主观预设、前见与立场

诠释者无视由文本的连贯性、语境及结构的稳固性所决定的文本的自主性和整体性，逾越文本这一阐释的界限，其阐释实质上已与文本丧失关联，它的根本目的不是解释文本，而是论证主观结论，进而证实其所持理论的正确性和普适性。"具有特定理论兴趣的解释者，可以基于一个文本中某些段落类似于自身所保持的理论立场，而突出这些段落，视之为此一文本真正的意义所在……一个文本甚至可以不因为它所传达的讯息，而只是因为它与解释者的关系而被视为重要。"[①]前置立场导致阐释者把或然性判断上升为全称性判断，表现出理性的越界。

一部作品的意义不只是作者的所思所想，也不是文本的自足完满，更不只是阐释者的体验或经验，而是阐释主体的知识经验与文本世界的交汇融合，是作者、文本和阐释者的有效协作。前见与前置立场存在显著区别：前见是无意识地发挥作用，前置立场则是意识明确的自觉选择；前见受到文本、历史传统等因素的约束，其随意性在一定程度上被消解，前置立场则为了服从主观需要不惜牺牲文本，从根本上强化了阐释的主观随意性；有前见参与的阐释结果虽有高下之别，但都是基于文本的合法解读，而强制阐释背离文本原生话语，违背了文学阐释的基本原则，丧失了阐释结果的合法性；前见始终处于与文本的对话与交流之中，呈现开放状态，是发展变化的，前置立场则是用来挑选、调整和裁剪文本的态度与规则，是固定僵化的存在；前见是文本阐释的基础，推动文本意义多样性的拓展，前置立场的功能则是证明立场，进而证明文学理论的正确性。前见与前置立场的种种区别最终导致了正当阐释与强制阐释的区别，造成文学阐释质的差别。

---

① 史伟民：《伽达默尔论概念、譬喻与文本的意义》，载洪汉鼎主编《中国诠释学》第2辑，山东人民出版社2004年版，第127页。

主观预设与强制阐释*

李艳丰**

20世纪以来,中国文论话语的衍生与建构,始终同西方文论处于龃龉纠缠的状态。王国维援引西方生命美学的范畴,化入"境界"论,以叔本华、尼采的"悲剧论"阐释《红楼梦》,创立"以西释中"的文论阐释模式。陈寅恪曾言王国维诗学研究的路径是"取外来之观念与固有之材料互相参证"。① 1927年陈钟凡出版《中国文学批评史》,采用"以远西学说,持较诸夏"的方法。② 杨鸿烈撰写《中国诗学大纲》时,曾言及自己的研究是"把中国各时代所有论诗的文章,用严密的科学方法归纳排比起来,并援引欧美诗学家研究所得的一般诗学原理来解决中国诗里的许多困难问题"。③ 这种以西方文学理论为参照系,进而通过比较、借鉴来发展中国文论的思路,成为当时文论界的普遍共识。正可谓"他山之石,可以攻玉","别求新声于异邦",在满怀自卑、焦灼与苦闷的现代知识分子看来,无疑是最明智的选择。然而,正是在这种"艳羡现代性"的召唤下,中国文论知识界日渐陷入"唯西学马首是瞻"的文化激进主义漩涡之中。西方文论对中国文论的强势介入,中国文论

---

* 本文系广东省哲学社会科学"十二五"规划2015年度项目"当代西方文论的有效性辨识与强制阐释问题研究"(GD15CZW02)的阶段性成果,原刊于《学术研究》2016年第4期。

** 作者单位:华南师范大学文学院;山东大学文学与新闻传播学院。

① 陈寅恪:《王静安先生遗书序》,《金明馆丛稿二编》,上海古籍出版社1982年版,第219页。

② 陈钟凡:《中国文学批评史》,中华书局1927年版,第6页。

③ 杨鸿烈:《中国诗学大纲》,商务印书馆1933年版,第1页。

界对西方文论的错乱嫁接、缺少批判的理论移植,最终造成中国文论话语主体精神与民族意识的丧失。面对西方文论话语霸权对中国文论的阉割与去势,中国文论学者开始感受到从未有过的压抑,这种压抑最终在20世纪90年代爆发为文论界的一次群体性思想事件——"失语症"大讨论。此次讨论,虽然主要批判的是"以西释中""以中就西"等理论范式所导致的本土文论,特别是传统文论的困境,而非直接对西方文论发难,但作为一个理论节点,"失语症"大讨论可以说从此揭开了中国学者主动反思、批判西方文论的序幕。其后,曹顺庆、陆贵山、朱立元、孙绍振、张江等,均撰文指陈西方文论的弊端与局限,尤以张江的强制阐释论影响最大。2014年,张江在《中国社会科学》撰文批判西方文论"脱离文学实践""偏执与极端""僵化和教条"的理论缺陷,提出在深入反思西方文论的前提之下,重建具有本体性与民族性特征的中国文论话语形态。① 其后又在《文学评论》发表题为《强制阐释论》的长文,明确指出西方文论的基本特征和根本缺陷是强制阐释,并从"场外征用""主观预设""非逻辑证明"与"混乱的认识路径"四个方面具体分析了强制阐释的理论症候,认为主观预设是强制阐释的核心命题,强制阐释就是主观预设的批评。强制阐释论的提出,反映出中国学者开始立足本土性与民族性的理论立场,批判性审思西方文论话语的合法性问题。高楠认为,强制阐释论"标记着中国文论界终于迈入了赋予批判精神、以自身为主体的能动接受期,也可以说,这是中国文学理论对西方理论的接受具有逆转意义的重要理论事件"。② 本文以张江在强制阐释论中提出的主观预设问题为理论基点,通过对这一概念的分析,考察强制阐释论所涵摄的文学批评话语的合法化逻辑,并在此基础上反思中国文学批评理论话语的建构路径。

---

① 张江:《当代西方文论若干问题辨识——兼及中国文论重建》,《中国社会科学》2014年第5期。
② 高楠:《理论的批判机制与西方理论强制阐释的病源性探视》,《文学评论》2015年第3期。

一 主观预设的批评：理论内涵与话语症候

张江认为，强制阐释是西方文论的核心缺陷，"'强制阐释'作为一个支点性概念，能够比较集中地概括当代西方文论的主要缺陷和问题，更好地把握其总体特征"。[①] 所谓强制阐释，就是"背离文本话语，消解文学指征，以前在立场和模式，对文本和文学作符合论者主观意图和结论的阐释"[②]。强制阐释有四个特征。第一，场外征用。广泛征用文学领域之外的其他学科理论，将之强制移植文论场内，抹杀文学理论及批评的本体特征，导引文论偏离文学。第二，主观预设。无视文本原生含义，强制裁定文本意义和价值。第三，非逻辑证明。一些论争和推理违背基本逻辑规则，有的甚至是逻辑谬误，所得结论失去依据。第四，混乱的认识路径。理论构建和批评不是从实践出发，从文本的具体分析出发，而是从既定理论出发，从主观结论出发，颠倒了认识和实践的关系。结合强制阐释的定义及其四个特征，可以看出，"主观"是强制阐释的核心命题，强制阐释就是滥用主观，阐释主体从主观的前置立场出发，或将文学视为佐证理论前见的工具性符码，或对文本无限衍义，最终导致文论话语偏离文学。张江在《强制阐释的主观预设问题》一文中对主观预设有全面深入的分析。首先，进一步界定主观预设的内涵："主观预设是强制阐释的核心因素和方法。它是指批评者的主观意向在前，预定明确立场，强制裁定文本的意义和价值。主观预设的批评，是从现成理论出发的批评，前定模式，前定结论，文本以至文学的实践沦为证明理论的材料，批评变成对文本和文学作符合理论目的的注脚。"[③] 其次，批判主观预设的若干弊端：一是前置立场，二是前置模式，三是前置结论。再次，分析了主观预设批评模式形成的主要原因：一是场外征用

[①] 张江：《关于"强制阐释"的概念解说——致朱立元、王宁、周宪先生》，《文艺研究》2015 年第 1 期。
[②] 张江：《强制阐释论》，《文学评论》2014 年第 6 期。
[③] 张江：《强制阐释的主观预设问题》，《学术研究》2015 年第 4 期。

的思维惯性，二是理论的过度膨胀与滥用。最后，张江指出："主观预设已经成为一个多世纪以来文艺批评实践的稳定套路、固化模式，也成为众多批评家操练中常见的思维方式。并且，随着西方文论被引入到国内，这种主观预设的问题在国内批评界也已经司空见惯。"① 张江深刻洞察到主观预设这一思维模式与批评范式的危害，警示文论界对其展开批判性反思，在消除主观预设之理论谬误的同时，理性构建与时俱进的本体论批评话语。

张江认为主观预设的批评就是阐释者征用场外理论，介入文学文本，是主观先行的批评，批评的目的是证明理论。那么，究竟怎样理解文学批评同理论的关系，文学阐释是否就不需要理论？反对主观预设是否意味着反对一切主观前见，比如解释学所说的"前理解""视界"以及接受美学所说的"期待视野""批评前经验"呢？对这两个问题，张江有明确解释。他认为，批判主观预设，就是反对阐释者抛却文学文本，从前置理论出发，将文学文本视为佐证理论的工具。"理论本身具有先导意义，但如果预设立场，并将立场强加于文本，衍生出文本本来没有的内容，理论将失去自身的科学性和正当性。"② 但这并不是说文学批评就不需要理论，相反，文学批评必须以科学的理论作为世界观与方法论，用辩证唯物主义与历史唯物主义的理论来指导文学批评实践。文学批评要正确借鉴理论，阐释者在运用理论时，须考虑批评理论与文学对象的黏合，即理论与文本的适合性问题。当代文学批评对跨文化、跨学科方法的借鉴，也使得有限度地征用理论成为文学研究的趋势，如李春青所言："有些来自西方的哲学、社会学、心理学等领域的理论与方法，在被引进我们的文学研究时，它所引发的可能不是关于文学文本本身的艺术魅力与审美特性的讨论，而是对文学文本蕴含的意识形态、身份政治、政治无意识以及其他文化意蕴的揭示，其结论并非预先包含在理论与方法中，而是对文本进行跨学科的综合性研究之后得出的合乎逻辑的判断。对此类研究，也不能简单地将之归入'强制阐

---

① 张江：《强制阐释的主观预设问题》，《学术研究》2015年第4期。
② 张江：《强制阐释论》，《文学评论》2014年第6期。

释'之列。"①

张江虽然批判主观预设、场外征用与前置立场，但并不否认阐释者的主观前见、经验背景与先在的文化心理结构，它们是文学批评实践得以展开的前提，没有这些前提，文学批评是不可能发生的。"与伽达默尔的前见不同，强制阐释的立场目标是清晰的，不是前见的'模糊'混沌。前见是无意识地发挥作用，立场是自觉主动地展开自身。至于期待视域，更多地是指读者的审美期望，而非批评家的理论判断。"② 可见，张江试图将强制阐释的"立场"同伽达默尔所谓的"前理解"区分开来，这也意味着他对解释学的"前理解"，接受美学的"期待视野"以及"批评前经验"的认同。文学批评在关注阐释者主观前见、经验背景的同时，也要对文学文本有正确认识。文本并不是单纯的语言事实，而是如穆卡洛夫斯基所言，是一个美学客体："模式是作品提供的由材料构成的意义符号，美学客体是读者的集体意识中与模式关联的意义。结构固定不变的模式当然是读者必须创造的意义的本源，是所有接受者将作品具体化的出发点。但是，我们又不能将整个作品仅仅归结为模式。由于美学客体的结构是在不断变化着的美学标准系统的背景上被具体化的，因此它也终将游移不定。"③ 这也就意味着，文学批评应该同时关注本文结构模式与读者审美经验。张江提倡本体阐释，意在匡正西方文论过于强调读者主观衍义的理论偏执，呼吁文学研究回到文本与作者的本位立场。"文本的自在含义有限，不能对文本的有限意义作无限阐释。文本作为作者的创造，作者的主观意图即表达同样有限，不能对有限意图和表达作无限发挥。把批评者的意图无端加给文本，对文本作自在含义以外的非文学阐释，超越文学阐释的边界。"④ 可见，张江真正反对的是那种过分强调理论立场，夸大主观衍义，忽略文本客体与作者本意的强

---

① 李春青：《"强制阐释"与理论的"有限合理性"》，《文学评论》2015 年第 3 期。
② 张江：《强制阐释论》，《文学评论》2014 年第 6 期。
③ 刘小枫选编：《接受美学译文集》，生活·读书·新知三联书店 1986 年版，第 222 页。
④ 毛莉：《由"强制阐释"到"本体阐释"——访中国社会科学院副院长张江教授》，《中国社会科学报》2014 年 6 月 16 日。

制阐释、过度阐释。

张江对主观预设、理论前置与无限衍义的批评，其实呼应了西方学界的两种批评动向。一是抵抗理论与反理论。布鲁姆、桑塔格、德曼、艾柯、卡勒等人，都反对理论对文学的过度阐释。布鲁姆将女性主义批评、新马克思主义批评、新历史主义与解构主义等命名为"憎恨学派"，足见其对这些批评理论的反对与批判态度。桑塔格在《反对阐释》中对流行的批评理论展开攻击，她认为，这些批评理论侵占艺术作品的地位，玷污艺术的形式，是一种极其枯燥的智力活动，理论阐释只能使艺术限于贫瘠。鉴于此，桑塔格提出以艺术的色情学取代阐释学。德曼认为："今天的文学理论，是更大的哲学思辨的副产品。"[1] 艾柯所谓的"具有独特的学术传统与思维方式的欧洲大陆哲学体系与重在对文学作品进行精细的批评性解读、分析与欣赏的盎格鲁—撒克逊传统发生了激烈的'碰撞'"，其实说的也是文学理论的抽象化发展，"在英美大学中从事文学教学与研究的学者们却对传播由这些哲学传统所引发出来的文学观念充满了热情，其结果是使得关于文学研究之性质与目的的论争不断升温，越来越乱，到现在已成聚讼纷纭、争持难下之势"。[2] 卡勒认为，理论是"一种具有超出某一原始学科的作用的话语"，"是一套包罗万象的文集大全"，"理论的不可控制性是人们抵制理论的一个主要原因"。[3] 这些学者看到了西方文论的理论化趋向，提出在感性审美、回归文本的基础之上重构文论话语形态。张江也认为，产生主观预设的一个很重要的原因，就是"理论的过度膨胀"，"在理论和文本的天平之上，理论的分量越来越重，人们对理论的热情、对理论的期待和重视程度越来越高，相反，文本倒成了配角，不但丧失了理论诞生源头的地位，在功能上也沦为

---

[1] [美] 保罗·德曼：《解构之图》，李自修译，中国社会科学出版社1998年版，第99页。

[2] [意] 安贝托·艾柯等：《诠释与过度诠释》，王宇根译，生活·读书·新知三联书店1997年版，第6—9页。

[3] [美] 乔纳森·卡勒：《文学理论入门》，李平译，译林出版社2013年版，第17页。

理论的佐证和注脚"。① 二是回归本文意图，倡导保卫作者。西方解释学发展到伽达默尔与费什的读者反应批评，出现了过分强调读者，悬隔文本原初含义与作者本位的理论迹象。伽达默尔在批判施莱尔马赫时就曾指出，重建文本原初含义是不可能的，"对一部流传下来的作品借以实现其原本规定的诸种条件的重建，对理解来说，无疑是一种根本性的辅助工程"，"鉴于我们存在的历史性，对原来条件的重建乃是一项无效的工作"。② 赫施认为，伽达默尔正确地揭示了理解的历史性，却错误地否定了本文作者的存在，"伽达默尔对正确性问题并不怎么感兴趣，他所探讨的是另一个问题，即理解的历史性如何影响了解释的实现"。③ 否定本文作者的原意，无异于否定共同价值判断的可能性。赫施据此提出"保卫作者"的口号，要求重建作者的权威。艾柯虽然并不反对主观阐释与诠释者意图，但提出要为主观设定限制，要重视本文意图，过于强调本文意义的不确定性，无限衍义，只能导致批评的混乱。张江之所以批判强制阐释与主观预设，其目的也同赫施、艾柯等人一样，意在从学理上探求文学批评的科学性，重塑真正的批评话语、批评精神与批评伦理。

二 反思主观预设：文论话语背后的知识与权力逻辑

张江认为西方文论罹患了强制阐释的病症，根本病因乃是主观预设，这其实宣告了西方文论话语的"合法化"危机。曾被我们视为理所当然的西方文论常识，或正在被我们借鉴、操演的西方文论话语，却一直在以一种"非法"的方式侵入文学领地，蚕食文学，将文学带往别处。这一振聋发聩的批评之音，打破了话语的定势、研究的习俗、固化的套路等，给文论界注入了"陌生化"的思想元素。有学者认为，张江是有意地在中西文论话语之间制造断裂。本文认

---

① 张江：《强制阐释的主观预设问题》，《学术研究》2015 年第 4 期。
② ［德］汉斯－格奥尔格：《真理与方法》上卷，洪汉鼎译，上海译文出版社 1999 年版，第 219 页。
③ ［美］赫施：《解释的有效性》，王才勇译，生活·读书·新知三联书店 1991 年版，第 176 页。

为，这种说法未能真正领悟强制阐释论话语背后的知识与权力逻辑。张江对西方文论的批评，首先是建立在学理研究基础之上的，其批评话语背后，既有对西方文论话语鞭辟入里的反思与批判，又有旗帜鲜明的批评观念、批评伦理与批评价值。当然，正如福柯所言，话语即权力，"话语承载着和生产着权力；它加强权力，又损害权力，揭示权力，又削弱和阻碍权力"。① 萨义德认为，"知识带来权力，更多的权力要求更多的知识，于是在知识信息与权力控制之间形成了一种良性循环"。② 知识与话语不可能以绝对真理的名义出场，其背后总是有特定的文化权力与意识形态想象。阿尔都塞在《保卫马克思》一书中曾试图将理论与意识形态作绝对区隔，认为理论是科学的真理，意识形态与权力相关。后来，阿尔都塞意识到，把科学（理论）与意识形态思辨地对立起来是犯了"理论主义"的错误。这也告诉我们，对于一种理论话语，需要从知识生产的真理与权力的双重维度展开分析。唯有如此，才能厘清话语背后的知识与权力逻辑。那么，张江的批评话语中究竟涵摄着怎样的批评观念、批评价值与批评立场，其话语踪迹中又弥散着怎样的权力观与意识形态诉求？

张江对西方文论的批评，彰显出一种理论求真的精神，其主要表现在如下几个方面。首先是方法论的科学性。张江认为，任何理论研究，都要从具体实践出发，要遵循认识论的科学路径，不能颠倒理论与实践的关系。马克思就曾指出："社会生活在本质上是实践的。凡是把理论导致神秘主义的神秘东西，都能在人的实践中以及对这个实践的理解中得到合理的解决。"③ 西方文论的最大问题，就是理论和实践处于倒置状态。文学理论与批评不从实践出发，而是理论先行、主观预设，混乱的认识路径必然带来批评话语的失真。在张江看来，文学理论与批评话语的建构，必须以马克思主义的历史唯物论与辩证法作为指导，遵循"辨识历史、把握实证、寻求共

---

① ［法］米歇尔·福柯：《性经验史》（增订版），余碧平译，上海人民出版社2005年版，第66页。
② ［美］爱德华·W. 萨义德：《东方学》，王宇根译，生活·读书·新知三联书店1999年版，第44页。
③ 《马克思恩格斯选集》第1卷，人民出版社1995年版，第60页。

识"的认识论逻辑。在跨学科研究盛行的当下,"文学理论借鉴场外理论,应该是科学的思维方式和研究方法,而不是现成结论和具体方法的简单翻版"。① 在谈到具体方法论时,张江较为重视整体与局部、一般与特殊、逻辑与历史的辩证统一。他甚至提出一种文本统计学的理论构想——"对单个文本的阐释做出分析,对大批量文本的阐释做出统计,由个别推向一般,上升飞跃为理论"。② 其次是批评话语的科学性。张江批判西方文论的主观预设问题,其实是为了将文论话语从理论宰制下解放出来,使其重新回到文学的本体界域。主观预设的根本错误,是不从文本、作者、历史与审美出发,对文学展开辩证综合的分析与阐释,而是从某种早已生成的理论出发,或剪辑文本,或悬隔作者,或溯及既往,最终使文学批评变成了理论话语的表演。在张江看来,文学理论与批评应坚持从文本出发,把文本的自在性视为理论衍生的起点。当然,文本的自在性并非如结构主义所言,是指封闭自足的语言结构,也非赫施的本文"含义"——作者赋予文本的确定所指。文本的自在性既与作者的原初创作动机相关(受到赫施"保卫作者"与艾柯"作者意图"理论的影响),又离不开历史语境、话语生成机制、读者审美接受等因素。文学批评对文本自在性的理解与阐释,既要重视作者赋予文本的原初性含义,也要兼顾到审美理解的历史性。正是立足于此,张江提出本体阐释的三个层次、三重话语:核心阐释、本源阐释与效应阐释。核心阐释是对原生话语的阐释,所谓原生话语,就是"作者能够传递给我们,并已实际传递的信息"。本源阐释是对"原生话语的来源、创作者的话语动机,创作者想说、要说而未说的话语,以及产生这些动机和潜在话语的即时背景"的阐释。本源阐释是由作者和文本背景产生的次生话语。效应阐释"包含社会和受众对文本的多元认识和再创作,是文本在传播和接受过程中产出的衍生话语"。张江认为,本体阐释的三个层次、三重话语"打破了外部研究和内

---

① 毛莉:《由"强制阐释"到"本体阐释"——访中国社会科学院副院长张江教授》,《中国社会科学报》2014年6月16日。
② 同上。

部研究的壁垒",开启了文论研究新的路径与范式。① 总之,从张江对强制阐释、主观预设的批评以及对本体阐释的畅想,我们可以看到他对批评话语真理维度的追求。

　　张江在批判强制阐释的同时,谈到一个重要的文学理论问题——批评伦理。依照我们的理解,伦理表达的是实践活动中的善,是对行为的价值观照与意义裁定。亚里士多德在《伦理学》中说:"一切技术,一切规划以及一切实践和抉择,都以某种善为目标。"② 批评伦理即批评实践如何坚持善的标准,如何在伦理意识的规约之下实现批评的正当性。当然,由于善并不是一个绝对的精神实体,不同的历史时期、民族与地域、文化共同体所秉持的伦理原则有很大差异。鲍曼在《后现代伦理学》中就认为,现代伦理追寻普遍性与根本性,后现代伦理则倡导多元性与差异性。对伦理的不同理解,必然形成不同的文学批评伦理。结合张江的强制阐释论及其对批评伦理的论述,我们认为,他基本是站在现代性的伦理立场来看待文学批评的正当性与价值的,也正是这种现代性的批评伦理观,使他的文学批评话语带有了强烈的理想化、精英化与启蒙化的特点。比如,张江认为,批评伦理是对职业批评家专业批评的规范。职业的文学批评不是文学感受,而是如蒂博代所言:"理想的职业批评家应该进驻到文学的内部,犹如一位制造胸像的雕塑家把他的精神,即手的指导——灵魂——置于他正在制作的头像里,置于他的模特的有生命力的身体深处。"③ 要想成为一个合格的职业批评家,就必须恪守基本的文学批评伦理规则:"尊重文本,尊重作者,在平等对话中校正批评。""批评应该从文本出发,尊重文本的自在含义,尊重作者的意义表达,对文本作符合文本意义和书写者意图的说明和阐释。"强制阐释"既不尊重文本,也不尊重作者,更没有读者观念,唯一具

---

　　① 毛莉:《由"强制阐释"到"本体阐释"——访中国社会科学院副院长张江教授》,《中国社会科学报》2014年6月16日。
　　② 《亚里士多德全集》(8),苗力田译,中国人民大学出版社1992年版,第3页。
　　③ [法]蒂博代:《六说文学批评》,赵坚译,生活·读书·新知三联书店1989年版,第69页。

备的就是强制的立场。这应该是同正当的批评伦理规则完全相悖的"。①"作者本人无意表达,文本中又没有确切的证据,却把批评家的意志强加于人,应该是违反道德的。"② 由此也可以看出,张江对文学批评伦理的思考,同他对批评话语之真的追求是一致的,都要求批评家从文本、作者与审美实践出发,在尊重文本自在性与作者原意的基础上,实现文学批评客观性与创造性、原生性与历史性的有机结合。当然,不可能要求任何文学批评都成为职业化、专门化的批评。蒂博代就把文学批评分为自发的批评、职业的批评和大师的批评。而且,即便是专门化的职业批评,也很难说就能真正理解文本的自在性和作者的原初含义。文学批评的真正目的,乃是在文本自在性与作者原意的基础之上,实现批评家主观体验同文本与作者的交互融合。阐释的客观性由固化的点复活为历史的时间流,艺术由此在批评话语实践中被激活为生命体验的结晶。张江虽然没有轻视历史,也没有忽略读者,却拔高了文学批评伦理的价值标准。正是基于此,王宁才说张江的批评是"理想化的批评"。③

张江认为,文学批评的主体是审美批评,审美批评是理解与评价文学的根本方法,也是连接文学与政治、哲学、伦理、宗教等意识形态的话语中介。文学批评要求真、求善,更要求美。如何坚持文学批评的美学维度?张江谈到如下几个方面的问题。一是文本主导论。文学批评必须从文本出发,通过审美的感知、理解与想象,来展开文学的解读与阐释。公正的文学批评必须从文本出发,批评结论的有效性应来自文本分析而非理论裁定,文学批评首先要探究文本,文本实际包含了什么,即文本的客观存有。作者意欲表达什么,其表达是否与文本的呈现一致。文本的实际效应是什么,读者的理解与反应是否与作品表现及作者意图一致。"这是正确认识、评价文本的最基本标准。"④ 张江把探寻文本自在性与作者意图视为文学批评的第一要义,

---

① 张江:《批评的伦理》,《求是学刊》2015年第5期。
② 张江:《强制阐释论》,《文学评论》2014年第6期。
③ 王宁:《阐释的有效性和文学批评伦理学》,《求是学刊》2015年第5期。
④ 张江:《强制阐释论》,《文学评论》2014年第6期。

强调文本细读,认为本体阐释就是以文本为核心的文学阐释,这其实反映出他以文本为主导的文学批评思想。张江对文本的理解同形式主义与结构主义对文本的理解不同,在形式主义与结构主义那里,文本主要是指语言形式结构,维姆萨特与比尔兹利批判情感谬误与意图谬误,意在凸显文学文本的形式本体性。罗兰·巴特认为作者创作完成文本之后就自动退隐,"作者死去",留下的是独立自足的文本在场。张江并不赞同这种绝对的文本中心主义思想,而是强调文本的复合性、多义性与开放性特征,他认为,"文本中心主义的逻辑前提是将文本视为独立自足的封闭体系,无视甚至否认作者、读者以及时代环境等外部因素对文本产生的规约和影响"。① 二是文学指征论。张江认为,强制阐释消解文学指征,成为非文学的批评。张江没有明确界定文学指征的概念,结合他的理论思考,我们认为,文学指征类似于"文学性",是文学之为文学的属性和特征。文学指征最起码包括了文本的语言形式结构、作者意图、文本衍生的社会历史文化语境及其在此基础上形成的文本自在性含义,文学在历史化的理解与阐释中生发的转义等等。文学批评不能脱离文学指征,作无限制的甚至是非文学的衍义。张江的文学指征论,拓展了形式主义的"文学性"内涵,强调了文学多维复调的美学属性。三是文学场域论。"场外征用"之"场",其实就是文学场。张江并没有像布尔迪厄一样,明确界定"场"的内涵,通过对特定文学事件、文学现象的分析,反思文学场的特征,如文学场的法则,自律性症候,文学场与权力的关系问题等。张江对"场"的理解,主要源自他对现代性文学批评关于文学惯例、习俗的理解与认同。文学场是文学独立的审美王国,遵循文学共通的法则。文学理论与批评必须从文学场出发,从审美自律性入手,通过美学的分析与阐释,实现文学场内与场外的互通。四是美学与历史统一论。美学与历史的统一是马克思主义文学批评的基本理论与方法,也是张江一直坚持并提倡的。张江强调批评的客观性,文学批评要想客观公正,首先必须尊重历史,任何主观阐释的无限衍义、

---

① 毛莉:《由"强制阐释"到"本体阐释"——访中国社会科学院副院长张江教授》,《中国社会科学报》2014年6月16日。

溯及既往都是对历史的亵渎。文学不能虚无历史，文学批评更不能跳出历史唯物主义的框架之外，成为美学的自娱。张江反对主观解释学与接受美学对当代性与主观性的过度发挥，强调在尊重历史的基础之上，实现过去与现在、主观与客观、美学与历史的交互融合。

作为一个中国学者，张江对西方文论强制阐释、主观预设的批评，以及他对本体阐释的话语建构，无疑带有强烈的"中国化"特征。张江是带着中国经验、中国记忆与中国问题介入西方文论的，这意味着张江的批评话语，必然会打上民族主义、文化政治甚至意识形态的权力印记。张江认为，西方文论对中国文论话语的绑架与殖民，反映出的是西方文化价值对中国文化的权力压迫。随着中国的崛起，这种后殖民主义的文化地形与权力图谱应该被改写，中国应敢于在文论话语场说不。面对外来理论，要有充分的民族自觉意识，不要盲目追随，更不要以理论移植替代自我建设。王侃认为："张江在持有这个立场时所进行的批判性言说传达出了一种宇文所安所称的'民族国家的意识形态'。"① 张江的批评话语，可谓是一种典型的文化政治，是中国本土知识分子面对西方文化霸权的一次决绝反抗。张江试图通过文论话语的博弈，来宣泄百年来中国知识分子遭遇"被压抑的现代性"命运的苦闷心声，通过质疑与解构西方文论话语的合法性，以祛除西方文化权力对中国话语、中国文化的侵凌与去势。张江对西方文论的批判，折射出明显的意识形态权力逻辑。张江把西方文论视为西方资本主义政治的衍生品，"当代西方文论是当代资本主义政治、经济、文化孕育而出的产物。这一特殊的生成语境，决定了当代西方文论带有鲜明的资本主义文化特色，也决定了它自身无可避免的问题和无法超越的局限"。② 中国作为社会主义国家，有着与西方完全不同的政治意识形态语境，也就决定了中国话语不能全盘接收、随意嫁接西方话语，而是要在批判的前提下，创造性转化与吸收西方文论话语的合理内核，最终形成具有中国民族特色、地缘特色、文化特色与政

---

① 王侃：《理论霸权、阐释焦虑与文化民族主义——"强制阐释论"略议》，《文艺争鸣》2015年第5期。

② 张江：《当代西方文论：问题和局限》，《文艺研究》2012年第10期。

治特色的文论话语形态。

三 超越主观预设：努力建构中国化的文论话语形态

张江虽然在批判西方文论强制阐释、主观预设问题的基础上，提出了本体阐释的概念，但正如他自己所言，本体阐释提供的只是一个文学理论建构的路线，而不是新的文学理论。陈晓明提出回归汉语文学本体："只有有意识地激发汉语文学的自主意识，并与西方/世界优秀理论成果对话，才有新的创新机遇，才能避免强制阐释的困境，给已经困顿、几近终结的文学理论以自我更新的动力，给中国文学理论和批评开辟出一条更坚实的道路。"[①] 但如何建构起真正的汉语文学本体论诗学体系，也是一个悬而未决的问题。事实上，自20世纪90年代以来，中国文论学界一直试图挣脱西方文论的桎梏，创建民族化、本土化的汉语诗学话语范式。朱寿桐的汉语新文学理论，郑敏的汉语新诗理论，童庆炳、蒋述卓等提出的文化诗学理论，胡亚敏的文化—形式批评构想，传统文论的现代转换，马克思主义文论的中国化等等，这些理论反思与构想，围绕汉语特质、民族文化、意识形态等关键词展开，为中国诗学话语的建设提供了宝贵的理论参照。但是，直到现在，真正称得上"中国学派"的汉语诗学话语，依然没有建构起来。本文认为，建构中国化的民族诗学话语体系，任重而道远，中国学者不必急于求成。目前的任务，是要在批判性反思西方文论话语的基础之上，使中国文论学者产生对民族化、本土化的汉语诗学理念的文化认同。换句话说，应从理论与意识形态的层面构建中国诗学话语的合法性权力逻辑，通过文化意识形态的唤询，使文论学者自觉认识到中国化的身份意识。唯有如此，才能真正走出西方文化与文论话语"影响的焦虑"，理性构建中国化的文论话语范式与诗学体系。要想真正建构起中国文论话语的合法性，必须解决三个问题：一是话语立场问题，二是话语资源问题，三是话语认同问题。

建构中国文论话语的合法性权力逻辑，首先要有明确的理论立

[①] 陈晓明：《理论批评：回归汉语文学本体》，《文学评论》2015年第3期。

场。利奥塔认为，合法性是指"当人们宣布一个指示性陈述为真时，人们的先设是一个可以判断并证明指示性陈述的公理系统已经建立了，而且对话者了解并接受这个系统，认为它在形式上达到了尽可能令人满意的程度"。① 但公理系统并非天生的，而是权力建构的产物。权力来自何方，又如何建构话语的合法性？布迪厄强调"元权力"对话语合法性的支撑，"国家就是垄断的所有者，不仅垄断着合法的有形暴力，而且同样垄断了合法的符号暴力"。② 我们认为，话语的合法性，其实就是指话语借助于知识生产建构起来的意识形态属性，确认话语合法，也就是认同话语背后的意识形态权力。回到中国话语的合法性问题域，基本的理论立场就是，建构中国文论话语，就应从中国的国家政治、民族意识、文学经验与文化精神等理论前见出发，不能游离于这个特定的意识形态场域之外谈论话语的普适性与价值的普世性。当代中国文论过于盲从西方话语，根本原因在于迷信全球化、后现代主义、反本质主义、历史终结论等西方意识形态，不自觉地解除了"中国"身份与中国意识，最终跌入后殖民主义的话语陷阱。张江对强制阐释与主观预设的批判，虽有些激进，但作为一剂猛药，却能让中国文论学者理性看清西方与中国的"主奴"权力镜像，真正回归中国文论话语的结构场域。

回到中国立场，重建中国文论话语，并非意味着与西方断裂。中国文论话语不可能在真空中建构起来，而是应吸纳古今、博采中西、立足本土、兼收并蓄，在充分化合古今中外文论话语的基础上，形成本土化、历史化与民族化的文论话语新质态。对于西方文论，我们既不要一味拒斥、全盘否定，也不要盲目跟风、不加分辨地滥用，应采取批判反思、理性吸纳的态度。曾有一段时日，我们对西方马克思主义排斥得厉害，认为它是资产阶级的意识形态，谈及色变。但随着社会历史的发展，理论界逐渐认识到，西方马克思主义是西方知识分子

---

① ［法］让-弗朗索瓦·利奥塔尔：《后现代状态：关于知识的报告》，车槿山译，南京大学出版社2011年版，第152页。

② ［法］皮埃尔·布迪厄等：《实践与反思》，李猛、李康译，中央编译出版社1998年版，第302页。

运用马克思主义理论批判资本主义政治、经济与文化的产物，也有进步、合理的一面，应辩证分析、合理利用。蒋孔阳就曾指出："西方马克思主义文艺理论，由于马克思主义的强大，因而也显得相当强大，他们的人数那么多，著作那么多，影响那么大，我们忽视他们，否定他们，不仅不应该，而且也不可能。但是，我们过去讲马克思主义文艺理论，却从来不讲西方马克思主义文艺理论，即使讲，也是作为对立面来批判。这样，无异于削弱了自己的力量。"[①] 20 世纪 90 年代以来，中国文论界开始大量译介、研究西方马克思主义文论，进一步丰富和发展了中国的马克思主义文论话语。对于古代文论话语，也应合理传承，努力实现传统文论的现代转化。蒋述卓认为："古代文论价值的转换，古代文论理论观点与思维方法的发扬，以及古代文论话语的转型，只有在参与现实之中，才可能真正发挥出民族精神与特色的魅力，也才可进入到当今文艺理论的主潮之中，也才有古代文论在真正意义上的实现'今用'，亦即所谓的'意义的现实生成'。"[②] 另外，中国文论话语的建设，还应立足现实文学经验，以经验效度检视文论话语的合法性。这里有两个方面的意思：一是西方文论与古代文论进入中国当代文论话语体系，应能够贴合具体文学经验与文学现场，不能强行黏附、强制阐释；二是从具体的汉语文学实践出发，通过文本细读，总结出文学理论与批评话语，不能理论先行、主观预设。中国文论话语的建设，既要充分利用现有的话语资源，又要敢于在具体的文学批评实践中，创生新的文论话语形态。既要注重文论生成的经验效度，同时也要防备陷入经验主义的泥沼，要在理论与经验的辩证耦合中，实现中国文论的辩证发展。

建构中国文论话语的合法性，也就是建构文论知识分子对中国文论的话语认同。这里所谓的话语认同，并非仅仅是指理论认同，它包含着较为复杂的含义。首先，话语认同表现为文论知识分子对社会主义文化领导权的认同。如果文论知识分子本身不信仰社会主义意识形

[①] 复旦大学中文系文艺理论教研室编著：《马克思主义文艺理论发展史》，中国文联出版社 1995 年版，第 3 页。
[②] 蒋述卓：《论当代文论与中国古代文论的融合》，《文学评论》1997 年第 5 期。

态,不认同社会主义的文化领导权,其文论话语也就必然会疏远、偏离中国的国家意识形态维度,也就难以同中国文论话语的合法性保持同一。很显然,这种认同主要表现为政治认同。其次,话语认同表现为文论知识分子对中华民族主体身份的认同。安德森认为民族是"一种想象的政治共同体——它是被想象为本质上有限的,同时也享有主权的共同体"。[①] 民族共同体之所以能够形成,主要靠共享的文化体系与文化精神。文论知识分子应自觉从本民族的文化立场出发,将文论话语视为构建民族文化、民族意识与民族身份的话语介质。张江在批判西方文论时,特别强调话语的民族性问题,认为本体阐释"坚持从民族的批评传统出发,对民族的传统理论和批评加以整理和概括,作为今天民族文学理论和批评构建的基础性资源。坚持有鉴别地学习其他民族的先进方法和技巧,在相互碰撞和交流中取长补短,形成本民族的优秀的独特理论"[②]。如果中国文论丧失了民族性,也就必然丧失话语的合法性。最后,话语认同表现为文论知识分子对理论真理维度的追求。科学的文论话语,必须从真、善与美的三重路径展开话语的建构。中国文论话语要想建构起理论的合法性,就必须坚持辩证唯物主义与历史唯物主义的路径,坚持美学与历史相统一的方法,坚持理论与实践相结合的原则,科学建构与中国文学、文化相适应的文论话语体系。当然,关涉中国文论话语合法性的政治认同、文化认同与理论认同,不是相互割裂的,而是融合在整体的话语结构之中,共同生成中国文论话语的合法性权力逻辑。如何超越主观预设的批评,走出西方文论强制阐释的影响,并建构起历史化、本土化与民族化的中国文论话语范式,是当代中国文论知识分子必须面对与解决的问题。由于西方文论对中国文论持久的浸淫,很多文论学者已经将西方文论话语范式视为理所当然的批评工具。当西方文论范式内化为中国文论学者的批评习惯,中国文学经验与文学批评也就必然变成演绎、

[①] [美]本尼迪克特·安德森:《想象的共同体——民族主义的起源与散布》,吴叡人译,上海人民出版社2005年版,第6页。

[②] 毛莉:《由"强制阐释"到"本体阐释"——访中国社会科学院副院长张江教授》,《中国社会科学报》2014年6月16日。

佐证、固化西方文论话语权力的符号形式。正确的态度应该是，在坚持意识形态独立与民族文化自觉的前提之下，以平等对话的方式面对西方文论与文化。既要敢于借鉴、化用西方文论话语的优秀成果，也要大胆摒弃西方文论的糟粕与不足。张江对西方文论强制阐释与主观预设的批判，以及他对本体阐释的构想，为中国文论学者正确理解西方话语、理性表述中国经验提供了诸多可能，为中国化、民族化与本土化诗学的建构提供了许多理论启示。我们沿着张江的理论轨迹，进一步思考了构建中国文论话语的合法性逻辑，希望文论界能以此为契机，努力建设中国化的文论话语新形态。

第三编

场外征用和主观预设

阐释的超越与回归

——强制阐释论与中国当代文本阐释批评的理论拓展*

段吉方**

　　强制阐释与当代西方文论的有效性辨识问题是近年来中国当代文学理论界集中讨论的问题，也是影响中国当代文学批评理论发展与建构的一个重要的"理论事件"。"强制阐释论"从 2014 年在中国当代文论界提出，2015 年得到了较为集中的讨论研究，至今为止相关的理论观念仍然在发展。前见、阐释域、阐释边界、作者意图、场外征用、主观预设、理论中心论等问题的探讨得到了深化，学界反响热烈。在中国当代文论中，强制阐释论的研究已经明显起到了西方文论反思的理论支点作用，它的理论价值不但在于对当代西方文论的知识论论域和实践过程提供了阐释分析的批评框架，更重要的是，对中国当代文论中的文本阐释研究具有积极的推动作用。在以往的研究中，中国当代文论中的文本阐释问题更多的是在西方阐释学的理论视域下进行的，尚缺乏充分的本土化理论，更缺乏超越西方阐释学理论路径的有效的理论方式，这方面，强制阐释论研究在当代理论发展态势下将文本阐释的问题从西方阐释学及其当代西方文论中剥离开来，将西方文论的反思问题从一种批判性观念上升为文本阐释的理论建构，试

---

* 本文系广东省哲学社会科学"十二五"规划 2015 年度项目"当代西方文论有效性辨识与强制阐释问题研究"（GD15CZW02）、国家社科基金重大招标项目"当代美学的基本问题及批评形态研究"（15ZDB023）的阶段性成果，原刊于《学术研究》2016年第 12 期。

** 作者单位：华南师范大学文学院。

图在当代西方文论反思中重返文本阐释学的理论与方法，从而为中国当代文学理论批评中的文本阐释问题提供了有益的启发。在深化与推进当下的强制阐释论研究中，中国当代文论中的文本阐释研究需要解决的仍然是西方阐释学理论的有效转化与借鉴的问题。超越对西方阐释学的知识论层面上的理论路径依赖，在具体阐释实践中找到文本阐释的问题性策略，是中国当代文论中的文本阐释研究需要进一步强化和解决的问题。

一 强制阐释论的提出与文本阐释问题

强制阐释论是中国当代文学理论研究界提出的问题。2014年，中国社会科学院张江教授提出了当代西方文论中的强制阐释问题，并以强制阐释论描述分析当代西方文论的理论缺陷与特征，进而在当代中国文论研究中掀起了西方文论批判反思的理论热潮。张江在提出他的强制阐释论观点的时候强调，他的目的是以当代西方文论中的强制阐释问题为线索，"辨识历史，把握实证，寻求共识，为当代文论的建构与发展提供一个新的视角"。[①] 两年多的时间过去了，强制阐释论的研究引发了有关当代西方文论的热烈讨论，并就当代西方文论中的文本阐释问题展开了深入的理论探究，可以说，已经在辨识历史、把握实证方面取得了重要的理论成果。当然，在这个过程中，很多学者也对强制阐释论研究提出了不同的意见，指出了强制阐释论的提法及理论研究中的不足之处，但从整体上而言，强制阐释论在当代文论研究中还是起到了较为积极的理论推动作用。这方面的理论争鸣文章已经很多，其中，关注强制阐释论、讨论强制阐释论以及批评强制阐释论的一个重要的理论焦点就是强制阐释论与当代西方文论中的文本阐释问题。关注文本，试图回到文本，努力从文本出发破除当代西方文论的阐释弊端以及有效建构一种当代的文本阐释观念，是强制阐释论研究中凸显出来的重要问题，也是对西方文论中的文本阐释有较为明显的理论呼应的内容。

---

① 张江：《强制阐释论》，《文学评论》2014年第6期。

西方阐释学的理论传统较为漫长,理论研究视域广阔,思想交叉跨越明显。这些因素构成了西方阐释学理论复杂的思想内涵,也是阐释学的理论观念能够不断跨越学科限制走向理论的开放性的重要原因。在阐释学理论的发展过程中,文本问题曾是理论的核心,在著名的西方阐释学理论发展的"三阶段"即施莱尔马赫、狄尔泰以及伽达默尔的理论发展中,文本阐释不断从阐释学的理论元问题中凸显出来,特别是在施莱尔马赫的理论中,有的研究者直接地说:"施莱尔马赫关注的是文本。"[1] 施莱尔马赫的普遍解释学观念是解释学理论从经典解释学到哲学解释学的重要中介,普遍解释学的观念就是从文本出发的。施莱尔马赫强调阐释的目的是对作者文本意义的了解,为了达到这一目标,就需要必要的方法和技巧。施莱尔马赫将这些技巧和方法的研究上升为一种普遍性的原则,从而将解释学推进到了一个普遍性理论的阶段,实现了普遍解释学的理论发展。由于施莱尔马赫的倡导,阐释学中的文本观念占有一定的位置,正是由于文本的权威性,解释学不仅仅是一种理解和阐释特定研究对象和内容的理论,而是从普遍性的角度理解一个对象的思想的艺术,这个普遍性的角度不排除作者的意图,施莱尔马赫进而把这种理解的艺术概括为"直觉的方法"(divinatory method),"所有的人都具有共同的结构,即每一个人都包含他人的因素,一个人可以通过自我的理解达到他人的理解"[2]。施莱尔马赫的解释学理论原则后来得到了伽达默尔的纠正。在《真理与方法》中,伽达默尔曾声明:"诠释学的问题从其历史起源开始就超出了现代科学方法论所设置的界限。理解文本和解释文本不仅是科学深为关切的事情,而且也显然属于人类的整个经验世界。诠释学现象本来就不是一个方法论问题,它并不涉及那种使文本像所有其他经验那样承受科学探究的理解方法,而且一般来说,它根本就不是为了构造一种能满足科学方法论理想的确切知识。"[3] 伽达默尔

---

[1] [美]帕特里夏·奥坦伯德·约翰逊:《伽达默尔》,何卫平译,中华书局2003年版,第14页。

[2] 同上。

[3] [德]汉斯-格奥尔格·伽达默尔:《真理与方法》上卷,洪汉鼎译,上海译文出版社2004年版,第17页。

对解释学这一理论主旨的深化和发展，改变了解释学理论的发展方向，开启了哲学解释学的理论迈进过程，也极大地扭转了施莱尔马赫解释学中对"文本"地位的坚持。伽达默尔提出，哲学解释学的目的不是建立一门关于理解的技艺学，"艺术家作为解释者，并不比普通的接受者有更大的权威性。就他反思他自己的作品而言，他就是他自己的读者。他作为反思者所具有的看法并不具有权威性。解释的惟一标准就是他的作品的意蕴（Sinngehalt），即作品所'意指'的东西"。① 文本的问题在施莱尔马赫和伽达默尔之间产生了理论上的分歧，但就阐释学理论而言，这种分歧不是理论的抵牾，而是更深层次的合流。按伽达默尔的理解，首先，解释不是从文本出发的，解释是历史的过程，施莱尔马赫从文本出发的解释学把文本放置到一部文学作品的整体关系中，在逻辑中会产生解释的循环；其次，文本的中心性会破坏理解的真理性和历史性，施莱尔马赫把文本的解释看作是一种对原来产品的再生产，这是把文本视为脱离它的认识内容的一种阐释，这其实是一种"文本阐释学"，即"根据语言的标准范例对于任何语言性事物的理解"。② 在伽达默尔的理论中，文本的概念受到了影响。但并非文本在解释学中不重要了，而是文本解释的不同倾向在起作用。从哲学的层面而言，伽达默尔的解释学理论对文本其实是提出了一种修正式的理解，在他看来，施莱尔马赫的贡献是值得肯定的，但对文本阐释的方向需要完善，在这样的意义上，伽达默尔对文本的修正不但没有对解释造成障碍，反而是一种重要的理论补充。

强制阐释论对西方阐释学理论中的文本观念有明显的理论呼应，强制阐释论首先是从当代西方文论中的文本阐释问题出发的。张江提出，当代西方文论"构建理论以预定的概念、范畴为起点，在文学场内作形而上的纠缠，从理论到理论，以理论证明理论。开展批评从既定的理论切入，用理论切割文本，在文本中找到合意的

---

① ［德］汉斯-格奥尔格·伽达默尔：《真理与方法》上卷，洪汉鼎译，上海译文出版社2004年版，第250页。
② 同上书，第255页。

理论材料，反向证实前在的理论。在局部与全局的关系上，用局部经验代替全局，用混沌臆想代替具体分析。获取正确认识的路径不是从实践到理论，而是从理论到实践，不是通过实践总结概括理论，而是用理论阉割、碎化实践"。① 所谓实证与共识的研究正是从文本出发的，文本阐释的问题仍然是阐释和强制阐释的认识论根源问题。在这个认识论根源上，张江提出，当代西方文论的主要局限有："脱离文学实践，用其他学科的现成理论阐释文学文本、解释文学经验，并将之推广为普遍的文学规则；出于对以往理论和方法的批判乃至颠覆，将具有合理因素的观点推延至极端；套用科学主义的恒定模式阐释具体文本。"② 这是强制阐释论的一个重要的理论指向，那就是对西方文论的反思其根本要义是找到重建中国文论的路径。张江认为："当代西方文论生长于西方文化土壤，与中国文化之间存在着语言差异、伦理差异和审美差异，这决定了其理论运用的有限性。中国文论建设的基点，一是抛弃对外来理论的过分倚重，重归中国文学实践；二是坚持民族化方向，回到中国语境，充分吸纳中国传统文论遗产；三是认识、处理好外部研究与内部研究的关系问题，建构二者辩证统一的研究范式。"③ 可以说，这两个方面的理论设想最终都落实到了文本阐释的焦点上，这也正是强制阐释论有效呼应当代西方文论的文本阐释观念进而提出中国当代文论构想的地方。在现代阐释学的理论发展中，如何有效地理解文本原意及其"真理呈现"的问题一直是一个研究重点，强制阐释论将研究落实到文本阐释的问题上，既是在深化这个理论重点，同时又对文本阐释的具体问题提出了自己的见解，正因为着眼于此，才获得了一种理论探讨的可能性。在当代文论研究的视野内，反思当代西方文论的方式和方法有很多，也曾引起当代学者的普遍关注，但中国当代文论中的强制阐释研究的理论目标和定位很明确，首先是对

---

① 张江：《强制阐释论》，《文学评论》2014 年第 6 期。
② 张江：《当代西方文论若干问题辨识——兼及中国文论重建》，《中国社会科学》2014 年第 5 期。
③ 同上。

西方文论的反思，其次是中国当代文论的构建，反思与构建的过程都是努力从文本阐释出发廓清中西文论的阐释间隔问题。无论是当代西方文论中的文本阐释观念，还是强制阐释论中的具体问题，有了立足文本从文本出发的理论观念，反思批判与理论建构才有了方向与目标，这也是中国当代文论中的强制阐释研究具有学理提升价值的内容。

二 主观预设、前见与视域融合

主观预设是强制阐释论所提出的理论问题。张江在《强制阐释论》一文中提出，所谓主观预设是指"批评者的主观意向在前，预定明确立场，强制裁定文本的意义和价值。主观预设的批评，是从现成理论出发的批评，前定模式，前定结论，文本以至文学的实践沦为证明理论的材料，批评变成对文本和文学作符合理论目的的注脚"。① 在文本阐释的过程中，主观预设是否存在？主观预设的批评是否导致强制阐释？这些问题值得进一步深究。张江的看法是，主观预设的批评导致了文学批评阐释中的前置立场、前置模式和前置结论。当代西方文论及其批评实践之所以会出现这种主观预设的批评，原因有二：其一是当代西方文论的场外征用使然，其二是理论过度膨胀的结果——"各种理论思潮此消彼长，令人目不暇接。与之相应，在理论和文本的天平之上，理论的分量越来越重，人们对理论的热情、对理论的期待和重视程度越来越高，相反，文本反倒成了配角，不但丧失了理论诞生源头的地位，在功能上也沦落为理论的佐证和注脚。"② 主观预设的问题还是围绕着文本阐释展开，其问题的根本在于文本解释的主观性、文本及其意义阐释的有效性。这个问题在当代西方文论的文本阐释中也有所提及，那就是解释学理论中的"前见"问题。西方解释学理论的代表人物伽达默尔认为，任何理解或解释都是现在与过去的对话，面对一个文本，一方面我们针对文本发问，聆听它

---

① 张江：《强制阐释论》，《文学评论》2014 年第 6 期。
② 张江：《强制阐释的主观预设问题》，《学术研究》2015 年第 4 期。

们，另一方面，我们不可能凭空地理解和判断事物，而必须以前人传授给我们的知识为前提，这样就意味着我们有一种从过去所接受的用以对事物作出理解和判断的"传统"和"前判断"。这个"前判断"构成了解释学文本阐释的理论前提，也是文本阐释的当下理解的基础，它为文本阐释预先规定了方向，而今天的理解又会成为明天的"传统"和"前见"，因此，"前见"是保证解释行为不断延续的条件。

伽达默尔对文本阐释的"前见"的理解有合理之处，但弊病在于"前见"能否完全说明阐释中的主观问题及其文本阐释意义的旁落，或者说文本"真理性"呈现的确定性问题，这一点伽达默尔是语焉不详的。在后来的理论推进中，伽达默尔解决前见问题的方法论原则是提出并申明解释过程中的"视域融合"。① 所谓视域融合，是说每个人的理解都必须受到传统和"前见"的制约，这意味着解释者总是在特定的时间和历史条件下，即处在某种"阐释景况"之中理解文本的。"阐释景况"决定了理解的范围是有限的，是有一定的"视域"的。伽达默尔认为，文本阐释的视域是不断形成，不断发展，也不断扩展的，永远不会固定下来。理解者和他所理解的对象（文本）都有各自的视域。"理解者的视域"是他从传统和前见中接受知识和经验所形成的前判断，是一种对意义和真理的预先期待；"文本的视域"是作品置身于历史之中，是文本在与历史"对话"中形成的一种现存的连续性，包括不同历史时期人们对文本所做的一系列阐释。在伽达默尔的理解中，正是由于文本阐释中的视域融合，理解者和文本之间有了可以沟通的中介，文本阐释的过程最终就是视域融合的结果。

伽达默尔的"视域融合"概念及其理论分析向来在当代西方文论的文本阐释中具有重要的地位。按照伽达默尔的理论，视域融合的出现不但有效解决了解释的"前见"或说"前判断"带来的文本阐释

---

① 视域（Horizont），最初是由胡塞尔和尼采引进哲学的，指的是思维受其有限的规定性制约的方式以及不断扩展的规律。在伽达默尔那里，视域标志着人从他已有的经验和知识出发所能达到的理解范围。

的障碍，而且更主要的是防止了解释的主观性的出现。因为视域融合是发生在读者与文本的对话过程中的，有了基于文本解释的对话性，文本阐释的历时性和共时性开始融为一体，主体和客体，自我和他者的界限被打破了，文本阐释的过程不断被新的阐释视域所置换和发展。伽达默尔的这个理论观念的确为现代文本阐释研究提供了新的角度，代表着文本阐释思维的重大变革，其重要的理论表征是强调文本阐释的历史性和发展性，解决了传统"赫尔墨斯之学"凝固的文本阐释概念。但是，伽达默尔的观点也不是完全无懈可击，一个明显的理论难题是视域融合的问题仍然是在语言的层面发生的，伽达默尔提出："在理解中发生的视域交融乃是语言的真正成就。"① 语言问题构成了"前理解"的基础，也表征着理解的本质，更是文本阐释意义之源。既然语言构成了视域融合的基础，那么，文本阐释的意义问题在语言中究竟是如何呈现出来的？在语言中发生的视域融合要不要主观性，如何避免主观的发生？这个问题恰恰是阐释学理论中较为模糊的地方。强制阐释论提出的主观预设问题在学理的层面上正是由此而发。对此，周宪的看法是："作为人文学科组成部分的文学理论，前置立场不但无法消除，而且在某种程度上说是相当重要的。我始终认为，文学研究不同于其他知识系统的一个突出特点，就在于文学研究者总是持有鲜明的价值立场，这一立场当然是前置的，或者更严密地说，文学研究者的价值立场甚至意识形态立场一定是先在的。我们很难想象在没有前置立场的情况下发表自己的文学见解。"② 朱立元也肯定强制阐释论中的主观预设问题的反思，他认为张江强制阐释论中的主观预设的说法没有完全否定西方解释学理论，而是有所推进，他进而补充："这个观点是西方阐释学史上一个重大突破和推进，它既揭示了人的认识、理解、阐释的与生俱来的历史性和有限性，也肯定了理解、阐释的主体性、生产性和创造性，有效地克服了古典阐释学的纯客观主义局限。""'主观预设'的特征，更准确、更击中强制阐

---

① ［德］汉斯-格奥尔格·伽达默尔：《真理与方法》上卷，洪汉鼎译，上海译文出版社2004年版，第490页。
② 周宪：《前置结论的反思》，《学术研究》2015年第4期。

释的要害。"①

　　与伽达默尔的"前见"与"视域融合"概念相比，强制阐释论提出的主观预设问题不是否定"前见"的存在，而是在肯定文本阐释中的主观性与前理解普遍存在的情况下，思考如何避免主观预设的问题。当然，张江并没有就如何解决主观预设的问题提出理论解决的进一步方案，但正是借主观预设的问题更深刻地思考了文本阐释的有效性及其文本阐释的确定性问题。在这方面，强制阐释论的主观预设研究既与西方阐释学的相关理论有一定的重合之处，但又不完全在同一个理论发展方向上。而就文本阐释的确定性以及在文本阐释的主观性普遍存在的情况下，如何进行有效的文本阐释这个问题上，又有着理论主张的一致性。强制阐释论提出的主观预设问题没有推进到伽达默尔所提出的"视域融合"这个理论层面，但在后来的研究中，特别是在意图在不在场，作者能不能死等问题的研究中，张江又回到了如何避免阐释的主观预设的问题逻辑上，其理论着眼点仍然是在文本阐释学的基本立场上，可以说，这也是张江对文本阐释的主观预设与"前见""视域融合"问题的一次有益的理论尝试。

三　场外征用与解释的循环

　　解释学作为一种哲学理论是如何应用到文学批评的，这主要由两个方面的因素决定。首先，解释学的理论起点和动因是关于文本的阐释。阐释学发展的早期阶段，在作为"赫尔墨斯之学"的阐释学理论的草创中，关于《圣经》和《荷马史诗》的"寓意阐释"最早是从《圣经》和《荷马史诗》的文本（Text）出发的，阐释学理论发展的重要阶段"施莱尔马赫时期"，强调阐释的文字、意义与精神的合一，确立的是以文本为阐释的核心位置，文本阐释的问题成了经典阐释学理论的重要组成部分。从狄尔泰开始的现代阐释学，经过海德格尔、伽达默尔的哲学阐释学的理论发展，文本阐释的核心要义逐渐被历史阐释的哲学方法所代替，"历史即文本""理解即此在""阐释

---

① 朱立元：《关于主观预设问题的再思考》，《学术研究》2015年第4期。

即本体",在这个理论发展的过程中,文本并没有完全缺席,而是文本阐释的观念被充分哲学化、历史化和本体化了,文本仍然是作为一个重要的研究对象被提出来,文本的阐释也有了融入批评实践的可能。其次,在哲学解释学向现代批评实践跃进的过程中,艺术的本体阐释起到了重要的作用。提出并深入探究这个问题的仍然是伽达默尔。伽达默尔提出,在解释学消除"前理解"和抵达文本"真理性"的过程中,艺术起到了重要的作用,"艺术的万神庙并非一种把自身呈现给纯粹审美意识的无时间的现时性,而是历史地实现自身的人类精神的集体业绩"。[①] 这就需要阐释,也就是所谓的"审美区分",区分那种认识论和趣味论意义上的审美概念,艺术的真理性问题也由此进入了阐释学的理论视域之内。在伽达默尔看来,艺术经验的"主体",不是经验艺术者的主体性,"而是艺术作品本身",[②] 所以对艺术进行阐释就成了现代解释学的一项基本的工作。伽达默尔考察了作为本体论阐释入门的游戏,指出了游戏的存在方式及其对艺术本体阐释的意义。就像艺术的存在方式不能由艺术者的主体性来代替一样,"游戏的真正主体(这最明显地表现在那些只有单个游戏者的经验中)并不是游戏者,而是游戏本身"。[③] 在这个过程中,伽达默尔通过游戏的本体阐释,提出了阐释学中的文本与解释者、创作者与接受者的关系,并将阐释学中的文本阐释问题引入批评实践,才有了文本阐释学的理论发展。

伽达默尔对艺术经验阐释的理论推动对解释学有重要的价值,伽达默尔的研究者,美国学者帕特里夏·奥坦伯德·约翰逊认为,伽达默尔对艺术经验的阐释有效克服了哲学中的主客二分的思想,"有助于人们克服异化,而理解艺术可以使人更好地理解和认识他们是谁"。[④] 强制阐释论中的"场外征用"问题与伽达默尔阐释学中提出

[①] [德] 汉斯-格奥尔格·伽达默尔:《真理与方法》上卷,洪汉鼎译,上海译文出版社 2004 年版,第 126—127 页。
[②] 同上书,第 133 页。
[③] 同上书,第 138 页。
[④] [美] 帕特里夏·奥坦伯德·约翰逊:《伽达默尔》,何卫平译,中华书局 2003 年版,第 21 页。

的从哲学意义上的文本阐释应用到批评实践的过程有较为深入的理论联系,但理论方向与重心是不同的。所谓场外征用,在张江看来,是当代西方文论诸多流派的通病,"许多'学派'和'主义'都立足于此,他们依据文学场外征用理论,对文本和文学做了非文本和非文学的强制阐释"。[①] 他提出,20世纪初开始,除了形式主义及新批评理论以外,其他重要流派和学说,基本上都是借助于其他学科的理论和方法构建自己体系的。按伽达默尔的理解,场外征用似乎是合理的。王宁也从跨学科的角度谈场外征用的问题,认为比较文学的跨学科研究提出场外征用是可能的,但对于文学理论研究的场外征用,他认为:"一方面说明文学批评自身的理论匮乏,它无法像以往那样从自身的创作和批评实践中提炼抽象出理论,因而不得不借助于非文学的教义来武装批评家和研究者。另一方面则说明,非文学的理论话语的力量如此强大以至于它受到文学批评家和研究者的热情拥抱和创造性运用。"[②] 场外征用不仅仅是面对当代西方文论的强制阐释所提出的问题,回到伽达默尔的阐释学,伽达默尔对文本阐释问题的理解也存在着对场外征用的探讨,只不过,伽达默尔没有明确提出,他们共同指向的是文本阐释批评的"现实着陆"问题。伽达默尔倡导的文本阐释和艺术本体阐释是从哲学层面着眼的,强制阐释论中的场外征用是从方法论批判立论,但二者目的是一致的,在理论层面上都体现出了如何有效解决文本学阐释的理论路径问题。强制阐释论提出的"场外征用"的"场"既是整体意义上的文学场,也是狭义上的文本的场,说白了,就是文本批评如何有效回到文本意义的真理性的问题,这恰恰是伽达默尔所强调的。只不过,与西方阐释学的文本阐释理论路径不同的是,强制阐释论中的场外征用是以一种理论质疑的方式提出并从批评生成的角度考虑文本阐释的有效性。除此之外,强制阐释论中的场外征用还有另一个层次的意义指涉,那就是它超越了简单层

[①] 张江:《关于场外征用的概念解释》,《清华大学学报》(哲学社会科学版)2015年第2期。

[②] 王宁:《场外征用与文学的跨学科研究再识》,《清华大学学报》(哲学社会科学版)2015年第2期。

面上的中西文论的矛盾立场与阐释间隔问题,更多地在文学批评实践层面上将当代西方文论中的解释的循环问题引向深入。

"解释的循环"问题的提出与克服是当代西方阐释学理论传统的重要阶段,也是阐释学理论发展过程中的一次重要的理论洗礼。所谓"解释的循环"是指阐释过程中的文本整体与词句的关系的循环,即对一个文本的理解往往是从个别词句开始和完成的,但这种个别词句的意义阐释又必须依托文本的整体意义来完成,这样,文本的整体意义和文本中个别词句的意义阐释之间就构成了一个不断循环的过程。在阐释的过程中,这种循环阐释的现象经常发生。强制阐释论中提出的场外征用问题也有这个特征,之所以有场外征用的发生,其根本上是阐释过程中所谓的"场外"和"场内"的循环论证造成的。每一个自觉不自觉应用场外理论的批评者都暗含了对一个文本整体意义的文学性理解的合法性,这就必须通过"场内"的文学性词句的理解来完成对"场外"理论的阐释。"场外"和"场内"同样是一个互为前提、互为因果的循环论证过程。在具体的文本阐释中,之所以有阐释的循环发生,主要是文本原意的呈现和批评阐释的过程是有距离的,既有历史距离,也有时间距离,所以伽达默尔说"'阅读'是与本文的统一相适应的"。[①] 强制阐释论与伽达默尔的阐释学理论的着眼点和理论方向有重合之处,也在这个层面上有所展现。在解释学理论中,不解决阐释的循环就难以抵达文本意义的"真理性",而忽视文学理论研究中的场外征用问题就会导致文本阐释中文学性意义的偏颇。在文学理论研究中,不排除有些场外征用是合理的,乃至是成功的,对文学理论的意义建构起到重要的作用,就像解释学的解释的循环有时也是一种重要的批评活动一样。对某些文学作品而言,文本阐释过程中的阐释的循环有时难以完全避免,但是,文本阐释中,如果不有效解决阐释的循环和场外征用的问题,就难以达到真正客观的阐释效果,在这方面,场外征用和解释的循环问题都是一种阐释的缺憾。西方阐释学理论对阐释的循环问题的理论解决是一个里程碑式的

---

① [德]汉斯-格奥尔格·伽达默尔:《真理与方法》上卷,洪汉鼎译,上海译文出版社 2004 年版,第 212 页。

理论迈进，起到重要作用的是狄尔泰，方案是在胡塞尔现象学的"回到事物本身"观念上对施莱尔马赫的自然实证主义倾向予以纠正，建立一种以人的历史发展过程为核心的解释学，同时也是一种精神科学，强调阐释是理解的艺术，这样就可以做到不完全依靠文字的记载去理解作者的本意。但我们可以看到，这个过程就像克服场外征用一样是艰难的，克服了解释的循环就解决了文本阐释的合理性及其限度的问题，避免了场外征用，就对文本阐释的哲学方法和理论批评在文本分析中的"有效着陆"有明显的促进，虽然理论探究的过程和结果是有理论难度的，但仍然为解决文学理论的现实危机提出了问题和解决方案，所以理论的勇气和效应仍然值得肯定。

四　阐释的超越与回归：强制阐释与文本阐释学中的中国问题

在西方阐释学理论发展过程中，关于文本阐释的研究曾在不同理论阶段起过重要作用。在阐释学批评中，文本阐释是一种"呈现""隐逸"和"再度意义化"的过程，并以此进入学理化和哲学化的建构之中。哲学阐释学和本体阐释学实现了阐释学从认识到方法再到本体的转折和变化，但无论阐释学理论朝着什么方向发展，其意义建构与发展真正落地生根仍然离不开若隐若现的文本阐释。就文本阐释的问题而言，西方阐释学理论，特别是伽达默尔的阐释学非常强调文本阐释中的对话性，认为理解与阐释在根本上是阐释者与世界的一种对话，这种对话决定了文本阐释的行为与过程具有一定历史性，因此不存在超越时间和历史的纯粹客观的解释。中国当代文论中的强制阐释研究与西方文论中的阐释学理论具有不同的理论形态和主张，但很多具体的理论观点，如主观预设、场外理论、作者意图等，与西方文论中的文本阐释观念又有一定的理论暗合之处，正是由于这种理论的暗合之处，二者之间才更容易产生一定的理论碰撞，这也是中国当代文论中的强制阐释研究极易与西方文论中的阐释学理论发生联系的地方。但从根本上，中国当代文论中的强制阐释研究还是与西方文论中的阐释学理论具有不同的理论取向和价值倾向。这个取向更多地还是以强制阐释研究或者说以当代西方文论中的强制阐释现象作为理论研究的突破口，来反思西方文论的理论旅行及其产生的具体影响，从而对中国当代文学理论批评的建构与发展提出有针对性的意见。

中国当代文论中的强制阐释研究不是对西方文论中的解释学理论的"接着说"，而是从中国当代文论研究的现实问题出发，对中国当代文学理论研究的一种根源性理论探讨，因而具有鲜明的问题意识。这种问题意识是基于中国当代文论研究的现实境况而提出的，也是在当代西方文论发展的历史转折时期作出的理论判断。张江提出："从20世纪初叶开始，西方文艺理论步入一个新的混沌震荡时期。这个时期的开端，在哲学上，实际上由此前的尼采开启。'上帝死了'这个惊世骇俗的口号，彻底颠覆了人类的理性膜拜，推动了20世纪西方文论的根本转向。一百多年过去，文艺理论的成长路径蜿蜒曲折，混沌交错，模糊了几千年人们对文学和艺术的基本认识，撕裂了上一个时期的理论稳定和共识，消解了曾经相对统一的规范和基本认同的方法，各种新的观点、学派、思潮生起且混杂，各种对立、分歧、论争尖锐且充满生气。就目前西方文论的发展状况看，这是一个前所未有的剧烈震荡期，它的发展趋势和进一步的走向尚未清晰。但是，种种迹象表明，当代西方文论正面临并开始一个重要的转折。这个转折的基本方向是，向一个新的系统整合阶段迈进，即上文所定义的新的理论规范逐步成型，大量的新概念、新范畴、新定律，组合熔炼为新的体系，学科以至理论建设进入稳定共识的更高阶段。"[①] 这种判断是恰当的，同时也是及时的。当代西方文论的发展确实正经历某种转折，但无论怎么转，作为一种知识形态的文论研究仍然离不开具体的问题性和批评研究的有效性，当代中国文论更不应该在西方文论的转折中更加亦步亦趋地紧跟他们的步伐，强制阐释论在这方面具有深刻的警醒作用。中国当代文论不能紧跟西方文论的步伐，就必须要立足于我们自身的理论研究和问题，在破除对西方文论的理论路径依赖之后，强制阐释论研究对中国当代文论提出了

[①] 张江：《当代西方文论若干问题辨识——兼及中国文论重建》，《中国社会科学》2014年第5期。

明显的理论建构的诉求,这一点也是强制阐释论能够引起诸多关注的原因。

就强制阐释论所涉及的文本阐释问题而言,中国当代文论中的文本阐释在很多层面上也是依赖西方理论、范畴与话语的。这个状况由来已久。西方阐释学理论路径一个明显的特征是哲学化和美学化,这种过于哲学化和美学化的文本阐释不一定对中国当代文论中具体的文学问题研究奏效,过于哲学化和美学化的文本阐释在某种程度上正是在理论与实践的关系上走向了理论主义的误区。在这方面,强制阐释论对中国当代文本阐释学的建构方向与目的问题进行了深入的理论剖析,其切入点是文学理论与文学批评的关系问题。张江提出:"理论和实践的关系可以从两个视角来把握。一是现实性视角。从这个视角看,实践明显高于理论,因为它有改造客观世界的特殊品格。二是普遍性视角。从这个视角看,有人会以为,只有理论才有这个特性,而实践没有,因此,理论高于实践,不仅可以指导而且可以阉割实践,如同一些当代文论用理论阉割文本一样。这是错误的。实践同样具有普遍性品格。因为现实中的实践含有共同的规律,只要具备了大体相同的条件,就可能得到大体相同的结果。这恰恰是普遍性的含义。"①这种理论探讨对中国当代文学理论批评研究与理论建构具有明显的积极意义。就当代文论建设而言,由于历史的和现实的复杂原因,中国当代文本阐释学的理论建构在系统性、实践性和批评的可操作性方面都有欠缺,特别是 20 世纪 80 年代随着西方文学理论发展与中国旅行,中国学界普遍认识到了那种具有自身理论语境特征和问题意识的理论批评建设的重要性,但这种批评建设不能完全是向西方学界的理论传统寻求阐释框架,理论资源的有效借鉴不能变成完全意义上的理论路径依赖,特别是中国当代文论的理论发展与建构,更应该从自身的问题中把握理论发展的方向,充分观照中国当代文本阐释的理论方法。在这方面,强制阐释论不失为一种重要的理论批评个案,它所揭示的当代文论研究的文本阐释学的批评实践与理论拓展的问题,正是中国当代文论理论批评发展与建构重要的理论参照。目前,中国当代

---

① 张江:《强制阐释论》,《文学评论》2014 年第 6 期。

文论中的强制阐释研究已经引起了国内外学者的充分关注,它对中国当代文本阐释中的西方文论的理论路径依赖提出了尖锐的批评,对中西文论不同理论传统和语境特征做出了深入的辨析,并对文论研究中的理论与实践的关系等问题做出了深度阐释,在西方文论的整体反思与中国当代文论建设的理论探讨中迈出了坚实的步伐,引发的理论争鸣及其理论建构的效应也是积极而明显,同时也需要我们进一步做出认真的总结和深入探究。

理论的冗余与常识的剃刀：
"强制阐释"现象辨析[*]

王庆卫[**]

自2014年以来，张江教授通过一系列论文对"强制阐释"现象进行剖析，指出它是当代西方文论的根本缺陷，其以"场外征用""主观预设""非逻辑证明"和"混乱的认识路径"四种症候为典型表现，使批评阐释背离文学话语，消解文学指征，用前在立场强解文本以符合阐释者的主观意图。张江由此主张：应摆脱长久以来对西方文论的倚重，改变以往脱离文学文本和实践、从理论到理论的研究倾向，倡导回归文本、回归本民族文学理论和批评传统的文论建构路径。可以说，"强制阐释论"对当代西方文论所展开的这一反思和剖析，其深度、力度和影响力是多年来未见的，该理论不仅涉及对文学批评的理论方法、运思方式的批判性辨析，更关涉如何评价西方文论和如何建构中国当代文论的问题。它一经提出即引起文学理论界的高度关注和热烈讨论，随着探讨的深入，越来越多的相关思考正被持续引发。

张江教授对强制阐释的批评是切中肯綮的，对"场外理论""主观预设"等问题的阐发也令人心领神会，但分析起来，却发现这些"强制"背后似乎有着各种现代理论的掩护和担保。笔者认为，张江教授对"强制阐释"弊端的揭示非常深刻，由此展开对西方文论的反思，是完全必要的。本文拟通过对"强制阐释"的相关概念和运

---

[*] 本文原刊于《南京社会科学》2016年第8期。
[**] 作者单位：华中师范大学文学院。

思方式的分析，探讨"强制阐释"现象的形成、表现和解决之道。

一 "场外征用"辨析："文学"场，还是"文本"场？

《强制阐释论》一文归纳了强制阐释的四个主要特征，居首的是"场外征用"。所谓"场外征用"，是指"广泛征用文学领域之外的其他学科理论，将之强制移植文论场内，抹杀文学理论及批评的本体特征，导引文论偏离文学"[1]。张江指出，20世纪以来的众多流派，除了俄国形式主义和英美新批评之外，几乎都是在征用其他学科的理论、方法、概念、范畴乃至认知模式，来建构自己的体系。"这些理论本无任何文学指涉，也无任何文学意义，却被用作文学理论与批评的基本范式和方法，直接侵袭了文学理论与批评的本体意义，改变了当代文论的基本走向。"[2] 而且随着近年来的社会变革和学科交叉互渗趋势的加剧，这种场外征用的特征愈发明显。

张江教授所指的"场外理论"包括：（1）与文学理论直接相关的哲学、史学、语言学等传统人文科学理论；（2）构造于现实政治、社会、文化中，为现实运动服务的理论；（3）自然科学领域的诸多规范理论和方法。它们通过"挪用""转用""借用"的方式进入文学场内，又经过"话语置换""硬性镶嵌""词语贴附""溯及既往"等理论运作技巧，把原本属于其他学科的理论包装成能与文学批评活动相衔接的理论，用场外理论对文本题旨进行强制转换，使之服务于先在的阐释意图。

显而易见，强制阐释是一种对文本的强词夺理的理论操作，名义上是在运用理论阐释文本，实际暗含着理论本位的意图，是执意用作品为例证（不管是否恰当）来说明理论。但与其说这样的阐释消除了"文学"的特性，不如说抛弃了具体"文本"的逻辑：文本成了理论言说的一个幌子，一个近乎"起兴"意义的东西，不过是"先言他物以引起所咏之辞"的"他物"而已。套用黑格尔的话，就是

---

[1] 张江：《强制阐释论》，《文学评论》2014年第6期。
[2] 同上。

"该文本不是该理论的感性显现"。然而这样的强制阐释是否可归因于"场外理论",却是值得商榷的问题。

一个必须明确的问题是:"场外"指什么?是指一个总体的"文学场",还是一个具体的"文本场"?这两者有非常大的区别。虽然张江教授明确说明所指是前者,但在他的多篇文章中,该术语的所指是游移的(如在对《厄舍老屋的倒塌》和《哈姆雷特》中奥菲利亚的分析中,"场外"的所指已经滑向"文本之外")。我们判断一个理论是否契合于它所要面对的具体文本,这并不困难,困难的是判断该理论是否位于整个文学场域之外;我们很难给出一个所谓"文学意义"的准确边界。按照相关说明,"场外理论"几乎涵盖了除形式主义批评和英美新批评之外的所有批评理论,如果要杜绝场外征用,就要清理掉文学批评史上绝大多数批评理论和批评实践。为此我们不得不持有一种非常苛刻的文学概念,而把众多的文学阐释方法排斥在文学场域之外;这不仅有违对文学批评的基本认知,也最终会使文学阐释和文学批评在务求纯粹的主张下难以为继。同时,把强制阐释论的着眼点放在场内场外的划分之上,就使这一理论回到了韦勒克的"内部研究"和"外部研究"、布洛克的文学"自治"与"他治"等问题域中,从而消解了该理论的主要指向。

张江教授强调"场外",意在表明非文学的理论方法与"文学"(因而也与具体的文学文本)无关,"征用"一词则突出主观强制之义。[①] 可以看出,此处的"强制",一方面指对"非文学方法的引入"而言,另一方面指"罔顾文本主旨的阐释活动"而言。表面看来,后者是由前者引发的,细究起来二者却无必然关联。一方面,"理论与文本无关"的情形未必总是由文学场外理论造成的,若选取不恰当的文学"场内理论",同样会对文本造成歪曲的解读;另一方面,处于文学场外的理论未必不能与文本构成"文学意义"上的相关,只要这里的"文学"概念不是经过刻意提纯的。从"强制阐释"的诸现象中,我们确实经常发现"场外征用"的痕迹,但它并不能倒推

---

① 张江:《关于场外征用的概念解释——致王宁、周宪、朱立元先生》,《清华大学学报》(哲学社会科学版)2015年第2期。

出"场外理论应该为强制阐释负责"的结论。无论理论来自场内还是场外，不顾文本的文学属性和本体意义，扭曲文本涵义以迁就理论，才是"征用"的谬误所在；不能仅仅着眼于学科划分的内外之别，而把阐释中的"强制"归罪于理论的"场外性"。

"场外征用"这一说法的问题在于：只承认"文学理论"对文本的阐释是有效的，认为处在文学"场外"的理论染指文学批评，是对文学意义的扭曲。实际上，广义的文学以人学的名义，涉及人类生活的方方面面，每一方面都可以成为文学解读的视角和出发点。文学无限丰富的涵盖范围，赋予了它能被从多元角度进行阐释的可能性，甚至可以说场外的理论和知识是使文本能够被理解的前提；也可以说，没有任何人文科学理论是绝对居于文学场域之外的，场内场外的划界不足以判定阐释的合法性。关于这一点，张江特意指出"经验背景"和"理论指导"不同于"立场前置"，这固然为场外理论的"场内化"留出了余地，但若以为采取场内理论就可以避免"立场前置"，则犯了与前面一样的逻辑错误（即把"强制"归罪于"场外理论"），无意中罗织了场外理论的欲加之罪。进一步讲，即便承认"场内""场外"的划界成立，以文学批评整体退回到纯粹的形式批评为代价，杜绝了"场外理论"的文学批评也仍不能避免强制阐释，阐释者依然面临着对具体的场内理论的选择——普适于一切文学文本的"场内理论"毕竟也不存在。"场内"的阐释有没有"强制"意味，仍需依据场外的标准（如逻辑的标准和经验的标准）进行判断。

判断一次具体的阐释活动是否属于强制阐释，关键在于理论方法与文本对象是否契合，而不在于其理论是否具有文学专业的属性，我们需要找出的是判断这一契合性的标准。在某种意义上，选取一种理论来阐释文本，是建立在经验和常识基础上的试错活动。理论是否合用，一方面要看文本是否为该理论的阐释提供了自洽的条件，另一方面要看"已在逻辑上自洽的阐释"是否同时合乎文本所唤起的"常识感"和"情理感"；前者保证了阐释活动的成立，后者标明了文学阐释的属性。因此，"场外"的内涵应该指"外在于文本"，而非外在于"文学"，是把具体文本的逻辑作为理论方法是否合用的参照，而非由一个观念性的文学定义来决定理论的取舍。

理论的冗余与常识的剃刀:"强制阐释"现象辨析

在笔者看来,《强制阐释论》一文为"场外征用"列举的几个例子并不都能证明场外理论的不适用。它们中有的是对理论的选择不当导致了阐释失败,如杰姆逊用格雷马斯的矩阵理论解读《聊斋志异》中的《鸲鹆》、彼得·巴里在《理论入门:文学与文化理论导论》中提到的有人对爱伦·坡《厄舍老屋的倒塌》一文的生态解读;阐释失败的原因,是方法和结论没有显出与文本中的"世界"相一致的逻辑和情理,而非由于理论来自文学"场外";有的例子属于对理论的误操作,如弗洛伊德对《哈姆雷特》中的"恋母情结"所做的"循环论证"和"索隐"式解读,其中的逻辑错误和有违学理之处,在西方文论视野下一目了然,其解读方法的失当,并不能推出理论本身为非;还有的例子因吻合了作品的内在逻辑,或显出了与文本情理和事理上的一致以及与文本背景知识的契合,而不失为可行的阐释,如英国生态批评家乔纳森·贝特对拜伦的作品《黑暗》所做的生态学解释,美国历史学家怀特用生态理论对《圣经·创世纪》内涵的发挥,等等。

作为阐释活动允许的"创造性误读",其阐释结论必然与作者意图有所冲突,但其结论应于文本有所依凭,且在情理和常识之内找得到根据,其创造性至少应表现为"人同此心"的某种或然解释,而不应仅仅来源于某种冷门的理论或生僻的知识;即便对文本直接呈示的逻辑有所违背,至少也要符合文学所指涉的世界的逻辑。正如布瓦洛所说的:"我绝不能欣赏一个背理的神奇,感动人的绝不是人所不信的东西。"① 如一种对《哈姆雷特》的后现代解读,称"哈姆雷特为了谋夺王位而捏造出鬼魂的故事,杀死了无辜的叔父";这个"阴谋论"的解读显然与文本所直接指示的内涵不符,但其情理和常识与文学所展示的这个世界的经验有某些吻合之处,因此也可以看作一种"或可行得通"的解释。

但文中意指的"文学场"又有其不可忽视的理由,因为它涉及一个十分重要的观点,即"场外理论没有文学指涉"的问题。以笔者的理解,"文学指涉"指的是文学特有的问题域。文学有其特定的目

---

① [法] 布瓦洛:《诗的艺术》,任典译,人民文学出版社2009年版,第33页。

标、思维路径和价值系统，是基于一定的观念和常识而展开的对世界的感受、提问和回答的方式。尽管阐释活动不应以学科划分为由拒绝"场外理论"，但应当拒绝场外理论所带来的"非文学的问题域"——文学不能被变成对各种专业学科知识的探究活动。场外理论可以被引入阐释，为的是有助于解决文学的问题；文学阐释借助场外理论的视角，但最终应回归文学的问题域；这或可称之为"场外理论场内化"，或"非文学理论的文论化"。

就其合理之处而言，拒绝场外理论的进入，实际上意味着拒绝把一些专业性极强的生僻的理论观点作为题旨而强加给文本，或将其假定为普遍知识以揣测作者动机；也不能认同那些需要读者掌握艰深的"场外理论"之后才可能理解的阐释结论。这样的场外理论对文本而言是凭空增殖的冗余信息，任由其主导阐释活动是不可接受的。阐释理论应当首先指涉"文学"所包含的那个感性的、经验的和常识的世界，要避免得出超于文学所指涉的常识世界之外、令非特殊专业的读者无从着想的结论。在需要借助非文学理论来阐释文学文本时，场外理论与文学之间的"可通约性"是个必须面对的问题。笔者认为，应当拒绝的不是"不具备文学专业性的理论"，而是置身文学场域内却固守其自身专业性的理论。

基于上述分析，笔者把"场外理论"划分为三种："文本场外""文学指涉的场外""文学学科场外"。其中，"文本场外"理论是指"缺乏当前文本依据"的理论，即相对于具体文本而言，选取该理论作为阐释手段的理由不充分，如弗洛伊德对哈姆雷特"恋母情结"的解读，以及中国古代儒家对《诗经》中的爱情诗所采取的政治和伦理批评；"文学指涉的场外"的理论，指仅能在自己所属专业内运用、无关于文学所涉及的常识与情理的理论，如张江《强制阐释论》一文中提到的以生态理论强解《厄舍老屋的倒塌》的例子，以及沈括对杜甫《古柏行》的"无乃太细长乎"的讥讽；"文学学科场外"理论则着眼于该理论的归属，不涉及对理论与文本关系的评判。如果阐释的依据在"文本场"以外，或所得结论在"文学指涉的世界"以外，阐释就成为理论无视文本和脱离文学属性的自说自话，这是"场外征用"的真正弊端之所在。仅仅在学科划分意义上的"场外理论",则与强制阐释不必然相关。

二 "主观预设"辨析：理论的普适幻觉

张江教授所说的"强制阐释"的第二个特征，是"主观预设"，它作为强制阐释的核心因素和方法，表现为"批评者的主观意念在前，预定明确立场，强制裁定文本的意义和价值"①。张江概括了"主观预设"的三个要害：前置立场、前置模式、前置结论。

在三个要害中，前置立场是指"批评者的站位与姿态已经预先设定，批评的目的不是阐释文学和文本，而是要表达和证明立场，且常常为非文学立场"②。张江教授特意指出了前置立场与经验背景、指导理论的不同：作为"前见"和"期待视野"的经验背景是认知的前提，它包括经验、知识和逻辑等方面；而强制阐释的立场是"主观指向明确的判断性选择"，是具体的和结论在前的；前见是无意识地发挥作用，而立场是自觉主动地展开自身。期待视野主要是读者的审美期望，立场则是理性判断；"期待"指向"作品应该如何"，立场则指向"作品必须如何"。理论指导是世界观和方法论的指导，是对研究和实践作出的方向性预测和导引，而立场是主观的既定的标准，内含了确定的公式和答案。③

但是，面对他人的阐释活动时，我们很难分辨出其立场是产生于阐释过程之中还是阐释之前，即使意识到了，也提供不出证据。无论通过揣测作者心理还是解读文本，"立场"都很难与"前见"和"期待视野"相区别：从阐释结论无法还原出它的形成过程。笔者认为，"前置立场"的关键不在于阐释者预先持有某种成型的或模糊的立场，或持有非文学的立场，而在于把一个非文本的立场"强加"于文本，将其说成是文本乃至作者的立场。在正常情况下，立场为阐释活动提供价值评判标准，而非提供认识内容；强制阐释中的"前置立

---

① 张江：《强制阐释论》，《文学评论》2014年第6期。
② 同上。
③ 同上。

场"则违背了这一点：在无视文本的"前置立场"面前，文本被一个固化的意见所扭曲。

主观预设中的前置模式和前置结论，其情形也与此类似。它们的逻辑错误在于常量与变量的倒置，原本相对稳定的文本意义反而变成依随理论的变量，迁就那个本应根据文本而进行选择和变通的理论。从解释学的角度来看，文本固然没有所谓"本义"，但这不意味着它可以被任意扭曲从而承载任何意义。理论天然具有追求普适性的冲动，但对于具体文本，理论至多在方法模式上奢想普适，而在涉及文本内容的"立场"和"结论"方面无能为力。张江指出："当代西方文论的诸多流派中，符号学方法，特别是场外数学物理方法的征用，其模式的强制性更加突出。"① 其实，源于人文社会科学的社会历史批评、形式主义批评和道德批评等流派都一度有这样的普适冲动，但一种不是建立在文本鉴赏基础上的文学批评，只能是抽象方法的机械运用，所得结论也只能是泛泛而论的"言之成理"。

恩格斯关于文学倾向的论述是人们熟知的："我决不反对倾向诗本身。悲剧之父埃斯库罗斯和喜剧之父阿里斯托芬都是有强烈倾向的诗人，但丁和塞万提斯也不逊色；而席勒的《阴谋与爱情》的主要价值就在于它是德国第一部有政治倾向的戏剧。现代的那些写出优秀小说的俄国人和挪威人全是有倾向的作家。"② 显然，恩格斯这里所说的"倾向"主要指政治倾向，但同时也可以包含社会、历史、道德、审美等方面的立场和观点。在阐释活动之前，它们存在于主体心理层面，处于潜在的、等待被唤醒的状态，无论它们以自觉的还是无意识的形式、以审美期待还是以某种结论的形式存在，只要仅仅作为"批评者的立场"起作用，而尚未被偷换为作品的立场（即张江教授所说的"作品必须如何"），它就不成其为强制。因此，强制阐释中的"前置立场"，实际上指的是"强加立场"，即把无文本依据的立场强加于文本，理论主宰了阐释，成为无根的独断。而"前置模式"

---

① 张江：《强制阐释论》，《文学评论》2014年第6期。
② ［德］恩格斯：《致敏·考茨基》，《马克思恩格斯选集》第4卷，人民出版社1972年版，第454页。

和"前置结论",则是"前置立场"的强化及其结果。也可以说,作为"倾向"意义上的立场总是前置着的,而关乎文本的具体立场——对人物、事件、价值、修辞的主张——则是"倾向性的立场"作用于文本的产物,它应当发端于阐释活动之中、形成于阐释活动之后。

《强制阐释论》文中以肖瓦尔特对《哈姆雷特》中的奥菲利亚的女性主义解读和吉尔伯特、格巴的《阁楼上的疯女人》对简爱的分析为例,阐述了"主观预设"中前置立场、模式和结论的情形。在张江看来,肖瓦尔特以奥菲利亚为中心对《哈姆雷特》的故事进行重述,试图以此说明女性主义批评观念早已存在。这种按女性主义批评目的重塑奥菲利亚的形象的做法,属于明显的主观预设:其中,解读模式、解读立场和结论都是前置的;《阁楼上的疯女人》则预设了19世纪男性文学中关于女性的"天使"和"妖妇"形象这一认识立场,属于"预设立场,归类人物",因而两个解读都属强制阐释,是不可接受的。

莎士比亚和勃朗特当然不可能具有当代女性主义批评的理论意识,但作为后生理论的女性主义批评,其主要对象恰恰是针对历史文本的,用后生理论整合和重述历史文本,是多数批评理论的题中之义。作为批评对象之一的作者罕有理论的自觉,但这毫不妨碍运用理论对文本进行重建乃至对作者心理进行一定的揣度,只要这重建和揣度有足够的文本依据;值得注意的是,用后生理论对文本的重写不能基于对"作者具有某种理论意识"的假设,正相反,该假设反倒只能基于文本本身对重写提供的充分支持。从上面的两个例子来看,奥菲利亚在《哈姆雷特》剧中出场不多,但作为女性形象,奥菲利亚身上必然体现莎士比亚所处时代的女性观,体现着女性主义理论所认为的男权社会对女性的偏见和想象。对奥菲利亚进行女性主义分析,乃至进行一种女性主义思路的重写,是合乎正常的阐释逻辑和有文本依据的;这个形象的内涵完全可以绕开莎士比亚的写作意图而呈现出某种时代精神或情感结构,批评者也可以在适当的分寸上猜测作者对其时代精神可能具有的态度,尽管这态度也许尚处潜在的、不明朗的情形;《阁楼上的疯女人》也可以如此解读。

至于肖瓦尔特对奥菲利亚的打扮和"溺水"情节的解读,更大程度上属于"过度阐释"之列。何谓过度阐释?学者李啸闻在《"过度阐释"与"强制阐释"的机理辨析》一文中指出:"'过度阐释'的核心观点大约可以表述为,文学作品基于自身的特质,必然会为阐释的合理性、有效性设立一定的范围和边界。""强制阐释切中肯綮的地方在于揭示文本与理论谁指向谁,谁落脚于谁,谁是根本,谁是第一性的问题。这也是强制阐释与过度阐释的根本区别——换句话说,过度诠释关心的是'半径'的问题,即以文本为圆心,阐释的半径可以画到多大;而强制阐释关心的是'圆心'的问题,在文学阐释过程中,是以文本为圆心,还是以理论为圆心。过度阐释从文本的圆心散逸开去,无法收拢回文本,阐释结论无法被文本整体和史实所回证。"①

李啸闻的这个分析是非常准确和中肯的。"过度阐释"虽然基于文本,但又向文本之外进行了僭越的延伸,如张江文中提到的,奥菲利亚头戴鲜花的描写,被肖瓦尔特解读成鲜花象征着处女纯洁地绽放;花又是野花,象征着妓女的玷污;死时身着紫色长裙是阴茎崇拜的隐喻,蓬乱的头发又具有性的暗示;水则象征着女性身体是血液、羊水和奶水的贮藏室②,等等,不一而足。这些解读无法由文本给出确切的证明,至多有某种或然性,其观点超出了文本所能提供的支持;解读者却由一系列或然性的看法推导出一个稳定的女性主义结论。从总体上看,它们在分寸感上的失误要大于迎合理论带来的问题,更应归入过度阐释。从另一方面看,由于肖瓦尔特的解读得以成立的前提,是作者对象征和隐喻手法的自觉运用,这就把阐释指向了作者——把文中的一系列意象看作女性身份、命运和性意识的隐喻,显然指示着作者莎士比亚持有超越其时代的女性主义观点;就这一点而言,肖瓦尔特的阐释又带有强制阐释的"前置理论"的特点。

由上述分析可见,"主观预设"所预设的,是理论的普适性,其中隐含着对专业知识的常识化假设。是这种普适幻想导致理论的信心

---

① 李啸闻:《"过度阐释"与"强制阐释"的机理辨析》,《文艺争鸣》2015年第10期。

② 张江:《强制阐释论》,《文学评论》2014年第6期。

过度膨胀,也导致了前置立场、模式和结论的强制阐释方式对文本的罔顾。

三 对"强制阐释"的遏止:"常识"与"剃刀"

强制阐释本质上是用被理论篡改过的文本内涵来印证前置的理论,用特定的理论模式将对文本的解读引向既定结论,换言之,"用理论印证理论本身",实际上是一种同义反复。它通过一系列观念的偷换,把理论前见偷换为前置理论,把学理上的解释学循环偷换为操作上的循环论证,把读者反应为中心的解读偷换为对文本逻辑的无视态度。但理论环节上无意的混淆或有意的"瞒天过海",终究因为其阐释理论总体上违背文学和批评的常识而暴露了自身的荒谬。对强制阐释进行遏制,需要揭露其阐释的非文本性和理论的普适幻觉,而能否觉察到某一批评阐释具有强制阐释的特性,则取决于人们关于文学的"常识"意识。毕竟,强制阐释首先是被我们意识到的,然后才谈得上理论分析。

所谓常识,是"一些自然的、日常的信念,它被未经哲学训练的人当成是不言而喻的"①,但它不应被简单地理解为浅薄、通俗的流行看法,正如英国哲学家艾耶尔所说的:"哲学家没有权利轻视关于常识的信念。如果他轻视常识的信念,这只表明他对于他所进行的探究的真实目的毫无所知。"② 在西方哲学史上,常识是一个古老而重要的话题;在"常识与真理的关系"的认识上历来有不少分歧,比较著名的是苏格兰常识学派与怀疑论哲学的争论。一些哲学思想对常识持肯定态度,它们"提供理由证明应该接受而不是怀疑或修正人们在常识方面达成的共识"③,比如,18 世纪的苏格兰常识学派的里德

---

① [英]尼古拉斯·布宁、余纪元等:《西方哲学英汉对照词典》,人民出版社 2001 年版,第 168—169 页。

② [英]艾耶尔:《语言、逻辑与真理》,尹大贻译,上海译文出版社 1981 年版,第 53 页。

③ [英]尼古拉斯·布宁、余纪元等:《西方哲学英汉对照词典》,人民出版社 2001 年版,第 169 页。

认为，常识是人们共有的直觉判断，也是判断自明真理这一水平上的理性；20世纪的伦理学家摩尔也把常识看作"自明之理"，认为这些命题构成了我们的世界观，我们一般不会怀疑它们；摩尔说，他确知这些命题为真。① 维特根斯坦则指出，常识实际上是我们不得不接受的世界图式，"它们的作用类似于游戏规则"，因而具有规范性的特点。② 有学者将"常识"表述为："理智正常的人通常所具有的、可以用判断或命题来表示的知识或信念。"③ "常识"的英文是common-sense，其中common有"普遍的、共同的同意"之义，sense与感觉相关，它可以指具有区分和统合"视、听、触、嗅、味"五种感官感觉的能力的"内在感觉"，又可以指正常人的理智、智慧、判断等；常识具有普遍性、直接性、自明性的特点，是人们共同具有的、无须推理和论证即可获得的知识，也是人类知识最基本的信念和准则。虽然它不能取代理性认识，但它构成了认识活动的基础和前提。文学不是用来修正常识的哲学思辨或科学实验，反而正是发生在常识层面上的话语活动，文学的言说方式基于人们对常识的共同认可。常识可以为判断阐释活动是否合理提供参照系，并在众多的理论模式和术语中识别出越界和强制的成分。

强制阐释为什么错了？在哲学层面上，追问"哪一种阐释是对的"，最终涉及的是知识合法性的问题。按照利奥塔的观点，任何阐释方式的知识基础终究可归入某种"叙事"，或者说，都具有逻辑上"不可证伪"的性质，因而无法得出结论。但在文学阐释的层面，我们可以追问的问题是："文学需要什么样的阐释"。这是一个从文学和文学批评的学科属性出发的问题，阐释是包含了学术传统、学科规范和学术常识多种因素的活动，其正确性不能由某一理论的内部自洽性单独提供承诺。文学阐释的有效性与合理性从来没有严格统一的标准，但正常的阐释能得到学术传统、规范和常识的支持，强制阐释则

---

① 张汝伦：《现代西方哲学十五讲》，北京大学出版社2003年版，第207页。
② 同上书，第208页。
③ 周晓亮：《试论西方哲学中的"常识"概念》，《江苏行政学院学报》2004年第3期。

违背并无视常识。强制阐释试图通过把文本带入自己的理论领域并制造了自洽的话语,从而获得合理的假象。但是,这不是文学所要的阐释。

文学所涉及的世界是一个基于常识的意义系统,它所展示和唤起的感觉、情感和理解等都无须借助深奥的专业理论才能把握;文学的常识性知识——包括人们共有的关于生活、世界和文学的基本信念和认识——是文学能够被理解和传达的前提。而强制阐释把文学及其批评从常识判断导向理论推演,且常常是用冷门的专业理论置换常识,对读者的阅读方式、感觉方式进行全新的"培训",这就在学科规范上违背了文学的要求。它所带来的不适感无须经过论证才能领悟:它不属于文学活动,其论证过程和结论如何、能否自圆其说,与文学、文本和读者都没有太大关系。

对文学的理解,正是有赖于生活中以常识为中心建构的意义系统。在这里,常识是正确与谬误的基准;对某一具体常识进行质疑,是以承认常识的整体标准有效为前提的。一切怀疑都发生于一定的话语活动中,一切话语都有其不能再怀疑的基本叙事。在基于常识的文学世界中,质疑止于常识。常识固然不等于真理,它有时包含着谬误。因此,常识不是供阐释"回到"的地方,而是阐释的依托和衡量"试错"结果的参照系。但强制阐释为文本提供的观念和理论,不但无法涵盖和取代常识的解释、无法颠覆常识的意义系统,其本身对文本的解释力尚成问题:它不能为自己适用于某一文本提供充足的理由,反而在论证自己的适用性之前,就已经把自己强加给文本。建立在常识基础上的文学文本,则本身就给出了阐释的可能范围。文本基于常识所提供的意义是直接的、自明的和得到普遍认可的,那些合乎常识的阐释,与文本的相关度最大。

"如无必要,勿增实体",是一条人们耳熟能详的科学定律,它来自"奥卡姆剃刀原则",又称"思维经济原则",由14世纪英国经院哲学家、圣方济各会修士奥卡姆的威廉提出。它主张思维应该用最经济的方式来思考和表达世界,如果有两种或多种不同的假说来解释同一现象,应选择简单或"可证伪"的一种;简单的、需要最少假设的解释比复杂的更正确。如张江教授提到的那篇被强解为生态文本的

《厄舍老屋的倒塌》,"古屋不是房子,而是能量和熵;古屋倒塌不是砖瓦的破碎,而是宇宙黑洞收缩;主人公的生活是一个星球的日渐冷却;主人公怕光的生理表现是人与自然的对立……"① 这种解读中加入了大量无文本依据的假设,操作费力,推理牵强而又"无法证伪",结论不能使人信服,因此需要被归入剔除之列。以此来看,强制阐释比正常的阐释增设了更多的假设,增加了更为繁复的操作步骤:通过"主观预设"理论的普适性,把位于文本和文学世界之外的"场外理论"硬塞给文本,让文本为理论服务;但经过一番复杂的理论操作之后,却得不到令人信服的阐释效果,强制阐释的结果仍会被常识拒之门外:在常识面前,这套强加于人的理论是徒劳增设的实体,它并未提供大于常识的阐释力,反而增加了阐释者的负担,增加了文本的冗余信息,削弱了文本的文学性。因此,主观预设的场外理论,最终难逃奥卡姆剃刀的一割。

四 结语

我们如果把眼光放在文学批评的历史发展的维度上,可以发现强制与非强制的阐释正构成了文学批评学科的内部张力,当外部理论不断以试错的方式突入场内,挤压常识的底线,也迫使后者的边界在不断调整中被一次次重新划定,从而也使文学阐释的自身规定性变得清晰。在这个意义上,强制阐释并不是全然有害的。强制阐释并非西方文论专有的思维弊病,它毋宁说是在中西文学批评领域普遍存在的、在现代文论中表现尤为突出的现象,它源于理论本身的普适化冲动,当今学科交叉日益加剧的状况又使这一思维误区呈扩散之势。但是经由常识的觉察,它既可以在西方文论的思维框架下,通过对运思方式的分析予以揭示,也可以在中国文论的言说和领悟方式中被感性地摒除。

---

① 张江:《强制阐释论》,《文学评论》2014年第6期。

论强制阐释的预设维度与征用疆界[*]

韩 伟[**]

强制阐释的主要特征是主观预设和场外征用，前者用张江的话说就是"论者主观意向在前，前置明确立场，无视文本原生含义，强制裁定文本意义和价值"，[①] 事实上，除了理论与文本之间存在主观预设之外，尚存在理论与理论、理论与现实之间的多重预设维度。总观中国的文学理论建设，这方面的主观预设似乎较之从理论到文本的主观预设更普遍一些。对于场外征用，我们亦应辩证地看待，确定合理的征用疆界和征用标准将是避免理论形而上学的必要手段。下面围绕预设维度、征用疆界以及可能存在的问题做一梳理。

一 理论预设之话语导向维度

理论之间主观预设的第一个维度是话语导向维度。就中国文学的理论土壤来讲，文学与话语、理论与话语似乎一直都保持着某种联系，只不过在某些时段会以潜在的方式存在，某些时段则会以显性的方式展示而已。对于话语，在中国古代集中体现为政治导向因素，当

---

[*] 本文系国家社科基金重大项目"20世纪中国美学史"（12&ZD111）、国家社科基金项目"中国古代乐论与文论的关系谱系研究"（14CZW001）、黑龙江省普通高校青年学术骨干项目"中国古代乐统重建与文统分化的关系谱系"（1254G031）、黑龙江省普通高校青年创新人才培养计划项目"辽金元音乐文学及其理论形态研究"（UNPYSCT－2015055）的阶段性成果。本文得到国家留学基金资助，原刊于《学术研究》2016年第9期。

[**] 作者单位：哈尔滨师范大学文学院。

[①] 张江：《强制阐释论》，《文学评论》2014年第6期。

第三编 场外征用和主观预设

代更倾向于某种主流的文化导向或文化潮流。因此，我们在讨论主观预设的时候理应对这种由外在内化为主体认知的预设维度予以关注。

中国古人在理论内部也经常进行这种先入为主的预设。不妨以对中国文学理论发展有重要奠基意义的第一篇专论文章《诗大序》为例，对其作者目前虽然众说纷纭，但基本上认为是经过汉人整理而成。在笔者看来，这种整理严格意义上应该说是"杂缀"，汉人是在先秦文献的基础上人为地对众多材料进行裁剪，最终组合成一篇符合自己主观意愿以及时代要求的理论文字，以此来保持与时代文艺政策的高度一致。《诗大序》带有鲜明的因袭先秦乐论的痕迹，其远祖当为先秦乐论。比如《诗大序》言"诗者，志之所之也。在心为志，发言为诗。情动于中而形于言，言之不足故嗟叹之，嗟叹之不同故永歌之，永歌之不足，不知手之舞之，足之蹈之也"，这段文字的源头可追溯到《乐记·乐施》篇。另一段较明显的例证是"情发于声，声成文谓之音。治世之音安以乐，其政和；乱世之音怨以怒，其政乖；亡国之音哀以思，其民困。故正得失，动天地，感鬼神，莫近乎诗"，这段文字见于《乐记·乐本》篇。除此之外，《诗大序》言："故诗有六义焉：一曰风，二曰赋，三曰比，四曰兴，五曰雅，六曰颂。"在《周礼·春官·大师》中存在与之相类的记载："教六诗，曰风，曰赋，曰比，曰兴，曰雅，曰颂。以六德为之本，以六律为之音。"此处所讲的"六诗"即是《毛诗序》所言之"六义"，虽然两者的称呼不尽相同，但所指内容是完全一致的，甚至顺序都并未调整。大师在周代属于重要乐官，归大司乐统领，主管音律校订、典礼音乐的指挥，并协助大司乐进行音乐方面的教育，统领瞽矇，因此"六诗"很有可能就是大师的基本传授技艺。《诗大序》除了在文字层面体现出明显的因袭、拼接痕迹之外，在义理层面也同样如此。比如其"谲谏"观的提出，《毛诗序》称之为"主文而谲谏"，在"谲谏"前用"主文"加以限定，"文"此处当有文饰、修饰的含义，《毛传》言："主文，主与乐之宫商相应也。谲谏，咏歌依违，不直谏。"[①] 孔颖达亦言："其作诗也，本心主意，使合于宫商相应之文，

---

① （清）阮元校刻：《十三经注疏》，上海古籍出版社1997年版，第271页。

播之于乐，而依违谲谏，不直言君之过失。"① 就是说劝谏君主除了在主题层面要委婉含蓄之外，同时也要兼顾形式层面的可接受性，配合音乐将主题以歌咏之，会起到更好的效果。

那么，《诗大序》搬用先秦乐论的目的是什么呢？这当与汉代的文化环境有关，汉代的帝王对政治与文艺的关系异常重视，为统一今文经学和古文经学而召开的石渠阁会议和白虎观会议，都是在皇帝的授意甚至亲自参与下召开的，学术的政治化是汉代学术的总体特征。《诗大序》对先秦乐论进行裁剪，最终是要将风、雅、颂从政治层面进行重新定义，并将"诗言志"与"经夫妇，成孝敬，厚人伦，美教化，移风俗"的文学价值论相嫁接。事实上，这种在理论层面以政治为出发点的主观预设在汉代以后一直未曾中断过。那么，这一类型的强制阐释在当下的理论界也普遍存在着。耶鲁批评学派的哈罗德·布鲁姆坦言："在现今世界上的大学里文学教学已被政治化了：我们不再有大学，只有政治正确的庙堂。西方经典已被各种诸如此类的十字军运动所代替，如后殖民主义、多元文化主义、族裔研究，以及各种关于性倾向的奇谈怪论。"② 无论中国还是西方，当下的理论界几乎被各种各样所谓的"后"理论裹挟着，而这些后现代理论用周宪的话说实际上可以总称为"政治实用主义"，即"把文学作为文化政治的理论阐释素材坚信文本的意义是在话语活动中经由阐释而产生的"，③ 这也就是伊格尔顿所指出的一切文学都具有政治倾向性的应有之义。文学成了文化政治的阐释素材，而理论又何尝不是呢？文化政治潜在地规约着理论可达到的区域，这种先入为主的立场构成了一种潜在的预设维度，在重视文本为理论服务的强制阐释之外，我们亦应对理论为立场服务的深层主观预设加以反思。

---

① （清）阮元校刻：《十三经注疏》，上海古籍出版社1997年版，第271页。
② ［美］哈罗德·布鲁姆：《西方正典：伟大作家和不朽作品》中文版序言，江宁康译，译林出版社2005年版，第2页。
③ 周宪：《也说"强制阐释"——一个延伸性的回应，并答张江先生》，《文艺研究》2015年第1期。

二　理论预设之体系建构维度

　　理论预设的第二个维度是体系建构维度。体系建构维度相较于话语导向维度更具学理性，这种主观预设与单纯以阐释某个单一理论为目的预设不同，它更接近一种宏观的体系性搬用。从这个意义上说，整个当代的文学理论、美学理论，小到具体理论的运用、具体思潮的推行，大到整个学科合法性的建构都带有这种影子。以作为大学中文系学生必修课的"文学理论"为例，对文学理论具有重要奠基意义的教材是童庆炳的版本体系，其所呈现的问题域、范畴系统、言说方式都潜移默化地构成了20世纪80年代以后研究者的集体无意识。童庆炳据以构筑其教材体系的框架来自M.H.艾布拉姆斯的文学活动四要素说，其早期版本中引入的再现说、表现说、客观说、实用说等文学观念也成了后来文学理论的关注对象。除此之外，韦勒克和沃伦的《文学理论》也对新时期的教材体系甚至研究方式产生了不容忽视的影响，这一点在童庆炳的教材体系中亦有十分明显的体现。因此，可以说当下我们据以安身立命的整个知识体系，某种程度上都带有理论层面主观预设的痕迹。只不过，对其优劣得失，我们不能单纯按照张江所说的"文本为理论服务"的主观预设的含义去理解，这需要以辩证思维去抽丝剥茧。

　　另一个需要重点申说的话题是中国美学学科的建构。美学是德国学者鲍姆加登在18世纪后期主张建立的一门以理性的方式研究感性的学问，对于这门学问，日本学者以"美学"二字翻译之，20世纪初中国留日学生又将这个词从日本引入国内，自此这一新兴学科才在中国理论界正式落户。任何一门学科的形成、发展都不是一蹴而就的，这一学科在西方已经有了较为完备的学科建制，但面对中国崭新的文化环境，则必须寻找其能够赖以扎根的文化土壤，因此对中国本土资源的重新反思和审视便是其必须选择的途径。在经历过20世纪五六十年代的美学大讨论，以及80年代的方法论热潮之后，中国美学的学科体系逐渐形成。这里有必要谈一谈20世纪80年代美学热衷与方法论热潮并行的另一种趋势，即对中国古典资源的再发掘。"中国古典美学"或"中国美学",这一概念或学科成立的前提是,先有西方美学的输入,然后研究者才致力于重新挖掘本土的艺术资源,从而彰显美学的民族特色,所以某种意义上,中国美学实际上是也是对西方美学的再度阐释。古典美学研究是美学学科在中国学科化的结果,研究者为了增强学科意识而自觉地寻找中国古典资源,这种尝试在20世纪80年代之前就已经开始了。朱光潜在1961发表于《文艺报》上的《整理我们的美学遗产,应该做些什么》一文中说:"认为美学是一种新科学,我们自己仿佛还没有,必须由外国搬过来的看法是不正确的。认为我们自己没有美学未免是'数典忘祖'了。"① 另一位美学大家宗白华亦与朱光潜类似,他从中国艺术的总体角度出发,认为"中国古代的文论、画论、乐论里,有丰富的美学思想资料,一些文人笔记和艺人的心得,虽则片言只语,也偶然可以发现精深的美学见解"。② 进入20世纪80年代以后,众多美学研究者如李泽厚、刘纲纪、叶朗、于民、敏泽、皮朝纲等人都试图将这一问题推向更为纵深的层面,即不再追问美学是西方的还是中国的这个已经形成共识的问题,而是在美学的基本框架下,努力探索中国美学的特殊性。为了使这一学科获得充分的合法性,此时开始广泛地撰写中国美学史,李泽厚和刘纲纪的《中国美学史》(1984—1987)、叶朗的《中国美学史大纲》(1985)、敏泽的《中国美学思想史》(1987—1989)等在后来颇具影响的美学史专著都是这一时期的产物,这些早期的美学史著作一定程度上构成了20世纪90年代以后同类写作的基本范型,也为美学的学科化做出了重要贡献。与此同时,王国维、宗白华被重新发现,人们将二人的思想以"美学思想"视之,进而以对二人的研究为中介,开始逐步探索古典美学的资源以及合理的研究方法。这一类型的主观预设也是需要我们辩证看待的。中国文论、中国美学虽然在体系建构维度表现出明显的预设痕迹,但可贵的是其体系内部有非常顽强的自身生长性,比如中国美学实际上将西方的哲学美学逐渐转化成了艺术美学,这是需要肯定的。

---

① 朱光潜:《整理我们的美学遗产,应该做些什么》,《文艺报》1961年第7期。
② 《宗白华全集》第4卷,林同华编,安徽教育出版社1994年版,第775页。

三 理论预设之虚拟现实维度

理论层面的第三种主观预设维度是对现实问题的关注，只不过这种现实是一种人为建构起来的虚拟现实，因此权称之为"虚拟现实维度"，即为了某种主张或某种理论的合理性存在，而将现实情况进行人为的选择、渲染，进而在这一层面上做到理论与实践的统一。笔者想到几年前由文化研究热而产生的一种副产品——都市文化研究。对于这一多少带有人为建构的研究热潮来讲，其理论资源无疑带有鲜明的舶来品特征，笔者在一篇文章中曾对当时的理论来源进行了梳理，总体上包括三种：传统马克思主义理论、城市社会学理论、后现代空间理论。① 今天看来，以本雅明、詹姆逊等人为代表的后现代理论是有其合理性的，但是其他两种来源则有一定的问题，征引经典马克思主义理论实际上属于过度诠释层面，而借鉴城市社会学理论则属于强制阐释的范畴了。因为当代城市社会学理论的主要建构者是德国的西美尔和美国芝加哥学派的代表性的人物帕克（R. Park）、路易斯·沃斯（Louis Wirth）。西美尔对城市文化心理的分析集中在货币这一范畴上，现代社会人与人之间赤裸裸的金钱关系已经打破了前现代社会田园牧歌式的生存状态，代之而来的是人与人之间的尔虞我诈，其巨著《货币哲学》的整个目的就是通过分析货币这一（后）现代社会最普遍的交往媒介，"以表现最表层的、最实际的、最偶然的现象与存在最理想的潜力之间的关联，表现个体生命与历史的最深刻的潮流之间的关联"。② 在《货币哲学》中，西美尔具体分析了货币经济中分工、交换、生产、消费机制如何影响现代拜金人格的形成，正是因为城市已经被这种非人化的关系所统治，所以现代都市人便产生消极逃避的心理状态，顺应、倦怠和逃避成了都市人生活的主要方式。受其影响，芝加哥学派在理论上也相当关注人的生存状态问题，广泛运

---

① 韩伟：《国内都市文化研究潜存的三种模式及其理论构建》，《社会科学》2009年第6期。

② ［德］西美尔：《货币哲学》，陈戎女译，华夏出版社2002年版，第3页。

用实证主义方法，同时以一种整体性的眼光来看待城市。以帕克和沃斯这对师徒为代表，基本上都主张"城市是一个有机体，它是生态、经济和文化三种基本过程的综合产物，是文明人类的自然生息地"，① 他们致力于使现代社会的结构失衡性、涣散性得到弥合，重新恢复由于社会不断运动而造成的结构性失调，进而达到一种新的平衡以便维持人与自然、社会的正常关系。

西美尔、帕克和沃斯的理论在社会学层面是深刻的，但将之运用到文学研究领域则有强制阐释的嫌疑。当时中国的都市文化以及以之为载体的都市文学还处于相对初级的阶段，国内都市文化研究的对象较多是以北京、上海等大城市为主的个案研究，因此在都市以及都市文化发展极不平衡的现实条件下，在现代与后现代景观并存的大背景下，理论的引入便带有某种一厢情愿的性质。当时研究者常用的方式往往将北京、上海等大城市主观地看成是全国的普遍性模版，从而使理论的言说有据可依。虚拟化的现实成了理论进行驰骋的训练场，为理论虚拟注释性的文本与为理论虚拟现实是大同小异的，只不过虚拟现实是文学疆界扩容后的极端表现，也是伴随近年来文化研究热潮而产生的副产品，甚至较之虚拟文本，这种行为在当下更具普遍性。

除此之外，近年来对超文本理论的建构以及对现实的虚拟也存在同样的情况。在西方，广义层面的超文本文学萌芽于19世纪末，20世纪60年代在美国形成创作高潮，当时的经典之作有纳博科夫的《微暗的火》、品钦的《V》、巴塞尔姆的《白雪公主》、巴思的《迷失在开心馆》等。所谓"超文本"，纳尔逊在《文学机器》一书中这样定义："非连续性著述，即分叉的、允许读者做出选择、最好在交互屏幕上阅读的文本。"② 目前，被国内学术界广泛征引的超文本文学作品包括乔伊斯的《下午：一个故事》、莫尔斯洛普的《维克托

---

① ［美］帕克：《城市社会学——芝加哥学派城市研究文集》，宋俊岭等译，华夏出版社1987年版，第6页。
② Quoted from George P. Landow, *Hypertext2.0: the Convergence of Contemporary Critical Theory and Technology*, Baltimore: Johns Hopkins University press, 1997, p.3.

花园》以及台湾"歧路花园"网站相继推出的《烟花告别》《西雅图漂流》等小说和诗作,这些作品的共同特点是解构了传统的阅读模式,伴随不同的链接可以生成若干种故事情节,或者实现了文字与图像、视频的结合。从这个意义上说,超文本文学最大限度地打破了时间因素对于文学的固有束缚,将空间因素引入文学领域。不妨以"歧路花园"网站苏默默《抹黑李白》组诗中的《诗·尸》为例,全诗仅四句:"漂泊的诗/一具不安的尸/漂泊的尸/一句不安的诗"。全诗仅是将"诗"与"尸"两个关键词互换,将李白的诗意(失意)人生表达得恰到好处。另外作者将全诗的最后一句的六个字设计成红、绿、蓝、白、粉六种颜色,而且在频繁地上下跳动,这种设计更加深了读者对于"漂泊"与"不安"的实际体验,更有利于读者理解略带悲情化的李白。这种带有实验性质的文学创新是值得肯定的,但事实上,就大陆目前的文学现状而言,超文本在本土尚未形成自觉。这样,国内的学者对所谓超文本理论的建构便带有鲜明的虚拟特点,即将超文本文学视为一种普遍的文学现象,从而构筑所谓的研究性理论。这种研究模式就其本质而言着眼点并非是现实或研究对象本身,被虚拟出来的现实仅仅是理论的注脚而已。"为现实"与"为理论"便成了正常阐释与强制阐释最为明显的差异所在。

四 征用的疆界

强制阐释论中与主观预设相关的另一个概念是场外征用。按照张江的理解,这种强制地将其他领域的理论嫁接到文学领域的现象是当下文学理论界的普遍现象,这也导致理论与实践的脱节。下面要讨论的问题是,对场外征用的摒弃是否意味着文学研究最终要走向自我封闭的死胡同呢?若不是这样,那么在文学研究中征用的疆界到底是什么呢?笔者认为,征用疆界的确立是使文学研究避免故步自封,并充满活力地向前发展的关键。中国古人就有"征用"理论的做法,事实上很多现在大家熟知的古代文论的概念、术语,其肇始点都并非文学领域。比如"韵"是从秦汉间音乐领域产生的概念,之后在魏晋乐论中才逐渐上升到美学领域，继而才波及到人物品评（如《世说新语》"风韵"）、画论（《古画品录》"气韵"）、文论（《文心雕龙·声律》"韵气"）等领域，最终成为一种具有普适性的美学范畴。与之相关的另一个概念"味"也同样如此，其最早的源头当是老庄哲学，到了魏晋时期则变成了一个普适性的美学范畴，朱自清曾经这样写道："魏、晋以来，老、庄之学大盛，特别是庄学，士大夫对于生活和艺术的欣赏与批评也在长足的发展。清谈家也就是雅人要求的正是那'妙'。后来又加上佛教哲学，更强调了那'虚无'的风气。于是乎众妙层出不穷。"① 到了唐代，"妙"首先被运用到书法和绘画理论中，并成了划分作品优劣的重要标准。正是由于"韵"与"味"在美学史上的长期积淀，到了司空图这里才产生了著名的"韵味说"，并将之推广到文学批评之中，用于对文学意境的体认。

确定可征用的问题域，这其实也就是如何自我认知的问题。就文学尤其是中国文学而言，其属于艺术领域，因此音乐、舞蹈、建筑、雕塑等方面的理论都是我们可以借鉴的对象，但若将纯粹社会学、伦理学甚至是自然科学的东西引入，恐怕就走得太远了。20世纪80年代以来，中国文学理论界各种理论浪潮频繁登场，但多是各领风骚三五年，其根本原因在于研究者往往为理论而理论、为标新立异而理论。今天之所以有关于强制阐释的反思，就在于这些所谓的思潮退却之后，还是要回到真正的研究对象这里。对于理论的场外征用问题，张江曾专文对之进行解释和论辩，在讨论中为了充分阐释场外理论的范围和有效性，他又进一步提到了"场外理论的文学化"问题，认为在文学研究中适当地引入场外理论是必要的，只是要充分注意这些理论的边界，在他看来，"其一，理论的应用指向文学并归属于文学。其二，理论的成果落脚于文学并为文学服务。其三，理论的方式是文学的方式"。② 这些认识固然不错，但在笔者看来仍然有些不够准确，就中国文学理论而言，笔者认为用场外理论的人文性来取代文学化似乎要更准确一些，所谓人文性是与工具性相对立存在的概念，较之后

---

① 朱自清：《朱自清古典文学论文集》上册，上海古籍出版社1981年版，第131页。
② 张江：《场外理论的文学化问题》，《探索与争鸣》2015年第1期。

者它更加强调理论的艺术性、人本性和无功利性。以人文性取代文学化绝不是无意义的文字游戏，因为衡量理论有效性的途径应该是能否与文学实践相结合，能否最大限度地接近文学的本性，化用王国维的术语便是"隔"与"不隔"的区别，前者属于一种没有文学指向的征用，比如硬性地将自然科学方法引入，或者以先在立场进行的文本贴合，后者则是一种自然合理的征用，比如借鉴一些艺术学、音乐学甚至哲学、美学的理论深化对作品的认知。不妨以马克思《巴黎手稿》和卢卡奇的《历史与阶级意识》为例，前者对全面异化的分析以及后者对社会物化状态的探索，某种意义上都是以人作为最终的关注主题的，这就与同是人学的文学存在天然的同质性，因此它们的理论适用于文学批评领域，便是"不隔"。

不仅对西方理论的征用如此，中国古代这种现象似乎更为明显。中国艺术的特性使得中国古代的艺术理论往往是胶合在一起的，乐论中包含文论，哲学中涉及文学，等等。笔者认为，人文性与文学化的另一个区别在于，人文性的所指范围较之文学化更宽泛一些，哲学、艺术、历史、美学等与文学具有相通性的观点、理论都可以成为文学理论征用的对象，而文学化似乎有将文学研究重新象牙塔化的嫌疑。这些领域的观点并不一定非要如张江所言具备文学化的特征，只要存在契合点（即"不隔"），哪怕是有限有效的，不妨拿来，拓宽我们的研究视野。这里笔者赞成周宪的观点："就强制阐释而言，问题的核心好像不是种种理论的'出身'，而是在于其阐释文学的相关性和有效性。"[1] 而张江所说的"场外理论的文学化"，其理论预设是可以理解的，即是说只有这些理论为真实的实践服务而不是相反，才承认这种征用是有效的，合理的，而实际情况往往是，我们如何判定某种具体的理论征用是自为的还是他为的呢？当面对形形色色的场外征用理论的时候，如何对理论的真正目的和实践效果进行判定？我们是更看重理论的文学潜能，还是更介意它们偶尔被强制阐释？我想，张江的初衷是好的，其观点也是非常具有现实性的，只不过还要将强制阐

---

[1] 周宪：《文学理论的来源与用法——关于"场外征用"概念的一个讨论》，《清华大学学报》（哲学社会科学版）2015年第2期。

释、场外征用等问题做具体分析。在承认强制阐释的大背景下,如何将其波及的范围科学地圈定出来,才是问题的关键,因此我们应该逐步展开对当下文学研究领域中具体理论、具体流派的客观分析。唯其如此,才会使有关强制阐释的讨论落到实处,避免以抽象的方法论做指导(事实上这也会导致理论先行的新的强制阐释),并对真正的文学理论、文学批评提供警醒和借鉴。

五 中国文论重建

讨论强制阐释以及与之相关的预设维度、征用疆界,最终目的是在探索中国文论的重建问题。此次对强制阐释的讨论与十多年前对"失语症"以及古代文论现代转化的讨论是不同的,古代文论的现代转化已经倡导多年,事实证明结果不尽如人意,而强制阐释的逻辑起点是基于一直以来中国的文学理论建设、文学批评实践往往将西方理论搬来,进行带有自恋性质的理论言说,或者脱离文学实践经验,或者单纯进行理论演绎,文本充当了理论建构的注脚之事实,从而呼吁合理的场内阐释、场内征用,避免牵强。21世纪之前对"失语症"问题的讨论,某种程度也的确抓住了当时理论界的共性现象。笔者认为其对现象的描述是有一定道理的,但其所采取的方法则有些极端,完全建立在民粹主义之上的掩耳盗铃只能起到适得其反的效果,从"失语症"的提出到现在已经接近20年的时间了,事实证明单纯而绝对的否定西方有价值的理论形态是极端的,这也就注定了这种尝试仅是一种理论愿景,而绝难变成现实。真正要将口号、观点落实到实处,关键是要拿出真正具有现代性和生长性的古典理论或概念进行真正的文学批评。此次强制阐释问题的提出,也应如此,在适当的理论层面的探讨之后,真正地进行场外理论和场内理论的鉴别,甚至在此基础上试图寻找到可行的鉴别标准,这些恐怕是未来我们应努力的方向。唯其如此,才能使这一讨论不至中途夭折。

我们既没必要完全臣服于外来文论,也没必要极端地抬高本土的古代资源,前者往往会产生过度诠释甚至强制阐释,最终使理论变成凌空蹈虚脱离文学实践的概念演绎,变成为理论而理论;一味强调后者也容易使阐释变得僵化，脱离实践而无实用价值。总观近年来的文学理论建设，表面上风光无限、异彩纷呈，甚至弄得很"高大上"，追求与国际接轨，实际则是带有理论和批评上双重不自信，理论上自说自话，批评上削足适履，将批评实践与文学理论弄成了不相干的两回事，且乐此不疲。笔者认为，改变这种状况可以从以下两个方面着手：首先，分析中国古典文论中是否还有阐释当下问题的潜能，其中包括具体概念、创作思想以及创作方法，并做具体分析；其次，对百年来西方理论的征用，进行个案梳理，期望通过以史为鉴的方式发现一些判定甚至避免强制阐释的规则或标准。

强制阐释论与比较文学*

朱静宇**

中国社会科学院的张江先生认为,改革开放三十多年来,当代西方文论的引进,对于改变中国文学理论研究和方法,无疑有着积极的作用。但不可否认,这也面临着一定的问题。他认为中国文学界对西方文论的辨析、反思不够,常常以西方审美来裁剪中国的审美,背离中国传统。他呼吁学者们用"中国文学经验"来发出中国自己的声音。正因为此,张江先生首先对当代西方文论进行了评说,就当代西方文论的积弊提出了"强制阐释论"。

所谓"强制阐释",是指"背离文本话语,消解文学指征,以前在立场和模式,对文本和文学作符合论者主观意图和结论的阐释"。[①]张江进而将这种"强制阐释"归纳为场外征用、主观预设、非逻辑证明和混乱的认识路径四个基本特征。笔者通过仔细研读"强制阐释"论,不由得引发了与比较文学学科的研究方法相关联的一些思考。

一 场外征用和跨学科研究

场外征用是张江"强制阐释论"首先提到的一个表征。面对各学科碰撞的历史趋势和跨学科、跨领域的交叉发展的动力,文学对场外

---

* 本文原刊于《文艺争鸣》2015年第7期。
** 作者单位:同济大学人文学院。
① 张江:《强制阐释论》,《文艺争鸣》2014年第12期。

理论的征用可谓不可避免。纵观西方文坛，许多重要流派和学说，基本上都是借助于其他学科的理论和方法构建起自己的体系。如俄国形式主义与布拉格学派就深受日内瓦语言学派和胡塞尔现象学等的影响，接受了瑞士语言学家索绪尔关于语言符号系统、共时性和语言学中各种因素相互类比的结构观点；精神分析批评则是把弗洛伊德的精神分析学等现代心理学理论运用于文学研究的一种批评模式；荒诞派文论更是直接受惠于存在主义哲学；而原型批评理论的基础则是荣格的精神分析学说和弗雷泽的人类学理论……诸如此类的文论学说，基本都是以文学之外的概念框架来谈论文学，通过挪用、转用和借用等方式将文学以外的一些理论用作文学理论与批评的基本范式和方法。

这种文学征用场外理论的方法扩大了当代文论的视野，拓展了新的理论空间和方法，对打破文学理论的自我封闭是有一定作用的。譬如，休姆的意象主义诗论，他在哲学上接受了柏格森的直觉主义观点，主张通过形象（主要是视觉形象）来表达诗人细微复杂的思想感情，追求诗歌意象。我们可以看到，休姆的意象主义诗论发展和深化了19世纪法国象征主义诗论，对促进西方现代主义诗歌的繁荣和成熟起到了重要作用。

然而，张江"强制阐释论"中的场外征用表征，是专指"广泛征用文学领域之外的其他学科理论，将之强制移植文论场内，抹杀文学理论及批评的本体特征，导引文论偏离文学"。在文中，张江用一百多年以后有人用生态批评理论对爱伦·坡的《厄舍老屋的倒塌》所进行的强制阐释这样一个案例进行了有力的佐证。[①] 从案例分析中，我们可以看到，通过话语置换、硬性镶嵌、词语贴换或溯及既往的方式，完全脱离文本和文学本身，裁截和征用场外现成理论，根本不可能恰当地阐释文本。这样的阐释只能导致文学特性的消解。这也就提醒我们，文学是人类思维、情感、心理等的复杂表述，用文学以外的理论和方法认识文学，重要的是绝不能背离文学的特质。正如张江所指出的那样："用文学以外的理论和方法认识文学，不能背离文学的特质。文学理论在生成过程中接受其他学科的研究方法和思路，其前

---

① 张江：《强制阐释论》，《文艺争鸣》2014年第12期。

提和基础一定是对文学实践的深刻把握……盲目移植，生搬硬套，不仅伤害文学，也伤害被引进的理论。"①

其实，场外征用不仅在西方文论诸多流派中盛行，而且在具体的文学批评与研究中也是常见的现象。两千多年来的中外文学研究传统中，许多文学问题均是在与哲学、宗教、历史、艺术等其他学科的跨界思考中得到呈现的。譬如，中国古代文学批评中的"以禅喻诗"，司空图的"韵味说"、严羽的"妙悟说"和王士祯的"神韵说"等都是从禅理引申过来的，借用禅理的妙谛来论述诗歌的奥妙。又如，苏联著名文学理论家巴赫金在对陀思妥耶夫斯基小说进行分析时提出的"复调小说"的概念，显然是对音乐理念和方法的吸收。再如，张世君的《哈代的"性格与环境小说"的悲剧系统》一文，就有意地运用系统分析的方法将哈代四部内容毫无联系的小说编织成一个多层次、多系列的悲剧网络体系，首次在我国将系统论引入到文学研究之中。由此可见，研究者在跨界思考中自觉或不自觉地采用了场外征用的方法进行文学研究。

这种场外征用的文学跨界研究，显然与丰富的文学创作现象紧密关联的。中外文学史上丰富的文学创作现象表明，文学创作本身就是借由与其他艺术门类乃至其他学科的交叉互渗，从而产生了多元的跨界现象。例如，1865年，法国作家龚古尔兄弟发表了长篇小说《热尔米尼·拉赛德》。小说将自然科学的方法运用到了人物形象的塑造之中，以在他们家做了25年的女佣萝丝的遭遇作为生理解剖对象，以病例分析和临床实验的方式描写了一个既可怜又可悲的女佣热尔米尼·拉赛德的一生。小说以其对感官享乐的逼真描绘，隐含着对性爱心理的临床研究，真实地展现了法国下层阶级的生活场景和心灵体验，开创了生理学和遗传学在文学临床实验的先河，成为自然主义文学的最早实践者。又如，我国的《诗经》或后来的乐府民歌、抑或史诗《格萨尔王》或长诗《阿诗玛》、唐诗宋词、诸宫调、元曲等，在产生初期并没有自己相对独立的文学地位，在很大程度上只是作为乐舞的词曲填充物，配合乐舞的需求，借助"传唱"的方式得以保

---

① 张江：《强制阐释论》，《文艺争鸣》2014年第12期。

存下来的。遗憾的是，在流传的过程中，歌曲的旋律丢失了，所剩下的只是它的填充物——歌词，也就是今天所说的诗。诸如此类的文学创作，就使得文学研究必然要依凭相关学科所提供的知识结构、话语体系、思维模式等来形成文学研究者的多元视域，因此也就构成了比较文学的跨学科研究方向。

在比较文学界，跨学科研究又被称为"超学科研究""交叉研究""跨类研究"和"科际整合研究"。雷马克在他著名的《比较文学的定义和功能》一文中指出，为了更好、更全面地把文学作为一个整体来理解，最好的办法"就是不仅把几种文学互相联系起来，而且把文学与人类知识与活动的其他领域联系起来，特别是艺术和思想领域，也就是说，不仅从地理的方面，而且从不同领域的方面扩大文学研究的范围"①。比较文学的跨学科研究的出现，将比较文学的研究视域由文学内部延伸至文学的外部，拓展了比较文学的研究空间，充分体现了比较文学的边缘性特征，在跨越学科界限的基础上沟通文学与其他学科，并进而凸显文学审美的特性和价值意义。跨学科研究对比较文学学科的发展无疑具有理论创新意义。

然而，张江先生"强制阐释论"有关场外征用的特征，引起了笔者对比较文学跨学科研究的关联性思考。

首先，任何文学理论和文学研究的场外征用，必须以文学为主体，不能脱离文本和文学本身。在从事比较文学的跨学科研究的时候，我们必须坚持文学研究本位，不能偏离文学研究的方向。我们所说的文学本位是指，研究的出发点和归宿都是文学。我们可以比较文学和其他学科门类之间的关系，但这种比较必须有助于我们进一步理解文学现象。例如，从"文学与宗教"的角度进行跨学科研究，我们应着眼于对文学与宗教在表现人类精神层面的相互阐发与彼此影响，探讨文学与宗教如何呈现与表达人类的灵性追求。加拿大的谢大卫教授的《〈圣经〉与美国神话》一文就很好地运用了跨学科研究方法，剖析了北美清教徒通过对《圣经》的解读和文学书写塑造"美

---

① ［美］雷马克：《比较文学的定义和功能》，《比较文学研究资料》，北京师范大学出版社1986年版，第7页。

国神话"的过程。

其次,任何文学理论和文学研究的场外征用,必须是科学的思维方式和研究方法,而非盲目移植、生搬硬套和包罗万象的杂烩。在比较文学的跨学科研究中,尤其值得注意的是,应避免产生什么都可以"比一比"的混乱现象。雷马克早就指出:"一篇关于莎士比亚戏剧的历史材料来源的论文(除非它的重点在另一国之上),只有把史学与文学作为研究的主要两极,只有对历史事实或历史记载及其在文学方面的采用进行体系化的比较和评价,并且体系化地取得了适用于文学和历史双方要求的结论,这篇论文才是'比较文学'。"[①] 比较文学的跨学科研究绝不是随意地与人类社会的任何一种现象进行无边界的"跨界比较",它必须在文学与相关学科之间进行材料与理论的汇通研究。钱钟书的《通感》就是一篇非常好的跨界研究的范文,他把西方的心理学与语言学作为自己讨论中西文学现象中通感生成的背景视域,以大量的个案分析了中西诗文中关于视觉、听觉、触觉、嗅觉与味觉五种感觉之间的打通,从而得出了结论:"在日常经验里,视觉、听觉、触觉、嗅觉、味觉往往可以彼此打通或交通,眼耳、舌、鼻、身各个官能的领域可以不分界限,颜色似乎会有温度,声音似乎会有形象,冷暖似乎会有重量,气味似乎会有体质。诸如嗅觉、视觉、听觉在审美的心理上是可以相通的。"[②]

不可否认,比较文学的跨学科研究把自己的研究视域超越了文学这种单一领域,其"比较"的内容有不断扩大的趋势。正如美国比较文学学会于1993年公布的"学科标准报告"(即所谓"伯恩海姆报告")所描述的那样:"面对学科之间日益明显的相互渗透,以往那种认为公布一套标准即足以界定一个学科的观念已然瓦解……今天,比较的空间已经将以下这些内容包含在内:各种艺术产品之间的比较(对它们的研究通常原本由不同学科来承担);不同学科各种文

---

① [美]雷马克:《比较文学的定义和功能》,《比较文学研究资料》,北京师范大学出版社1986年版,第8页。
② 钱钟书:《通感》,见于《七缀集》,生活·读书·新知三联书店2001年版,第73页。

化建构之间的比较；西方文化传统与非西方文化传统之间的比较（无论高雅文化还是大众文化均有涉及）；殖民地人民在被殖民之前和之后的文化产品之间的比较；不同性别解释之间的比较（它们对女性特质和男性特质作出明确解释），或者不同性取向之间的比较（它们对正常人和同性恋提出明确界定）；种族和民族的不同表意模式之间的比较；在意义的解释学层面上的表达，与对意义的生产和传播模式的唯物主义分析之间的比较；而且不止于此。上述这些将文学语境扩展至话语、文化、意识形态、种族以及性别等领域的做法，与依据作者、国别、时代以及文学各个门类等所开展的旧有的文学研究模式相比，是如此不同，以至于'文学'这个术语已不再能对我们的研究对象加以充分的描述。"[1]

的确，比较文学的研究领域和学科边界呈现出扩大和交集的景况，这就更需要比较文学研究者们坚守准确、严格的学科理论和学科意识，维护比较文学这个学科的健康性发展，坚持文学的主体性，在跨学科研究需要场外征用时更为严谨，避免比较文学的跨学科研究成为囊括一切的"杂混"。

二 主观预设和平行研究

主观预设是张江"强制阐释论"的又一表征。张江认为主观预设是强制阐释的核心因素和方法，它是指批评者的主观意向在前，预定明确立场，强制裁定文本的意义和价值，其要害有三：一是前置立场，二是前置模式，三是前置结论。

张江在文中用女性主义批评家肖瓦尔特对《哈姆雷特》的解读作为例证，阐释了肖瓦尔特站在女性主义的前置立场，带着女性解读的模式，对该作品强制使用她的前置结论，毫无遮蔽地展现主观预设的

---

[1] 《伯恩海默报告（1993）：世纪之交的比较文学》（"The Bernheimer Report, 1993: Comparative Literature at the Turn of the Century"），见于［美］查尔斯伯·恩海默编《多元文化时代的比较文学》（ed. Charles Bernheimer, *Comparative Literature in the Age of Multiculturalism* Baltimore and London: The Johns Hopkins University Press, 1995. p. 41 – 42。

批评功能，尤其是对剧中奥菲利亚的解读上。张江认为，在肖瓦尔特主观预设的指挥下，莎士比亚的经典剧目被彻底颠覆了。此案例引出了文学批评的客观问题：文学的批评应该从哪里出发？批评的结论应该产生于文本的分析还是理论的规约？显然，张江的主观预设的批评，是从现成理论出发的批评，有前定模式和前定结论，文本以至文学的实践沦为证明理论的材料，批评变成对文本和文学作符合理论目的的注脚。

仔细阅读张江本人的《强制阐释论》，我们不无惊讶地发现，似乎他本人也落入了主观预设批评的怪圈。文章在一开头就列出了强制阐释的基本特征：场外征用、主观预设、非逻辑证明和混乱的认识路径，这很像是一个前定的结论或主观预设。紧随其后，他分别对这四个特征展开阐述和论证，这又似乎成了其强制阐释论的注脚。姚文放在《"强制阐释论"的方法论元素》一文中对此作出了合宜的解释："在笔者看来，界限有三条：其一，马克思所说的合理的'预设'应是有大量的、深入的，甚至是艰苦卓绝的研究工作在先的，而就张江批评的'主观预设'而言，这些前期的研究工作是缺位的、不在场的；其二，对于文学批评和文学理论来说，合理的'预设'其前期研究是以文学为对象或切近文学本身的，而张江批评的'主观预设'则是远离文学甚至是无关乎文学的；其三，合理的'预设'即便借鉴吸收其他学科的理论和方法也是时时眷顾文学自身的内生动力，始终保持与文学经验密切联系的，而张江批评的'主观预设'则是生搬硬套其他学科的理论和方法而毫不顾及它与文学及文学理论之间的互洽性和相融性的。"[①] 由此，我们可以清晰地了解张江先生所批评的"主观预设"。正如其在文中所指出的："理论本身具有先导意义，但如果预设立场，并将立场强加于文本，衍生出文本本来没有的内容，理论将失去自身的科学性和正当性。"[②]

强制阐释论的"主观预设"表征，不仅在当代文论界盛行，而且在比较文学的平行研究中，我们也可以发现相类似的问题存在。

---

① 姚文放：《"强制阐释论"的方法论元素》，《文艺争鸣》2015年第2期。
② 张江：《强制阐释论》，《文艺争鸣》2014年第12期。

众所周知,平行研究是美国学派对法国学者的比较文学路线进行挑战之后产生的一种比较文学研究范式。它通常包括对文学的主题、题材、人物、情节、风格、技巧、甚至意象、象征、格律等的比较,还包括文学类型、文学史上的时期、潮流、运动的比较等,它强调对于没有事实关联的不同文学的平行研究。欧文·阿尔德里奇在《比较文学:内容和方法》一书中从方法论的角度讨论了平行研究中最基本的两种比较法:"类同"和"对比",前者是对不同文学在主题、风格、文类、观念等方面出现的类同现象的归类研究,后者则是对不同文学体系的各自特征的平行比较,既可以对比它们的同,也可以对比它们的异。

相较于比较文学法国学派的实证研究的"科学性",平行研究中这种纯粹的类比研究明显带有武断性、随意性和主观性。"X+Y"是中国比较文学复兴初期被广泛使用在平行研究中的一种研究模式,这几乎就是当时平行研究中的前置模式:X有什么,Y有什么;X没有什么,Y没有什么……在智量主编的《比较文学三百篇》[①]中,我们可以看到许多这种前置模式的平行研究文章,如"王熙凤与郝思嘉""奥涅金与贾宝玉""《金瓶梅》与《十日谈》""开放在不同国土上的姐妹花""李贺与兰波"等,它们从表面上把一眼看上去似乎相同的文学现象进行硬性的罗列和类比。在此,我们可以对托尔斯泰小说《安娜卡列尼娜》中的安娜与曹禺戏剧《雷雨》中的繁漪这两个女性形象进行表面上同异的硬性比较。类同的硬性比较理由在于,安娜与繁漪同是女性,他们俩各自都有一个富庶且有着相当社会地位的家庭,她们都有一个给他们支撑脸面却极度缺少爱情的丈夫,她们都有冲破这个家庭追寻爱情自由的渴望,并且她俩都大胆地冲出了家庭的阴影找到了自己的情人,然后最终又都被自己所钟爱的情人抛弃。目前没有任何实证材料可以说明曹禺在塑造繁漪这个人物形象时直接受托尔斯泰笔下安娜的影响。文学比较不仅可以罗列两种民族文学作品之间表面上类似性,还可以从表面上罗列安娜与繁漪这两个女性之间及其背景的差异性譬如卡列宁的冷漠是伪善的冷漠,周朴园的冷漠是

---

① 智量主编:《比较文学三百篇》,上海文艺出版社1990年版。

残酷的冷漠；安娜要冲出的是一个贵族家庭，繁漪要冲出的是一个封建专制家庭，等等。这是一种典型的文学比较，是在"X + Y"的模式中寻找双方表面上的同异点，安娜是"X"，繁漪是"Y"。在中国比较文学的复兴历程中，我们不能抹杀"X + Y"模式所作出的贡献。然而，这种拉郎配式的主观随意比附，如今已为大多数比较文学研究者所诟病。这样的比较缺少内在的汇通、整合及深度。

另外，"以西释中"的前置立场在比较文学的平行研究中也同样不可忽视。一位在美国执教的学者余国藩在1973年提交的一篇小组发言稿中这样说道："过去20余年来，旨在用西方文学批评的观念和范畴阐释传统的中国文学的运动取得了越来越大的势头。"① 其实，这种"以西释中"的方法由来已久，王国维1904年发表的《〈红楼梦〉评论》就是比较文学平行研究的典型案例。他运用叔本华的哲学思想评述《红楼梦》，用西方的悲剧学说来衡量中国的戏剧，提出了除《红楼梦》外中国文学再无悲剧的观点，掀起了中国百年悲剧有无问题的大争论。

毋庸置疑，平行研究为跨文化的文学现象的比较提供了广阔的空间，但由于在具体的实践中一些研究者对它缺乏深刻的理解，对"可比性"的认识模糊不清，从而导致简单比附、"X + Y""以西释中"等比较普遍的问题。张江"强制阐释论"对"主观预设"的批评，可以警醒我们，在从事平行研究时，我们需要大胆假设、小心求证，周密分析，以免落入简单异同论的窠臼。为此，我们必须注意如下几点。

第一，明确切入点，限定问题范围。平行研究要有一个相对明确的切入点，而这就需要合理的"预设"，在大量的、深入的，甚至是艰苦卓绝的研究工作的基础上，把问题限定在一定的范围内，这样才能够比较集中深入地探讨研究对象的异同问题。哈利·列文的《吉诃德原则：塞万提斯与其他小说家》就是一篇很好的范例，文章讨论的是一个文学典型的多种变体，这些变体可能是《堂吉诃德》影响的

---

① 余国藩：《中西文学关系的问题与前景》，《比较文学和总体文学年鉴》23，1974年，第50页。

结果,但列文将关注的中心"放在塞万提斯所发现的基本程序及该程序的广泛运用上"①,他用"吉诃德原则"加以概括,从而为他对大量的堂吉诃德式形象进行平行比较确立了切入点。同时,他将问题限定在一定的范围,避免了平行研究流于宽泛无边的倾向。正如美国比较文学研究者约斯特所言:"以经验为根据的类型与形式的研究之功用,首先就在于协调各种语言的作品,使它们彼此更为接近,或将它们彼此对照,以便使人不但能更好地领会它们在历史进程中的意图和含义,而且能更好地理解文学的构成。"②

第二,透过表面现象,深入分析同异。在比较文学平行研究中,同异的分析不能停留于表面的相似点和不同点的罗列,不能用"X + Y"模式进行简单比附,必须深入到研究对象所处的特定的文化背景、写作语境中去,揭示出异同现象后面更深层的原因。杨绛曾经将李渔的戏剧结构与亚里士多德的悲剧结构进行比较,发现两人都强调戏剧结构的整一,但深入研究后发现,李渔所说的整一是根据我国的戏剧传统总结出来的经验,而亚里士多德的整一则以古希腊的戏剧传统为依托。两者表面相似,性质却截然不同。③ 无怪乎,钱钟书说:平行研究者要把"作品的比较和产生作品的文化传统、社会背景、时代心理和作者个人心理等因素综合起来加以考虑"④,才能真正在比较中发现同异的深层规律。而这所有的一切研究,都必须是切近文学和关乎文学的。

第三,避免牵强附会、生搬硬套的弊病。在比较文学研究中,不论是用自己的理论去阐发外民族的文学,还是用外民族文学的理论来阐发自己的文学,都必须对要采用的理论或模式、对要阐发的对象作具体分析,切忌盲目地、机械地乱搬乱套,必须充分认识不同民族之间文化背景的差异,避免肖尔瓦特、桑德拉·吉尔伯特和苏珊·格巴等人强制阐释的怪圈。钱钟书的《管锥编》和《谈艺录》中有许多

---

① [美]哈利·列文:《比较的根基》,Harvard University Press,1972 年,第 235 页。
② [美]约斯特:《比较文学导论》,廖鸿钧等译,湖南文艺出版社 1988 年版,第 171 页。
③ 参见杨绛《李渔论戏剧结构》,参见《春泥集》,上海文艺出版社 1979 年版。
④ 张隆溪:《钱钟书谈比较文学与"文学比较"》,《读书》1981 年第 10 期。

中外文论相互阐发的例子,值得我们学习与借鉴。钱钟书的研究看起来常常是星星点点的阐发,却往往能发微抉隐,申明大义。

综上所述,虽然笔者只涉及了"强制阐释论"理念层面的两个特征,但这并不影响我们感受到"强制阐释论"那种强大的理论穿透力。在我看来,张江先生所提出的"强制阐释"论,不仅发出了中国理论的强音,而且其理念也必将渗透进中国社会、政治和经济的各个领域,警醒人们,如同对比较文学的跨学科研究和平行研究的启悟一样!

文学批评的"求真"与多元参照
——关于张江《强制阐释论》及其讨论的思考*

李运抟　林业锦**

张江近年的论述都意在重构有中国自身系统的文学理论话语，由此也努力清除西方当代文论对中国当代文学批评的消极影响，凭借显著的理论意识，突出的问题意识和强烈的批判精神，很快赢得学界高度关注和强力支持。正如其《强制阐释论》指出的要清除消极影响，首先需要清理"当代西方文论的根本缺陷"。它们不仅没有得到中国使用者的清醒认识，反倒在生搬硬套、以讹传讹中得以"极度放大"。作为西方当代文论"本体性缺陷"的"强制阐释"，张江概括是"背离文本话语，消解文学指征，以前在立场和模式，对文本和文学作符合论者主观意图和结论的阐释"①。由此作者指出强制阐释有四个基本特征，即"场外征用""主观预设""非逻辑证明"及"混乱的认识路径"，并分别从命题的定义、特征和运用方面，引用了很多材料尤其是负面例子来论证当代西方文论及其诠释文学文本的"强制"性。文章发表后《文艺争鸣》很快转载，并在长春召开专题学术研讨会，随后开辟专栏讨论，发表论文数十篇。反应如此热烈，因此也被视为近年中国文学理论界的标志性的大事件。

讨论者都肯定了强制阐释论建构中国本土文论的努力和良苦用心，具体讨论则有多种情况。赞同的学者多从民族国家及本土理论建构立

---

* 本文原刊于《江汉论坛》2017 年第 3 期。
** 作者单位：广西民族大学文学院。
① 张江：《强制阐释论》，《文学评论》2014 年第 6 期。

场充分肯定强制阐释论。如李遇春认为"'强制阐释论'显示出了一种强大而少见的理论穿透力,直抵我们时代的文学批评内在症结,对于我们重建中国文学批评伦乃至整个中国文学批评生态的重建都具有十分重要的指导意义"[①];陆扬肯定"'强制阐释'作为对20世纪西方主流文论,特别是70年代之后各类后现代批评的一个理论概括,它应是中国话语介入当代西方文论价值判断的一个有力尝试"[②]。具体问题讨论则显示了多种视角和多种看法。如赵炎秋对"场外征用"的必要性与有效度提出了自己的看法[③];昌切文章则指出:张江此时提出强制阐释话题是意在重建文化自信,但中西文论都存在强制阐释问题,并且指出中西文论中"为文学奠定理论基础和阐释框架"的很多并非文学中人,包括毛泽东《在延安文艺座谈会上的讲话》成为新中国文艺思想纲领的事实。[④] 毫无疑问,强制阐释论关于西方文论缺陷和国内僵化套用的反思很有意义。而且要看到张江陈述也较注意辩证分析,肯定与否定没有绝对化,有些矫枉过正也与求之心切有关。

韦勒克的《文学批评》认为相对于19世纪文学批评,20世纪有三个变化:更多自觉意识,社会地位提升,发展了新方法与新的评价尺度。作为国际著名文学理论家和比较文学家,韦勒克的渊博学识和严谨治学得到公认。韦勒克始终保持学者理性,其治学既有强烈"求真"意识,又看重学术的多元与共存。他与沃伦合著的《文学理论》是部流传甚广的文艺学经典,第一版作者序言有如此说明:"本书所引的例子不过是例子,并非'证据';书目也只能是'选择性'的。我们也不打算回答我们提出的每一个问题。我们认为,在研究中听取国际上各种不同的意见,提出恰当的问题,提供方法上的基本原则,对于我们自己和他人都是极有价值的。"[⑤] 想要科学

---

① 李遇春:《如何"强制",怎样"阐释"?—重建我们时代的批评理论》,《文艺争鸣》2015年第2期。
② 陆扬:《评强制阐释论》,《文艺理论研究》2015年第5期。
③ 赵炎秋:《场外征用的必要性与有效度》,《文艺争鸣》2015年第4期。
④ 昌切:《"强制阐释"与当代西方文论的要害》,《文艺争鸣》2015年第4期。
⑤ [美] 韦勒克、沃伦:《文学理论》,刘象愚、邢培明、陈圣生等译,生活·读书·新知三联书店1984年版,第19页。

"求真",确实需要更多参照。联系强制阐释论及其讨论,也应有这样的意识和态度。

该书《定义与区分》部分关于"文学理论、文学批评和文学史"三者关系的分析,《文学的外部研究》部分关于"文学与社会""文学与思想"的解释,《文学的内部研究》部分关于"文学的评价"的陈述,对我们理解强制阐释论所说当代西方文论缺陷、文论本体建构,"场外征用"和"主观预设"等问题,都有启示作用。如该书谈论文学研究应用自然科学方法时,也肯定了某些应用的有效性,但更强调人文科学有自己不同于自然科学方法的有效方法,"远在现代科学发展之前,哲学、历史、法学、神学,甚至语言学,都已经找到各种有效的致知方法"[1]。该书认为马克思主义文艺批评往往"试图通过十分粗略的捷径从经济方面来研究文学",并举了相关例子,但又指出"我们必须仔细注意不要因为上面所引的说法"而"完全否定经济学观点对文学研究的意义。马克思本人虽然偶尔也作过一些不切实际的判断,但一般说来,他却敏锐地感受到了文学与社会之间那种迂回曲折的关系"[2]。该书还批评了"庸俗的马克思主义者"以作家阶级出身来评价作品,但也认为"马克思主义的文艺批评在其揭示一个作家的作品中所含蓄或潜在的社会意义时,显出它最大的优越性"[3]。关于谢勒、韦伯等的"知识社会学"与文学研究的关系,也是从两者关联的可行性出发,既指出"知识社会学"阐释文学的可能与作用,也提出了局限和问题。从作家研究到读者研究是接受美学等西方文论的趋势,而韦勒克们并不轻言"作者死了",反倒肯定传记研究对理解作家与作品、作家与文学史关系以及文学资料积累等很重要。读韦勒克的文字,不仅能感受到其分析扼要精当,解释全面稳妥,更能感受到理论建构与价值评判始终注意了求真与多元的把握。这其实也是我们分析"强制阐释论"所需要的总体思路。

---

[1] [美]韦勒克、沃伦:《文学理论》,刘象愚、邢培明、陈圣生等译,生活·读书·新知三联书店1984年版,第23页。
[2] 同上书,第108页。
[3] 同上书,第109页。

一 "前在立场"的必然与区别

强制阐释论中"主观预设"被视为"强制阐释"的"核心因素和方法"。它是指"批评者的主观意向在前，预定明确立场，强制裁定文本的意义和价值"，其"要害"包括三个方面：前置立场、前置模式和前置结论。所谓前置立场，是指"批评者的站位与姿态已预先设定，批评的目的不是阐释文学和文本，而是要表达和证明立场，且常常为非文学立场。征用场外理论展开批评，表现更加直白和明显"。而前置模式是指研究者预先选取适合文本的理论模式，以便作出符合目的的批评。前置结论则指研究者用既得结论统领整个诠释过程，在诠释过程中用文本材料证明结论。综合三者，就是以预设的理论立场、理论模式和结论生拉硬套文本，以文本服务理论，一切从理论出发而不是文本。立场、模式和结论之间是否存在互为或一致关系，即有前置立场是否就必然存在前置模式，有前置模式是否一定会产生符合前置结论的结果，都要具体情况具体分析。但无论立场、模式还是结论，"前置"显然是关键问题。从"主观预设"定义及三点"要害"看，批判的主要都是文学批评中理论及其运用的观念先行的"前在立场"。文学研究存在这种不良现象，但有些基本问题则需厘清。

我们一直强调主观与客观统一，这当然不错。但主观是否符合客观，从来是个众说纷纭的困难问题。相对自然科学，人文科学认知的主客观问题更难绝对。姑且不论主客观关系复杂，有点可以肯定：即主观是相对客观而言，没有后者也就谈不上前者。文学批评的"主观预设"也显然是对已有的批评或研究对象而言，否则无所谓主观预设。通常说来批评者对自己的批评对象应该是比较熟悉或者至少比较了解，不然无法进入批评过程，甚至成了无的放矢。既然有较熟悉或了解的对象，文学批评有"前在立场"就不奇怪，而且是种必然存在。韦勒克们对文学理论和文学批评有区分，即文学理论是对文学的原理、文学的范畴和判断标准等问题的研究，文学批评是对具体文学艺术作品的研究。因此文学批评既要理论引导又是理论运用，否则无法进行评判。我们常说"一千个读者就有一千个哈姆雷特",文学鉴赏带有个体感受,"前在立场"难免感性化,但鉴赏也是批评的基本环节。对于运用理论的文学批评,前在或前置立场是否合理姑且不论,存在却是必然。

梁启超《论小说与群治之关系》是清末"小说革命"的纲领性文论,其前在立场就非常明确。作者开篇就提出"欲新一国之民,不可不先新一国之小说。故欲新道德,必新小说;欲新宗教,必新小说;欲新政治,必新小说;欲新风俗,必新小说;欲新学艺,必新小说;乃至欲新人心,欲新人格,必新小说"①。从种种"群治"出发而将小说视为改良社会的工具,并且放大小说功能。这种"前在立场"无疑有功利主义和矫枉过正的问题。但该文还有个"前在立场"即改良传统文学弊病,对小说文体的独立性、文学审美特性的提取作出了贡献。正如作者所说"小说有不可思议之力支配人道故",是由于有熏、浸、刺、提四种功能,由此进行了精彩的引用和分析。最后首尾呼应摆出前置结论:"故今日欲改良群治,必自小说界革命始!欲新民,必自新小说始!"同时还要看到该文开创了有别于传统的文学话语、理论框架及批评方法,对中国古典文论向现代文论转向有重要贡献。这让我们对前置立场与前置模式和前置结论的逻辑关系也要具体分析。五四新文学重要文论如陈独秀《文学革命论》和胡适《文学改良刍议》,前置立场同样显著。

前置立场和模式不仅存在而且必要。很多事实证明,在充分掌握理论方法、有独到见解及深入文本材料前提下的"前在立场",理论和文本通常能够互相佐证又共同促进。

文学史书写也必然存在文学理论和文学批评的前在立场,否则如何评判文学历史现象?作为中国第一部小说史,鲁迅《中国小说史略》就有明确的前在立场,即彻底扭转小说被视为"小道""末流""不登大雅之堂"的传统史观,恢复小说的审美及批判价值。正如作者所说:"中国之小说自来无史;有之,则先见于外国人所作之中国文学史中,而后中国人所作者中亦有之,然其量皆不及全书之什一,

---

① 参见夏晓虹《梁启超文选》下,中国广播电视出版社1992年版,第8页。

故于小说仍不详。"① 凭借扎实的文史知识和国学根底，鲁迅设置了上下两卷共二十八篇的历史框架，从上古神话传说论述到清末谴责小说。这种开创性的小说史"前置模式"也为后来研究者提供了宝贵资源。阐释过程中，鲁迅极其注重论据与论点的关系，不断以典型材料证实自己的独到看法。如论罗贯中《三国演义志》人物刻画得失时，指出作者的偏爱及人物性格的矫枉过正："至于写人，亦颇有失，以致欲显刘备之长厚而似伪，状诸葛亮之多智而近妖；惟于关羽，特多好语，义勇之概，时时如见矣。"随之引用"温酒斩华雄"及"华容道义释曹操"小说论据分别印证关羽的"风采勇力"和"气概凛然"，有了这"勇"和"义"的材料论据，罗贯中偏爱关羽的"前置结论"就具有针对性也真实可靠了。

　　前置立场的存在与必要，关键还是在于是否有合理性和科学性。有感于五四知识界爱谈主义，胡适写了《多研究些问题，少谈些"主义"》②，声明学说和"主义"也是研究问题的重要工具，但"主义的"危险就是自以为寻着了包医百病的"根本解决"。李大钊很快写了《再论问题与主义》③，也同意要研究问题不空谈主义，但又声明必须谈主义：一是应该"先有一个共同趋向的理想、主义，作为实验自己生活上满意不满意的尺度"；二是主义有"根本解决"功能，如"依据马克思的唯物史观念，经济基础决定上层建筑，经济问题解决了，诸如政治、法律、家族制度、妇女解放、工人解放问题都可以迎刃而解"。即使主义"正确"也不意味着所有问题迎刃而解，否则真成了灵丹妙药。这种前置立场显然带有主观理想。这虽是文学外的例子，但"主义"问题恰恰与中国现代文学理论和文学史有密切关联，带有主观意图和主观理想的前置立场现象也比比皆是。

　　众所周知，毛泽东《讲话》确立的"政治标准第一，艺术标准第二"，成为中华人民共和国成立初期中国现代文学史编写和文学研究的有强大理论威力的"前在立场"。政治先行的前在立场和前在模

---

① 鲁迅：《中国小说史略》，长江文艺出版社2008年版，第1页。
② 胡适：《多研究些问题，少谈些"主义"》，《每周评论》1919年7月20日。
③ 李大钊：《再论问题与主义》，《每周评论》1919年8月17日。

式成为普遍现象。王瑶《中国新文学史稿》就是如此，正如开篇所言，"中国新文学的历史，是从五四的文学革命开始的，它是中国新民主主义革命三十年来文学领域上的斗争和表现，用艺术的武器来展开了反帝反封建的斗争，教育了广大的人民"①，又认为"中国新文学史既是中国新民主主义革命史的一部分，新文学的基本性质就不能不由它所担负的社会任务来规定"②。这就开宗明义地框定了文学史理念的政治化"前置立场和模式"，与毛泽东将文学艺术视作"团结人民、教育人民、打击敌人、消灭敌人的有力武器"保持高度一致。有了《讲话》的"前在立场"，《史稿》从第一编"伟大的开始及发展"至第四编"文学的工农兵方向"都严格按照毛泽东文艺政治化的"前在模式（框架）"诠释文学。此后如张毕来的《新文学史纲》（1955）、丁易的《中国现代文学史略》（1955）、刘绶松的《中国新文学史初稿》（1956）、唐弢的《中国现代文学史》（1979）等，都是以政治的前在立场的理论框架阐释现代文学。由于注重政治标准而忽视文学特性，显示了进步/落后、革命/反动、左/右等二元对立思维，因此在"重写文学史"讨论中成为批评对象。但还要注意前在立场并非铁板一块。温儒敏曾认为王瑶《中国新文学史稿》"用于指导或统领这部文学史的基本观点是政治化的，而在实施这种政治化的文学史写作中，王瑶有矛盾，有非学术的紧张。他的出色之处在于尽可能调和与化解矛盾，并在一个非常政治化的写作状态中探讨如何发挥文学史家的才华与史识"③。矛盾和紧张实际体现了两种"前在立场"，一是遵循《讲话》规范，二是争取"发挥文学史家的才华与史识"。尽管调和艰难，但文学史家的前在立场和模式显然重要，《中国新文学史稿》的学术价值也体现于其中。

由王瑶争取"发挥文学史家的才华与史识"，有个问题就还需要说说。"前置"的立场和模式是否合理很重要，但接受者的学术态度

---

① 王瑶：《中国新文学史稿》，新文艺出版社1953年版，第1页。
② 同上书，第5页。
③ 温儒敏：《〈中国新文学史稿〉与现代文学学科的建立》，《文学评论》2003年第1期。

也非常关键。排斥多元研究,评判非此即彼,曾是冷战时代的流行思维。针对马克思主义运用中的教条迷信,法国马克思主义文艺批评家路易·阿拉贡就呼吁"要结束在历史、科学和文学批评方面的教条主义的实践、专横的论据以及对那些封人嘴巴和使讨论成为不可能的种种圣书的引证"①。但我们往往存在"圣书引证"问题。李泽厚曾说:"体系是完整的、系统的、有意识地构造的理论形态,很显然,美学理论形态在马克思那里找不到",而"马克思发表过一些关于美学的意见,这主要讲的是文学艺术中某些问题,而且多半与当时阶级斗争和政治需要密切相关。恩格斯、列宁、斯大林、毛泽东更是如此,都是对文艺现象或作品发表了一些具有美学意义的看法"②。体系姑且不论,马克思主义文论"多半与当时阶级斗争和政治需要密切相关"则无疑。但长期以来我们却认为马克思恩格斯文艺批评有普遍意义,接受充满膜拜。王朝闻主编的《美学概论》曾是我们了解美学基本理论的入门书,其《绪论》就认为:"马克思主义哲学的产生,给美学研究提供了真正科学的世界观和方法论,改变了美学研究的面貌。马克思主义的经典作家们也提出了许多重要的原则性的美学观点,然而他们没有来得及使之系统化。"③这种看法无疑太简单。世界很多与马哲无关的美学经典,就都不科学?该书谈论"艺术批评标准"原理时,认为无产阶级对艺术作品的社会评价不同于其他阶级的原因"在于无产阶级是以是否符合社会发展的根本规律、符合最大多数人的根本利益为社会功利目标的"④。这种从阶级出发的艺术批评标准显然很难成为"原理"。这种"前置"理论立场确实不像学术讨论。

二 辩证看待西方文论的"片面"

一个时代有一个时代的文学,西方20世纪的文学批评与19世纪

---

① 参见[法]罗杰·加洛蒂《论无边的现实主义》,吴岳添译,上海文艺出版社1986年版,第5页。
② 李泽厚:《走我自己的路》,安徽文艺出版社1994年版,第69页。
③ 王朝闻主编:《美学概论》,人民出版社1981年版,第1页。
④ 同上书,第325—326页。

的文学批评的一个重要差异是，以思想内容为主的社会学批评走向了形式主义批评，开始探讨文学的内在规律，如从语言学入手的结构主义、符号学、作品组织研究、文学心理研究等。但后来又重视综合研究，文学的社会文化批评也得到重视。西方当代文论是有理论的片面和阐释的局限，但"片面"必须辩证分析。或许为了急于清算西方文论问题，强制阐释论几乎不认可片面的合理性和可能的深刻，认为西方当代文论"许多概念、范畴，甚至认知模式，都是从场外'拿来'的"，而"这些理论无任何文学指涉，也无任何文学意义"，"直接侵袭了文学理论与批评的本体意义，改变了当代文论的基本走向"。先不说"场外理论"是否"无任何文学意义"，但关于西方当代文论的片面和局限，至少有三个问题需要注意。

首先，理论的片面往往是走向理论成熟的必经之路，甚至是理论构建必需的"学费"。

强制阐释论所说片面的当代西方文论的缺陷，不仅西方文论家早有批评，中国学者也有认识。新时期与五四时期一样也出现了"拿来主义"，国外很多哲学、美学、文艺理论著作被翻译成中文而陆续出版。而包括很多西方当代文论中译本，不管是否在理，译者都要指出其不足和缺陷，甚至是激烈批评。但事实证明没有任何理论一开始就是包罗万象而直指"真理"的完整体系。黄子平对"片面"问题有这样的理解："没有众多的片面就不可能真正有内容的整体，未经'分解'的整体只是一个抽象的整体……文学批评不可能仍在那个神圣的、包罗万象的固定点上犹豫"，如果"过分长久去满足于空洞无物的全面将会使思想枯竭"，因此，"文学家有权经由自己那个片面去表现生活，评论家也有权经由自己的那个片面去把握生活的表象"，在这个意义上看，我们只有让"理论认识展开为各个不同的互为驳诘与补充的侧面，经由这样的运动和自我否定，才会有理论的丰富和发展"。①

张江强调文学理论"本体阐释"时，将矛头指向了哲学、史学、语言学等"场外理论"，认为这些理论"无任何文学指涉，也无任何

---

① 黄子平：《深刻的片面》，《读书》1985年第8期。

文学意义",只会"侵袭文学理论与批评的本体意义"。对何为"本体阐释"以及有无纯粹"本体阐释"却缺乏必要论述。强制阐释论在维护文学批评"本体阐释"时,指出"特别是哲学,成为当代西方文论膨胀扩张的主要资源。一些重要的思潮和流派都是由哲学转向文学,借助文学实现、彰显其理论主张"。文学批评接源哲学是存在教条照搬移植等问题。中国新时期文学批评对后现代主义、解构主义等的哲学思想的模仿,就多少产生了价值悬置、历史虚无等后果。然而文学及文学批评接源哲学的积极效应却更多。哲学不仅影响文学创作,更是文学研究的认知基础和阐释工具。如古希腊哲学、中世纪神学、法国新古典主义、近代笛卡尔和斯宾诺莎的一元论、康德理性批判及黑格尔客观唯心主义,虽然存在不少问题,却有不可忽视的价值。其实哲学理论也在不断求新求变。黑格尔是西方古典哲学集大成者,构建了一个庞大的哲学体系和概念王国。马克思曾称黑格尔壮年时期完成的《精神现象学》为"黑格尔的圣经",并从中汲取了辩证法、真理观。黑格尔哲学有很多深刻见解,但也充满矛盾。而西方现代哲学正是以黑格尔体系的崩溃为始,出现了重在主体认知、个体感觉和生命体验的哲学思潮,如叔本华、尼采的唯意志论,克罗齐的直觉主义,柏格森的生命哲学等。中国文学接源哲学同样久远。传统文史哲不分家虽与学术领域不明有关,但也是三者有密切关联。先秦诸子散文代表如《论语》《墨子》《孟子》《庄子》和《荀子》等都有哲学思考,尤其《庄子》阐释的万物之"道"。它们或许缺乏古希腊哲学的逻辑性和形上意义,但也体现了中国哲学特点。古典文学向现代转型中,最早结合中西美学的王国维则是接受了叔本华、尼采等人的哲学。王国维曾说其《红楼梦评论》"全以叔氏为立足点",其《人间词话》创作也体现了叔氏哲学。中国现代文学伴随着各种"主义",而它们都有哲学背景。接源哲学影响了文学的形上思考,更提高了文学研究境界。

其次是片面与深刻的关系。不难发现很多片面文论恰恰包含了深刻思想。

五四新文学运动先驱者就多有片面甚至偏激。钱玄同在致陈独秀的信中就说:"顷见六号(应为五号——引者注)《新青年》胡适之先生文学刍议，极为佩服。其斥骈文不通之句，及主张白话体文学说最为精辟。……惟选学妖孽、桐城谬种，见此又不知若何咒骂，虽然得此辈多咒骂一声，便是价值增加一分也。"① 钱玄同将桐选文章作为"文学革命"靶子进行炮轰，批判不单指向林纾、黄侃和刘师培，更有将桐城选学尊古嚼文传统彻底清除之意，认为"西汉末年，出了一个扬雄，做了文妖的'原始家'。……明清以来，归有光、方苞、姚鼐、曾国藩这些人拼命做韩柳欧苏那些人的死奴隶，立了什么'桐城派'的名目，还有什么'义法'的话，搅得昏天黑地"，他甚至提出废除汉字、全部封闭剧院的主张。胡适《文学改良刍议》的"八事主张"，陈独秀《文学革命论》的"三大主义"，也将矛头指向晦涩雕琢的古典文学。鲁迅当时也认为青少年应该多读外国书，少读或不读中国书。这些看法都有片面。桐城经典如姚鼐《登泰山记》和方苞《左忠毅公逸事》等，并非如钱玄同指责的不堪，更非"选学妖孽、桐城谬种"可概括。尽管偏激片面，却确立了科学民主意识，促进了文学、文化转型，"片面"的五四新文化也才具有了历史深刻性，成为中国现代文化和文艺的丰碑。传统文学理论也是由片面走向体系，而体系永远难以周全完善，也需要变革和突围，由此现代西方文学理论产生了一批与传统迥异的理论，如俄国形式主义、英美新批评、精神分析、结构主义、女性主义、解构主义、后殖民主义、文化研究等。如福柯在结构主义语言学基础上创立了知识考古学，罗兰·巴特将结构主义语言学引入文学理论批评。诸如此类的新理论新批评多少都存在偏颇片面，但不断拓展和丰富了文学理论批评。如结构主义将文学作品拆解成一个个字母系统，甚至细微到"基本粒子"，进而阐发出与传统文学批评相异的意义。索绪尔的"语言及言语""能指和所指""组合和聚合""历时和共时"等语言学核心观念，为结构主义语言学产生奠定了基础，对人文学科也产生巨大影响，再如19世纪末20世纪初弗洛伊德创立的精神分析学，从生物学、心理学等角度为文艺批评打开了通往"新大陆"之门，其建构的"无意识"、"自我、本我、超我"三重精神结构、"俄狄浦斯情结"、"创伤

---

① 《钱玄同致陈独秀信》，《新青年》1917年第2卷第6号。

心理"等核心理论，同样显示了独特见解。

再次，当代西方文论对中国当代文论的启示。一个世纪过去了，我们再次面临文化复杂多元的变革时代，文学界和文论界都加入其间试图变革。西方文论和中国文论虽因历史、政治、文化、地域等的差异无法完全打通，但不可否认两者在某些方面存在通约的可能，否则也无"基本原理"可言。就以张江自己在批判西方文论要害时，某些方面的论述其实也显示了片面的深刻。中国当代文论在运用那些"片面"的西方文论时，确实出现了生搬硬套过度阐释等问题，有些理论对宏观文化负面影响更大。如20世纪90年代以来"后"理论传入中国后造成的消极后果。"后现代主义""后结构主义""解构主义"在打破传统文化、文学、历史的"逻各斯中心主义"时，也造成了无中心、历史虚无、消解崇高、戏谑传统等后果。这些理论渗入文学理论批评也导致人文精神及批评话语的失落。但它们对中国当代文论的启示作用也不可否认。这方面事实举不胜举。从新时期文学理论和文学批评看，几乎无法排除西方当代文论的影响。可以说问题与启示互为关联。

关于西方当代文论的片面和阐释局限问题，我们从法国当代著名文学批评家、诗学家、普鲁斯特研究专家伊夫-塔迪埃的《20世纪的文学批评》也可得到很多有益启示。该书导语部分《亚历山大港的灯塔》对20世纪文学批评（基本限于西方）状况就有扼要概括。关于"20世纪里，文学批评第一次试图与自己的分析对象文学作品平分秋色"的"无限膨胀"的状况，作者从批评类型、批评方法、批评多样化、批评价值与生趣盎然的魅力，精彩描述了批评与文学的种种关系。如关于批评类型，作者赞同法国当代文学批评家阿-蒂博代《批评生理学》关于批评类型的划分，即将批评分为三大类：第一类是口头批评（包括会谈、日记、通讯等），第二类是专业批评（即"教授们"的批评），第三类是艺术家的批评。对此作者也表达了自己的看法，指出专业批评即"教授们"的批评（即我们通常说的"学院派批评"），尽管概念成堆、枯燥、抽象，但显然也是最有理论性的；塔迪埃很看重艺术家的批评，指出20世纪"大概没有一个作家不从事批评"，它们"不仅囊括了整个文学史，而且首先表达了属于作者的理论、作者的美学、作者的诗艺",显示了个性化、感性化和经验化特征。由此塔迪埃认为文学批评的各种方法流派的较量,"说明描述某种文学体裁或某部作品的形式和意义的方式绝对不止一种",相反恰恰是多样化的,并且形成了批评的生趣盎然的魅力。批评还可谓"第二意义上的文学","批评照亮了以前的作品,然而不能创造它们,它主导着它们,却无法产生出堪与它们比美的新作品",因此引导创作和评价作品的批评是"亚历山大港的灯塔"。[①] 片面虽偏于某方面,却往往能揭示事物的部分本质。我们应该客观看待而去伪存真,促进文学理论批评走向成熟丰富。

三　如何评判阐释的"强制"

《强制阐释论》结尾提出了作者关于一种理论构成的美好看法:"一个成熟学科的理论必须是系统发育的。这个系统发育体现在两个方面。从历时性上说,它应该吸取历史上一切有益成果,并将它们贯注于理论构成的全过程;从共时性上说,它应该吸纳多元进步因素,并将它们融为一体,铸造新的系统构成。理论的系统发育不仅是指理论自身的总体发育,而且是指理论内部各个方向、各个层面的发育,相对整齐,相互照应,共同发生作用。"[②] 这些都说得很好,但依然非常抽象。这是个宏伟设想和远大目标。但谁来铸造这种新理论系统,谁有能力完成铸造,更是个大难题。没有哪个甚至哪代学者敢于宣称能够完成这种美好的"系统发育"。但可以肯定"系统发育"需要在多种参照和不断比较中形成。而这恰恰关联到强制阐释论的一个核心问题,即我们应该如何评判阐释是否在"强制"。很显然,是否"强制"不能是一家之言,公理婆理都可以参考,也必须比较。问题可从两个方面看。

[①] [法]伊夫-塔迪埃:《20世纪的文学批评》,史忠义译,百花文艺出版社1998年版,第1—9页。

[②] 张江:《强制阐释论》,《文学评论》2014年第6期。

(一) 共时性的多元参照

强制阐释论认为理论的生成和发展必须依靠文学,"其前提和基础一定是对文学实践的深刻把握","离开这一点,一切理论都会失去生命力",而结果必然是"理论的存在受到质疑,学科的建设趋向消亡",由此认为西方近百年来理论的更新淘汰是种"自我循环"和"失败"的过程。但回顾20世纪以来西方文论的发展演变,却可发现每种理论发展和式微的背后,表面看是由于文学实践变化,本质上是时代政治、文化、经济等社会历史语境的演变。从理论自身形上意义言,就不能以成败论英雄。正如特里·伊格尔顿所质疑的,"认为只有当理论用以说明艺术作品时该理论才有价值",是犯了"市侩实用主义"错误,"他们想当然地认为'理论'必须与'实践'直接相结合",理论才具有存在的合理性。不可否认,"理论能有力地阐述艺术作品(虽然有些声称这是理论存在唯一理由的人,事实上却对此心存怀疑),但理论可以凭借自身能力使人大开眼界。文化理论的任何一个分支——女性主义、结构主义、精神分析学、马克思主义、符号论等等——在理论上都不止局限于对艺术的讨论,或只源自对艺术的讨论"。[①]

佛克马、易布斯合著的《二十世纪文学理论》以很大篇幅分析了马克思主义文学理论,就很注意辩证看待。尽管作者认为"马克思主义是一种矛盾的哲学,任何力图从理性角度来解释马克思主义理论的尝试,必将会遇到明显的前后矛盾",因此只能用一种"超理论"[②]来讨论,但他们将文本研读与历史语境相结合的研究方法却值得注意。如认为马克思文学见解尤其是早期论述"更多地表现出他是一个十九世纪四十年代精通古典文学的有教养的德国青年,而不像是全面反叛传统的革命者";如认为马克思文学批评总体依据三个标准:即经济决定论,描写的真实性,个人的爱好。[③]佛克马们的看法可以讨

---

① [英]特里·伊格尔顿:《理论之后》,商正译,商务印书馆2009年版,第84页。
② [荷兰]佛克马、易布斯:《二十世纪文学理论》,林书武、陈圣生、施燕等译,生活·读书·新知三联书店1988年版,第89页。
③ 同上书,第92页。

论，但他们是以学者态度在研究问题。或许还是如黄子平所说，"倘没有这样一些片面的环节，认识就根本不可能发展，人类对文学、并通过文学对世界的独特把握就不可能深化"①。

又如关于现实主义文学有各种看法，如何确立其基本理论原则就需要进行比较。曾在西欧创立"社会主义现实主义"理论的法国马克思主义美学家路易·阿拉贡，这样谈过恩格斯对巴尔扎克的评价："恩格斯的榜样不在于这篇文字，而是在于恩格斯对待巴尔扎克的态度；学习这个榜样，并不是背诵一段经文，而是能用恩格斯或马克思的智慧去分析另一种现象。"② 反对"背诵经文"显示了现代西马美学的开放意识。不妨来看一个被我们津津乐道的著名比较：恩格斯赞扬巴尔扎克和批评左拉。关于恩格斯赞扬巴尔扎克，我们通常认为是恩格斯现实主义观的经典体现而有普遍"美学意义"。但与评判《城市姑娘》一样，恩格斯赞扬巴尔扎克违反"阶级偏见"成为贵族阶级叛逆者，也是从无产阶级立场出发。于此卢卡契的理解最到位。卢卡契一直推崇恩格斯对巴尔扎克的评价，在其《巴尔扎克与法国的现实主义》等论著中多次引用。1935 年发表的论文《作为文艺理论家和文艺批评家的弗利德里希·恩格斯》中，卢卡契也专门谈论了恩格斯对巴尔扎克的评价，指出：问题不在于巴尔扎克的"好的"和"坏的"方面，也不是简单地在于"社会学地"考证他的作品的取材的来源，"而是要挽救他的现实主义不可磨灭的伟大方面，要防止对巴尔扎克反动的一面的任何滥用"。而这种"为挽救遗产而斗争"的目的，卢卡契认为"这在恩格斯说来，就是要把过去时代的巨人与当代资产阶级发展时期的侏儒进行鲜明的对比。这场斗争与无产阶级历史使命的关系，正是在这一点上最明显不过地表现出来"③。理解当然意识形态化，但"无产阶级历史使命"之论却恰恰道出了恩格斯赞扬巴尔扎克的根本原因，是一种理论对位。但出于"无产阶级历史

---

① 黄子平：《深刻的片面》，《读书》1985 年第 8 期。
② 参见［法］罗杰·加洛蒂《论无边的现实主义》，吴岳添译，上海文艺出版社 1986 年版，第 9 页。
③ ［匈牙利］卢卡契：《作为文艺理论家和文艺批评家的弗利德里希·恩格斯》，《卢卡契文学论文集》（一），中国社会科学出版社 1980 年版，第 28 页。

使命"的这种特定现实主义观,显然也不具备理论的普遍意义。正如"社会主义现实主义"文学理论是一种特殊的现实主义话语体系,超越范围就难免错位。卢卡契《叙述与描写——为讨论自然主义和形式主义而作》拿巴尔扎克、托尔斯泰与左拉作比时,对左拉也进行了几近苛刻的批评,导致后来东欧一些有民主意识的教授对卢卡契发表保留意见时,"主要是抱怨这位理论家在拿巴尔扎克、托尔斯泰——唯一可敬的现实主义作家—与自然主义作家左拉作强烈对照时做得过火了"①。

(二) 历时性的变化更新

"强制"与"非强制"的界限也要具体分析。无论文学鉴赏的个体审美,还是文学批评对文学文本的接受和评论,其实都很难轻言"强制"。问题在于文本的意义和价值并非铁板一块,需要不同时代的批评者的挖掘,需要研究立场视角的多元和开放。韦勒克们就认为"一件艺术品的全部意义,是不能仅仅以其读者和作者的同时代人的看法来界定的,它是一个累积过程的结果,也即历代的无数读者对此作品批评过程的结果"②。如夏志清对张爱玲、萧红、沈从文、钱钟书、张天翼等现代作家的打捞及其作品的重评,20世纪80年代末"重写文学史"对依附极左政治的作家作品的"重估",均证明经典文本解读的多样性和开放性。由此来说,所谓文学文本的"历史原意"也并非只是一成不变的意义和价值。

如用生态批评理论阐释《厄舍老屋的倒塌》之例中,古屋是能量和熵,古屋倒塌是宇宙黑洞的收缩,主人公怕光是人与自然的对立等自然科学式的阐释,存在生搬硬套、盲目滥用的缺陷;又如《阐释奥菲利亚:女性、疯癫和女性主义批评的责任》一文中过分强调《哈姆雷特》中的男权意识及过于急切摆脱女性受支配地位,不可避免落

---

① [法]艾金伯勒:《比较文学中的危机》,干永昌、廖鸿钧、倪蕊琴选编:《比较文学研究译文集》,上海译文出版社1985年版,第101页。
② [美]韦勒克、沃伦:《文学理论》,刘象愚、邢培明、陈圣生等译,生活·读书·新知三联书店1984年版,第35页。

入二元对立和过度阐释的陷阱。这些缺陷的确是西方文论在诠释文学时的客观存在,然而更需注意的问题在于,这些反面例子论证其"强制阐释论"的"核心缺陷"的同时,却有意无意忽视甚至遮蔽了理论诠释文本的积极正面价值。另一个客观事实是,生态批评与女性主义批评从诞生之日起便具有理论上的合法性及合理性,其在文学批评史上不乏优秀、正面的例子,因此理论的"根本缺陷"不在场外理论本身,亦不在前置立场,而在于结合文学文本论证过程中的合理性及合法性。即便张江所举反例中的生态批评及女性主义,也存在理论价值,正如张江所承认的,"从积极意义上讲,这种姿态和做法扩大了当代文论的视野,开辟了新的理论空间和方向,对打破文学理论自我循环、自我证明的话语怪圈是有意义的"。

无论共时的多元参照还是历时的变化更新,对于文学理论建设,我们还特别需要注意文学理论、文学批评和文学史的关系。究竟是文学理论本身还是文学批评过程的强制阐释,陈述与论证没注意清晰区分。韦勒克们在讨论对文学作系统、整体研究的可能性时,指出文学"本体"研究范围内,对文学理论、文学批评和文学史三者加以区别是"最为重要"的。针对文学批评通常兼指所有的文学理论,作者有如此区别:应该将文学理论看成是"对文学的原理、文学的范畴和判断标准等问题的研究",而文学批评则是对具体的文学艺术作品的研究,文学史则是以编年史方式处理各种重要文学史实,包括文学背景、作家作品、文学思潮和文学流派,等等。而文学理论、文学批评和文学史三者互为关联,正如作者所说"它们完全是互相包容的,文学理论不包括文学批评或文学史,文学批评中没有文学理论和文学史,或者文学史里欠缺文学理论和文学批评,这些都是难以想象的"。道理显而易见,"文学理论必须根植于具体文学作品的研究,否则其准则、范畴和技巧都不能凭空产生,而没有文学理论提供的一系列的概念、论点,文学批评或文学史的编写也无法进行。文学批评总是需要相关的理论引导,文学史的编写,包括作家作品等材料的选择,尤其是价值评判,甚至篇幅的多少,都是一种取舍和评判",而"文学批评必须超越单凭个人好恶的最主观的判断,文学批评家不了解或者无视文学史上的所有关系，便会常常发生判断错误"。① 关于文学理论、文学批评和文学史关系的看法，恰恰说明文学理论的"本体"建构绝非单独任务。而一旦进入三者关系，恐怕都要树立更多的参照才能说明问题。事实上理论系统发育需要依靠众多的文学内外的因素的共同完成。这也正如韦勒克们认为的"超乎个人意义"的文学研究传统，"是一个不断发展的知识、识见和判断的体系"②。

---

① ［美］韦勒克、沃伦：《文学理论》，刘象愚、邢培明、陈圣生等译，生活·读书·新知三联书店1984年版，第32页。
② 同上书，第6页。